U0724888

南京文献精编

秦淮广纪（上）

（清）缪荃孙 编纂

校点 程章灿 成林

南京出版传媒集团
南京出版社

图书在版编目（CIP）数据

秦淮广纪 / （清）缪荃孙编纂 . -- 南京：南京出版社 , 2024.6

（南京文献精编）

ISBN 978-7-5533-4691-5

Ⅰ . ①秦… Ⅱ . ①缪… Ⅲ . ①歌妓—史料—南京—清代 Ⅳ . ① K828.5

中国国家版本馆 CIP 数据核字（2024）第 053234 号

总 策 划　卢海鸣

丛 书 名　南京文献精编
书　　名　秦淮广纪
作　　者　（清）缪荃孙
出版发行　南京出版传媒集团
　　　　　南 京 出 版 社
　　社址：南京市太平门街 53 号　　　　邮编：210016
　　网址：http://www.njcbs.cn　　　　电子信箱：njcbs1988@163.com
　　联系电话：025-83283893、83283864（营销）　025-83112257（编务）

出 版 人　项晓宁
出 品 人　卢海鸣
责任编辑　杨传兵
装帧设计　王　俊
责任印制　杨福彬

排　　版　南京新华丰制版有限公司
印　　刷　南京新洲印刷有限公司
开　　本　890 毫米 ×1240 毫米　　1/32
印　　张　16.75
字　　数　330 千
版　　次　2024 年 6 月第 1 版
印　　次　2024 年 6 月第 1 次印刷
书　　号　ISBN 978-7-5533-4691-5
定　　价　120.00 元（全二册）

用微信或京东
APP 扫码购书

用淘宝 APP
扫码购书

总　序

　　南京是我国著名古都,有近 2500 年的有文献记载的建城史、约 450 年的建都史,素有"六朝古都""十朝都会"之誉。南京也是文化繁盛之地,千百年来,流传下来大量的地方文献,题材多样,内容丰富,这些文献是研究南京政治、经济、军事、文化、科技、外交和民风民俗的重要资料,是中华优秀传统文化的重要组成部分。做好历史文献的整理出版工作,深度挖掘传统文化资源,不仅有利于传承、弘扬南京历史文化,提升南京美誉度,扩大南京影响力,也有利于推动物质文明、政治文明、精神文明、社会文明和生态文明协调发展。

　　长期以来,大量的南京珍贵文献散落在全国各地的图书馆和民间,许多珍贵的南京文献被束之高阁,无人问津,有的随着岁月的流逝而湮没无闻。广大读者想要查找阅读这些散见的地方文献,费时费力,十分不便。为继承和弘扬好这一祖先留给我们的宝贵文化遗产,从 2006 年开始,南京出版社与南京市地方志编纂委员会办公室等单位通力合作,组织专家学者搜集南京历史上稀有的文献,将其整理出版,形成"南京稀见文献丛刊"。"南京文献精编"就是从"南京稀见文献丛刊"中精心挑选而成，题材包括诗文、史志、实录、书信、游记、报告等，内容涵盖历史、地理、政治、经济、军事、文化、教育、宗教、民俗、陵墓、城市规划等方面，全方位、多视角地展示了南京文化的深层内涵和丰富魅力。

　　"睹乔木而思故家，考文献而爱旧邦。"我们希望通过这套"南京文献精编"丛书的出版，满足人民群众多层次、多方面、多样化阅读需求，打造代表新时代研究水平的高质量南京基础古籍版本，为推进中国式现代化南京新实践提供精神动力。

"南京文献精编"编委会

导　读

　　《秦淮广纪》是缪荃孙围绕秦淮歌妓文化这一主题而辑撰的文献汇编，也可以说是一部关于秦淮画舫的"前朝旧闻"集。缪荃孙《艺风堂文漫存》中有《金陵怀古》四首，其中第四首云：

　　　　长板桥荒剩夕曛，回光寺古接晴云。

　　　　旧游尚觅乌衣巷，院本难寻白练裙。

　　　　画舫何人听夜雨，荒郊有鬼唱秋坟。

　　　　沧桑两度须史过，莫向前朝话旧闻。

　　对于文献学家缪荃孙来说，这首诗中对长板桥、画舫等秦淮旧迹的感慨，不是一时的心血来潮，也不是无的放矢，徒然发思古之幽情，它最终落实为一个具体的行为，就是《秦淮广纪》这样一部"前朝旧闻"的编撰。

一、《秦淮广纪》编撰过程

　　缪荃孙（1844—1919 年），字筱珊，晚号艺风老人，江苏江阴人，近代著名图书馆学家、文献学家、金石学家、

1

历史学家和教育家。光绪二年(1876年),缪荃孙考中进士,授翰林院编修,但此后的他并没有奔走经营于仕途,而是将自己的一生,献给了学术、文化和教育事业。缪荃孙的一生,与文献、与南京都结下了不解之缘。他对文献情有独钟,对书籍文献和金石文献都有浓厚的兴趣。无论是担任书院山长、学堂监督,还是担任图书馆馆长等职,莫不以教书、藏书、编书、校书、写书为己任,为中国文献传承作出了巨大贡献。与此同时,缪荃孙也与南京结缘甚深。光绪二十年(1894年),他出任南京著名书院钟山书院的山长。光绪二十八年(1902年),钟山书院改为江南高等学堂,他出任学堂监督,继又出任学堂总稽查,并负责筹建江南最高学府三江师范学堂,校址择定于南京国子监旧址,鸡鸣山南成贤街一带,亦即今日东南大学四牌楼校区之所在。后来,三江师范学堂更名两江师范学堂,1914年,两江师范学堂复建为南京高师,三江、两江和南高一脉相承,成为中央大学和后来南京大学的主要源头。其间,缪荃孙的历史贡献是不可低估的。光绪三十三年(1907年),缪荃孙又受聘筹建江南图书馆(今南京图书馆前身之一),出任总办。他筹建江南图书馆过程中的经历,无疑为其两年后受聘创办北京京师图书馆(今国家图书馆),积累了经验。

从光绪二十年(1894年)到宣统元年(1909年),从51岁到66岁,缪荃孙都生活在南京,前后凡16年。这个时期的缪荃孙,学问越来越成熟,人脉越来越拓广,无论在图书文献还是金石收藏方面，无论是在编书校书还是学术研究方面，都取得了令人瞩目的成就。他对南京这座城市，尤其是对于这座城市的历史文化，兴趣也越来越浓厚。编撰一部秦淮旧闻集的念头，他早已蕴蓄于心，不过，正式着手编辑《秦淮广纪》一书，却是在他离开南京以后的1912年。那时，缪荃孙已经69岁，正寓居上海，从西风弥漫的沪上，回望饱经沧桑的古都南京，老人心中当别有一种感怀。

《秦淮广纪》前有缪氏自序，末尾署："壬子十二月东坡生日，老蟫自书于海上寄庐。"宋代大文豪苏东坡的生日在农历十二月十九日，可见此序撰成于壬子年（1912年）十二月十九日。检《艺风老人日记》壬子年十二月十九日，正有"晴，飞雪"、"写《秦淮广记》"的记录。"老蟫"就是老蠹鱼（书虫）的意思，是缪氏所用别号之一。这项工作持续了3年时间，到1915年完成。现存《艺风老人日记》相当完整，为我们还原《秦淮广纪》的编撰过程，提供了极大方便。

根据《艺风老人日记》，此书编撰始于壬子年三月廿五日。是日日记中有"辑《秦淮名妓考》"一条，《秦淮名妓考》当即《秦淮广纪》的初拟书名。此前11天，亦即三月十四日，缪氏曾到《国粹报》报馆晤见邓实（秋枚），在交给邓实的诸种书目中，有《续板桥杂记》《秦淮闻见录》等书，似乎已经开始为辑撰此书准备材料。此条日记所透露的最重要的信息，就是缪氏为《秦淮广纪》所拟的第一个书名是《秦淮名妓考》。

但这个书名很快就被否定了，至迟四月四日，缪氏已改变主意，将书名改拟为《丁帘话旧》。在那一天的日记中，有"撰《丁帘话旧》"的记录。所谓"丁帘"，就是"丁字帘"的简称。清初诗人钱谦益《留题秦淮丁家水阁》诗中有句云："夕阳凝望春如水，丁字帘前是六朝。"后来，"丁字帘"遂被用以指明末妓女聚居的秦淮河房之地。清初孔尚任名著《桃花扇》的《寄扇》一出中，即有"桃根桃叶无人问，丁字帘前是断桥"的句子。可见，《丁帘话旧》实际上就是《秦淮话旧》之意。四月十二日、十三日两天的《艺风老人日记》中，都有"写《丁帘话旧》四叶"的记载。

在随后两个月的日记中，缪荃孙有时称此书为"旧话"，有时称此书为"话旧录"，这应该都是《丁帘话旧》的别称。为此，缪荃孙大量借阅相关书籍，包括《玉光剑气集》《客座新闻》《金陵琐事》《本事诗》等。从四月廿五日、廿六日两天日记中可以看出，全书由"纪藻""纪盛"（此二部分后来合成"纪盛"）"纪丽""纪琐"四大部分构成的框架已经初步成型，《纪丽》《纪琐》两部分的小序，也在廿六日撰成。相关文字交由一位名叫崇质堂的抄手誊录，可惜崇氏五月廿五日就暴病而卒，缪荃孙只好另觅抄手。

七月七日，缪荃孙在日记中写道："改《淮青话旧》二卷，传十二篇"。此时，他似乎有意改题书名为《淮青话旧》。所谓"淮青"，指秦淮河和青溪交汇之处的淮青桥，其周边即秦淮歌妓汇聚之处。本年七、八两个月的日记中，也有借入《秦淮事迹》《白门新柳记》《青楼集》等书的记载，以及补《卞玉京传》、录《寇湄传》的编撰进程记录。

到了九月，缪荃孙对书名又有了新的提法。他先是称之为《秦淮话旧录》，继而又称为《秦淮谈故》。九月五日日记中载："写《秦淮话旧录》明末一卷"，次日亦记有："校《秦淮话旧录·纪丽》一卷"。本月十三日日记则记："辑《秦淮谈故》'谈琐'一门。""谈琐"应当就是后来的《秦淮广纪》中的《纪琐》。十四日日记则记："校《秦淮谈故》'纪鉴'之第三卷。"《纪鉴》之名后来不见于《秦淮广纪》。但在紧接的十月、十一月的日记中，关于书名，又出现"淮青谈故""淮青故事"的不同称法，可见在缪荃孙心目中，"淮青""秦淮"二词形异义同。直到十二月十七日，《秦淮广记》（"记""纪"二字通用）的书名才第一次出现。两天之后，缪荃孙撰成《秦淮广记》自序，标志着这一书名正式启用。此后，他提到此书时，虽然偶而也会用到其他书名，例如次年十一月七日日记中又提到其"取《秦淮话旧》三册回"，但总体来看，《秦淮广记》这个书名基本上确定下来了。

从次年亦即癸丑年（1913年）的日记来看，此书的编撰进程时断时续。正月里，缪荃孙主要在辑《秦淮广记》康熙朝事，日记中有时候称为"辑康熙朝笔记"。但二月以后，由于其他事务的牵扯，此书编撰中断了很长一段时间，直到次年亦即甲寅年（1914年）四月二十一日，才重新拾起，赓续旧编。

甲寅年（1914年），从四月二十一日到五月四日，五月十一日、十六日、二十日至二十三日、二十五日至二十六日，闰五月三日，缪荃孙集中精力编校《秦淮广记》。但闰五月三日以后，又中断了很长一段时间，直到次年即乙卯年（1915）正月廿三日才又开始"续修《秦淮广记》"。

乙卯年（1915年），从正月廿三日至三月十日，缪荃孙一边补撰，一边勘校，基本完成了《秦淮广记》的编撰。此后有待解决的，基本上只是书稿的校勘和刊刻问题了。

二、《秦淮广纪》的结构与内容

民国十三年（1924年），此书由上海商务印书馆排印出版，并正式定名为《秦淮广纪》。全书分为三部分，即卷一《纪盛》、卷二《纪丽》和卷三《纪琐》。其中，《纪盛》一卷又分一、二两部分，而《纪丽》一卷篇幅最大，故再分为八个部分，《纪琐》只有一卷，不再细分。从篇幅体制来看，也可以说，这部书表面上只有三卷，而实际上却有十一卷。

唐代诗人白居易作新乐府诗，"首章标其目，卒章显其志"，以求通俗易懂，达到较好的传播效果。缪荃孙编撰《秦淮广纪》时，不仅选择"纪盛""纪丽""纪琐"为三卷的标目，而且为这三卷分别撰写了卷首题词，以"显其志"。这三篇题词都采用四言韵文体，文句雅丽，不仅贴合本书的内容及其风格特点，也精要地概括了各卷的宗旨。《纪盛》卷首题词如下：

峨峨帝京，人物丰昌。诏起重楼，雅乐名倡。

来宾招贤，重译归王。南巡法曲，我思武皇。镫火

游船，鼓吹名场。秦淮一水，阅尽兴亡。纪盛第一。

可见，《纪盛》是从秦淮妓家的历史沿革入手，突出当日秦淮灯火之繁、歌舞之盛，围绕这个主题辑录各种文献中的有关材料，基本上按照时代先后编排。这一部分所辑录的文献，主要有刘辰《国初事迹》《大明会典》、周晖《金陵琐事》、朱彝尊《明诗综》、余怀《板桥杂记》以及潘之恒《亘史》，等等。这些文献分别属于史部、子部和集部，种类庞杂，涉及面相当广。显而易见，盛衰是相对而言的，不写盛，就体现不出衰，不写衰，也难以凸显盛况。所以，这一卷的重点固然在于"纪盛"，但也附带记录衰败之况，通过盛衰的对比，突出"秦淮一水，阅尽兴亡"的主题。

《纪丽》卷首题词如下：

籍著教坊，名喧旧院。邂逅昌期，往来时彦。

赍酒征歌，弦诗捧砚。濡染翰墨，旗亭传遍。沧桑

屡经，世风递变。女也辣心，士也墙面。罕见才鸣，

聊以色选。纪丽第一。

与《纪盛》以时间为经不同，《纪丽》是以人（妓女）为纲。不同时代的妓女之间，仍然大致以时代先后为序。如果以纪传体正史相比拟，那么，《纪盛》大约相当于正史中的"本纪"，而《纪丽》大概相当于各篇人物传记。《纪丽》一卷是全书的重点与重心，其下又分为八个分卷。其结构基本上以人（妓女）为纲，每人一条，偶而也有二人

或三人同一条，一人为主，其他附见。据粗略统计，《纪丽》著录佳丽共计404条。与纯粹人物传记不同的是，书中将有关此人的轶事和诗词，亦汇聚于本条之下。严格说来，每一条与其说是人物传记，不如说是相关人物的资料汇编。

《纪丽》中有关明末诸妓的材料，大多取之清初余怀所著《板桥杂记》。余怀（1616—1696年），字澹心，号广霞，又号壶山外史、寒铁道人等，晚年自号鬘持老人。他原籍福建莆田，但少小生长金陵，因而每自称"江宁余怀""白下余怀"。明亡之后，谙熟秦淮旧事的余怀抚今追昔，撰写《板桥杂记》一书，借以抒发自己作为明朝遗民的感怀。值得注意的是，《板桥杂记》中未收入陈圆圆、柳如是二人，尽管二人名列"秦淮八艳"。《秦淮广纪》虽然沿用《板桥杂记》中的很多记录，但在这一点上，却反其例而行之。缪荃孙对此有如下说明：

> 世有人以柳是、陈圆，广霞君未收，是吴妓而未至秦淮者，然广霞君撰此书时，尚书婆娑里门，平西坐镇边徼，声势赫然，殊有未便。近人"秦淮八艳"均已列入。即使借材异地，亦不同名臣仕籍，龂龂辨论也。有人又曰："龚尚书之善持君，何亦列入而不讳乎？"予应之曰："龚尚书与善持君，方在秦淮大会，召姊妹行与旧宾客，镇日宴乐，未尝自讳，不比河东以匹嫡争礼，延陵以千金改诗，几几欲自讳也。"国初尚存旧人，于《杂记》之外掇拾丛残，即以附后。

这段文字见于《秦淮广纪》卷二之四末。文中提到的"广霞君"就是余怀,"尚书"指的是娶了柳如是的钱谦益,"平西"指的是纳宠陈圆圆的吴三桂。陈圆圆、柳如是、顾横波三人同样列名"秦淮八艳",余怀《板桥杂记》只载录顾横波,而不录陈、柳二人。缪荃孙认为,这是因为钱谦益和吴三桂不欲彰显柳、陈昔日的身份,而余怀当日慑于钱谦益、吴三桂的权势,故不载录。相比之下,顾横波所依傍的龚鼎孳,虽然也有尚书之权位,但龚、顾二人自身并不讳言顾的妓籍身份,余怀自然可以无所顾忌了。

《纪琐》卷首题词如下:

> 姚冶怡情,燕僻溺志。颓废盛年,消磨才气。
> 朝局屡更,情天不醉。销金有窟,避债无地。梦华
> 梦梁,感慨一致。酒后镫前,藉以破睡。纪琐第三。

所谓"纪琐",字面上看是载录琐事,实际上,这些琐事多与史事、掌故有关,有很高的历史文献价值。例如《纪琐》中辑录自《板桥杂记》的一段文字,详细解释明末秦淮妓户间流行的几种称呼:"妓家,仆婢称之曰'娘',外人呼之曰'小娘',假母称之曰'娘儿'。有客,称客曰'姊夫',客称假母曰'外婆'。"如果没有余怀这样的好事者或者有心人载笔,后代读者骤然遇到这类名词,恐怕会如坠五里云雾之中。

又如,《纪琐》据《秦淮画舫录》辑录的一条,有如下内容:"诸姬家所用男仆曰'捞猫',曰'镶帮'。女仆曰'端水',曰'八老'。均不得其解,亦不知各是此二字否。然

是皆外人呼之，其主人则深以为讳。"与前几种称呼相比，这几种称呼更俚俗，更有私密性，不是经常与妓家打交道的人，恐怕无从得知。此条与上一条所记之事都很琐细，却是十分重要的掌故材料。

再如，《纪琐》又据《青溪梦影》辑有如下一条，记录当日妓家办酒席之过程，委曲详细，既有史料价值，又可备掌故与谈资，颇为珍贵：

> 酒筵之丰者曰"八大八"，席费币十有六，下脚币十有二，下脚者，备赏需也。主人入座，先置下脚于席，酒半，呈炙鸭炙肉，谓之双烤，各置币一于盘中。曲师二，席终，各犒银币一，皆半跪以谢。馀则男女班及诸侍席者均分之。次曰"六大六"，席费币十有二，下脚币七，烤一，曲师一。再次曰"么二三"，无烤，席费币六，下脚三。最俭曰"例菜加帽"，席费四，下脚二。客初至者，献桌盒，盒如梅花式，中实果饵，临去例置一币于盒，再至则无之。新年至，则燃爆竹，曰"迎财神"，大伙计礼服半跪以贺，客必解囊以为利市。四月进樱桃，五月进枇杷，六月进西瓜，八月进月饼，冬月无时新物，则进橄榄。荐一新，必犒一币，应时而至，无或爽者。当时视为寻常，初不经意，至于今日，时移世异，境往情迁，片影微尘，都足增人怅触。《东京梦华》《钱塘遗事》，后之读者，皆知其为点点泪痕也。

在这一段文字中，《青溪梦影》原作者将自己的书比为南宋孟元老的《东京梦华录》和元代刘一清的《钱塘遗事》。《东京梦华录》撰作之时，东京——也就是北宋首都开封——早已陷落，孟元老回首往昔，不胜怅惘。钱塘是指南宋首都临安，《钱塘遗事》记载的是南宋一代历史掌故。无论是东京繁华，还是钱塘遗事，它们之所以成为后代回忆所凝聚的对象，同样都是因为故国已亡，故都已毁。无独有偶，缪荃孙在《秦淮广纪》自序中也这样写道："秦淮一隅，风流薮泽，自明弘正迄今同光，无不倚文人为主持，藉题咏为标榜，……""广明离乱之后，教坊之记乃成；靖康倾覆之馀，梦华之录斯出。"在缪荃孙心目中，《秦淮广纪》堪比唐末广明离乱之后写成的《教坊记》和北宋靖康覆亡之后的《东京梦华录》。他在这里提到《教坊记》，当然是着眼此书题材与《秦淮广纪》有相近之处。他在这里强调"广明离乱之后"和"靖康倾覆之馀"，则是要突出《秦淮广纪》编撰之时，亦是在大清王朝覆亡之后。在这些地方，他情不自禁地流露出些许大清遗民的意识。

三、《秦淮广纪》的特点与历史文献价值

《秦淮广纪》的特点，表现在它是一部分类编排的专题文献汇辑。它的编撰成书距今已有一百年了，但迄今为止，它仍然是汇聚秦淮文化材料最多、最全的一部文献汇编，在某种程度上，也可以说它就是一种关于秦淮歌妓文化的类书。

《秦淮广纪》的历史文献价值，具体表现在如下三个方面：

第一，广搜博取，后出转精。

作为文献学家，缪荃孙对于各类书籍的知见视野，是一般人难以企及的。同时，他在找书、借书以及抄书等方面所拥有的人脉资源，也是一般人难以比拟的。另一方面，作为一位对南京历史掌故尤其是秦淮掌故情有独钟的文献学家，他很早就留意搜辑与秦淮歌妓文化相关的文献。长期生活在南京，负责书院、学校以及图书馆建设，也为他搜寻这一方面的文献提供了地利之便。从《艺风老人日记》中可以看出，在辑撰《秦淮广纪》的时候，大多数书是他已准备好的，还有一些书则是向友人同好借阅的。《秦淮广纪》所抄辑的，既有诸如《板桥杂记》《续板桥杂记》《秦淮画舫录》《陶庵梦忆》等比较常见、或者一般人耳熟能详的书，也有《亘史》《玉光剑气集》《白门新柳记》《画舫馀谭》等较为稀见的文献。例如，《亘史》又名《亘史钞》，明人潘之恒撰，其中"金陵艳"部分，载录许多金陵妓女传记资料，有不少是作者亲历或亲身见闻，颇为难得。此书虽然被列为《四库全书》"存目"，但在民国初年，洵不易得。又如，《玉光剑气集》出自明遗民张怡之手，史料价值甚高，但在缪荃孙当时，此书只有稿本，流行不广，不太容易见到。缪荃孙通过各种渠道，搜罗到了这些材料，汇聚一处，使《秦淮广纪》在同类著作中后出转精。从这一点来看，书名中用"广"字，确是名符其实的。

为了体现《秦淮广纪》辑录征引之广，现将此书辑录所用的 127 种书目抄录如下（按书名音序排列）：

B:《八仙图》《白门残柳记》《白门新柳记》《白下纪闻》《白下琐言》《板桥杂记》《本事诗》《碧香词》《卞玉京传》

C:《彩笔清辞》《池北偶谈》《词苑丛谈》

D:《大明会典》《达观堂诗话》《道听录》《定山堂集》《冬青树馆集》《赌棋山庄词话》《读书日录》《遁窟谰言》《多暇录》

G:《感旧集》《亘史》《宫词》《广阳杂记》《国朝典故》《国初事迹》

F:《芬陀利室诗话》《妇人集》

H:《海天馀话》《河东君尺牍》《呼桓日记》《湖上草》《舰剩》《壶天录》《画舫馀谭》《花国剧谈》《花笺录》《画录》

J:《甲乙剩言》《见闻录》《教坊录》《鲒琦亭集》《金陵琐事》《静志居诗话》

K:《客座新闻》《快园诗话》

L:《列朝诗小传》《列朝诗选》《灵芬馆诗话》《留都见闻录》《六才子评》《柳南随笔》《露书》《论印绝句》

M:《妙香室丛话》《明季北略》《明诗综》《牧翁事略》《牧翁事迹》

N:《南京法司记》《女张仪传》

P:《曝书亭集》

Q:《秦淮八艳图咏》《秦淮八艳小传》《秦淮感旧录》

《秦淮画舫录》《秦淮闻见录》《秦淮艳品》《青泥莲花记》《青溪风雨录》《青溪梦影》《青溪闲笔》《曲中志》

R：《然脂集》

S：《三借庐赘谭》《三十六春小谱》《三垣笔记》《珊瑚网》《士女品目》《识小录》《史云村日记》《石斋黄公逸事》《四友斋丛说》《书史会要》《书影》

T：《罨溪诗草》《陶庵梦忆》《天香阁随笔》《图绘宝鉴》

W：《万历野获编》《闻见录》《卧游楼史》《吴觚》《吴门画舫录》《五石瓠》《五石脂》

X：《闲处光阴》《香畹楼忆语》《湘烟小录》《香祖轩记》《小宛庵诗集》《谐铎》《撷芳集》《绣江集》《续板桥杂记》《续本事诗》《续金陵琐事》

Y：《弇州史料》《野语秘汇》《翼駉稗编》《倚声初集》《忆云词》《影梅庵忆语》《有学集》《遇变纪略》《虞初新志》《玉光剑气集》《鱼计亭诗话》《俞琬纶集》《云鸿小记》《云间杂志》《云堪小记》《云龙笔记》

Z：《在园杂志》《众香集》《罪惟录》

从这一书目中可以看出，很多文献是十分罕见的，缪荃孙在文献搜集上眼界之广，用力之勤，也由此可见。

第二，类聚整理，体例严谨。

《秦淮广纪》将有关秦淮歌妓文化的文献史料，分门别类，分条辑录。如前所述，全书只分"纪盛""纪丽""纪琐"三类，三类标目中各带一个"纪"字，恰可配合书名《秦淮广纪》中的"广纪"二字。三"纪"是纲，众条是目，纲目配合，纲举目张。"纪盛"重点在串联历史发展的线索，"纪丽"以众多的散点组合成秦淮歌妓文化的诸横断面，二者纵横交错，如同经纬；"纪琐"则如同一条纤维，将散点串联起来。在类聚辑录时，缪荃孙尊重原文，基本上不作删改，在条目开头偶见有少量的文字调整，那也是为了照顾前后行文的连续性，或者维护全书体例的统一性。

此外，应该指出的是，《秦淮广纪》的类目设计，也参考了前此同类书目。例如，《板桥杂记》和《续板桥杂记》都是三卷结构，分为上卷《雅游》、中卷《丽品》、下卷《轶事》，其中，《丽品》《轶事》，与《秦淮广纪》的《纪丽》《纪琐》名异实同，殊途同归。而《秦淮画舫录》则分为纪丽、征题二卷，"纪丽"之目径为《秦淮广纪》沿用。

第三，视角独特，内容丰富。

确定《秦淮广纪》这样一个选题并且辑撰成功，已经足以显示缪荃孙独特的文献眼光与开阔的历史视野。在很多人眼中，秦淮河畔这些歌姬倡女、莺莺燕燕，河房里那些选妓征歌、灯红酒绿，文字中那些司空见惯的风尘旖旎，士女之间各种形色的悲欢离合，最多提供诗人词家感叹吟咏之资，甚至只够作为茶馀饭后的消遣，难以登大雅之堂，甚至不能进入严肃史学的史料范畴。缪荃孙却独具只眼，通过深细的文献挖掘，发现了其中蕴藏的丰富的历史意义。这些貌似杂乱琐细的记录，正如从秦淮河深深的河床上挖出来的断瓦瓷片，向我们揭示了流逝的时光在秦淮河中埋藏的诸多秘密。

总之，《秦淮广纪》中所辑录的材料，五花八门，相当庞杂，但都有各自的历史文献价值。前一节特别是其中论《纪琐》一段，对此已有若干举证。以名字为例，只要综合《纪丽》卷中诸条，便可以看出，当时妓女最喜欢取什么样的名字。喜龄、宝龄、宝珠、五福等名都很常见，仅据《纪丽》中所辑，名叫"宝珠"的妓女就有四个：杨宝珠、王宝珠、胡宝珠、安宝珠。可见宝珠之名在当时妓女中颇为通用。以"香"和"仙"命名的也相当多，以"香"而论，就有袭香、藕香、姿香、雪香、玉香、李香等。

秦淮歌妓文化的昌盛，与明清两代到江南贡院参加科举考试的秦淮士子大有关系。秦淮河房匾额，亦多出于名家之手，如今，梓泽丘墟，那些屋宇早已不存，但《画舫馀谭》中有颇为详尽的记载，不仅记录了匾额内容，还记录了书家和书体，使我们得以想见当年：

> 秦淮檐匾，莫久于"丁字帘前"。屋常易主，而匾终仍旧。今所悬者，乃兰川太守玉箸篆文也。嗣后名士往来，亦多题志，然兴废不常，存佚各半，偶将经见而现在者，录以备考。题者、居者，一并缀入，其不知者，概付阙如。"冶花陶月之轩"（吴山尊行书，清音陈凤皋所居）。"兰云仙馆"（药庵行书，小伶朱双寿居之）。"彤云阁"（朱姬赠香家，不知谁氏书）。"足以极视听之娱"（吴山尊行书，在清音赵廷桂家）。"邀月榭"（孙渊如分书，亦在赵廷桂家）。"月映淮流"、"伴竹轩"（二匾俱在马

姬又兰家）。"东城吟墅"（在东水关，为醝商游息处，铁线篆，佚其名）。"忆青"（教师浦大椿家，行书，佚其名）。"绉绿"（伊墨卿分书，亦在清音陈凤皋家）。"驻春馆"（万廉山钟鼎文，宫姬雨香家）。"听春楼"（方子固楷书，亦在雨香家）。"秋禊亭"（本月波榭故址，余今年七月邀同人修禊事于此，因易此额）。"先得月"画舫（小伶王百顺居之，书者佚其名）。"媚香居"（汪玉才行书，单姬芳阑家）。"月波榭"（马月川行书，陈老人居之，每值水涨时，凭人租赁以宴客，在文星阁东首）。"云构"（顾姬双凤家，行书，遗其名）。"夕阳箫鼓"（毛氏别墅有此扁，似是刘生楷书）。"春波楼"（即今之兴寓，已故陆姬绮琴旧宅也，方玉川行书）。"云水光中"（清音左士隆家，行书，佚其名）。"画桥碧阴"（杨姬月仙家，罗抑山行书）。"水流云在"（清音孟元宝家，罗抑山行书）。"烟波画船"（石执如分书，亦在清音孟元宝家）。"倚云阁"（余所题，金陵校书袖珠家）。"瑶台清影"（方子山以余品倚云为花中水仙，乃题此赠之，行书）。

秦淮歌妓大多好文，喜欢以楹联妆点自己的闺阁，这也是她们吸引士子的一个手段。这些楹联中不乏佳作。《秦淮广纪》自《秦淮闻见录》辑录如下一段：

近过诸姬妆阁中，见其楹联颇多佳句，如马翠娘妆次云："娇如新月真宜拜，瘦似秋英转耐看。"高秀英阁中句云："绿雨红云春一片，秋香浅梦月三更。"赠吴蔻香联云："并命鸟衔红豆蔻，同心瓶插紫丁香。"余药园赠王翘云联云："终日校雠排闷录，他生报答有情仙。"某司马赠茗玉联云："化为蝴蝶魂犹瘦，修到鸳鸯劫更多。"

实际上，从《秦淮广纪》中可以看出，当时士子中有一批好事之徒，他们热衷于"品花"，也就是对妓女进行品评。在品头论足之馀，他们还喜欢给妓女改名、取字，赠诗题字。因此，这些楹联很可能就是由士子代撰的。实际上，有些妓女的书画诗作，也有这些好事的士子在幕后捉刀。这些联语诗画既有文艺价值，又可以反映一时的风俗。至于那些有关妓女经历的故事，大多曲折生动，或悲剧，或喜剧，不仅可以作为社会史研究的重要史料，也可以作为文学创作的重要素材。

毋庸讳言，《秦淮广纪》也存在一些不足。最明显的一点就是，有些史料价值不低、本来应当收录的文献资料，却出人意料地被遗漏了。例如《板桥杂记》中卷《丽品》中有《李香君小传》，其中写道：

李香身躯短小，肤理玉色，慧俊宛转，调笑无双，人题之为"香扇坠"。余有诗赠之云："生小倾城是李香，怀中婀娜袖中藏。何缘十二巫峰女，梦里偏来见楚王。"武塘魏子中为书于粉壁，贵阳杨龙友写崇兰诡石于左偏，时人称为三绝。由是，香之名盛于南曲，四方才士，争一识面以为荣。

这段文字提供了关于李香君身材及与其相关的诗书画

的一段掌故，与其他各条并不重复，奇怪的是，《秦淮广纪》竟然未予收录。照理说，《秦淮广纪》采辑文献中已经包括《板桥杂记》一书，缪荃孙不应该遗漏此条。再仔细核对，还可以发现，《板桥杂记》中还有一些段落文字，也未见采录。不知道这是出于缪荃孙有意的剪裁，出于某种我们未知的体例考虑，还仅仅是抄手偷懒或者漏抄所致？我们认为，后一种可能性比较大一些。

尽管缪荃孙是文献大家，但受当时各种条件的限制，仍然有一些文献是他无法看到并利用的。例如，"秦淮八艳"之一的董小宛的史料，多见于与冒辟疆相关的文献之中。今人整理的《冒辟疆全集》（万久富、丁富生主编，凤凰出版社，2014 年），其所收《同人集》中，就有不少为董小宛而撰的悼亡诗。该书上册第 615 — 620 页录有冒氏所撰《亡妾秦淮董氏小宛哀辞》，下册第 919 页有周积贤《悼亡赋》，均可收录。但是，当时缪荃孙可能没有看到，乃致有遗珠之憾。

此外，《秦淮广纪》的编撰是在缪荃孙晚年，其刊印则是在缪荃孙身后。在完稿之后与刊印之前，缪荃孙大概没有更多时间精力细细校阅订补全书，这也是造成此书白璧微瑕的一个原因。

四、《秦淮广纪》的整理

《秦淮广纪》初印本，是上海商务印书馆 1924 年的排印本，繁体竖排，未加标点。2010年，台湾文昕阁图书有限公司出版林庆彰主编《晚清四部丛刊》第三编中，收录《秦淮广纪》，乃据商务印书馆印本原样影印，故亦是繁体竖排，不加标点，我校读一过，发现此本偶有脱页。2013年，凤凰出版社出版《缪荃孙全集·笔记》，亦编入《秦淮广纪》。此本繁体横排，并首次加上新式标点，给一般读者的阅读带来了方便。但是，其录文不够准确，标点断句也存在不少问题，还间有脱字乃至脱页。

我们这次对《秦淮广纪》重新整理，是以上海商务书馆排印本为底本，重新录入，重新标点，书中录诗格式也作了重新调整。凡文字有疑之处，尽可能找到原辑录之书加以校对，并出校记。一般情况下不擅改原文，只是将异文在校记中予以交代。对"纪丽"各分卷所录妓女，逐条编号，并编制人名索引，附于全书最后，以供检索使用。

感谢南京出版社、南京市地方志办公室将此书收入"南京稀见文献丛刊"。我们相信，这本书的出版，对于广大读者了解南京特别是南京的秦淮歌妓文化，将有很大的助益。按照"南京稀见文献丛刊"的体例，这次整理本采用简体横排，以方便普通读者的阅读。但对于特定人名，以及少数有歧义的用字，必要时仍然使用繁体字或异体字，以求保持原貌，尊重历史。

程章灿 成 林

秦淮廣紀卷第一之一

峨峨帝京人物豐昌詔起重樓雅樂名倡來賓招賢重譯歸王南巡法曲

我思武皇鐙火游船鼓吹名場秦淮一水閒盡與亡紀盛第一

太祖立富樂院於乾道橋復移武定橋後以各處將士妓飲生事盡起妓女赴
京入院是洪武時制以舊樂籍人及擄獲降附人為樂婦 劉辰國初事蹟

明制設教坊司以掌宮懸大樂凡行禮筵宴用領樂官妻四名領女樂二十四
名隨鐘鼓司引進在宮內排列作樂 大明會典

國初於金陵建輕煙淡粉等十四樓以聚四方賓客搢紳宴集皆用官妓承值
與唐宋不異永樂中蜀人晏振之 鐸金陵春夕詩云花月春風十四樓來賓重
譯清江石城鶴鳴醉仙樂民集賢謳歌鼓腹輕煙淡粉梅妍柳翠也金陵瑣事
謂有十六樓在城內者曰南市北市在聚寶門外之西者曰來賓在聚寶門外

秦淮廣紀自序

明太祖造十六樓於京城以招賢聲色之妙見之李公奏叔通十六樓詩太平

都會之盛君臣相遇之隆足爲一朝佳話永樂登極刷死難之臣妻女親戚注

教坊籍冤抑最甚閹者髮指宣德中申禁官妓此風稍息弘正之間顧華玉以

文翰領袖陳大聲徐子仁以詞曲擅長鼓吹風流於斯祇始康陵南巡十人進

御今可考者二焉嘉靖中年朱子价何元朗爲寓公金在衡盛仲交爲地主皇

甫子循黃淳父爲旅客徵歌選勝分簡授題秦淮盛事於斯爲極萬曆初年張

幼于王百穀豔情麗跡踵至止屠長卿藏晉叔附和同聲萬曆前四美人後四美人金

陵十二釵勝情麗跡踵至止屠長卿間曲中名妓各能樹立石巢主人別興

鉤黨盛極而衰亦固其所板橋拆於明季舊院燼於國初落落晨星附之明末

康熙間大申禁令海天餘話所錄已至乾隆四十餘年石城詠花錄成於乾隆

四十八年癸卯板橋續記成於四十九年甲辰 脈花錄雖未見其中均然有其人並有己

目　录

序

　　明太祖造十六楼于京城以招贤，声色之妙，见之李公泰叔通《十六楼诗》①。太平都会之盛，君臣相遇之隆，足为一朝佳话。永乐登极，刷死难之臣妻女亲戚注教坊籍，冤抑最甚，阅者发指。宣德中，申禁官妓，此风稍息。弘正之间，顾华玉以文翰领袖，陈大声、徐子仁以词曲擅长，鼓吹风流，于斯创始。康陵南巡，十人进御，今可考者二焉。嘉靖中年，朱子价、何元朗为寓公，金在衡、盛仲交为地主，皇甫子循、黄淳父为旅客，征歌选胜，分笺授题，秦淮盛事，于斯为极。万历初年，张幼于、王百穀胜游至止，屠长卿、臧晋叔附和同声。万历前四美人、后四美人、金陵十二钗，艳情丽迹，踵事增华。至崇祯间，曲中名妓，各能树立，石巢主人别兴钩党，盛极而衰，亦固其所。板桥拆于明季，旧院毁于国初，落落晨星，附之明末。康熙间，大申禁令《海天馀话》所录已至乾隆四十馀年《石城咏花录》成于乾隆四十八年癸卯，《板桥续记》成于四十九年甲辰《咏花录》虽未见，然其人大约两书中均有之。

---

　　① 李公泰，原作"李公秦"，误，今改正。《金陵琐事》卷一："李公泰，字叔通，号仙源，鹿邑人。洪武时进士，博学，知天文。曾掌钦天监，遂入钦天监籍。有集句诗二册，中有咏十六楼诗。"

并有己酉年事,则在五十四年。孔双湖禁妓,在嘉庆元年丙辰,正随园八十岁。秋影、春痕、翘云、艳雪,均擅盛名。百菊溪禁妓,在嘉庆十六年辛未,《画舫录》成于二十年乙亥,则秋影为随园庆百岁矣。《三十六春小谱》成于丙戌,为道光六年,《清溪风雨录》《笛步秋花谱》相继而出。《秦淮闻见录》虽不专纪一时,序撰于道光十七年丁酉。《八仙图》成于道光二十二年壬寅白门议和之后,更十年,至咸丰癸丑,而阖城涂炭,河房亦烬。同治甲子,曾文正公克复后,即振兴之。《白门新柳记》成于同治十年辛未,李雨亭禁妓在十一年壬申。光绪乙亥有《秦淮艳品》,以后无纪载。光绪三十一年,方有《秦淮感旧录》之作。至张安圃禁妓,在宣统庚戌。明年辛亥,金陵陷矣。嗟乎! 前后五百馀年,沧桑三度,盛衰百变,国家之富强贫弱,士大夫之文采伧荒,无不寓乎其中。秦淮一隅,风流薮泽,自明弘正迄今同光,无不倚文人为主持,藉题咏为标榜,而数十年来,罢军之骄将,得志之热官,广莝巨贾,号称豪举,坊曲风气,为之一变。近则改画舫为重楼,更吴歈为急响,士皆原伯鲁之子,女效欧罗巴之装。伊川被发,辛有叹其即戎;教坊新声,元宝知其不返;变有至不知所云者。广明离乱之后,《教坊》之记乃成;靖康倾覆之馀,《梦华》之录斯出。则此编也,酒阑镫灺,有心人读之,能不铅泪如泻也哉!

壬子十二月东坡生日,老蟫自书于海上寄庐

卷第一之一　纪盛一

　　峨峨帝京,人物丰昌。诏起重楼,雅乐名倡。来宾招贤,重译归王。南巡法曲,我思武皇。镫火游船,鼓吹名场。秦淮一水,阅尽兴亡。纪盛第一。

　　太祖立富乐院于乾道桥,复移武定桥。后以各处将士妓饮生事,尽起妓女赴京入院,是洪武时,制以旧乐籍人及掳获降附人为乐妇。刘辰《国初事迹》

　　明制,设教坊司,以掌宫悬大乐。凡行礼筵宴,用领乐官妻四名,领女乐二十四名,随钟鼓司引进,在宫内排列作乐。《大明会典》

　　国初,于金陵建轻烟、淡粉等十四楼,以聚四方宾客。搢绅宴集,皆用官妓承值,与唐宋不异。永乐中,蜀人晏振之铎《金陵春夕》诗云:“花月春风十四楼。”来宾、重译、清江、石城、鹤鸣、醉仙、乐民、集贤、讴歌、鼓腹、轻烟、淡粉、梅妍、柳翠也。《金陵琐事》谓有十六楼,在城内者曰南市、北市,在聚宝门外之西者曰来宾,在聚宝门外之东者曰重译,在瓦屑坝者曰集贤,曰乐民,在西关中街北者曰鹤鸣,在西关中街南者曰醉仙,在西关南街者曰轻烟,曰淡粉,在西关北街者曰柳翠,曰梅妍,在石城门外者曰石城,曰讴歌,在清凉门外者曰清江,曰鼓腹。所载杨用修《艺林伐山》遗南市、北市,陈鲁南《金陵世纪》遗清江、石城,因曲就十四楼之目而误。《金陵琐事》

《实录》:洪武二十七年八月庚寅,新建京都酒楼成。先是,上以海内太平,思欲与民偕乐,乃命工部作十楼于江东诸门之外,令民设酒肆,以接四方宾旅。既又增作五楼,至是皆成,赐百官钞,宴于醉仙楼。九月癸丑,定正蔡《传》书成,赐诸儒宴及钞,俾驰驿还①。是则编纂诸儒先与百官并赐宴者,醉仙楼也。继以书成赐宴者,南市楼也。盖酒楼十六,其一北市楼,建后被焚,此《实录》止言增建五楼也。当日诸楼皆有官妓,不独轻烟、淡粉、梅妍、柳翠为然。故李公泰叔通集句诸诗,于北市则云:"极目乱红妆。"于集贤则云:"妙舞向春风。"于清江则云:"时啭遏云声。"于鼓腹则云:"舞破日初斜。"于石城则云:"翠袖拂尘埃。"于来宾则云:"烟花象外幽。"于鹤鸣则云:"白日移歌袖。"而孟同诗云:"诗写桃花歌扇底,酒携杨柳舞楼前。"又云:"龙虎关河环锦绣,凤凰楼阁丽烟花。"又云:"赵女酒翻歌扇湿,燕姬香袭舞裙纤。"追忆

---

① 清黄虞稷撰《千顷堂书目》卷一《书传会选》六卷:"洪武二十七年四月,诏征儒臣定正蔡氏《书传》,帝以蔡传解日月五星运行与朱子《书传》不同,及其它注说与鄱阳邹季及所论间有未妥者,诏征国子监博士致仕锺宰等至,语以定正《书传》之意,命学士刘三吾等总其事,开局翰林院,正订是书,礼遇诸儒甚厚,各赐以绮缯衣被等物。……(书成)令送命礼部刊行天下,赐诸儒宴及钞,俾驰驿而归。"

承平都会之盛、君臣相遇之隆,亦一段佳话也。《明诗综》①

乐户统于教坊司,有一官以主之②,有衙署,有公座,有人役、刑杖、签牌之类,有冠有带,但见客则不敢拱揖耳。《板桥杂记》

永乐十一年正月,本司韶舞邓诚等奏,有奸恶铁铉家个小妮子。奉钦依都由他。《教坊录》

铁铉妻杨氏,年三十五,送教坊司。茅大方妻张氏,年五十六,送教坊司。张氏旋故。教坊司安政于奉天门奏,奉圣旨:分付上元县抬出门去,著狗吃了。钦此。《国朝典故》

永乐二年十二月十二日,教坊司题卓敬女杨奴、牛景先妻刘氏,合无照,依谢昇妻韩氏例,送淇国公转营奸宿。《南京法司记》

永乐十一年正月十一日,教坊司于右顺门口奏,齐泰妇及外甥媳妇,又黄子澄妹四个妇人,每一日夜二十馀条汉子看守,著年少都有身孕,除生子令作小龟子。又有三岁女子,奏请圣旨,奉钦依由他,不的到长大,便是个淫贱材儿。又

① 本条原出清朱彝尊《明诗综》卷八,原书漏标出处,今补出。
② "有"前,《板桥杂记》多"司"字。

奉黄子澄妻生一小厮，如今十岁也，奉钦依都由他。《南京法司记》

仁宗即位，永乐二十二年十一月御札：礼部尚书吕震曰：建文中，奸臣家属初发教坊司浣衣局，今有存者，并宥为民，给还田土。《弇州史料》

方正学冢在雨花台下，以双梅树为记。其女流发教坊，遂隶籍焉。年年登台望醑①，迨地入梅都尉家，而醑绝②。李道父为郎中，落其籍，嫁商人。汤若士复访其墓，购田祀之，有诗云："宿草悲歌日欲斜，清明不哭为梅家。不知都尉当年死，也似梅花近雨花都尉亦死靖难。""碧血谁将双树栽，为茔相近雨花台。心知不是琵琶女，寒食年年挂纸来。"《玉光剑气》

金陵为帝王建都之地，公侯戚畹，甲第连云，宗室王孙，翩翩裘马，以及乌衣子弟，湖海宾游，靡不挟弹吹箫，经过赵、李。每开筵宴，则传呼乐籍，罗绮芬芳，行酒纠觞，留髠送客，酒阑棋罢，堕珥遗簪。真欲界之仙都，升平之乐国也。《板桥杂记》

南京河房夹秦淮而居，绿窗朱户，两岸交辉，而倚槛窥帘者，亦自相掩映。夏日淮水盈漫，画船箫鼓之游，至于达

---

①② "醑"，原作"醑"，据中华书局点校本《玉光剑气集》改。按：此段文字与中华本出入较多，似是版本不同。

旦，实天下之丽观也。冬间水落河干，则一望河亭，惟有木橛排列耳，令人意尽。《留都见闻录》

旧院，人称曲中，前门对武定桥，后门在钞库街。妓家鳞次，比屋而居，屋宇精洁，花木萧疏，迥非尘境。《板桥杂记》

长板桥在院墙外数十步，旷远芊绵，水烟凝碧。回光、鹫峰两寺夹之，中山东花园亘其前，秦淮朱雀桁绕其后，洵可娱目赏心，漱涤尘襟。每当夜凉人定，风清月朗，名士倾城，簪花约鬓，携手闲行，凭阑徙倚，忽遇彼姝，笑言宴宴。此吹洞箫，彼度妙曲，万籁皆寂，游鱼出听，洵太平盛事也。《板桥杂记》

秦淮镫船之盛，天下所无。两岸河房，雕阑画槛，绮窗丝障，十里珠帘。客称既醉，主曰未归①，游楫往来，指目曰某名姬在某河房，以得魁首者为胜。薄暮须臾，镫船毕集，火龙蜿蜒，光耀天地，扬槌击鼓，蹋顿波心。自聚宝门水关，至通济门水关，喧阗达旦。桃叶渡口，争渡者喧声不绝。余作《秦淮镫船曲》，中有云："遥指钟山树色开，六朝芳草向琼台。一围镫火从天降，万片珊瑚驾海来。"又云："梦里春红十丈长，隔帘偷袭海南香。西霞飞出铜龙馆，几队蛾眉一样妆。"又云："神仙弦管玻璃杯，火龙蜿蜒波崔嵬。云连金阙天门迥，鹤舞银城雪窖开②。"皆实录也。嗟乎，可复见乎！《板桥杂记》

---

① "归"，《板桥杂记》作"晞"。
② "鹤"，《板桥杂记》作"星"。

《秦淮镫船鼓吹歌》

黄冈杜浚于皇

一声著人如梦中，双槌再下耳作聋。三下四下管弦沸，镫船鼓声天上至。居然列坐倚船舷，惊指遥看相诧异。鼓声渐逼船渐近，亦解回环左右戏。急攒冷点槌犹沥，春雷坎坎初惊蛰。吹弹节鼓鼓倔强，中有闲声阑不入。吁嗟此时听鼓止听鸣①，谁能打掐声里情。谁能眼底求精妙，乍许胸中见太平。太平久远知者希，万历年间闻而知。九州富庶无旌旆，扬州之域尤希奇。谁致此者帝轩羲，下有江陵张太师。江陵初年致国政，乐事无多庙谟竞。尔时秦淮一条水，伐鼓吹笙犹未盛。江陵死日富强成，圣人宫中奏云门。后来宰相皆福人，普天物力东南倾。豪奢横溢撒向水，此水不须重过秦。王家谢家侈纨袴，湖海游人斗词赋。广陵女儿绝可怜，新安金帛谁知数。旧都冠盖例无事，朝与花朝暮酒暮。水嬉不待二月半，祛服新妆桃叶渡。高楼夹水对排窗，卷起珠帘人面素。腾腾更有鼓音来，镫船到处游船开。烛龙但恨天难夜，赤凤从教昼不回。皇天此时亦可哀，龟年协律生奇材。善和坊接平康街，弄儿狎客多渠魁。船中百瓮梁溪酒，胆大心雄选锋手。苏州箫管虎丘腔②，太仓弦索昆山口。镇江染红制璎珞，甘椀珠镫悬一角。当前置鼓大如筐，黄金钉铰来淮阳。此声一骢众声集，不独火中闻霹雳。风雨丛中百鸟鸣，旌旗队里将军立。熬波煮火火更然，积响沉舟舟未湿。可怜

---

① "听鸣"，原作"听鼓鸣"，"鼓"字涉上文而衍，今删去。
② 本书"丘"字，原作"邱"，因避孔子讳改，今皆回改，下同此，不另说明。

如此已快意,未到端阳百分一。记我来游丑与辰,其时海内久风尘。石榴花发照溪津,友人置酒我作宾。下船少迟渡口塞,踏人肩背人怒嗔。镫光鼓吹河沙遍,衔尾蟠旋成一串。蔽亏果觉星河覆,演弄早使鱼龙颤。众人汹汹我静赏,初奏此时差可辨。须臾光响相纠结,惟闻森森沉沉直上翻云汉。东船西舫更交加,下视何緜睹寸涧。偶然闪倏透水处,如金在镕风掣电。楼楼堂客(自下称内人为堂客)船船妓,近不闻声远察面。呜呼!此时镫船更难动,但坐饱食挥槌调丝按孔相凌乱。侯家别携清商部,那得于中闻唱叹。复有劣鼓与劣吹,就中藏拙谁能见。爆竹声低烟雾浓,暂借香风解沾汗。露零雨下不能退,乐极生悲真可厌。酒醒忽迷此何地,魂销略记伊堪恋。直至明朝日亭午,船松却退人相羡。归来沉眠须竟日,流莺啼破河阳战。此后游人数日稀,清淮十里流花片。记得座中客,能说王稚登。稚登挝鼓湘兰舞,赏音击节屠长卿。后来好事潘景升,晚节犹数茅止生。绝艺于今谁作主,李小大歌张卯鼓。当时惆怅说于今,忍见于今又成古。年复年来事可叹,镫船伐鼓鼓不欢。辛壬之际大饥疫,惟见风陵烽火照见秦淮白骨横青滩。桃叶何须怨寂莫,天子孤立在长安。吾闻是时宰相蒯成侯,黄金至厚封疆雠。公卿济济咸一德,坐令战鼓逼龙楼。甲申三月鼓遂破,断管残丝复谁和。半闲堂里起笙歌,平章舟上称朝贺。试问当时雷海青,阶下池头还几个。新剧惟传燕子笺,杀人无暇上游船。行人何必近前听,涂毒鼓中无性命。同时阿谁伎畜尔,惟有黄刘高左五侯耳。君不见师延靡靡濮上水,未若玉树后庭美。赏音何人丞相嚚,相对掀髯复切齿。一拨弦中半壁亡,一棒鼓中万人死。鼓急弦惊曲不长,两年歇绝堕渔阳。有客徒怜桥下水,无人不断渡边肠。及此相看真分外,何许藏舟一舟在。拂尘捭拨光初辉,奋槌扬袖褴褛衣。不镗漫乘夕照出,舞伴知从何处归。争新夸异各有故,君看西风桃李枝。西风一枝众称异,东风万树空尔为。入耳悲欢难具说,醉里分明具心热。于戏!汉代金仙唐舞马,此事千年有无者。兴亡不入心手闲,然后声音如雨下。探汤挝鼓蒺藜刺,应有心肝碍胸次。馀音漠漠搅飞絮,镗船镗船过桥去①。过桥去,伤鼓声,长歌短歌歌当成。陇西李贺抽身死,举杯相属樊川生。此生流落江南久,曾听当时煞尾声,又听今朝第一声。

《秦淮镗船歌》

江都汪蛟门懋麟

秦淮五月水气薄,榴花乍红柳花绿。新荷半舒菡萏长,对面人家卷帘幕。晚来列炬何喧阗,鼓吹中流一时作。火龙一道镗船来,众响啁嘈判清浊。一人挝鼓扬双槌,宫声坎坎两声搏。一人按拍秉乐句,裂帛时闻坠秋箨。一人小击云锣清,彷佛湘娥曳珠珞。横笛短箫兼玉笙,芦管鸣鸣似南籥。两旁列坐八九人,急羽繁商不相若。或涩如调素女弦,或溜如啭早春鹊。或缓如咽松下泉,或激如挑战场稍。有时回帆作数弄,月白沙明叫饥鹤。六船盘旋系一缆,万点琉璃光灼

---

① 一本作"镗船镗,过桥去"。

灼。牛渚燃犀群怪惊,昆明习战老鱼跃。众人互奏时一呼,如听宫中上元乐。吁嗟此声何自来,万历年间逞欢谑。中山开平盛甲第,富贵薰天凌卫霍。谢公巷口开画楼,江令宅旁起朱阁。传闻宴客端阳前,妙舞清歌进金罍。青溪之南桃叶东,院里名倡好梳掠。一笑真欲三年留,倒心回肠爱眉角。珠玉如泥买歌笑,酒肉成山委溪壑。流传直到南渡时,万事荒淫付杯杓。作赋尚留才子名,盘游苦恨宰臣恶。此时镫船知最奇,此时兵戈已交错。天心杀运不可回,三十年来莽萧索。余年童稚不及逢,白头老人说如昨。今年来游怳梦寐,烽火暗天浑不觉。纷纷荡子登酒船,岸岸河房动芳酌。此地有湖名莫愁,我欲言愁恐惊愕。世人忽忽无远忧,悲歌拔剑地空斫。嗟我旅人行且归,醉眼迷离石城脚。

姜廷善宝为南京伯[①],大戒六院,无得游行,人迹无敢至者。张幼于来白门,先入旧院,盘桓旬日,仍收所榜,面宗伯曰:"请为先生开一面之网。"宗伯笑曰:"我故疑有此。"《玉光剑气》

沈龙江鲤在礼部,锐意匡正风俗,最恶倡优,欲建议汰除。于文慎公曰:"此恐不能为,亦不必尔。先王以礼防民,莫之能废解。如大都大邑,必有沟渠以流其恶,否则人家门庭之内,皆为污浊所留矣。先王救俗之微权,有不可以明喻

---

① "南京伯",疑当作"南宗伯"。

11

者,存而不问可也。"沈公遂止其事。《野获编》

旧院与贡院遥对,仅隔一河,原为才子佳人而设。逢秋风桂子之年,四方应试者毕集。结驷连骑,选色征歌,转车子之喉,按阳阿之舞,院本之笙歌合奏,回舟之一水皆香。或邀旬日之欢,或订百年之约。蒲桃架下,戏掷金钱;芍药栏边,闲抛玉马。此平康之盛事,乃文战之外篇。迨夫士也色荒,女兮情倦,忽裘敝而金尽,遂欢寡而愁殷。虽设阱者之恒情,实冶游者所深戒也。青楼薄幸,彼何人哉!《板桥杂记》

万历末年,闽人谢雒辑《白门新社》,载《金陵元夕曲》,极言其盛。故钱牧斋《金陵社夕诗序》曰:"海宇承平,陪京佳丽。仕宦者夸为仙都,游谈者指为乐土。弘正之间,顾华玉、王钦佩以文章并埒,陈大声、徐子仁以词曲擅场,才俊歘集,风流弘长。嘉靖中年,朱子价、何元朗为寓公,金在衡、盛仲交为地主,皇甫子循、黄淳父之流为旅人,相与授简分题,征歌选胜。秦淮一曲,烟水竞其风华;桃叶诸姬,梅柳滋其妍翠。此金陵之始盛也。万历初年,陈宁乡芹解组石城,卜居笛步,置驿邀宾,复修青溪之社。于是在衡、仲交以旧老而莅盟,幼于、百穀以胜流而至止。轩车纷还,唱和频烦,此金陵之再盛也。其后二十馀年,闽人曹学佺能始回翔棘寺,游宴冶城,宾朋过从,名胜延眺。搢绅则臧晋叔、陈德远为眉目,布衣则吴非熊、吴允兆、柳陈父、盛太古为领袖。台城怀古,爱为凭吊之篇;新亭送客,亦有伤离之作。笔墨横飞,篇帙腾跃。此金陵之极盛也。余录《元夕诗》,为之引其端,以志盛衰之感。"上饶王嗣京曰常《金陵元夕曲》云:"邸第高依尺五天,众中谁过李延年。移园夜色娇罗绮,逐队春声散管弦。"《续本事诗》

金大舆子坤有《白下春游曲》云:"江南春暖杏花多,拾翠寻芳逐队过。满地绿阴铺径转,隔枝黄鸟近人歌。""凤凰台上草如烟,两两红妆娇可怜。笑折桃花翻彩袖,醉攀杨柳落金钿。""白马金鞍游冶郎,醉携红袖上梅冈。银钿金雁春风里,指点江山坐夕阳。""双飞蛱蝶恋青莎,逐队流鱼泛碧波。共买杏花村里酒,来听桃叶渡头歌。"《续本事诗》

明季,归安茅止生元仪居花林,拥厚赀,雄才侠气,睥睨一时。童年赴试,郡守以岁歉,出簿劝捐,止生即援笔注云:"助米一万石。"弱冠迁居秦淮,于万历己未五日创举大社,分赠游资千二百馀金。又人各予一金、一妓、一庖丁、酒筵一席,计二千金。是日举金陵之妓女、庖人、游舫,无不毕集。止生时年仅二十有五也。其族孙湘客应奎《金陵感兴》云:"一麾万石酕醄年,日食宁论二万钱。自注:公饮啖兼数人。宛叔草书能入圣,楚生辞笔解升仙。谓杨、陶二姬。杨工草书,陶卒后,降乩云:已复证仙,为西元洞主。金钗列队专房占,公先后侍姬凡八十馀人,晚节独重宛叔。玉腕持郎过马便。陶兼有勇力,尝与公并马出郊,马逸,几坠,陶扶过马上,获兔。小袖云蓝逸韵尽,孙枝一叶剩谁边。"公后已不可考。往予见湘客,述止生遗事,真娓娓可听。《鱼计亭诗话》

潘之恒景升，歙县人，留连曲中，与名妓朱泰玉、郑无美征歌度曲。泰玉、无美，冒伯麐所集，与马湘兰、赵今燕为秦淮四美人者。景升《西陵逢扬五》诗云[1]："击楫似邀桃叶渡，看花空忆莫愁湖。"知其狎游都在台城烟水矣。《续本事诗》

石田沈启南云："南京旧院有色艺俱优者，或二十、三十姓结为手帕姊妹，每上节，以春盘巧具肴核相赛，名盒子会。凡得奇品为胜，输者罚酒酬胜者，中有所私，亦来挟金助会。厌厌夜饮，弥月而止。席间设镫张乐，各出其技能，赋此以识京城乐事也。诗云：'平乐宵镫闹如沸，镫火烘春笑声内。盒盦来往斗芳邻，手帕绸缪通姊妹。东家西家百络盛，装肴饤核春满檠。豹胎闲挟惊冰椀，鸟揽分掫椰玉生。不论多同较奇有，品里输无例赔酒。呈丝逞竹会心欢，褽钞褾金走情友。閧堂一月自春风，酒香人语百花中。一般桃李三千户，亦有愁人隔院住。'"《本事诗》

公安袁小修来游金陵，余羡长邀诸词人，请小修结社于秦淮。小修出一题云："月映清淮流"，邀而入社者三十九人，同声遥和者三十馀人，刻一《秦淮社草集》，中独无小修，何也？佐酒妓朱无瑕、傅灵修、张如玉三人皆有诗，社中诸作当以"不随云影驶，翻共水痕高"压卷。友人见"似璧嗟难售，如珠惜浪遗"之句，鼓掌曰："好好的清淮明月，要作璧卖，要

---

[1] "扬"，疑当作"杨"。

作珠拾,何其有市心乎!"《金陵续琐事》①

　　齐王孙国华以文采风流,厚自标置,掉鞅诗坛,鼓吹骚雅。万历甲辰中秋,开大社于金陵,会海内名士,分赋授简百二十人,秦淮妓女马湘兰以下四十馀人,咸相为缉文墨,理弦歌,修容拂拭,以须宴集,若举子之望走锁院焉。承平盛事,至今白下艳称之。《玉光剑气》

　　姚北若瀚为姚尚书思仁之孙,英年乐于取友,尽收质库私钱,载酒征歌,大会复社同盟于秦淮河上,几二千人,聚其文为《国门广业》。时阮集之大铖填《燕子笺》传奇,盛行于白门,是日句队,无有演此者。北若《秦淮即事》诗云:"柳岸花溪澹泞天,恣携红板放镫船。梨园子弟觇人意,队队停歌《燕子笺》。"《续本事诗》

　　吴姬旧有甲乙谱,无锡钱星客复修之。珠帘画舫,粉香载道,一时诸名士各赋诗题赠,名《香奁社集诗》。茂苑朱隗云子曰:"玉轻钗艳乍参差,密坐围寒卜夜期。锦阵班头推火凤,梨园色长有蛮儿。螺卮传令沾衣酒,觥带求书即席词。欲作群芳生面谱,应看莲本出青泥。"正咏其事《赠郎玄》云:"瓜时初过正娇娆,烟叶双眉不待描。浓睡未醒鹦鹉唤,晓妆难竟画船邀。清歌疑傍炉烟散,艳影愁随蜡泪消。一笑

尊前似曾识，朝来莫共楚云飘。"吴梅村《赠郎元》云①："轻靴窄袖柘枝装，舞罢斜身倚玉床。认得是侬偏问姓，笑侬花底唤诸郎。"见本集。集作"元郎"，误。《赠董晓》云："月下亭亭影不移，整钗微动小相思。眼澄秋水光初翦，身倚名花艳独披。若对青鸾期莫失，倘逢红凤会休迟。双成欲见无消息，还向君家寄怨词。"《赠蒋庆》云："凤影鸾音画烛前，红衫紫带使人怜。兰香宜出风尘表，绛树还来歌舞筵。獭髓新涂光正媚，翠钿初贴态愈妍。金荃好句偏成诵，细写菖蒲小样笺。"《梁昭、沙才、卞赛诗》附小传

戊寅冬，余在留都，同族人隆平侯与其弟勋卫、甥赵忻城、贵州杨爱生、扬州顾不盈，余友吕吉士、姚简叔，姬侍王月生、顾眉、董白、李十、杨能②，取戎衣衣客，并衣姬侍。姬侍服大红锦狐嵌箭衣，昭君套，乘款段马，韄青骹，绁韩卢，统箭手百馀人③，旗帜棍棒称是。出南门，校猎于牛首山前后，极驰骤纵送之乐，得鹿一、麂三、兔四、雉三、猫狸七，看剧于献花岩，宿于祖堂。次日午后猎归，出鹿麂以飨士，复纵饮于隆平家。江南不晓猎较为何事，余见之图画戏剧，今身亲为之，果称雄快。然自须勋戚豪右为之，寒酸不办也。张岱《梦忆》④

---

① 郎元，即"郎玄"，避清讳改。
② 杨，原作"扬"，误。杨能为秦淮名妓，今据改。
③ 统，原作"炕"，据《陶庵梦忆》卷四"牛首山打猎"条改。
④ 即《陶庵梦忆》。

《秦淮士女表》序

金坛曹大章

女伎之兴，其来尚矣。顾代有名姬，亦代有艳史。《汉上题襟记》《湘皋解佩录》《南部烟花录》《广陵花月志》诸书，本虽不全，散见他卷，然或以标供奉，或以纪冶游，或以载私奔，或以传胜事，间一及此，不尽若人。迨于三里三曲之书，则独为女伎一家之乘矣。国初女伎尚列乐官，搢绅大夫不废歌宴，革除以后，屏禁最严。当时胭脂粉黛，翡翠鸳鸯，二十四楼，分列秦淮之市，憾无有纪其盛者。其后遂毁，所存独六院而已，所艳独旧院而已。曾见《金陵名姬分花谱》，自王宝奴以下，凡若而人各缀一词，切而不雅。《十二钗》《女校书录》差强人意，未尽当家。馀子纷纷，蛙鸣蝉噪，刻画无盐，唐突西子，殊为可恨。顷余有事于此，将一洗晚近之陋，未得雅宗。偶见友人表《世说新语》，有触于衷，引而为此。客有难予："表例创自龙门，继自兰台，永作史家法程，皆中外侯王公卿将相之事，奈何降格于兹？是以金声玉振之音，奏桑间濮上之曲也。"余曰："不。不。洙泗删诗，偏存郑卫；更生《列女》，下及淫夸。女有妍媸，即士有邪正也。既可史矣，何不可表乎？昔之为传者，亦史之一例，但所褒不免雷同，而所贬过于荼毒。今之所表，才伎独详，多寡长短，彰彰较著。予者不得为曲，受者不得而私。情兴丰姿，概尽不论，阴有衮钺，尽属某士一言，此作者之微权也。子瞻与少游论伎，定以情兴为上，才伎次之，丰姿为下，兹亦其遗意乎？"客曰："品以庶士，而例以五科，何所取则？"余曰："有之。

袁彦伯作《名士传》，以王、何诸子为正始名士，嵇、阮诸子为竹林名士，裴、乐、王、谢为中朝名士，兹又其遗意也。"客首肯而退。

序曰：君子好修，欲作程于后世；达人任放，惟行乐于当年。顾南陌桑间，讵攀五马之驻；而东邻墙畔，未允三年之窥。盖罗敷有偶，而处子有仪也。故情之所钟，当在若辈；礼之所设，岂为吾曹？千载风流，向传江左；六朝佳丽，宛在秦淮。朱雀桥头，南引狭邪之路；乌衣巷口，曲通游冶之场。挟弹飞鹰，籍籍繁华公子；鸣鞭策骑，纷纷佻达儿郎。剑客藏名，托兹以砻侠骨；文人失职，借此以耗壮心。则有仙貌非凡，原居天上；俗缘未断，暂谪人间。杨柳腰肢，步尘则疆；芙蓉脂肉，出水不濡。吹气如阑，濯肌似玉。口朱未傅，依然夜语闻香；面药无施，自尔昼眠知莹。横拖秋水，却厌金篦；澹扫春山，何须石黛。杏黄衫子，偏宜翡翠文裙；耳后珠珰，雅映眉间宝靥。可谓胡天胡帝，乍阴乍阳，独立无双，横陈第一者矣。于焉魂与，纫也目成。同题汉上之襟，共结江干之佩。引金张而并入，迷刘阮以忘归。此处留侬，岂惜缠头之锦；他年共命，何须系臂之纱。堕马妆成，惜不入宫见妒；藏鸦赋就，幸而倚案承怜。此诚欲界之仙都，而尘寰之乐境也。吾曹游侠，有斐词人，朱紫春新，雌黄月旦。羡名姬之卓绝，愤俗子之品题。乃援彦伯之凡，因作龙门之表。又虽沿自班马，直不愧于董狐。呜呼！国色难逢，彩云易散。慨自桂移梧落，玉折兰摧；燕老鸿飞，鸾孤莺瘦。令荆山剖璞，岂尽连城；冀野空群，要惟一顾。章相之士，既以摇其笔端；尺寸之夫，安能肆其唇吻？

《莲台仙会品》①
金坛曹大章

叙曰：金坛曹公，家居多逸豫，恣情美艳。隆、嘉间，尝结客秦淮，有莲台之会。同游者，毗陵吴伯高、玉峰梁伯龙诸先辈，俱擅才调，品藻诸姬，一时之盛，嗣后绝响。诗云："维士与女，伊其相谑。"非惟佳人不再得，名士风流亦仅见之，盖相际为尤难耳。

品目

女学士王赛玉，小字儒卿，名玉儿，行六。花当紫微。

女太史杨璆姬，小字溲喜，名新匀，行一。当莲花。

女状元蒋兰玉，小字双双，名淑芳，行四。当杏花。

女榜眼齐瑞春，小字爱儿，名淑芳，行五。当桃花。

女探花姜宾竹，小字玉儿，名知真，行八。花当西府海棠。

女会元徐琼英，小字爱儿，名文宾，行三。当梅花。

女会魁赵连城，小字延龄，名彩鸳，行五。花当芍药。

女会魁陈玉英，小字八十儿，名士兰，行八。花当绣球。

女解元陈文姝，小字回儿，名素芳，行五。当桂花。

女经魁张如英，小字奴儿，名友真，行五。花当芙蓉。

女经魁蒋文仙，小字耐经，名媅屏，行五。当葵花。

储材陈琼姬，小字芳春，行十有传。当蕙草。

---

① "莲台仙会"及下文"品目"一节，出自《亘史》。

储材王蕊梅,名宾儒,行一有传。当芝草。

莲台令规

遵旧录,用十四章雕镂人物花卉以媚观者,著为令,从大会上方可行,必满十四人,乃如法,少一人,则去一魁叶。其法特难于考试,考遍席,各散一叶覆之,令执学士、太史二叶者先发覆。学士指某曰举,解元当即应,非即罚一觞。次太史举一人,亦如之。倘及储材,即为夺标,而解元隐勿露。凡再问而储材不得应,五举而得状元乃止。三元张宴,以次行觞,随意作乐,而榜、探不与焉。缺一元则以次补。凡五举而储材无偶,幸为下第散材矣,听三元任意施为,即学士、太史十举而无当鼎甲及一元者,亦罚出席,不预燕而听施为。得三元而勿举,则抢魁者奉慰一觞,而同袍之情尽矣。曾见行试官令者,抑举子过当,故以此报之。夫士不遇主司耳,岂尽才之罪哉。储材而举者,命也,非典试之功。故虽举,犹无当也。己酉夏日冰华主人定。

品目花名

合学士至经魁十二人为偶,今又合状元至储材十二人为奇,合总之分,合成十二章之数。

学士:紫薇花。

太史:莲花。

状元:杏花。

榜眼:桃花。

探花：西府海棠。

会元：梅花。

会魁：芍药。

会魁：绣球。

解元：桂花。

经魁：芙蓉。

经魁：葵花。

经魁：菊花。

储材：蕙草。

储材：芝草。

金陵妓品

歙潘之恒

诗之士女，女之有士行者。士行虽列清贵，而士风尤属高华。以此求之平康，惟慧眼乃能识察，必其人尚儒素而具灵心，緊余所思，昔为蒋翘如、褚茜英，今则杨素生、寇琰若。褚犹婉弱，寇颇飞扬。或思前辈流风，庶当品外高韵，所谓存而不论者，尚亦有人。若乃仙度之雍容协调，夜舒之高亢绝群，齐晋更伯，宜以正谲为差。翘如兼有而不居，遐想东周之喆，居于亚旅之间。傅氏秘枕，以契仙中；杨家揭竿，以求亡子。所艳所摈，不以违众为独专可也。

一曰品，典则胜。

寇四有传

杨超

范润

卫朝

傅宝

杨昭 _{有传}

钟留

郝赛 _{有传}

卫馥

二曰韵，丰仪胜。

马小大

寇白

顾凤

刘文

沙明

王京

顾美

崔六

田七

林珠

三曰才，调度胜。

王昭

顾翠

郑妥 _{有传}

马媚

马爱

杨元

王凤

杨章

四曰色，颖秀胜。

郝宝

马嫩

卫皎如

傅七

蒋西

以上聊纪一时之英，或前辈风高，或闭门未面，或远游他徙者，都不具载。辛酉十月朔识。

武宗南巡，以乐工臧贤辈自随，遍选声伎。金陵有徐髯仙者，能谱新曲，上亦爱幸。顾东桥璘有《武皇南巡旧京歌》："白发梨园旧乐师，锦胸花帽对弹丝。行宫只奏中和调，解厌南朝玉树词。"《续本事诗》①

旧院老乐工唱北调，以琵琶、筝和之，是宫中所传。秦淮镫船所奏，皆宫中乐。乐半，吹笛喝采，其声如雷。闻宫中元夕所奏乐皆然。前朝盛时，镫船多至六七十只。

南都自徐髯仙后，惟金在衡銮最为知音，善填词，嘲调小曲极妙，每诵一篇，令人绝倒。亦谓散套中无佳者，惟"万

---

① 《续本事诗》，清人徐钛撰。下文亦引此书。

种闲愁"最好,余细看之,独"马上抱鸡三市斗,袖中携剑五陵游"二句为胜,乃用晚唐人诗也[①],其馀芜浅不足观。

余家小鬟记五十馀曲,而散套不过四五段,其馀皆金元人杂剧词也。南京教坊,人所不能知。老顿言,顿仁在正德爷爷时,随驾至北京,在教坊学得。怀之五十年,供筵所唱,皆是时曲。此等辞并无人问及,不意垂死遇一知音,虽曲艺且然,可不谓之遭遇哉[②]!《四友斋丛说》

老顿于《中原音韵》《琼林雅韵》终年不去手,故开口闭口与四声阴阳字,八九分皆是,然文义欠明,时有差处,如马东篱《孤雁汉宫秋》,其《双调》尾声云:"载离恨的毡车半坡里响","毡"字他教作闭口,余言"毡"字当开口,他说顿仁于韵上考索[③],此字从"占",当作闭口。余曰:若是从"占",果当闭口,但此是写书人从省耳。此字原作"氊","氊"字开口,汝试检'毡'字正文,无从"占"者。渠始信,教作开口。老顿云:南曲中如"雨歇梅天",《吕蒙正》内"红妆艳质",《王祥》内"夏日炎炎",《杀狗》内"千红百翠",此等谓之慢词,教坊不隶琵琶筝色,乃歌章色所肄习者,南京教坊歌章色久无人,此曲都不传矣。同上

---

① 此句《四友斋丛说》卷三十七作"乃用晚唐人罗隐诗也"。按:此段及其上一段其下两段皆出《四友斋丛说》卷三十七。

② "虽曲艺且然"二句,《四友斋丛说》卷三十七作"是虽曲艺,然可不谓之一遭遇哉"。

③ 此句末,《四友斋丛说》卷三十七多"极详"二字。

余令老顿教《伯喈》一二曲,渠云:《伯喈曲》某都唱得,但此等曲是后人依腔按字打将出来,教坊正如善吹笛管者,听人唱曲,依腔吹出,谓之唱调,然不按谱,终不入律。况弦索九宫之曲,或用滚弦、花和、大和、钐弦,皆有定则,故新曲要度入亦易,若南九宫原不入调[①],间有之,只是小令。苟大套数既无定则可依,而以意弹出,如何得是?且笛管稍长,短其声,便可就板,弦索若多一弹,或少一弹,则俞板矣,其可率意为之哉?同上

康陵南巡,乐工顿仁随驾至北京,得金元人杂剧李节者,善筝歌,何元朗品为教坊第一手。于时名彦咸赋诗留赠,黄淳父诗云"十四楼中第一声"也。

春日花前听李节筝歌作[②]

华亭何良俊元朗

瘦鹤支离病客身,黄莺娇小帝城春。花前莫遣清樽歇,头上应添白发新。纵饮已忘身外事,当歌且惜眼中人。秦淮花月如天上,几欲乘槎一问津。

倡和诗

文休承

酒清香霭夜挏筝,弦上凉生六月冰。但许风流擅南馆,

---

① "调"字原阙,据《四友斋丛说》卷三十七补。

② 此诗为盛时泰《元朗席上听筝》,下一首诗为文嘉(字休承)和作,见徐釚《本事诗》。何良俊(元朗)另有《听李节弹筝和文文水韵》云:"泪泪寒泉泻玉筝,冷冷标格映清冰。愁中为鼓秋风曲,不负移家住秣陵。"

不教飞梦绕西陵。泠泠寒玉泻秦筝,片片清声似断冰。一曲浑疑李凭在,不知秋旅是金陵。

张玄超

披帷月底理鸣筝,哀调澄于镜里冰。试使楚王闻一曲,可怜应不是安陵。

黄圣生

月照高楼弹玉筝,泠泠飞峡泻寒冰。羁人一听阳关曲,不畏秋风客秣陵。

东桥张燕,必用教坊乐工,以筝琶佐觞,最喜小乐工杨彬。常诧客曰:"符南冷诗所谓'消得杨郎一曲歌'者也。"《续本事诗》

友人王亮卿,徽州人,有俊才,能诗。尝言昔年入试留都,闻查八十在上河,往访之。相期饮于伎馆,听其琵琶①。查曰:"伎人琵琶,吾一扫即四弦俱绝,须携我串用者以往。"亮卿设酒于旧院杨家,亦世代有名。酒半,取琵琶弹之。一伎女占板,甫一二段,其家瞎妈妈最知音,连使人来言,此官人琵琶与寻常不同,汝占板俱不是。半套后②,使女子扶凭来出,问查来历,查曰:"是钟秀之徒弟。"此妈妈旧与秀之相处,相持而泣③。《四友斋丛说》

---

① 此句,《四友斋丛说》卷三十七作"欲听其琵琶"。
② "套",《四友斋丛说》作"曲"。
③ 此句,《四友斋丛说》作"与查相持而泣"。

教坊梨园单传法部,乃威武南巡所遗也。然名妓仙娃,深以登场演剧为耻,若知音密布①,推奖再三,强而后可。歌喉扇影,一座尽倾,主之者大增气色,缠头助采,遽加十倍。至顿老琵琶,妥娘词曲,则只应天上,难得人间矣。《板桥杂记》

南曲中,妓以串戏为韵事,性命以之,杨元、杨能、顾眉生、李十、董白以戏名。属姚简叔期余观剧,僛僮下午唱《西楼》,夜则自串。僛僮为兴化大班,余旧伶马小卿、陆子云在焉,加意唱七出戏,至更定,曲中大咤异。杨元走鬼房问小卿曰②:"今日戏,气色大异,何也?"小卿曰:"坐上坐者余主人。主人精赏鉴,延师课戏,童手指千僛僮到其家谓'过剑门',焉敢草草?"杨元始来物色余,《西楼》不及完,串《教子》。顾眉生:周羽;杨元:周娘子,杨能:周瑞隆。杨元胆怯肤栗,不能出声,眼眼相觑,渠欲讨好不能,余欲献媚不得。持久之,伺便喝采一二,杨元始放胆,戏亦遂发。嗣后,曲中戏必以余为导师,余不至,虽夜分不开台也。以余而长声价,以余长声价之人而后长余声价者,多有之。《陶庵梦忆》

朱音仙,阮怀宁歌者,供事军中,谈江上情形甚悉。龚芝麓赠以诗云:"难闻拥髻消魂语,战垒苍茫落日低。"《定山堂集》

---

① "布",《板桥杂说》作"席"。
② 问,原作"周",殆形近而误。此段出自《陶庵梦忆》卷七"过剑门"条,今据《陶庵梦忆》改。

王紫稼尝在江南,时从太监韩赞周,以一曲供奉。

秦淮剧品

天都潘之恒

神何以观也? 盖繇剧而进于观也,合于化矣。然则剧之合也有次乎? 曰:有。技先声,技先神。神之合也,剧斯进已,会之者固难,而善观者尤鲜。余观剧数十年,而后发此论也。其少也,以技观进退步武,俯仰揖让,具其质耳,非得嘹亮之音、飞扬之气不足以振之。及其壮也,知审音而后中节合度者,可以观也。然质以格囿,声以调拘,不得其神,则色动者形离,目挑者情沮。微乎! 微乎! 生于千古之下,而游于千古之上,显陈迹于乍见,幻灭影于重光,非斾孟之精通乎造化,安能悟世主而警凡夫,所谓以神求者以神告,不在声音笑貌之间。今垂老,乃以神遇。然神之所诣,亦有二塗。以摹古者远志,以写生者近情,要之,知远者降而知近,知近者溯而之远,非神不能合也。吴侬之寓秦淮者,坐进此道,吾以观微得之。甚矣! 剧之难言,何惑乎秦汉之君褰裳濡足也! 作诸子之评。

评曰:诸子名家彦士,涸于浊世,颇多艳冶之情,浪迹微波,标于清流,亦舒慷慨之节,以行不以字识者,自得之耳。

彭大气概雄毅,规模宏远,足以盖世,虽捉刀掬泉,其自托非浅。

徐孟激扬蹈厉,声躁而志昂。古来英雄以暴自锢,一彻而昭,在此观矣。

张大敷、陈应拍纲领同流,惊四座之雄谈,擅一时之高韵。

周氏父子,一庄以直,一婉以恬,居然方正之风,雍熙之典。

小徐能游戏三昧,时以冷语淡情饮人,为之心醉。

陆三劲节高韵,登场自喜,千人俱废,似以度胜者。白苹骋望,殊觉青山撩人。

王四发音振林,乍见虽潜其光怪,亦足惊座,夭矫如游龙。

陈九沉默韫奇,令人自溺。其善为决绝者,非深于情者也,不免令琅琊笑人。

顾四奋迹淮阴,登坛树帜,侯度率真,便足令暗呜丧气①。酷思其宗兄携未央游秦淮时,直火攻之。

杨四情钟故耦,感慨化离,敝貂苏季,独不念绣被鄂君耶?

吴己婉媚倩然,有出群之韵,与王小四颉颃林间,一劲而清,一疏而亮,皆后来之俊,在娣姒之间,亦称双美。

王小四整洁楚楚,有闺阁风。爱其骏者不爱其妾,所遇既姝,所染亦有渐矣。

朱伏亭亭濯濯,潇散自如,三珠树为三青鸟所栖,无复有殊音之诮。

丁大金、陆白眉,其北调得真传,而南音亦和协。观者神悚,听者魂销,并有所长矣。

---

① "气"字原脱,据《说郛续》四四补。

陆四从銮江飞艇而来，乌江不渡，遂令千古气尽，而伟度侠骨，犹足与要离、专诸为邻。

沈二翩而有度，媚而不淫，青女可群，蛾眉易妒，亦善自超者。

韩二嬉笑怒骂，无不中人，惟善说，乃知说难。其纵体逞态，足鼓簧舌，通乎慧矣。

谢顾两大，能弱能柔，足以胜刚强，其应节合于桑林。

曲艳品

歙潘之恒

语云："礼失而求之野。""乐乐其所自生。"中古已亡，今何以观哉？余友汪季玄间广不慧："子徒寄慨于昔，而未谛审于今。今之乐犹古之乐，其亡者音耳，其声未始亡也。"余尚吴歙，以其亮而润，宛而清，乃若法以律之，畅以道之，重以出之，扬袂风生，垂手如玉，同心齐度，合乎桑林，则天趣所成，非由人力。惟童子年其颖易露，其变愈神，诚能恣之以逸，不继以隋，翻然尔思，亦庶乎近古矣。不慧不敏，愿学未能，就五生一，寓品题以质于季玄。世有求之法外者，乃可语法中，觉礼乐去古不远，知音者审之。

国璚枝

国璚枝，有场外之态，音外之韵，闺中雅度，林下风流，国士无双，一见心许。

何处梅花篴里吹，歌馀缥缈舞馀姿。涉江聊可充余佩，攀得璚台带露枝。

曼修容

曼修容，徐步若驰，安坐若危，蕙情兰性，色授神飞，可谓百媚横陈者矣。

宛转歌喉态转新，莺莺燕燕是前身。已怜花底魂销尽，谩向梁间语撩人。

希疏越

希疏越，翛然独立，顾影自赏，叙情慷慨，忽发悲吟，有野鹤鸡群之致。

年少登场一座惊，众中遗盼为多情。主人向夕频留客，百尺垂杨自选莺。

元靡初

元靡初，云衢未半，秋驾方升，孤月凌空，独传清啸，倘谓同欢毕轮，毋蕲发艳于三岁矣。

黄鹄高飞不可呼，羽衣潇洒髻县珠。曾栖句曲三峰顶，肯傍淮南桂树无？

掌翔风

掌翔风，颜如初日，曲可崩云，巫峰洛水，仿佛飞越，岂直作掌中珍耶！

风前垂柳斗腰低，一翦青丝覆额齐。含意未申心已醉，高云堕砌月沉西。

后艳品

序曰：乍见定情，自媚者为难，况草草品题，不无觖望。然私所属在首举者，国以婉至，慧以格高，才有殊长，何嫌媲美。乃若色失之瑶，典失之正，致失之昭，望失之直，权变失之粉郎，余实不敏，于诸伎何贬焉？倘有当于心，不妨再续矣。

慧心怜

慧心怜，音叶鸾凤，骎骎骅骝，千人中亦见卓乎超距之士。

音如环转体如弦，个是场中最少年。莫怪同侪心为折，纵令垂老亦知怜。

瑶萼英

瑶萼英，色艳而桃，气吁以畅，如缥缈仙人，乍游林水而纤尘不染。

美艳由来自有声，众中识曲不知情。若教蔺子亲操璧，肯博秦庭十五城。

直素如

直素如，锦文自刺，冰操同坚，宠或弛于前鱼，怨每形于别鹤。无金买赋，为献《长门》者接踵，悟后之欢，自溢于初荐尔。

澹泊无由表素心，聊将贞操托孤琴。相如不浅临邛意[1]，托讽何尝为赐金。

正之反

正之反，松筠挺秀，笙簧自鸣，如徒逐靡丽，亦几失于玄赏。

---

[1] 浅，应作"识"，二字繁体草写形近而误。

松声竹韵杂笙簧,箕踞长林古道旁。不独尘嚣能尽隔,顿令丘壑有遗光。

昭冰玉

昭冰玉,美秀而润,动止含情,水静而心澄,云遏而响逸矣。

一束宫绦一串珠,风前美度擅吴趋。排空群玉君应见,曲罢湘灵定有无。

续艳品

序曰:二净,色中之蒜酪也。颦笑关乎喜怒,谑浪亦示微权。古称施孟能近人情,则二子庶几矣。

和美度

和美度,身不满五尺,虹光缭绕,气已吞象①。壮夫不当如是耶。

解识吴侬善滑稽,憨情软语态如痴。略加粉色非真面,便放机锋不自持。

寰无方

寰无方,跳波浪子,巧舌如簧,脱逢吴儿,尚当掩袂。

公孙浑脱舞氍毹,气索登场为大巫。不独喑呜惊客座,生来胆略与人殊。

---

① "气已吞象",原作"气已吞气象",后一"气"衍。

剧评

一之度

余前有曲谶之评，蒋六、王节才长而少慧，宇四、顾筠具慧而乏致，顾三、陈七工于致而短于才，兼之者流波君杨美，而未尽其度，吾愿仙度之尽之也。尽之者度人，未尽者自度，余于仙度满志而观止矣，是乌能尽之。

二之思

西施之捧心也，思也，非病也。仙度得之，字字皆出于思，虽有善病者，亦莫能彷佛其捧心之妍。嗟乎！西施之颦于里也，里人颦乎哉！

三之步

步之有关于剧也，尚矣。邯郸之学步，不尽其长而反失之。孙寿之妖艳也，亦以折腰步称。而吴中名旦，其举步轻扬，宜于男而慊于女，以缠束为矜持，神斯窘矣。若仙度之利趾而便捷也，其进若翔鸿，其转若翻燕，其止若立鹄，无不合规矩，应节奏，其艳场尤称独擅，今巧者见之，无所施其技矣。

四之呼

曲引之有呼韵，呼发于思，自赵五娘之呼蔡伯喈始也。而无双之呼王家哥哥，西施之呼范大夫，皆有凄然之韵，仙度能得其微矣。

五之叹

曰语之寓叹声，法自吴始传，缓辞劲节，其韵悠然，若怨若诉。申班之小管，邹班之小潘，虽工一唱三叹，不及仙度之近自然也。呼叹之能惊场也，深矣哉。

朱子青与仙度竞爽者，音其音，白其白，步其步，叹所不及者，思与度耳。然已近顾筠当年，接傅寿芳尘矣，可易得哉！西来有极音，而不能奏技；周莲生有雅度，而音不振；剧之难言，若此耶！

卷第一之二　纪盛二

顺治壬辰禁良为娼,以丧乱后良家子被掠,辗转流落乐籍,故世祖有是命。其误落于娼者,许平价赎归。

南市桥为前明十四楼之一,以处官妓,在斗门桥东北。长沙陈太守鹏年逐群娼,拆毁南市楼,改讲宣读《圣谕广训》。总督阿山劾以大不敬,狱成论死,李光地为之解释,遂从宽典。《白下琐言》

旧院有《教坊司题名记》,嘉靖壬午张鏊书,有左右司乐、排长、色长诸名目。今碑徙于回光寺,在白塔巷内。同上

金陵旧院有顿、脱诸姓,皆元人后没入教坊者。顺治末,予在江宁闻脱十娘者,年八十馀尚在,万历中北里之尤也。予感而赋诗云:"旧院风流数顿杨,梨园往事泪沾裳。樽前白发谈天宝,零落人间脱十娘。"《池北偶谈》

金陵八十老人丁继之,常与余游祖堂,憩呈剑堂,指示余曰:"此阮怀宁度曲处也。阮避人于此山,每夕与狎客饮,

以三鼓为节,客倦罢去,阮挑镫作传奇,达旦不寐以为常。《燕子笺》《双金榜》《狮子赚》诸传奇,皆成于此。"同上

金陵桃叶渡,顺治初,一县令邵姓者建桥其上,榜曰"利济青溪长板桥",明末为工部葛寅亮所毁,渔洋所谓煞风景也。

明时军家皆功臣之裔,声势烜赫,与庶民异。岁暮祀灶,军三,民四。《客座赘语》"秣陵人家以十二月二十四日夜祀竈",此其证也。今则无论良贱,皆二十三日矣,独龟子犹二十五日。岂明时有教坊司,此亦着为令甲,若辈固不敢讳耶?《白下琐言》

前明之盛,在武宗南巡之后,著录之书有《金陵十二钗》《女校书录》《名姬分名谱》《莲台会仙品》《士女表》、《亘史》《曲中志》《伎品》等书,播于人口。至广霞翁遭逢丧乱,回溯升平,成《板桥杂记》一编,崔令钦《教坊》之记,孟元老《东京》之录,感慨劫灰,评量旧梦,无识者读而喜之,有心人读而哀之,洵足为秦淮掌故矣。[1]

板桥杂记序

或问余曰:"《板桥杂记》何为而作也?"余应之曰:"有

---

[1] 此段当是缪荃孙按语。

为而作也。"或者又曰:"一代之兴衰,千秋之感慨,其可歌可录者何限,而子惟狭斜之是述,艳冶之是传,不已荒乎?"余乃听然而笑曰:"此即一代之兴衰,千秋之感慨所系也①。金陵古称佳丽之地,衣冠文物,盛于江南,文采风流,甲于海内,白下青溪,桃叶团扇,其为艳冶也多矣。洪武初年,建十六楼以处官妓,淡烟、轻粉、重译、来宾,称一时之盛事②。自时厥后,或废或存,迨至百年之久③。而古迹寖湮,存者惟南市、珠市及旧院而已。南市者,卑屑所居。珠市者,间有殊色。若旧院,则南曲名姬、上厅行首皆在焉。余生也晚,不及见南部之烟花,宜春之子弟,而犹幸少长承平之世,偶为北里之游。长板桥边,一吟一咏,顾盼自雄,所作歌诗,传诵诸姬之口,楚、润相看,态、娟互引,余亦自诩为平安杜书记也。鼎革以来,时移物换。十年旧梦,依约扬州;一片欢场,鞠为茂草。红牙碧串,妙舞清歌,不可得而闻也。洞房绮疏,湘帘绣幕,不可得而见也。名花瑶草,锦瑟犀毗,不可得而赏也。间亦过之,蒿藜满眼,楼馆劫灰,美人尘土,盛衰感慨,岂复有过此者乎!郁志未伸,俄逢丧乱,静思陈事,返念无因④,聊记见闻,用编汗简,效《东京梦华》之录,标崖公蚬斗之名,岂徒狭邪之是述,艳冶之是传也哉!"客跃然而起,曰:"如此,则不可以不记。"于是作《板桥杂记》。

---

① 　此处《板桥杂记》多二句:"而非徒狭邪之是述,艳冶之是传也。"
② 　"盛",《板桥杂记》作"韵"。
③ 　"百年",《板桥杂记》作"三百年"。
④ 　"返",《板桥杂记》作"追"。

广霞翁自序

余生万历末年,其与四方宾客交游,及入范大司马莲花幕中,为平安书记者,乃在崇祯庚辛以后。曲中诸美,如朱斗儿、徐翩翩、马湘兰,皆不得而见之矣,则据余所见而编次之。或品藻其色艺,或仅记其姓名,亦足以征江左之风流,存六朝之金粉也。昔宋徽宗在五国城,犹为李师师立传,盖恐佳人之湮没不传,作此情痴狡狯耳。"风乍起,吹绉一池春水","干卿何事?"彼美人兮,"巧笑倩兮,美目盼兮"。彼君子兮,"中心藏之,何日忘之"。

《品花诗》,梦雪老人作于乾隆癸卯,盖甄当时诸姬,分上、下平三十首咏之。诗中姓名、事实,足为风月掌故。老人姓白氏,名铭,号秋水,山东人,侨寓金陵。博雅工吟咏,著撰亦夥。年开九秩,视听不衰,每与谈少年时事,尚津津不倦云。惜少传本。他如《秦淮花略》《青溪笑》均未见,大约在《续记》之后。《秦淮画舫录》

国初旧院荒芜,板桥毁坏,间存一二旧人,已附前明之末。康熙朝禁令綦严,至乾隆四十馀年,始有《续记》之作,编辑一准广霞翁旧例。①

---

① 此段当亦是缪氏之按语。

续板桥杂记序

渡名桃叶,洵足勾留;里接长干,由来佳丽。风流东晋,骚人挥麈之场;旷达南朝,狎客分笺之地。歌楼舞榭,倡家俱白玉为墙;月夕花晨,荡子以明珠作楫。扬画帘于水畔,婉度轻歌;启绣户于花前,漫呼小字。芙蓉屏里,无非绿酒银镫;玳瑁筵中,尽是紫箫红笛。所以入青溪之曲,过客魂销;问长板之桥,羁人心醉者也。独是偎红倚翠,不乏绮人;刻烛分题,罕逢佳士。听鸡声之断爱,沟水东西;伤马足以无情,浮云南北。嗟尔纨袴,徒挥买笑千金;咄彼绮罗,未得解人一目。纵或寄情杂咏,注意闲吟;要皆风云月露之敷词,无复俊逸清新之雅韵。我友珠泉先生,鹏未搏云,豹还隐雾。王仲宣才华第一,依人在红莲绿水之间;庾景行品概无双,寄兴于檀板金樽之侧。皖江留顿,道出温柔;白下栖迟,人逢绮丽。潇潇暮雨,吴娘曲里新声;皎皎中天,扬子江头明月。缘赋情之特甚,致所遇之多奇。昔梦犹存,其人宛在。然而乌栖月下,已换楼台;燕到春馀,半迷门巷。重来渔父,垂鬌黄发之全非;前度刘郎,紫陌红尘之小异。卿同断梗,侬是飘蓬。江淹之别恨依依,卫玠之愁肠脉脉。雪泥鸿爪,李师师兹在谁家;鬓影蝉钗,关盼盼今归别院。花迎旧路,抚今昔以神伤;鸟变新音,对湖山而心捣。因而谱花丛之烂漫,字字皆春;志柳絮之飘飘,行行似玉。缘欢遇恨,婉而多风,即色成空,华不为靡。编同玉茗,发函皆艳异之人;记续曼翁,载笔并后先之美。君非达者,玉钗金粉之遐思;仆本恨人,榴帐薇裙之前梦。览新编而惆怅，触往事于依稀①。雌霓吟文，佩服太冲之著；乌焉成字，效颦玄晏之谈云尔②。阏逢执徐围涂月朔，清溪研香拜撰。

孔双湖太守禁妓，简斋太守以诗嘲之云："棨戟横排太守衙，威行八县唤民爷。如何济世安民略，只管河阳几树花。""泣翠啼红满耳闻，抛珠卖钏路纷纷。徒教胥吏添生计，名教何曾补半分。""果关国计费持筹，见解须从大处求。江水自清河自浊，不闻天地废河流。""大索横搜太费心，想缘俸薄苦难禁。不教妓诉贪花客，那好官分买笑金。""女闾三百置当垆，齐国曾供士大夫。此日闻声吃虚警，弹章合到管夷吾。""十七史中循吏传，也曾翻过百千馀。如何煮鹤焚琴事，良史从无一字书。""不诛孟贼翦柔条，圣训严如日月昭。何不公馀常跪读，自然牌牒早焚烧。""追溯唐虞太古风，早留此辈可怜虫。三皇世有洪厓妓，曾载《康熙字典》中。""江左名臣有谢安，东山功业震人寰。须知挟妓虽行乐，也当苍生一样看。""青楼亦复有英雄，莫使芟除野草同。骂贼当年毛惜惜，绝胜胡广号中庸。"赵云崧观察翼《戏题绝句五首》云："登车红袖满啼痕，诗老为招已断魂。十四楼高功保障，平康护法好沙门。""八十衰翁已白纷，惜花心在老逾殷。哥舒半段枪无敌，专救人间娘子军。""南部烟花手护持，君房下笔妙言辞。女闾援到齐桓例，莫是贪他夜合赀。""巧

---

① "触"，原作"觞"，据《续板桥杂记》改。
② 晋人皇甫谧，自号玄晏先生。此处"玄"，原作"元"，避清讳改，今回改。

为蛾眉作主张,一言感煞众红妆。知君九十开筵日,定有湘兰百妓觞。""多少妖姬又冶容,家家虔炷瓣香浓。青楼占得长生位,也抵先儒祀瞽宗。"《快园诗话》,参《秦淮闻见录》

百菊溪龄总督两江时,司道以下多朋饮妓船,酣嬉无度,百公患之,而不欲显发,乃召一尉谓之曰:"某所有妓船为我驱之。"索尉手版,书绝句云:"宛转歌喉一串珠,好风吹送莫愁湖。缘何打桨匆匆去,煮鹤焚琴是老夫。"尉持手版往,众官踉跄而散。虽属煮鹤焚琴,而以风雅出之,尚非俗吏所能也。同上

辛未七月,大府有驱逐之令,院中诸姬云散风流,张素琴、喜林辈挂帆远去。李雨亭《寄怀二绝句》云:"苦怨鹣鹩命不齐,临风难觅一枝栖。此行好记门前柳,春梦归来路不迷。""一帆轻逐晓风行,枫叶萧萧送远旌。莫怪司勋真薄幸,阳关怕听断肠声。"又《赠张喜林二绝句》云:"云鬟雾鬓态嫣然,对影开奁转自怜。命薄如花春不管,风光容易损流年。""偷解瑶环意若何,赚郎来觅好重过。莲心红豆同函里,谁识相思苦更多。"同上

嘉庆丙子丁丑,百菊溪既行,秦淮复大盛。捧花生有《画舫录》二卷。捧花生,上元车秋舲持谦别号。

秦淮画舫录序

山塘绿水,酒地花天,烟月红桥,筝船箫局,大江南北,述冶游者,无不哆口繁华,醉心佳丽矣。至于记金陵之琐事,听石州之新声,渡接青溪,居连白石。单舟垒舸,钗飞钏动之场;六柱重阑,簧暖笙清之会。盖其分脾江孔,金粉犹多,拾沈齐梁,风流未沫,固有孙棨、张泌之记载,敦颐、彦夔之撰著所覶缕未及者,故联俊侣,洽欢悰,必以秦淮为最。乃自《燕子》《桃花》,徒传旧曲,帕盟、盒会,久断前闻。甄综已虚,妍华不发,水波黯黯,楮墨沉沉。几使澹心《杂记》一编,芬响莫嗣,此捧花生《画舫录》所由昉也。嚼蕊吹叶,写翠传红。人聚大罗之天,书续《小名》之录。姝丽遇之操珤,姓字荣于镌苔。泂研北之绮怀,江东之艳纪矣。仆十载重来,难寻泥爪;三春小住,易感风花。每忆凉篸一枝,水厅宵露;明镫四角,浪桨秋风。扇影鬟丝,眉缭花而语结;脂奁镜槛,手携玉以魂销。如梦如尘,顿成前度。坐令坠欢难拾,单情不双。兴倦寻芳,又过辛夷花下;情殷感旧,朅来丁字帘前。粉白墙围,认依依之垂柳;油红窗掩,添寂寂之新苔。触搣因之,何能已已。所幸天葩独秀,奇花初胎。晚出既多,后来居上。铢衣妆薄,不数绮纨,彩笔敷华,足空粉黛。题品冠于玉笈,契赏浃于璃情。差慰羁孤,不辞镂刻。殆又非斟酌桥边,茱萸湾畔,所得有此隽韵也。属为跋尾,永识倾心。此日墨池雪岭,声价有待于崔崖;翌时吹竹弹丝,陶写定邀夫温尉。嘉庆丁丑日月会于龙狨之次,海昌杨文荪拜序。

捧花生自序

游秦淮者，必资画舫，在六朝时已然，今更益其华靡。颇黎之镫，水晶之琖，往来如织，照耀逾于白昼。两岸珠帘印水，画栋飞云，衣香水香，鼓棹而过者，罔不目迷心醉。余曼翁《板桥杂记》，备载前朝之盛，分雅游、丽品、轶事为三则，而于丽品尤为属意。良以一代之兴，有铭钟勒鼎者，黼黻庙堂，以成郅隆之化，即有秦歌楚舞者，点缀川野，以昭升平之休。如湘兰、小宛、今燕、白门辈，洵足辉映卷册，称播士夫。《易》曰："良人得其玉，小人得其粟。"不其信欤！自是仿而纂辑者，有《续板桥杂记》《水天馀话》《石城咏花录》《秦淮花略》《青溪笑》《青溪赘笔》各书。甄南部之丰昌，纪北里之妆襦，不下一二十种。余幸生长是邦，目睹佳丽，偶亦买漆板，唤藤绷，洄溯中流，评花泊柳。本苏子瞻之寓意，为庾肩吾之近游。日月既深，见闻滋广。综诸姬之皎皎者，附以投赠诗词，分纪丽、征题，为上下二卷，因成于画舫之游，即题曰《秦淮画舫录》，盖窃仿曼翁之体，而以丽品为主，雅游、轶事，因以错综其间，不必于从同，实亦未尝不同已。或谓此录之作，未必遂空冀群，不知前乎此者非不佳，陈陈相因，无事余之重录也；后乎此者亦不少，绵绵不绝，容俟余之续录也。或又疑平章金粉，无裨风化，适为淫惑之书，虑损劝惩之旨。余曰：《烟花录》《教坊记》，隋唐以来，副载经史，区区撰述，何足以云。且葩经不芟桑濮，阎浮亦陈采女，风花水月，竟又奚伤哉！或去，遂书以为叙。嘉庆游兆困敦进瓜日，捧花生识。

道光丙戌,捧花生又撰《三十六春小谱》。

捧花生自序

春曰三十六者,本安乐翁诗意也。一春凡九十日,兹分孟、仲、季,而综三旬为一春,盖取以一贯三之义,馀六日又归之于闰也。夫大块发陈,是六六者奚可限量,然诏我以烟景,贻我以骀宕,滥觞发轫,极之万紫千红,何莫不昉于此哉!捧花生名著三中,书逾十上,往辑《秦淮画舫录》,以《离骚》芳美之怀,写壹郁依韦之绪,此编嗣出,何殊于前。乃操精麷,染帽蹄,①俾游东观西园间,罔不景骇响震,奚遑等给佳侠,致訾詈者肆摘觖耶!读者可以察其指已。丙戌秋禊日,济生拜题于小画舫斋。

南滁冯筠少_{震东}题李笛楼《秦淮烟月录》云:"买得秦淮作比邻,不知占尽几多春。小红度曲花含笑,太白题诗笔有神。得意文章关福命,会心棋酒总经纶。板桥他日搜遗翰,定让先生第一人。"《秦淮闻见录》

《青溪风雨录》、《秦淮闻见录》,云樵居士辑,道光丁酉序

李子雨亭将余《青溪风雨录》谬灾梨枣,敝帚自珍,曷敢邀名人题咏。乃览者幸不覆瓿,时复寄赠佳什,满箧琼瑶,不遑补刻,即登此卷,以公同好。楚南刘达夫_{立人}邮题七律二首云:"放荡形骸鬓已苍,记曾亲炙阮生狂。长携画笔兼诗

---

① 麷同"濡",又同软,"精麷"指毛笔。帽音赫,帽蹄:纸。

笔,最爱柔乡怯醉乡。弹尽烛花红亦瘦,修成眉史墨都香。秋风春雨捻髭处,搜遍金钗十二行。""遥怜春树暮烟横,野鹤闲鸥久共盟。山水窟中明两眼,绮罗丛里问三生。性贪泉石如云懒,诗咏香奁似水清。毕世输君无梦到,软红十丈马蹄声。"《秦淮闻见录》

《秦淮闻见录序》

晴漪一带,软涨三篙。千秋种玉之乡,六代销金之地。零脂剩粉,人话南朝;纨扇练裙,客寻北里。梅根冶畔,争传赠妾之诗;桃叶渡边,不少迎郎之曲。赚得丁娘十索,赋镜阁之妆台;博他子夜双声,画旗亭之素壁。题到墨池雪岭,虎仆抽来;欣逢酒地花天,蜂媒忙煞。洵足附虬髯之小传,助麈尾之清谭者矣。又况堂倾王谢,寺废齐梁,苔绣残钗,莎埋折戟。等游踪如柯蚁,化世事为沙虫。吊石马于荒陵,指铜驼于古殿。新亭绮栋,烧成麋鹿之场;旧院朱楼,耕出鸳鸯之瓦。痛八哥之末造,水缩黄花;惨十族之忠魂,血黏碧草。凤凰台脚,晚径烟封;燕子矶头,空城浪打。是以惹春人之离恨,牵秋士之羁愁。命蜡屐以寻幽,携酒樽而闲话也。无如兔毫频浣,蠹腹徒充,说士难逢,怜才绝少。孰下焚香之拜,易遭齑壁之讥,非粪溷之乱投,即酱瓿之用覆。置之高阁,任看蛛网纵横;迸向空箱,不管蜗涎萦绕。惟有韩陵片石,见始倾心;纵令左氏三都,闻犹抚掌。则有临川俊彦,豫郡英贤,名拟天台,字标瀚海。效《金荃》而编集,续《玉茗》以填词。宅筑青溪,龙华制赋;席敲铜钵,凤烛催诗。只夸燕颔虎头,封侯万里;那识虫肝鼠壁,作客半生。誉播鸡林,海外购求真本;文工獭祭,山中著有藏书。枉描虢国蛾眉,曾妍翠黛;谁市燕台骏骨,肯掷黄金。暮雨朝云,尽是荒唐之梦;晓风残月,无非懊恼之时。浥泪点于青衫,烟云过眼;搔丝痕之白发,霜雪盈颠。用是枨触萍鱼,感怀蕉鹿。舒来蜀锦,织出吴绫。吐白凤以传观,校红蟫而往复。罾更听罢,拥鼻工吟;鸭鼎焚馀,拈毫选韵君著有《青溪风雨录》。牡蛎园歌成一串,合付小红;离鸾操唱出双鬟,堪浮大白君著有《牡蛎园》传奇。搓酥滴粉,飞花啼鸟之天;撤管调筝,落叶哀蝉之地。固已价逾万镒,家置一编。江右坛尊,洛阳纸贵。掩秋娘曲翻《金缕》,效冬郎兴寄《香奁》。拓胸披杨柳之风,盥手蘸蔷薇之露。别有旁搜往见,广辑前闻,菊部新腔,荷囊旧稿。录玉箫之杂咏,钞锦瑟之清辞。万里桥边,薛涛尺素;九张机上,苏蕙流黄。心惊石尉园荒,绿珠粉碎,目断吴王台圮,紫玉烟沉。裴思谦斜背银缸,平康里笺留数纸;冯垂客拚偿铜锉,照春屏诗写九迷。野老山僧,刻萝峰而题石;隐侯故相,剩椒壁之笼纱。齿录收罗,牙签流布。酿花为蜜,集腋成裘。似闻鹊脑之香,如展蛟豪之褥。神伤分手,那堪燕燕莺莺;誓结同心,都是鹣鹣鲽鲽。就使春蚕作茧,莫绾情丝;恐教碧麝成尘,难销别绪。卿能解语,只缘生本灵根;我见犹怜,谁复破除色界。仆三生多恨,一笑钟情,鸿爪留踪,马蹄断爱。迟红鸾之递信,盼赤鲤之通书。数载青楼,赢来薄幸;十年白社,浪得浮名。娇花宠柳,丛中有人识我;豪竹哀丝,队里是处怜侬。廿四番风信传期,讯花事于乌衣巷北;千万种云容比艳,叩芳名于红板桥南。魄满蟾蜍,空照重来崔护;心灵鹦鹉,解呼前度刘郎。羞称儿女因缘,妄说神仙眷属。漫作鲛人之泣,转随蝶子之痴。笑小婢之争妍,发狂奴之故态。晨钟暮鼓,不妨耳听千声;秋扇春衣,底用目迷五色。知否镜花水月,终是空空;每逢歌板酒旗,应呼负负。少年豪气,斫宝剑以增哀;烈士壮心,击唾壶而欲缺。检点零缣断素,恍五更啼鹃之音;流传艺苑词场,多万壑吟猿之响。展对一池菡萏,愁逐春潮;读依几树梧桐,魂销夜雨。未逢郭璞,何来彩笔。摛文有愧徐陵,敢学《玉台》作序。倘过滕王阁下,定寻君双桨之舟;重游蒋帝祠前,好访我三椽之屋。道光十有七年岁次丁酉荷花生日,忏绮轩词客撰于金陵寓园之惜分阴馆。

道光中叶,频经水灾,秦淮两岸房屋倾圮,笙歌亦极萧条。辛丑,英人舟师直抵城下,莺莺燕燕尽室四窜。议和以后,藉以少定。壬寅四月,栩栩子选名妓八人,人字以仙,各系小传,名其书曰《八仙小谱》,并招集随园蔚蓝天,品艳角艺,亦秦淮之盛事也。小启云:"场开选佛,在三千欲界之中;诗咏游仙,趁百五韶光之盛。卜城中之胜境,数山北之随园。广致名花,大开胜会。许刘桢之平视,征许邵以定评。园之中,有蔚蓝天焉,四围卵色,飞来乾竺之峰;一片神光,恍入松篁之岭。地殊青县,居岂绿天。自有仙缘,共登仙界。先生往矣,招鹤驭以重来;公子斐然,夸凤毛之继起。其人固秋影春痕之亚,足冠群芳;名流亦频伽云伯之俦,请回俗士。拈来红豆,记曲何难;笼以青纱,题诗必满。成团蝴蝶,花间栩栩飞还;逐队鸳鸯,沙际双双浴罢。况雄师压境,惊心昨日之烽烟;而行乐及时,快意当筵之丝竹。甫九方之相马,倏千尺以登龙。嗟乎!盼盼心心,固记一时之翘楚;师师举举,且留千古之声名。毋负良辰,请观小启。"栩栩子,上元凌璐别号。《云堪小记》

金陵当大兵之后,有人世萧条之感。曾太傅规复盛时之旧,爰作画舫于青溪,设女闾于曲巷,所以永庆升平,润饰鸿业也。又限以妓院六家,院中许增妓女,不许增妓院,以示乐不可极,欲不可纵也。六家者何?陆家、李家、刘家、韩家、小狮子家、三和堂也。三十年来一仍其旧,虽美人名士,黄土青山,而桃花门巷,犹是儿家。访翠平康者,犹言经过赵李焉。初是八家,后存六家。秦淮画舫初由炮艇改编,不施窗幕,是为敞船。曾太傅曾与薛慰农山长泛舟秦淮,见两岸河房之盛,游楫之多,顾而乐之,以为太平景象也。余作《秦淮杂诗》云:"东山太傅解风流,士女而今尽莫愁。兵器销为农器矣,更将炮艇作兰舟。"盖纪实也。《秦淮感旧录》

粤寇踞金陵十有二年,河房旧址荆棘丛生,秦淮细流瓦砾山积。曾文正公首先提倡,至辛未中,稍复旧观。游船往来,踏波乘浪,才妓名媛,大都至自吴中,来从邗上,而土著中人亦复不少。两岸笙歌,一堤烟月,承平故态,父老犹有见之流涕者,此《白门新柳记》之所由作也。作者为海阳许君养和,《衰柳附记》亦出其手,《补记》则杨君晓岚笔墨。无何,开县制府莅任，出示严禁，并指是书目为罪首，劈板，付之祖龙，牵涉全椒院长，致以出题相诮。院长内省不疚，登门请纠。谗构者谢罪，院长始安其位，制府未几罢去。飞鸳野鹤，不久复集矣。《云堪小记》

白门新柳记序

夫子渊为洞箫作谥，玉溪因锦瑟裁诗。璧月琼枝，溯丽华之妙舞；金花银烛，翻静婉之清歌。莫不餐英一林，割锦千尺。晓研螺墨，翠管刻茗玉之名；暝蓺鲩脂，虬篆压兰金之印。况乎南朝冶思，北里俊游，编琼笈以求题，敛香襟而乞句。邀笛冶城步曲，每忆桓伊；闻歌石子冈西，最怜昙首。乌丝阑底，春镫燕子之笺；碧玉波中，画舫桃根之渡。问十三之雁柱，证到前因；比廿四之虹桥，数来小字。此《白门新柳记》所以作也。慨自劫惨红羊，歌凄白雁。秦川公子，经乱无归；洛下杜秋，伤离易老。访青杨之旧巷，吟蟀惊寒；吊白柰之荒园，啼鹃怨晓。脂田一罨，耕出琼钗；粉泽双环，拾将绣镞。莺初燕晚，一场春梦之婆；凤靡鸾吪，五夜秋坟之鬼。而重赓散雪，再按团云。小拓纹窗，认鸳鸯之坠瓦；乍开钿盒，检蛱蝶之残裙。蒋妹溪头，归潮千叠；潘妃市口，冷露一丛。洵足渡艳史于齐梁，洗腴愁于江鲍。当夫倡条冒梦，冶叶嬉春。细雨小楼，玉笙吹彻；繁花曲院，金缕歌残。画周昉之屏风，与月二影；赋王珉之团扇，共珠一香。碧乳瓯圆，赋新词于斗茗；红丝研小，仿妙格于簪花。歌绛雪而春迷，睇碧云而岫远。横波双溜，妒素魄之娟娟；软玉一梭，织红香之缕缕。

微吟倚竹，翠袖生寒；款语吹兰，青琴媚夕。伊其相谑，擘笺江令之家；我亦欲愁，浇酒马真之墓。则有闲吟杜牧，善赋兰成，采红豆于江南，语碧烟于窗下。谁能遣此，紫荷抛谢掾之囊；无可奈何，白苎叶吴娃之谱。闹子京红杏，半臂争持；唱之涣黄河，双鬟下拜。戏拈镂管，画马一角之残山；闲倚绣帘，吹张三影之飞絮。回玉簟银床之梦，素手调冰；换铜琶铁绰之声，红牙按拍。盖皱一池之春水，何事干卿；而扑三月之新阴，谁歌怜汝。既而暝色将敛，长烟欲收。倦蝶之楼，憨亦宜梦；陈蟾之画，纤不胜眉。下九初三，款款采菱之约；央中四角①，垂垂排粟之光。张画鹢而舟回，剔冰蚓而镫灺。轻衫小扇，鹧鸪之曲双声②；侧桨重帘，鹦鹉之呼一诺。勾留何处，长桥短约之间；怅触无端，残月晓风之奏。此又觅水天之闲话，蜡泪堆红；溯花月之前尘，酒鳞漾碧也。嗟嗟！絮果难圆，萍因易散。东风一梦，歌断丝连；流水三生，鬈深黛浅。三分影瘦，谩传豆蔻微辞；一寸香雕，谁缔蘼芜往梦。唱遍黄梅之雨，贺老凄凉；抱空紫玉之烟，韩郎憔悴。不堪回首，斜阳别燕之天；无限伤心，古渡栖鸦之地。楼头望远，白袷安归；陌上生愁，青骢莫系。赋渭城之三叠，凄绝何戡；抚江陵之十围，泫然元子。劳劳亭在，已深摇落之悲；瑟瑟波空，来照萧骚之影。何必杨枝已遣，柳氏不逢，而后白傅销魂，韩翃茹怨也哉。然而梦皆如幻，色即是空。悟后枯禅，已作沾泥

---

① "央中"，《白门新柳记》作"中央"。
② 曲，原作"典"，据《白门新柳记》改。

之絮;续来坠绪,空怜落涸之英。写哀乐于中年,委荣枯于浮世。仰看白日,我辈能狂;笑索紫云,人生行乐。金迷纸醉,不知天上之浮云;粉碎珠啼,且喝酒边之倒月。曲中摄笛,答寥雁之吟;画里堆蓬,趁闲鸥之话。去愁城万二千里,击铜斗以高歌;住醉乡三百六旬,把金杯而不落。其亦弦诗烟际,开笑口之胡卢;促坐星阑,吐枯肠之芒角乎!仆流连霞轵,彷象月抱。惜兰香之小谪,记匏爵之灵因。船放总宜,载阴铿之桴铫;具挈济胜,兼徐邈之酒锺。而别每春波,飘如秋蒂。再来惨绿,已非张绪之年;重付小红,空有姜夔之曲。栖栖薄宦,几湿青衫;恻恻陈欢,渐凋翠羽。且复问沧桑六代,为弹劫外之枯棋;是谁歌烟柳一章,更补焚馀之乐府。同治壬申季夏之月,海阳许豫序。

光绪乙亥,江宁张曦照有《秦淮艳品》,得廿四人,以二字品题,各加以赞,惜事实太略耳。

秦淮艳品自序

金陵为六朝故都,士大夫裙屐是矜,人物仪容,遂称极盛,观《南部烟花录》,可得其大概也。梁陈以降,运祚迭易,风景不殊。有明季叶,党祸炽兴,而名士美人,流风未艾。余澹心《板桥杂记》,香君固所首屈,即顿、杨、沙、脱诸姬,色艺之佳,亦莫不啧啧称道焉。余生嘉、道之朝,距明季远,而秦淮风景,则际一时之盛。家居时,常见秦远亭驾部、凌竹泉明经所编《廿四花品》,人以书传,书亦以人传。嗣朱君璐又有重排艳影之刻,胪列一时名媛,六代繁华,洵堪继轨。咸丰癸丑，粤匪南窜，石城不守，画阁朱楼，尽成焦土。上元甲子，金陵恢复，节相曾文正公坐镇江南，招集流亡，不遗馀力，而植柳白门，招舟红板，尤加意于秦淮。所以白下燕莺，归从沪上；广陵芍药，移植金陵。荒烟蔓草之中，时见画船箫鼓。许君养和、杨君晓岚，遂有《白门新柳》之记。盖歌咏莺花，实以导扬棠荫也。余自癸丑避乱山左，癸酉中冬始返里门，睹两岸之凄凉，几欲续庾信大哀之赋，及读《新柳》篇，访名花居址，而时过境迁，二君所赏识者，又复风流云散矣。所幸二分月色，频过江南；朱雀航边，遍是竹西歌吹。客腊消寒，同人燕集。招致群花，择其尤者，加以品定。仍沿《廿四花品》之例，名曰《秦淮艳品》。虽今日借才异地，难媲美于当年，而窃幸兵燹之馀，犹见六朝金粉，非长官培养之力不及此。余以捧檄，不获久居里门，窃料休养生息，后之人必有继文正而起者，两岸笙歌，何难复当年之旧耶！将拭目俟之。岁在乙亥花朝后五日，江宁张曦照识于小娜嬛仙馆。

沈文肃公到江督任，谕秦淮妓馆，多令设于幽僻处，门式高仅三尺，阔仅尺半，入其中，必俯首鞠躬而后入，于是冶游者率皆望望而去焉。有人因作《禁妓新法记》，亦风流韵事也。其略曰："自来名妓之藏娇，必占湖山之胜地。眉黛分烟岚之秀，眼波窃秋水之神。芳名播于一时，艳迹传于累祀①。否则真珠帘底，姹女争妍；白玉堂前，娇娃斗靡。花明锦障，

---

① "祀"，原作"禳"，应是"禩（祀）"之误，今据《壶天录》改。

拟道韫之清谈；柳锁纱窗，增玄机之绮思[①]。盖规规乎瑇梁燕宿，镜槛鸾栖矣。下此者，檐牙密布，桥齿平铺，厚其墙垣，不数藏春之坞；入此室处，几疑销夏之湾。名流于此怡情，游客不妨驻足。然而小家碧玉，岂少清狂；况复大道狭斜，顿成虚语。或作偷游之计，径以辟而谁知；贪为避面之图，情以深而难割。所以迷香有洞，春色撩人；卒至避债无台，秋情属我也。制军初入金陵，睹秦淮之靡丽；旋闻珠市，效郑国之荒淫。粉俗脂庸，何以处此；风行雷厉，岂其然乎？此豸娟娟，等庭花之无主；予怀渺渺，念狱草之旋生。爰以良辰，特悬令甲。谓嗔莺叱燕，殊乖杜父之慈云；而打鸭惊鸳，尤愧召公之阴雨。不若明申体例，别出心裁。漫赋《长门》，只许侧身而入；尽留矮屋，谁欤昂首而来。杂之于阛阓之中，目尤共睹；示之以帡幪之度，心本无他。特建业城中，哄传宪谕；而春申江上，未睹明文。或待改弦，若辈毋庸恋旧；倘真易辙，游人最喜翻新。厥后是法，因循未果。倘遂遵而行之，纵极好狎邪游者，又谁肯以须眉七尺之躯，低首下心，至于此极哉。孽海回澜，迷津宝筏。良法美意，莫善于此。格而不行，惜哉。”

《壶天录》

利涉桥以东，大通桥以西，为钓鱼巷。沿河一带，妓家鳞次，有河房以供游燕。《板桥杂志》谓旧院前门对武定桥[②]，后门在钞库街。《续记》谓自利涉桥至武定桥，两岸河房，丽姝栉

① “玄”，原作“元”，避清讳，今回改。

② 志，似当作“记”。

比，今则皆为市廛。惟此钓鱼一巷，尚存风月之作坊耳。《感旧集》

宣统元年，警察道定新章：头等妓馆六元、四元、三元，二等妓馆五元、三元、一元。巷内为一等，东关头为二等。《云堪小记》

曾文正公与幕府莫子偲诸老在画舫遨游，人以为佳话。端忠敏公督两江时，亦与程洛庵京卿、缪小珊太史泛舟秦淮。时人有"官舫时同花舫接，帅旗还共酒旗飘"之句，后先辉映。谢侍御竟谓某尚书性好冶游，造浅水小轮_{秦淮狭而且小}，断不能行小轮，每携挟娼优游秦淮河，相聚为乐，列款严参。事经张制军复奏，以为所置小艇一艘，略如长龙之式，偶为游览河滨之用，迄今尚泊河干。若谓挟妓冶游，身任封疆，何至如此。惟秦淮为江南名胜之地，某身为疆吏，置船游览，观瞻所系，未免有损威重。亦足见时势之盛衰矣。《感旧集》

洵贝勒莅金陵时，薄游青溪、莫愁湖，慨然有怀旧之念。在莫愁湖题诗云："风月依然不老春，谁将蕴藉话前尘。郁金堂畔波如镜，照澈千秋画里人。"美丽湖山，更添一段佳话矣。同上

妓院隶于巡警局，别设巡官一员以治之。诸妓院月纳千金于警局，是为妓捐。某君咏妓捐诗："赖有皮毛全国计，誓将涓滴报皇恩。"风人之旨微矣。

客岁兴办公园,时某公以常年经费不足,建议设秦淮花船捐,每年约共千馀金。嗣因禁止冶游,生涯寥落,诸船户公请停捐,诸妓院亦群请免缴花捐,秦淮之风景日见萧条矣。

兵燹之后,湘乡相国点缀升平,首为提倡,南都金粉遂复旧观。同光之间,淮泗宿将解甲归来,以金陵为行窝,跌宕花丛,藉消英气。余尝见周河厅刚敏公手撰楹联,中有句云:"龙性难驯,来向江东寻酒色。"胜概毫情,犹可想见。更得桑根老人左提右挈,白发青裙,红灯绿酒,一衣带水,遂为群艳所归。说者谓沪渎繁华,辄不免有伧气,一入秦淮,则人影花香,无不韵绝。其后沅圃节帅从容坐镇,节目阔疏,幕中上客如陈幼莲、孙澄之辈,皆一时才俊,载酒评花,殆无虚夕,劫后秦淮,斯为极盛。光绪中叶以后,人物一变,某制军戏谓江南群道如毛者,河下尤为聚处,虽高情逸韵,不逮前人,然每当皓月东升,满河灯火,丝豪竹滥,钏动花飞,犹有承平馀韵。暨乎末造,丰润制府禁官身冶游,时值汽车便利,遂以下关为渊薮。制府若曰:"此非吾土也。"而桃叶渡头,遽尔寂寂,栖鸦流水,萧瑟可怜。余以访旧,偶一经过,不胜今昔之感。且以为无故衰替,殆非休徵。果也弦管既终,鼓鼙倏至,围城之中,至于空巷无一人。不幸余皆目击其事。南田老人诗云:"当年歌舞消魂地,深院沉沉独自看。"若为此时写照。乱稍定,舟人无以为生,则以大船为茶社,此又秦淮一变相也。以公羊家言例之,光绪中叶以后,为余所见世;光绪十年上下,为所闻世;再以前,为传闻世。一俯仰间,舞扇歌尘,都成陈迹,前度刘郎,当无不低徊欲绝也。《青溪梦影》

壬子春日，流落上海，于石印报中忽见《秦淮感旧录》二卷，为京口人所作，历记近来诸事，三十年内所无之书。叙述亦颇雅洁，足为两朝秦淮游迹之殿。《云堪小记》

明初于聚宝、石城、西关诸处，建轻烟、澹粉、梅妍、柳翠等十四楼，以聚四方宾客。凡搢绅宴集，皆用官妓，与唐宋不异。晏振之《金陵元夕》诗所云"花月春风十四楼"也。今诸楼皆废，遗址无存，长干里一带室庐，亦尽成廛市。鸳湖朱竹垞先生《秦淮舟中》诗云："闻道秦淮乐未阑，小长干接大长干。桃根桃叶无消息，肠断东风日暮寒。"吾湖东林陈兰谷先生亦有诗云："轻烟澹粉乱栖鸦，重过城南旧狭邪。不为东风赊美酒，怪渠吹尽六朝花。"《续板桥杂记》

珠市地近内桥，已为市阛，旧院则废圃数十亩而已。中山东花园仅存其名，故址不可复睹。回光、鹫峰两寺，亦金碧剥落，香火阙如。至长板桥，尤泯没无迹，询之故老，漫指旷野中石桥以应，无从辨其是非。因诵"西风残照"、"杨柳弯腰"之曲，觉当时尚有秋水一泓，兹则尽成平陆，亦劫尘之小变也夫。同上

沉香街即钞库街，在贡院对河。相传嘉兴项子京焚所制沉香床，香经四五日不散，因以名街。余谓章台中原少情种，然千金买笑，期月便忘，絮薄花浮，无乃太甚。快哉项生，酒半抗声，裂衣搥床，一吐胸头恶气，足令此辈愧生颜变矣。乃

街之名由此而传，则又妓之不幸，而街之深幸也夫。_{同上}

桃叶渡在青溪曲处，渡头坊表，金碧焕如，每当夕照西沉，酒舫喧闐，与竞渡声相间。对岸为御河房，相传前明威武南巡，曾经驻跸。水榭外垂柳千丝，拖烟漾月，暑窗徙倚，清风徐来，不待帷展紫绢①，始消尘燠也。_{同上}

丁字帘前，厥名旧矣，今利涉桥之西，水榭三间，最为轩豁。玉箸篆额，尚悬楣间，纵非当日故居，当亦相去不远。《桃花扇》传奇云："桃根桃叶无人问，丁字帘前是断桥。"可证也。_{同上}

旧院自万花园圮后，风景不殊，而过从者遂少。不三四年，有镜澄和尚者，建造正觉寺，梵宇凌风，蒲牢吼月。又复倾城士女，毂击肩摩。寺之成也，不下数万金。在聚宝门东偏，度地可四五亩，层廊复室，纸醉金迷，荒烟蔓草间，正赖有此点缀。诸姬当春秋佳日，帕盟盒会之馀，或步屧而来，或肩舆而往，烧香赛社，遂不之鹫峰而之此矣。_{《画舫馀谭》}

随园依小仓山麓，台榭之胜，名闻中外。主人兰邨，以名父之子，裒然著作，英年骏誉，意兴不群。凡值花月之辰，必折柬招吾辈联吟，载酒褉集园中，一时典斟诸姬，如秋影、小

---

① 绢，《续板桥杂记》作"绡"。

卿、艳雪、绮琴、小燕、月上，均缘得伺觥船，遂光门户，论者信为彭泽之闲情，非等樊川之薄倖。乃曾几何时，兰邨已出宰中州，吾辈或适馆，或登楼，星散云流，不一其遇。诸姬之往来迁播，更又靡有宁居。遂使猿鹤怀人，琴樽恋客，雅游俊侣，寄慨参辰已。同上

今之钓鱼巷，犹明之珠市。珠市，人不屑居之，而间有佳丽。钓鱼巷亦然。余于《画舫录》中不少登采，盖以人重，不以地限也。徐姬月香，小字桂珠，先住巷中，既以狭隘喧嚣，移家城北铜人街。小香、蠡湖昆仲，尝邀余泊木君、棣园、莲膘、梦华、小谦其间。矮屋碍眉，颇称精雅，姬亦娟娟静好，翠袖临风，始知珠市之风流，不殊旧院之妍媚，人特囿于习见耳。同上

闻之金陵父老云：秦淮河房，向虽妓者所居，屈指不过几家，开宴延宾，亦不恒有。自十馀年来，户户皆花，家家是玉，冶游遂无虚日。丙申、丁酉，夏间尤甚。由南门桥迄东水关，镫火游船，衔尾蟠旋，不睹寸澜。河亭上下，照耀如昼。诸名妓家广筵长席，日午至丙夜，座客常满，樽酒不空。大约一日之间，千金糜费，真风流之薮泽，烟月之作坊也。余游金陵，在辛丑之交①，已不及见尔日繁华。名姝如朱素贞、刘大子辈，皆如石氏翻风，退为房老矣。而风月平康，今犹视昔，

---

① "辛丑"，《续板桥杂记》作"庚辛"，似可从。

至五月初五、十三两日,游船之盛,正不减曩时也。《续板桥杂记》

明旧院在武定桥、钞库街之间,曼翁作记时,已鞠为茂草。乾嘉以来,曲中人皆零星散处。《板桥续记》《秦淮画舫录》《白门新柳记》多载诸姬住处。其居钓鱼巷者,犹十不一二。若东牌楼、石坝街一带,皆烟花薮泽也。至由西而东,鳞次栉比,毕聚于一巷之中,则在兵燹以后,虽河亭水榭,风景不殊,而门巷枇杷,则嚣尘杂沓,以视曼翁所谓室宇精洁、花木萧疏,殆有仙凡之别矣。《青溪梦影》

秦淮河凿自祖龙,水由方山来,西流,沿石城,达于江。当春夏之交,潮汐盛至,十里盈盈,足恣游赏。迨秋季水落,舟楫不通,故泛舟者始于初夏,讫于仲秋。当夫序届天中,日逢竹醉五月十三日倾城出游,较端午尤盛,游船数百,震荡波心,清曲南词,十番锣鼓,腾腾如沸,各奏尔能。薄暮须臾,烛龙炫耀,帘幕毕钩,倩妆倚阑,声光杂乱,虽无昔日镫船之盛,而良辰美景,乐事赏心,洵升平气象也。《续板桥杂记》

三月即开水关,画舫次第而进。下浮桥、陡门桥、上浮桥、新桥、南门桥、长乐渡、武定桥、文德桥、利涉桥,经东水关至大中桥、复成桥①、西华门桥、竹桥、太平桥、桴桥、通心桥、莲花桥,各归一浜,无能紊乱。间或舍此而之彼,谓之上

---

① "复",《画舫徐谭》作"佛"。

马头，必于新浜有所费而后可入。游人有熟识之舟子，舟子有熟识之游人，临时相值，不待问其涉否，招招者已迫而近前。若夫七板、瓜皮，各小船，只供南北往返之需，既免徒步之劳，亦避蒸热之苦，其值无多，而其用甚便。早年亦有载茶酒具、赁之而游者，今则绝迹已。《画舫馀谭》

秦淮河船，上用篷厂，悬以角灯，下设回栏，中施几榻，盘盂、尊罍，色色皆精。船左右不设窗寮，以便眺望。每当放船落日，双桨平分，扑鼻风荷，沁心雪藕，聆清歌之一曲，望彼美兮盈盈，真乃缥缈欲仙，尘襟胥涤矣。《续板桥杂记》

青溪一曲，销夏最宜，而游目骋怀，春秋亦多佳日。至于冬令，朔风如刀，招招者绝迹矣。然促坐围炉，浅斟低唱，作暖寒会①，正不减罗浮梦中。同上

甲子、乙丑之交，弄藤绷者，半皆年少而有力，往往趁夕阳红处，十数舟衔尾而进。始则缓划慢荡，继则由次而紧，紧而急，船势掀播，水声泙湃。座上之客，禁之不能，岸上之人，哗之不已。正当心摇目炫之时，众桨齐回，有若戒令，彼此睚眦，噤不发声，俯视衫裙，半已斑斑溅湿矣。其名曰"抢水"，又曰"放水簪头"，互相矜尚，不如此不得谓之时，务此者恒至咯血。《画舫馀谭》

---

① "暖"，《续板桥杂记》作"消"。

秦淮檐扁，莫久于"丁字帘前"。屋常易主，而扁终仍旧。今所悬者，乃兰川太守玉箸篆文也。嗣后名士往来，亦多题志，然兴废不常，存佚各半，偶将经见而现在者，录以备考。题者、居者，一并缀入，其不知者，概付阙如。"冶花陶月之轩"吴山尊行书，清陈凤皋所居[①]。"兰云仙馆"药庵行书，小伶朱双寿居之。"彤云阁"朱姬赠香家，不知谁氏书。"足以极视听之娱"吴山尊行书，在清音赵廷桂家。"邀月榭"孙渊如分书，亦在赵廷桂家。"月映淮流"、"伴竹轩"二扁俱在马姬又兰家。"东城吟墅"在东水关，为蹉商游息处，铁线篆，佚其名。"忆青"教师浦大椿家[②]，行书，佚其名。"绀绿"伊墨卿分书，亦在清音陈凤皋家。"驻春馆"万廉山钟鼎文，宫姬雨香家。"听春楼"方子固楷书，亦在雨香家。"秋禊亭"本月波榭故址，余今年七月邀同人修禊事于此，因易此额。"先得月"画舫小伶王百顺居之，书者佚其名。"媚香居"汪玉才行书，单姬芳闺家。"月波榭"马月川行书，陈老人居之，每值水涨时，凭人租赁以宴客，在文星阁东首。"云构"顾姬双凤家，行书，遗其名。"夕阳箫鼓"毛氏别墅有此扁，似是刘生楷书。"春波楼"即今之兴寓，已故陆姬绮琴旧宅也，方玉川行书。"云水光中"清音左士隆家，行书，佚其名。"画桥碧阴"杨姬月仙家，罗抑山行书。"水流云在"清音孟元宝家，罗抑山行书。"烟波画船"石执如分书，亦在清音孟元宝家。"倚云阁"余所题，金陵校书袖珠家。"瑶台清影"方子山以余品倚云为花中水仙，乃题此赠之，行书。《画舫馀谭》

　　楼船之作，不知起于何人，光绪初年始有之。画栋珠帘，明窗净几，尊罍盘皿，色色皆精。开筵坐花，飞觞醉月，舄履

交错,香泽微闻,尽情欢笑,咸有画舫为家之乐,不羡载西施泛五湖也。至甲辰以后,造船未免过大,大船鳞次,船年多一年,河日窄一日,不如河厅之闲适也。《感旧集》

《板桥杂记》谓旧院与贡院遥对,仅隔一河,原为才子佳人而设,今则旧院成尘,贡院荒废,才子佳人当不胜天涯沦落之感。予作《秦淮杂诗》云:"旧院笙歌感旧尘,荒凉贡院悄无人。罗郎已负成名志,又负云英掌上身。"此固罢科举后之现象也。然而金陵南都,文明荟萃,经文纬武,如火如荼。当星期休假之时,结驷连骑,征歌选色,其逸兴豪情,不减前代也。矧科举三年而一见,中间尚形冷淡,今则七日来复矣。集湖海风云之客,赏文明窈窕之花。或为长夜之欢,或订百年之约。投桃赠李,名姬恰是知音;雅歌投壶,佳士都无俗韵。昔之为才子佳人而设者,今殆为英雄儿女而设欤!
同上

西俗尚武,闺秀以嫁军人为荣,亦犹我国闺秀之争嫁词林也。年来曲中名妓争嫁军人,尚武之风,不妨请自隗始,亦以军界多赀,易于买笑耳。

承平时,秦淮灯船极小,当时称为凉篷,客与妓无同舟者《白下琐言》详纪之。又《板桥杂记》云:"游楫往来,指目曰某姬在某河房。"《续记》云:"放船落日,双桨平分,聆清歌之一曲,望彼美兮盈盈。"皆妓客不同舟之证。此风之变,当在同治三年以后。其始第打桨偕游,至设宴则仍在河房。当时谦会,以药倦斋为盛,今已无知其地者。此外如周河厅、刘河厅,皆珠翠成围,笙歌彻旦。其后舟式益广,长筵绮席,宽然有馀,惟狎客特为所欢置酒者在妓家设席,此外征歌买醉,皆在舟中。箫鼓中流,花为四壁,举杯照水,有影皆双,承平老辈,未及见此。余初游秦淮时,大船不过十艘,至光绪末年,增至三四十艘,连舻接舳,河中几无隙地,偶一移舟,则左右砰击。尝有经月不移一步者,余常谓是水上架屋,殊少意趣。至大中桥以北,柳烟荡夕,荻穗摇秋,为青溪胜境。大船桥不能过,竟无问津者。余偶与一二素心人,唤瓜皮小艇,容与其中,遥望钟山,烟岚紫翠,雏鬟扣舷,歌《采菱》一曲,觉六朝烟水,尽在此间。其后两岸渐有西式园林,游踪日夥,余亦不复至矣。《青溪梦影》

　　曲中所谓"老郎会"者,岁以正月十一、六月十一、十一月十一举行,而六月为最盛。至期,则诸姬必邀客为置酒,客多者一日不给,则前后展拓至四五日。时当盛署,殽核狼籍,游客困于酒食,每每不能下箸,则举而倾之河中。光绪二十年前后,巷中之妓约三四百人,平均计之,一人五席,一会已将二千席,销金所不计,毋乃暴殄滋甚乎! 所祀之老郎,云是管仲,谓女闾自管氏始也。《青溪梦影》

　　龙舟竞渡,自昔称盛。每逢五月五日,士女倾城出游。一河两岸,万头攒动,龙舟一到,欢呼喝彩声与鼓吹声、爆竹

声相应答。文德、武定诸桥,尤形拥挤。甲辰端节,文德东阑挤断,堕水中无数,淹毙二十六人,亦小劫也。《秦淮感旧录》

夏令秦淮水涨,灯船毕集,火龙蜿蜒,真有"一团灯火从天降,万片珊瑚驾海来"之盛。至西风摇落,团扇都捐,流水渐冷而渐枯,又有"野渡无人舟自横"之概。予作《秦淮杂诗》云:"隔岸垂杨三两株,晓风残月有啼乌。秦淮应似愁人泪,每到秋来一例枯。"同上

游画舫者,或厌日长酷暑,则舍之登陆,诣陈公祠,围棋局为消遣地。待阳光稍退,再打桨而去。祠在文德桥尾,小阁临流,烟茗毕具,主人多设楸枰,供人角艺。城中国手如姜楚老、陆东山、杨岐昌等,排日在局,以待来者。主人但计局中之胜负以为抽丰。《画舫馀谭》

秦淮夏日,游人最盛,金陵人为之热水市①,然盛暑中,河水如沸,舟为水蒸,殊不可耐。诸丽人亦藕纱汗渍,其喜涂抹者粉颊条条,如屋漏痕,尤为不韵。惟日落后东关头一带,河面空阔,水上风来,差可人意。至开宴张灯,肉屏围绕,又入热恼场矣。余谓舟中之游,夏不如冬。快雪时晴,消寒雅集,重帘绣幕,暖酒围炉,东望钟山,朗朗如玉,诸姬则貂锦丰狐,与水面冰花相映发,浓艳中有高寒之气,此非触热者

---

① "为",疑当作"谓"。

所知矣。《青溪梦影》

七夕，家家乞巧，江梦亭为梅巧龄校书赋《七夕》一律云："清秋庭院拜双星，瓜果罇罍列几层。细语未闻闻笑语，他生不祝祝今生。银河摇漾疑无路，乌鹊辛勤最有情。自昔云中鸡犬盛，五更愁听一声声。"《秦淮闻见录》

中元节，为盂兰集福会，诸名姬家皆礼忏设斋，虔修佛事，好事者则于河流施放水灯，随波荧荧，颇堪寓目。至中秋前后夕，罍几为台，陈设香果，喧阗鼓吹，宴乐连宵。或踏月嬉游，逢桥打瓦，亦欢场韵事也。《续板桥杂记》

茅子贞《咏秦淮河灯》七排诗："给孤寺古普灯传，撒落清漪的晕圆①。竟拔沉冥腾碧焰，顿教欢喜到黄泉。僧伽短帽游行队，鬼趣长河不夜天。彼岸莫迷关口路，悭囊分破陌头钱。罡风过去仍为纸，法界飘摇尽是莲。黑暗狱中聊解脱，大光明界缔因缘。送他北里胭脂泽，接引西方泡幻禅。寒渚乞儿惊照席，火坑妮子对鸣弦。隔开辱井凄香骨，绕出州门烛墓田。一霎昙华留小住，九幽色相现无边。上流低放婆心细，画阁遥窥媚眼穿。魔女嬉游涵鬓影，辟支梵唱杂经筵。幢幢景扰星稀后，艳艳花争日上前。双桨恨他旋灭度，横桥庇尔乍团烟。微波木叶吹秋朗，甘露盆兰洒佛先。无赖中元

---

① "撒"，疑当作"撒"。

催去速,明年会看钓鱼船。"《秦淮感旧录》

旧例:每逢日月食,官吏皆焚香鸣炮,望空拜跪,民间敲响器应之,谓之护日、护月。己酉十月望,明月正圆,二更后,月渐蚀。余游秦淮,见诸妓亦有焚香祷拜,杂敲银盆者,戏询诸妓:"此何故也?"有一雏姬答曰:"今夜月本团圞,忽尔遽缺,侬但欲其团圞耳,不知其他。"楚青因口占一绝云:"烟水丁帘夜气深,银盆敲乱漏声沉。不关救护随官例,为祝团圞一片心。"儿女情肠,为之一语道破。

河亭设宴,向止小童歌唱,佐以弦索笙箫。年来教习女优,凡十岁以上、十五以下,声容并美者,派以生旦,各擅所长,妆束登场,神移四座,缠头之费,十倍梨园。至于名妓仙娃,亦各娴法曲,非知音密席,不肯轻啭歌喉,若《寄生草》、《翦靛花》,淫靡之音,乃倚门献笑者歌之,名妓不屑也。《续板桥杂记》

周四又称梁四,苏州人,年逾三十,风韵犹存,善弹琵琶,名著青溪桃叶间。有两女大官、二官,貌不甚美,而演剧颇佳,十馀龄耳,已识曲中三昧。同时小女伶有周玲乳名姐官,字瑟瑟,苏州人、方全后改名旋①,字姗来,江阴人、吴双福张大义女、汪银儿、胡四喜、秦巧姐等皆苏州人,并工院本。而周玲实创厥始,四喜独冠其曹。鉴湖邵子升岩尝语余云:"周玲之《寻梦》《题曲》,

① "旋",《续板桥杂记》作"璇"。

四喜之《拾画》《叫画》，含态腾芳，传神阿堵，能使观者感心娱目，回肠荡气，虽老伎师自叹弗如也。"同上

顾双凤之《规奴》^①，张素兰即兰英之《南浦》，金太平之《思凡》，解素音即素馨之《佳期》，雏鬟演剧，播誉一时。子山、竹林尝于秋赋后，招朋好八九人，集霍甘园，观诸姬奏伎。布红毹于花底，敛翠袖于樽前，漫舞凝歌，足压江城丝管已。《画舫馀谭》

小伶朱双寿，韶颜稚齿，弁而钗者也。早驰声于梨园菊部间，所演《絮阁》《藏舟》《打番儿》《雪夜》《琵琶》诸出，观者莫不心醉。本隶金阊籍，近亦河湑僦屋，轮奂一新。间与小酌清谭，足令樱桃减色。去年木犀开时，同子白、湘亭、药谙、练塘，游西城山中，适双寿亦携其妇桂枝来，邂逅相遇，即买画舫泛青溪。当时有联句诗纪事，子白云"珮环缥缈神仙眷"，正指此也。同上

清音小部，曩有单延枢、朱元标、李锦华、孟大绶等，今亦次第星散。后起堂名，则为九松、四松、庆福、吉庆、馀庆诸家，而脚色去来，亦鲜定止。就余所见，庆福堂之三喜、四寿、添喜，馀庆堂之巧龄、太平，品艺俱精。游画舫者携与并载，无嫌竹肉纷乘也。馀庆堂复有登场大戏，别名小华林班，陈凤皋领之。吉庆则金福寿为主人，间演新声，彬雅绝俗。

---

① "顾"，原作"题"，形近而讹，据《画舫馀谭》改。

不设砌末者，唯孟元宝之庆福，近亦添置玻璃灯球灯屏，析木作架，略如荡湖船样式。人家招之往，日间则另庋一箱，向晦，乃合榫成之，绛蜡争燃，碧箫缓度，模糊醉眼，几疑陆地行舟也。同上

贡院前元宝官，教习小部清音，余爱其雏伶胡长生，邀陪郑僧如。胡云明辰即返苏州，郑爱其纤弱柔媚，书纨扇以赠云："识面因何即别离，无多绸缪亦相思。天涯处处催人去，自笑前身是子规。"《秦淮闻见录》

文少如，瑞方伯子也。性豪纵，貌又甚都，曾与某观察共昵小才子。小才厚公子，而薄某观察，因衅开战，直至藩署，事为新宁尚书所闻，其事始寝。嗣方伯被议罢官，公子别无生计，来金陵，效女儿妆演剧。李范之《乞儿叹》云："轻薄自称唐杜牧，青楼夜夜傍花宿。此身日老温柔乡，那堪一旦穷途哭。"足为纨袴炯戒。①

---

① 据本书体例，本条当亦出于《秦淮闻见录》。

卷第二之一　纪丽一

籍著教坊，名喧旧院。邂逅昌期，往来时彦。贳酒征歌，弦诗捧砚。濡染翰墨，旗亭传遍。沧桑屡经，世风递变。女也棘心，士也墙面。罕见才鸣，聊以色选。纪丽第二。

铁氏二女（101）^①

铁氏，色目人。父铉，山东布政使。靖难师攻城，百计不能下。文皇正大统，擒铉，杀之，其家属发教坊司为乐妇。二女入司数月，终不受辱，有铉同官至，二女各献以诗。长女诗曰："教坊脂粉洗铅华，一片闲心对落花。旧曲听来犹有恨，故园归去已无家。云鬟半挽临妆镜，雨泪空流湿绛纱。今日相逢白司马，樽前重与诉琵琶。"次女诗曰："骨肉抛残产业荒，一身何忍去归倡。泪垂玉箸辞官舍，步蹑金莲入教坊。览镜自怜倾国色，向人羞学倚门妆。春来雨露宽如海，嫁得刘郎胜阮郎。"同官以诗上达，文皇曰："彼终不屈乎？"乃赦出之，各适士人以终老焉。《青泥莲花记》

---

① 人名后的序号如此处的101，是此次整理者所加的序号。下同。第一位数字表示其在"纪丽"卷的分卷卷次，如1表示在"纪丽一"，2表示"纪丽二"，以此类推。后两位数字表示此条在此分卷中的序号。

70

刘氏 （102）

刘引静者,南京妓女也。幼为一商所眷,商死,持服哭泣,誓不留客,日以女工自赡。商家日落[①],且推所有以周其妻子。有富翁欲娶之,刘不可而止。《玉光剑气》

林奴儿 （103）

成化间,旧院妓林奴儿号秋香,风流姿色,冠绝一时。学画于史廷直、王元父二人,笔最清润。后从良,有旧识欲求一见,以扇画柳,题诗拒之云:"昔日章台舞细腰,任君攀折嫩枝条。如今写入丹青里,不许东风再动摇。"《青泥莲花记》

题秋香便面

长洲祝允明希哲

晃玉摇银小扇图,五云楼阁女仙居。行间著过秋香字,知是成都薛校书。

杨玉香 （104）

金陵杨玉香者,倡家女也。年十五,色艺绝群。性喜读书,不与俗人偶,独居一室,贵游慕之,即千金不肯破颜。姊曰邵三,亦一时之秀。成化己亥,闽人林景清以乡贡北上,归过金陵,特访邵三,与之狎饮于瑶华之馆。因题诗曰:"门巷深沉隔市喧,湘帘影里篆浮烟。人间自有瑶华馆,何必还寻弱水船。"又曰:"珠翠行行间碧簪,罗裙浅淡映春衫。空

---

① "日",《玉光剑气集》卷二十七作"中"。

传大令歌桃叶,争似花前倚邵三。"明日,玉香偶过其馆,见之,击节叹赏,援笔而续曰:"一曲霓裳奏不成,强来别院听瑶笙。开帘觉道春风暖,满壁淋漓白雪声。"题甫毕,适景清自外至,一见魂销,坚持邵三而问。三曰:"吾妹也,彼且拣对不偶,诗书自娱,未易动也。"景清强之,乃与同至其居,穴壁窥玉香,方倚床伫立,若有所思。顷之,命侍儿取琵琶作数曲。景清情不自禁,归馆以诗寄之曰:"倚床何事敛双蛾,一曲琵琶带恨歌。我是江州旧司马,青衫偏染泪痕多。"玉香答之曰:"销尽垆香独掩门,琵琶声断月黄昏。愁心政恐花相笑,不敢花前拭泪痕。"明日,景清以邵三为介,盛饰访之,一见交驩,恨相知之晚。景清诗曰:"高髻盘云压翠翘,春风并立海棠娇。银筝象板花前醉,疑是东吴大小乔。"玉香诗曰:"前身侬是许飞琼,女伴相携下玉京。解珮江干赠交甫,画屏凉夜共吹笙。"夜既阑,邵三避酒先归,景清留宿轩中,则玉香真处女也。景清诗曰:"十五盈盈窈窕娘,背人灯下卸红妆。春风吹入芙蓉帐,一朵花枝压众芳。"玉香诗曰:"行雨行云侍楚王,从前错怪野鸳鸯。守宫落尽鲜红色,明日低头出洞房。"居数月,景清将归,玉香流涕曰:"妾虽娼家,志常不染,顾以陋质,幸侍清光。今君当归,势不得从,但誓洁身以待,令此轩无他人之迹。君异日幸一过妾也。"景清感其意,与之引臂盟约,期不相负,遂以"一清"名其轩。诀别归闽^①,音信不通者六年。至乙巳冬,景清复携书北上,舟泊白

---

① 《亘史》此句前多一"遂"字。

沙，忽于月中见一女子甚美，独行沙上，迫视之，乃玉香也。且惊且喜，问所从来，玉香曰："自君别后，风枝南北，天各一方。鱼水悬情，相思日切，是以买舟南下，期续旧好，不意于此邂逅耳。"景清喜出望外，遂与联臂登舟，细叙畴昔。景清诗曰："江上寻春恰遇春，一回见面一回新。含悲细说分携后，夜夜相思入梦频。"玉香诗曰："雁杳鱼沉各一天，为君终日泪潸然。孤篷今夜烟波外，重诉琵琶了宿缘。"吟毕，垂泪悲啼，不能自止。天将曙，遂不见。《亘史》

杨炎字玉香，金陵娼家女。闽县林景清过金陵，投之以诗云："十五盈盈窈窕娘，背人灯下卸红妆。春风吹入芙蓉帐，一朵花枝压众芳。"玉香和曰："行雨行云侍楚王，从前错怪野鸳鸯。守宫落尽鲜红色，明日低头出洞房。"景清归闽，调《鹧鸪天》留别玉香云："八字娇娥恨不开，阳台今作望夫台。情方好处人相别，潮未平时仆已催。听嘱付，莫疑猜，蓬壶有路去还来。毵毵一树垂丝柳，休傍他家门户栽。"玉香答云："郎是闽南第一流，胸蟠星斗气横秋。新词宛转歌才毕，又逐征鸿下翠楼。开锦缆，上兰舟，见郎欢喜别郎忧。妾心正似长江水，昼夜随郎到福州。"诀别六年，景清复游金陵，舟泊白沙，月夜，玉香来舟中，欢好如平生，天将晓，忽不见。景清疑惧，至金陵，访之，一月前死矣。景清悲恸，是夜独宿馆中，吟诗曰："往事凄凉似梦中，香奁人去玉壶空。伤心最是秦淮月，还对深闺烛影红。"徘徊不寐，恍惚见玉香从帐中出，亦吟诗曰："天上人间路不通，花钿无主画楼空。从前为雨为云处，总在襄王晓梦中。"景清不觉失声呼之，遂不

复见。《续本事诗》

齐锦云（105）

金陵教坊妓齐三锦云者（《然脂集》作"景云"，《女才子四部集》作"云襦"），能诗，善鼓琴，雅谈终日。与庠生傅春眷爱，更不他接。春受诬系狱，锦云脱簪珥为馈。时或不继，售卧褥以供之。后春戍远方，欲随行，春力止之。锦云因赠一绝曰："一呷春醪万里情，断肠芳草断肠莺。愿将双泪啼为雨，明日留君不出城。"既归，蓬首垢面，闭户读佛书而已。未几病没，人多义之。《客座新闻》[1]

王宝奴（106）

冰华生《王眉山传叙》曰："教坊司，御乐也。国制：宫彩奉直，未闻选召邪曲中人，虽二十四楼歌舞喧阗，朝抱乐器，暮或连袂而归，亦惟王公邸第呼之，无僭用舆骑者。至武宗南巡，出意外事，而供奉诸妓能曲谨不蒙呵让，则王宝奴实主持之。夫卑贱之辈，以近幸为荣，故余纪所闻金陵诸艳，断自王宝奴始，虽有妙丽，毋或先焉。"[2]

王氏眉山，宝奴号也。当武宗南征，驻跸金陵，选教坊司乐妓十人备供奉。宝奴为首，姿容瑰丽出众，数得持巾栉近至尊。班中人争求饰以媚上，或毁妆以自全。左右狼顾，虑随侍无当，祸且不测。宝奴云："吾侪婢子，非敢当御宿，但

---

[1] 《玉光剑气集》卷二十七《列女》有齐锦云传，文字与此大同，而小有出入。

[2] 此段与下段皆出自《亘史·外纪》卷之二"金陵艳"。

率意曲谨,幸无谴责,遑恤其他。饰固无益,毁亦太迂,实命不犹,惟局脊以承恩,无希福矣。"武宗驾旋,各有赏锡,俾无从。惟宝奴还旧籍,咸以贵人呼之,祠部亦宽其数,不以众人畜也,识者称眉山眉山云[①]。初,眉山倜傥,负丈夫气,挥霍自如。每出,趋奉者载道。一日乘油壁车,经水西刘公庙,球师王悦、傅愉皆负绝技,邀之广涂,请王娘登场。眉山下车,风度洒然,举趾蹁跹,众皆辟易,叹赏以为天人,萦而观者如堵。眉山出金一锭,酬二师去,其豪爽类如此。自供奉归后,闭阁不出,乃叹曰:"婢子获执巾天子前,安得复为人役?"遂结道堂长桥边,长斋诵经,为道人装,不复溷巾帼中矣。寿九十馀,趺坐而逝。《亘史》

宝奴色慧绝伦,声达宫禁。正德南巡,有大同刘娘者在侍,闻宝名,欲见之。宝奴多智,先度必召己,佯称病,数日不食,令貌瘠,仍以药涂其身,若素有疡者。及召见,蹒跚不前,刘笑曰:"何南人之易为容也。"进御,即遣之。宝奴建反照庵于曲中,老焉,至今南人喜道之。《青泥莲花记》

赵燕如（107）

赵燕如,名丽华,小字宝英。年十三,系籍教坊,容色殊丽,应对便捷,善音律,能缀小词,即被入弦索中。武皇南巡,征入供奉。性豪宕任侠,数致千金,数散之。与名士朱射陂、陈海樵、王仲房、金白屿、沈句章游。年既长,尽捐粉黛,杜

门谢客,而诸君与之气谊颇洽。沈句章为作传曰:"赵不但平康美人,使其具须眉,当不在剧孟、朱家下也。"《列朝诗选》。正德南巡供奉十人,可考见者止此。

赵燕如《寄谢友人送吴笺》诗云:"感君寄吴笺,笺上双飞鹊。但效鹊双飞,不效吴笺薄。"一时名士多与之狎。邬佐卿《雪后访燕如》诗云:"燕子楼前晓日迟,丛篁晴色岁寒知。庭留积雪看教舞,槛拊青山入画眉。鼓瑟调从翻玉树,当杯人似宴瑶池。云鬟谩对纶巾白,无奈风尘两鬓丝。"《书影》

燕如父锐,以善歌乐府供奉康陵。燕如籍教坊,自称"昭阳殿中人"。能缀小词,被入弦索。予尝得其书画扇,楷法极佳,后题云:"乙卯中秋,同西池征君、质山学士集海滨天香书屋,书此竟,闻任兵宪在陆泾坝御倭大捷,奏凯回,亦快事也。"即此题扇数语,豪宕可知。《静志居诗话》

寄题长干美人赵昭阳之作

鄞县沈明臣嘉则

轻盈掌上艳阳新,再睹昭阳殿里人。谁说六朝金粉尽,一身当得秣陵春。

徐姬(108)

金陵有徐姬者,善属诗,蚤死。有句云:"杨花厚处春阴薄,清冷不胜单夹衣。"徐昌榖爱其婉思,以诗吊之云:"绕廊吟罢杨花句,欲觅杨花树已空。日暮街头春雪散,杜鹃无力泣东风"。《曲中志》

朱斗儿（109）

朱斗儿，字素娥，与陈鲁南联句，有"芙蓉明玉沼，杨柳暗银堤"之句，为时所称。《送所欢于江干题一绝》云："扬子江边送玉郎，柳丝牵挽柳条长。柳丝挽得行人住，多向江头种两行。"《续本事诗》《青泥莲花记》以为姓杨

素娥托所欢买束腰，其人书问尺寸，朱答之云："寄买红绫束，如何问短长。妾身君抱里，尺寸细思量。"凤阳刘望岑尝访素娥，素娥不出，乃投一绝云："曾是琼楼第一仙，旧陪鹤驾礼诸天。碧云缥缈罡风恶，吹落红尘二十年。"素娥欣然见之。《金陵琐事》

素峨山水小景受笔法于陈鲁南，更入作家，一闻鲁南选入翰林，尽以平日往还书画尺牍缄封寄与鲁南，上写云："昨日个锦囊佳句明勾引，今日个玉堂人物难亲近。"即此一举，素娥之风流儒雅可占矣。《金陵琐事》

素娥色不甚都，颇闲笔砚，往往青衿士子谈及经史，多为所屈。《卧游楼史》

朔朝霞（110）

朔朝霞，秦淮妓，善歌舞。每当夕，徐徐而行，羽扇珠镫，左右导引，远望若洛川神，佳侠含光，不可逼视。后为女道士，名曙光，著有《红于词》。《撷芳集》

秦淮水阁逢朔曙光校书诗

虞山钱谦益受之

黄阁青楼尽可哀，啼妆堕髻尚低徊。莫欺鸟爪麻姑少，曾见沧桑前度来。按虞山诗意，朝霞至清初尚存。

王赛玉（111）

女学士王赛玉，小字儒卿，名玉儿，行六。旧院后门街住。品云："嬴楼国色原名玉，瑶岛天仙旧是王。"《士女品目》

南海居士传曰：王赛玉，小字玉儿，器宇温然，故拟诸玉云。玉儿鬓发缟衣，不事妆束，然杂群女中，自是夺目，不问知为玉儿。见人不甚笑语，间一笑一语，令人销魂。肌丰而骨柔，服藕丝衣，履仅三寸，纤若钩月，轻若凌波，共相举为鞋杯[1]，更为诗歌艳其事。性极慧，能辨人贤否，兼能察人意中事。贵介豪侠争羡之，然当意者指不多屈，设不当意，虽荣利熏炙，漠如也。一士抱瑰玮才第，沦落不偶。[2]居无何，貂敝而垂橐矣，尤负气不下人，玉儿终善遇之，厚赂以归。于是，又咸多玉儿能怜才重谊云。迩尤嗜书史，过目辄解大旨，兼之阅古清评，博物君子皆服其精鉴，芳名藉藉遍宇内，至遐陬亦知名。有宣慰某者督兵过南都，潜入玉儿馆，一见肉颤吐舌，以黄金三千陈于庭，买一顾，不可。乃重贿祠部，撼以威，中之奇祸，卒不许。宗伯之客挟声求媾，席罢，将就

---

① 举，《亘史》作"传"。
② 此二句，《亘史》无"才"、"不偶"三字。

寝矣，玉儿理发自诟云："送来的冤家怎躲？"客惭而逃，速之讼，费千金，终以得谢去为快。呜呼！古称绝代佳人钟间气一生，今观玉儿，信然。玉儿于群美中名最著且久，例之士籍，若既首胪唱、陟崇阶者。昔陈宫设女学士，因署为学士焉。《亘史》

汪仲嘉云：王姬初与吴少南善，许归之。少南曰："吾与子约法三章尔。"姬怫然曰："吾何以尚子而受要盟耶？"念吴生平所诋毁，惟蒋芝氏。非归蒋，不足以愧吴，蒋之得遂，实吴有以激之也。然蒋虽近鷔，而能曲承姬骉，然亦屡迁次矣。于执舅丧时，仲嘉突入见之，姬蒙绤衣，纯素，而趾瓣红鲜，如绛霞暎雪，艳惊人目，面稍圆而美倩，惟蕙质兰心，见者神夺，宜其擅名一时，后辈莫及也。同上

仲嘉又云：王姬能言，而词多感慨，常对月叹曰："共此明月之下，同心异地，不知几何？ 人安得负此清光，忘情旧好？"为之陨涕。同上

玉儿，南京本司妓。初善吴郎少南，寄诗云："旧事巫山一梦中，佳期回首竟成空。郎心亦是浮萍草，莫怪杨花易逐风。"是不合于吴也。后与蒋太学芝生善，寄诗云："花间不如昨，妾老不少年。君当忆花复念妾，明日重看不如前。"是属意于蒋也，卒归之。惜太学庆而不文，玉儿竟郁悒以死。客戏蒋，奈何不以昭君马上琵琶解之。金坛曹大章《莲台会仙品》定赛玉为女学士，当紫薇花。厉樊榭诗云："品会莲台王学士，名喧桃叶顾夫人。"学士指赛玉也。《曲中志》

何孔目元朗至阊门，携榼夜集。元朗袖中带王赛玉鞋一

只,醉中出以行酒。盖王足甚小,礼部诸公尝以金莲为戏。王凤洲乐甚,即以扇书长歌云:"手持此物行客酒,欲客齿颊生莲花。"元朗击节叹赏,一时传为佳话。《续本事诗》

代赛玉寄沈太学

长洲黄姬水淳父

去年今日花前别,肠断阳关一曲歌。谁解相思情更苦,思君泪比别君多。

赠赛玉诗

前　人

繫马香衢杨柳新,狂呼百斛金陵春。玉钗挂处微流睇,娇杀青楼第一人。

一双娇眼断人肠,万种柔情半面妆。若把名姝比名玉,连城白璧也输香。

题居士贞画金陵王儒卿赛玉卷　有序

梁伯龙

凤姿枭性,不异凡禽;艾质兰心,终同常卉。故骊姬徒艳,羞称其顾之硕人;无盐虽贤,难并窈窕之淑女。留都王氏,南国名姝,玉映而清心,慧中而秀外。谢阶之树,再植江东;陈庭之花,复生白下。由是声腾戚里,辙遍章台。称卿不足,而重之以儒;比玉未敷,而加之曰赛。吴门风偃,茂苑云翻。沈元异倡以瑶华之篇,居士贞继之丹青之作。事因文重,但恨未可播于讴歌;人以画宣,犹恐不能通之弦管。以余颇解一讹之顾,素谙三变之词,虽愧无文,难辞不敏。极情拟议,或可少增蕴石之光;尽力形容,未知能益连城之价。

双调步步娇

目断秦楼吹箫侣,温润还如许。连城价有馀。遥想风姿,似洞林琪树,素质定何如? 笑裴航空觅蓝桥杵。

江儿水

曾记梁园遇,合浦归,谢家庭下空延伫。似几点轻盈垂杨絮,一枝寂寞梨花雨。二十四桥何处? 教彻鸾箫缥缈,向月中归去。

园林好

初疑是在蓝田故居,又道是在荆山旧墟,更想象在昆仑深处。谁知生碧府,长清都,生碧府,长清都。

川拨棹

瑶台路,见飞琼下紫虚,水晶帘隐约冰肤。水晶帘隐约冰肤,云母屏依稀画图。珮环声疑有无。珮环声疑有无。

五供食

酥胸皓齿,更有冰心一片谁如。坚贞还软弱,光莹又芬敷。春纤麈尾,试掩映一般无二。琅玕开竹圃,秋水出芙渠。不让陈宫后庭花树。

侥侥令

梅英春绽后,蕙草雪消初。只见歌断泠泠山泉溜,舞罢也亭亭海鹤孤。

尾声

书中有女应无数,但不似旧家秋娘如故,须待当年善价沽。

杨琢姬（112）

女太史杨琢姬，小字婆喜，名新匀，行一。旧院纱帽巷住。品云：旧家虢国还秦国，希世吴琢共楚琢。《士女品目》

太史公曰："力田不如逢年，刺绣纹不如倚市门。"彼其目招心挑之流，何知仁义？至其抱幽远之思，倾才慕侠者，世不无人，即余所见，盖得杨姬焉。

杨姬者，名新匀，字似真，故平康才人。世以玉貌善音律，拟之楚琢，又称琢姬。晳而上鬓，星眸善睐，美靥辅，齿如编贝。雅好翰墨，又尝游戏丹青，得九畹生态，时称逸品。故诸姬中独以才美著。余未习姬，闻姬名籍甚。偶夜被酒，出秦淮道中，有故人从少年挟诸姬饮，引与密坐。杨姬独时时目属予，予因过姬家，谈竟夕。余谓姬："少年金多，奈何目摄之顾属儒生？"姬言雅不喜少年金多，愿从公名流乞片言为地。予益奇之。明日投以歌二章。歌曰："玉质兮兰心，跕屣履兮弹鸣琴，如何怜才兮愁惛惛。"又歌曰："缀芳莲兮曲房，素月流兮朱筵张，临清淮兮乐未央。怀佳人兮何极，怨今夕兮难忘。"姬得诗，喜甚，请曰："君为赵歌，妾当为赵舞。"每歌一阕，辄起舞，曼睩转盼，翩如惊鸿，人从旁啧啧嗟异。余自起，为引满三爵，遂解佩佩之。客与诸姬为十二钗会，人各有传，语在诸传叙中。一时声动白下，为都人士称赏云。《亘史》

非吾子曰：古称邯郸多佳丽，然皆托学士大夫得不朽，今如杨姬者，非耶？至其悲歌起舞，庶几女侠之风，名不虚

立,士不虚附,信矣。_{同上}

亘史云:琑姬善舞,余犹及从家大人见之。其体所靡^①,何惜千金。万历己酉间,一时名流都尽,惟琑姬犹老家居。其孙女小真,称酒人豪,与文士狎。_{同上}

蒋兰玉(113)

女状元蒋兰玉,小字双双,名淑芳,行四。旧院鸡鹅巷住。品云:丽质人如玉,幽香花是兰。汉宫宜第一,秦史合成双。《士女品目》

金门东方生传曰:兰玉者,蒋氏女也,行第之当四,小字因呼双双。又兰芬而玉莹,亶兼有而似之,因号之兰玉云。兰玉幼嬉于门,有黄冠人指之曰:"此瑶台侍香儿,前身隶仙品,今凡矣。"乃兰玉故不凡,含英毓华,蜕尘袪汶,谈谑竟岁月,不涉一烟火语。体自香,人袭之,弥数日不散。至寐深吐微,微息尤芬甘酣畅^②,人乍见,若朝霞飞炫夺目,莫敢视玩之。飞者依,炫者殢,魂消思结,相看忘飧焉。每当筵引觞,交裾促席,盼欲流,倩欲晕,额欲瞬,目欲语,鬓颤颤欲堕,履翩翩欲翔。时而倚然思,绰然嬉,蹙然怨,恚然嗔,一态妍矣,更出一态尤妍。至枕灿衾烂,衣弛烛微,不落相,亦不着相。若举身而委焉、弃焉,惟遇才则然,匪遇则否。迨音律书绘,殊绝一时,特馀艺耳。东方生曰:往读稗史,载织女下津,云英捣霜,仙凡相媾焉,意诞耳。乃今目兰玉事,世称寰中有仙

---

① 此句《亘史》作"其体之所靡"。
② 此句《亘史》无"畅"字。

人下游，特肉眼莫辨也。信然哉！信然哉！设女校而榜之，当首第为状云。《亘史》

亘史曰：庚午之明年，兰玉过金坛，为太史称四十寿，遂留不归。太史携之，祈嗣白岳，从歙浦登防，见者惊如洛神、湘妃，真一代佳人也。同上

为庐陵尹教甫赠金陵蒋姬兰玉小字绮霞

梁伯龙

双调步步娇

小曲幽房重门启，帘幕浓云里。灯前乍见时，旋束腰围，高盘云髻。淡淡远山眉，双眸细翦如秋水。

孝顺歌

芙蓉面，冰雪肌，生身蒋山年未笄。袅袅十三馀，梅花半含蕊，似开还闭。初见帘边，羞涩还留住；再遇楼头，款接多欢喜。行也宜，立也宜，坐也宜，偎傍更相宜。

香柳娘

笑书生路迷，笑书生路迷，蓦投花底。霎时便拜兄和妹，比兰玉未奇，比兰玉未奇。却忆谢玄晖，馀霞散成绮。拟卿卿此辞，拟卿卿此辞。做小名儿赠伊，切须牢记。

园林好

歌喉振浮云敢驰，筝弦动流莺敢啼。看缥缈画梁尘起。红袖底雁行低。纤指下凤凰飞。

江儿水

窗掩楼儿上，绣帐垂，似桃花浪里鸳鸯对。偷香蛱蝶花房缀，迎风杨柳雕栏倚。不是多情牵系，爱他俊俏身儿，更性

格偏投人意。

侥侥令

不劳三月雁，谁怕午时鸡。岂止暇日逢场聊作戏，拚夜夜梦巫山云雨归。

尾声

撰成一折青楼记，羡才子佳人双美，留取他年作话题。

齐瑞春（114）

女榜眼齐瑞春①，小字爱儿，名淑芳，行五。旧院长板桥住。品云：六宫独倾国，一笑可留春。《土女品目》

东方生曰：瑞春者，齐氏第五女也。甫十五，怯帏羞户，少迎客，以故客少知名。客有饮蒋四绮霞阁者，曰："无双矣。"座中有冶游少年，抚掌曰："未之见耳，何谓无双？"客请双之，当罚席。又固请为谁，曰："齐五。"乃趣邀齐五。顷之，垂珰细扬，泽兰微传，恍然锦云入座，素蟾落梁，目炫心动，烨然生辉。面淡白色，稍里之微绀，又稍里之隐隐似猩红，而蒸蒸津津，渍出肤理外。神彩晃焕，飞照一室。乃置之西坐，蒋故东坐。东秀而华，西溯而光，若连城照乘，并陈星芒，虹气交射，左顾则恋恋失右，右顾又恋恋失左。客乃服曰："罚矣，罚矣。即难双，可方驾而驰，差后秒寸耳，宜第为榜之眼云。《亘史》

亘史云：爱春有姊女张胜为余言："爱春瘦长娉婷，清扬

---

① 《亘史》载录此条作"齐爱春"。

妩媚。自词翰、书画,歌舞、箫管、蹴鞠、走马、六博,靡不擅场,而尤喜围棋、弹琴,至忘寝食。能解人意,无所不靡。破瓜五岁而亡,年十九耳。所遗奁筥之积累千金。同上

姜如贞（115）

女探花姜宾竹,小字玉儿,名如贞①,行八。旧院前门上住。品云:风月宜为主,心情共此君。《士女品目》

姜舜玉,号竹雪居士,隆庆间旧院妓。工诗兼楷书。《列朝诗小传》

东方生曰:金陵清明日,士女竞郊南游,帏摩毂击,缤纷盛矣。客有载酒买笑者,求之迨晡,得殊色,为姜氏宾竹八子,意为尤品,又意乍游而初观,多遗尤焉。乃历蓉馆,遍名淑,择其尤,得百之一,以与姜八子争妍。微蒋子,竟莫胜姜八子。又旁蒐隐搜,择其尤,得百之一,以与姜八子争妍。微蒋子,又莫胜姜八子。客于是知姜八子矫矫乎尤矣。姜八子修而娇,秀慧而婉媚,眉妩而意传,目转而心结,譬之柔枝垂垂,弱羽依依,一见知为多情。又如芬兰袭衣,温犀投怀,徊萦倚恋,怜人而人怜之,纠绵莫解,不忍一释之回睇也。昔称苏钱者流,善士女图,谓人似画中人,美矣。乃今睹姜八子,信画中人似人,即画师随意巧饰,觖然有馀美焉,以与姜八子争妍,竟莫胜姜八子。客于是益知姜八子矫矫乎尤矣。士榜得次三,为探花,乃女榜中,实当姜八子云。《亘史》

---

① 贞,《亘史》引《士女品目》作"真"。

亘史云：宾竹亭亭玉树，一见令人神敛。其从里士方林宗，在失利之后，举空棺而逃籍。居荆州数年，乃归里中，自甘淡素，脱耀首珠玉之饰，为罨酒资，虽未亲当垆，其酿清冽，不减宜城九酝矣。[①]

姜如真能画兰，阎再彭属题彭爱琴椅，为赋《旧院行》云："素笺小幅悬秋榭，阵阵香风吹欲下。谁移九畹一枝兰，年年花叶无凋谢。并头花影不含颦，几叶萧疏澹出尘。缥染可怜传妙手，写来烟雨却如真。如真小字姜为氏，风流应善长干里。自书甲戌上元前，为赠翩翩蔡公子。公子才华宗伯家，南国征歌遍狭邪蔡为鹤江宗伯子。云间莫生好词藻，坐看点染紫茎花姬自题云："时莫生云卿在坐，更助笔墨之兴。"莫生蔡子百年后，如见幽兰亲写就。只今最恨石头城，多时芳草埋香绣。我曾十度过秦淮，无处颓廊觅断钗。何缘市上逢金盎，空向毫端赋锦鞿。笑侬家本金陵地，不知旧院多遗事。旧院歌楼三百春，风月莺花难尽记。记得城南淮水旁，善和坊对大功坊。文德桥头对南巷，鹫峰寺侧转西厢。西厢南巷皆香陌，踏成满路胭脂迹。青楼到处可停车，朱户谁家不留客。客来江上尽王孙，一望平康即断魂。树回杨柳多萦马，花发枇杷故掩门。门里兰干十二曲，儿家三五新妆束。自言好女恰姓秦，预料小名多字玉。玉女朱娘未出来，帘内嗔教阿母催。昨日被人调锦瑟，今晨闻客下梳台。便令却扇歌宛转，微赪翻怪桃花浅。蓝尾酒倾镫下欢，红笙汗透宵分喘。歌舞相寻暮复

---

① 此条亦出《亘史》，原书未标注。

朝,容易缠头百万销。方矜玉钏光同腕,更索罗裙色称腰。
当时红板桥边路,络绎香舆织烟雾。只听日日弄银筝,尽说
家家拥钱树。钱树移来金穴边,豪华巨贾与少年。多邀狎客
费杯斝,又买新姬教管弦。满城笙管风吹散,万紫千红齐烂
熳。最先一本凤尾兰,红锦千端还不换。采兰时上木兰舟,
莲花开后向西洲。不论重阳与寒食,名流争约共遨游。来游
灵谷看梅早,又踏雨花台畔草。乌龙潭上桨咿哑,桃叶渡前
歌懊恼。懊恼于今奈若何,正嘉前事已多讹。赵家供奉无人
说<small>武皇时,赵燕如善音律,征入供奉</small>。但说湘兰胜迹多<small>神庙时,金陵院中以马
湘阑为第一</small>。湘兰昔住青溪上,几架吟诗楼自创<small>薛涛创吟诗楼</small>。只
有王生得入来,描兰写竹常相向<small>湘兰能诗,善写兰竹,与王百穀最善</small>。
闻道王生愧不如,才子江南尽曳裾。漫教白凤夸词客,还向
碧鸡寻校书。此时旧院真繁盛,五侯七贵争交聘。每将上坐
逊红裙,不许庸奴窥翠镜。北里齐名赵彩姬<small>赵今燕名彩姬,与湘兰
同名</small>。后来朱郑亦称奇<small>朱无瑕字泰玉,郑妥字无美,皆为当时名妓</small>。象管
鸾筝歌夜夜,燕钗凤帔舞时时。便房曲馆常迷恋,技巧兼呈
心目眩。或能挝鼓声如雷,或能投壶光若电。或能弹棋拂手
巾,或能操琴听游鳞。或能霹雳自控矢,或能蹴踘不动尘。
更有吴门薛素素,弹丸走马翻身顾<small>素素,吴妓,善弹丸走马</small>。于中绝
技何者无,尤竞新诗吟柳絮。诗能柳絮画能兰,湿雾轻烟墨
沸残。黄金买赋犹为易,红叶留题始信难。旧院当年推领袖,
锦江莫出湘君右。屈指姜姬正并时,如真岂在守真后<small>姜名如真,
马名守真</small>。彩云化去百年中,旧院楼台倏已空。忍教回首蘼芜
径,莫结同心松柏丛。西陵松柏何从问,巷改乌衣为马粪。

落花还听鹧鸪啼,横塘久散鸳鸯阵。非徒旧院最伤心,大内离宫不可寻。白发乱馀亡故老,翠钿消后绝知音。二十年来江上曲,那堪玉树今番续。燕子斜阳晚自红,台城荒草秋还绿。我从旧院路傍过,何曾髣髴遇凌波。土花纵处沉钗股,瓦蔓黏时拭黛螺。院内于今惟菜圃,翻看纸上留兰谱。一代美人香草魂,可怜都被君收取。兰叶兰花有几茎,为君翻作旧院行。忽教往恨成新恨,应化无情作有情。《本事诗》

徐文宾（116）

女会元徐琼英,小字爱儿,名文宾,行三。旧院道堂街住。品云:飞琼归月态,云英捣玉情《士女品目》。按:《亘史》《曲中志》无徐琼英传、蒋文仙传

代赠徐姬琼英

梁伯龙

仙吕八声甘州

红楼绣榜,记风情千古犹见徐娘。仪容聪俊,月下素娥相仿。宫眉秀靥难描写,高髻云鬟别样妆。堪怜向回廊,花底端相。换头念年少绮罗生长,见家常偏爱浅淡衣裳。清歌飞动,天外野云飘扬。门盈海内文章客,断尽江南刺史肠。等闲将羁人,忘却他乡。

赚

何处刘郎,引入桃源一径长。忙投访,见楼台罨画舞,鸾凤佩铿锵。分明阆苑飞仙降,邂逅相将入洞房。情惚恍,似鸳鸯一对同飘荡。踏翻春浪,踏翻春浪。

解三酲

生受处锦衾罗帐,促急里蝶趁蜂狂,灯儿剔处欢心畅。东风横,燕莺忙。乱茸茸林花着雨胭脂润,软款款水荇牵风翠带长。金钩上,看乌云伞处,旖旎闻香。

顷刻间雾迷青嶂,霎时里花落河阳,长亭一曲阳关唱。青衫袖,泪千行。最堪怜半江露滴芙蓉冷,恰正是两岸风凋杨柳黄。情难忘,总笑歌深处,独自凄凉。

尾声

姑苏东望添惆怅,一骑重看入豫章,却指金陵是故乡。

王彩姬(117)

女解元王玉娟,小字姐儿,名彩姬,行十。旧院后门上住。品云:璠玙蕴籍昆山璧,明丽婵娟倚月宫。《士女品目》

万花谷主人曰:玉娟王姓,彩姬名,行十。年殊幼,初媾人,轮蹄造门者日亡虑数十①。玉娟子闭闺下帏,弗之见也。以故客虽稔玉娟子名,终莫媾其面。余一日从数客过其家,玉娟子出迎。余见其玄发而明眸,丹唇而皓齿,瑜骨而雪肤,标格闲逸,如野鹤之在汀渚,神情清爽,若芙蕖之蘸秋水。余乃叹曰:古所云其人如玉,玉娟子之谓矣。夫禹山之精,荆峦之宝,方出于璞,而其温润粼理,茂华娟泽,自不与斌珷等垺,奚俟价踰十万,名重五都,而后知其贵哉?天乎! 天乎! 何事生此尤物! 倘遘苕华之刻,舍玉娟子,其谁乎? 故

---

① "数十",《亘史》作"十数"。

传。《亘史》

赵彩鸳（118）

女魁赵连城，小字延龄，名彩鸳，行五。旧院大街上住。品云：连城重良璧，飞舞羡纤腰。《士女品目》

东方生曰：赵连城名彩鸳，行五，燕如女侄也。燕如少风丽，尝游吴中，有声。继还都，筑室构台，徜徉其间，谈笑鸿儒，殆无虚座。连城稔故风丽态，以故风丽态如燕如。诸鸿儒旧礼燕如者，见连城风丽态如燕如，又咸以礼燕如者礼连城。以故连城著声长干，如燕如吴中云。连城虽初见不甚惊炫，而情思沉郁，有雅尚，喜亲词翰人。昔方皋相马，得之牝牡骊黄之外，今于连城亦云。《亘史》

陈素芳（119）

女魁陈文姝，小字四儿[1]，名素芳，行五。旧院红庙边住。品云：旧里陈宫重结绮，高情朱阁细论文。《士女品目》

陈姬文姝者"姝"一作"珠"[2]，其妹曰文球，名素芳，行五，为今院中之出色第一人也。姬生而淑媚，花貌芳妍，有海棠着雨、芙蕖出水之娇；丰神雅澹，有梅花缀雪、玉兰晕月之清；肌体纤腻，有莹玉凝脂、明珠散彩之辉；仪度悠扬，有惊鸿拂燕、流水行云之态。皓齿丹唇，金莲玉笋，两鬟堆云，双眸剪水，娉婷旖旎，迥出天然。飘飘若在尘外，真有玉杵玄霜、天风环佩

---

① "四"，《亘史》作"回"。
② "一"，《亘史》作"亦"。

之气味也。赋性聪慧,幼即颖异,不与凡女同调。沉厚晦默,澹然如无所事者,虽宾客阗骈,而随物应酬,未尝错乱。雅好文墨,非名儒硕士,不相交媾。庸俗有以利动者,必敛容谢之,而和气婉娩,曾不见其拒人之迹。对客笑谈亹亹,皆今古珠玑,弹棋博戏,雅歌投壶,恂恂如雅达之士。息交多暇,则闭阁焚香,检阅《毛诗》《列女传》《草堂词话》,玩饫不倦。时遇风月清宵、适意赏心之景,则吟咏清歌,琴瑟自怡,绰然不着烟花色相。每以失身为恨,而亦付之无可奈何之命也。若姬者,其诸汉之班婕妤、王嫱,唐之婉儿、薛涛,幻为一体者乎?岂坤仪淑气,花月精英,钟毓于姬,将与文章士类同声竞芳于斯世耶?余尝浪游吴越齐楚荆秦燕南赵北,采挹英华,而未见如姬之奇出者也。若文姝者,奚特为秦淮院中之第一人已焉。故识之遗后,使知有姬云。越中紫云道人撰。

《亘史》

陈士兰(120)

女魁陈玉英,小字八十儿,名士兰,行八。旧院厂儿街住。品云:芳英春驻色,雅调玉飞声。《士女品目》

小江居士曰:陈玉英,名士兰,行八似居吴久[1],人称苏州陈八。原隶平康籍。幼时随父母寄居吴门,长益俊拔,且中慧,为词匠勋氏纳之[2]。逾三载,始还平康。玉英自少时得与名流嬺婉,濡染岁久,颇解文义,风度爽朗,不侔时调,飘然有出尘

---

[1] "似",《亘史》作"以",可从。
[2] "勋氏",《亘史》作"司勋氏"。"司"字原脱,可据补。

之想。至于清歌宛转,声越霓裳,闻者为之消魂。每有未同而馈者,并却之。素质娇波,修躯高髻,声色具美,时拟之古停云落雁者云。《亘史》

张友真（121）

女魁张如英,小字奴儿,名友真,行五。旧院石桥街住。品云:含英娇灼灼,真性自如如。《士女品目》

庚午之秋,余寓白下,闻院有张兰英者,为声色之名姬。公馀时挟同志二三造之,姬亦知某为词墨家,遂相款洽忘形。于是姬为余曰:"某有妹名友真,号如英。狷介寡合,非文儒不见,非诚洁不见,而豪贵游侠,俱所不见。君雅达士,当出见之,做一法家知赏,何如?"余闻之,蹴然骇且喜。时维酒酣,即撤席恳焉。逾时,如英出见,敛袵酬礼已。余乃凝眸转盼,但见其丰神秀发,容色光生,而无纤秾夭冶之态。体度春融,仪文典雅,而无闺房儿女之习。沉厚而寡默,幽闲而婉娈,体若不胜衣,言若不出口,动若无所为,静若有所思。天然性真,不可以摹拟,举目间,令人不觉魂飞而神荡矣。有顷扣之,又见其诗书蒐涉,谈笑皆珠玉错落,多今古出入,朗然吟咏,绰如抗坠,盖不但声色之流已焉。且其春风和气,一见若素交,不待强致,慨然清歌若法,歌已,复操琴击筑,遍举音乐,略无凝滞,若挟艺自高者,如兰英所谓狷介不见之三,真成浪说矣。岂流水高山,有以动其知音之思,而佳人才子,足发其同心之赏也耶。操识鉴者,固当知在兰英之右矣。凡人女子,贤德为上,容色次之。门户中有如兰

英,已不可多得矣,况复有如如英者哉?古之虢国、秦国夫人,殆不少让;二英之名,宜其并传矣夫!荆阳了道子撰。《亘史》

蒋彩屏（122）

女魁蒋文仙,小字耐经,名彩屏,行五。旧院大街上住。品云:文姿本超俗,仙籍题旧名[1]。《士女品目》

陈琼姬（123）

储材陈琼姬,小字芳春,行十。《士女品目》

冲虚子曰:陈琼姬,小字芳春,行十。其先姑氏名淑女者,擅绝一时,以故其家馀韵尚存。乃今得琼姬,容止婉丽,矩度幽闲,不同庸调。修眉俊目,秀外慧中,种种可意,自是旖旎骚人、栖迟羁客矣。夫弓裘世美,不独士习为然,今观琼姬,能世其美,固亦有自哉。《亘史》

王宾儒（124）

储材王蕊梅按《续图绘宝鉴》张叔周曲子,当作"蕊珠",名宾儒,行一。《士女品目》

王姬蕊梅者,名姬雪梅之女,蕊玉之姊也。名宾儒,行一。姬生淑美,丰姿清丽,精神秀发,肤莹洁如雪。虽容色娇媚,而气度潇洒,绰无脂粉态[2]。俨分春蕊含梅,不与桃杏

---

① "题旧名",《亘史》引《士女品目》作"近题名"。
② "脂",《亘史》作"朱"。

94

争妍，而天然色相，自出尘表。性灵睿，夙好文墨，渔猎书史，多解旨义。音乐、歌舞、诗画之属，皆所精心。对客则弹棋角博，谈笑古今错落，恂恂如端人硕士。慎于交媾，虽不狎俗腐，而春风和气，自能随情偎傍。与交者如饮醇醪，不觉其气味之薰心也。幽闲沉静之志，每以胎骨于烟花为恨，叹不得相如者与之当垆白首，抑郁之思，恒托诸吟咏。如《咏梅花》诗云："虚名每被诗家卖，素艳常遭俗眼嗤。开向人间非得计，倩谁移上白龙池。"《杏花》诗云："只愁风雨劫春回，怕见枝头烂熳开。野鸟不知人意绪，啄教零落满苍苔。"皆得比兴之旨。此惟可与知音者赏也。姬家素多姝色，豪贵阗聚无虚日，诸姊竞相逞艳自媒，姬独处静室，未尝衒容售合，故知蕊梅者为寡。苟得见者，莫不心爽神融，骇然以右姬譬之。春光着物，万卉千葩，各呈色相，而深林幽谷，尚有未谢之遗梅在焉。得挹馀芳者，不觉秾艳之厌玩矣。若姬者，其不愧蕊梅之名矣乎！法家具眼，当自有骊黄之藻云，不待余喋言也。鲁山人思白道史撰。《亘史》

宾儒好文墨，书史、吟咏、诗画，皆所究心。有志相如，终以不遇为恨，究竟与委身蔓草者不同。观其《梅花》诗一绝云云，寓意甚深。《图绘宝鉴》

留别金陵王姬蕊珠

张叔周

中吕好事近

云雨正堪亲，谁知遭际沉沦。骊驹才赋，黯然对面斜曛。殷懃斗酒，楼头将进，蛾眉月恰又早窥人。自觉愁添恨引,怕宫商哽咽,杯斝逡巡。

锦缠道

拥重裀,翦孤檠,衷肠细询。寂寞楚台云。奈莲筹递来,点点永夜徒嗔,慢褰帏河汉渐隐,临鸾镜淡妆偏新。送送拟江津,情浓意恳,三生有宿姻。任是非灾妒自飘然,同棹座生春。

普天乐

水波澄,渔镫近。楮雁唳,寒螀韵。更商飙夜激丹枫。这些时怎不伤神。香蒙酒晕,总有欢娱一枕,教我别怨难陈。

古轮台

望嶙峋,朝霞灿烂气氤氲。燕矶执手徘徊处,叮咛难尽。可奈风波,须臾拆散鸿群。影畔追随,眼前留恋,未知良会是何晨。我临歧低讯,恐西湖挈伴遨游,盟言无准。春风一骑,秦楼梦断,何处觅芳尘? 重思省,双双流血漫沾巾。

尾声

回车盼睐空劳愍,鼓楫彷徨客里身,莫惜音书慰锦鳞。

刘丽华（125）

刘丽华,金陵人,嘉靖间人。《然脂集》

金陵富乐院妓刘丽华,口授古本《西厢》。嘉靖辛丑。《六才子评》

张少华（126）

张少华,金陵民家女。失身为娼,有丽容[1],见吴门周生而悦之,誓与偕老。生善箫,少华善吴歈。每生吹箫,而少华歌,听者魂销。有贵公子闻名,欲得之,则治精舍,延二人居,盛供具,每挑之,不应。乃阴畜少年胜周生者曰沈郎,盛服诱之,少华果心动。公子乃以间遣周生应他贵官召,阴令人踉而搏执之,髡其发,劓其面。少华遂伺便,与沈郎合。公子持之,遂归公子,然非其意也。会周生迹至其家,少华绝之,周生恚忿,曰:"必杀汝!"少华既不乐从公子,而又惧周生之害之也,乘夜窜至昆山,为海寇所掠。传诣岛主王直,即五峰也,嬖之[2],称之为夫人。会沈生亦被禽入岛[3],事贼作,少华忽见之,相视泪泫泫下。直觉之,讯得其状,每夕使沈郎与少华隔帷而歌。少华亦阳昵直而阴幸其败,与沈郎归中国偕老也[4]。遂日夕怂恿直受抚,直听之,诣幕府。少华遂窃其赀,与沈郎偕遁。投逆旅,为逆旅主人所觉,以酖毒沈郎死,而逼妻少华。少华泣曰:"天乎!吾一妇人,不自意降一酋,而死二子也。降一酋功隐,死二子罪著,吾不可以再辱。"遂自刭死。《玉光剑气》

---

[1] "容",《玉光剑气集》卷三十《杂记》作"色"。
[2] "嬖之",《玉光剑气集》卷三十《杂记》作"直嬖之"。
[3] "被禽入岛",《玉光剑气集》卷三十《杂记》作"没岛中"。
[4] 此句前,《玉光剑气集》卷三十《杂记》多一"冀"字。

陈彩鸾（127）

嘉靖末年，旧院妓陈彩鸾与江监生情狎意迷，老鸨欲绝其往来，两人遂同缢死焉。有人作《青楼行》以伤之云："青楼女儿心独苦，艳妆日日从歌舞。妾身已作路傍花，博得黄金娱老姆。自嗟薄命相耽误，此日衷情向谁诉。初时犹自带娇羞，可怜习惯应如故。相知谁不贵白头，妾身一似水东流。才为故人谈旧恨，又对新知歌别愁。江郎顾我良不贱，妾意君情两相恋。千金用尽妾自知，老妇顾欲唾君面。君虽怜我难久留，我欲从君不自由。何似当初不相识，今日恩多成怨雠。此时此际饶多恨，柔肠折尽无一寸。绿珠不是负恩人，区区生死何足论。生则同衾死同穴，悲莫悲于生离别。香消玉毁自有时，琵琶弹罢声凄切。情牵意牵惟一线，木石心肠终不变。前身后身知是谁，但教世世为姻眷。君不见玉环比妾更无缘，不闻开元天子同白练。"《金陵琐谈》①

苏桂亭（128）

汪汉阳曰：金陵教坊司，当肃宗皇帝末年为全盛，一时名姝才技绝伦者，不下十馀曹，咸推苏五桂亭、王一小奕为文武状元云。苏儒雅恬静，如岳峙海澄，人莫窥其涯际。衣尚缟素，饰取整洁，朱及唇而泽枯，粉薄肤而糜解。袭锦则藻惭，披绫则晃涩。亭亭独立，宝月琉璃，不足为其彷佛尔。满

---

① 此条出明周晖《续金陵琐事》下卷。

座宴笑喧阗，苏一至，皆神沮气夺。席间坠钿遗果，咸铿然作声，如鸣金玉，静之至也。齿其前者，或贵倨骄汰，莫不敛衽降阶，屈己自下。瞠其后者，纵狙宠横陈，慧辩敏给，莫不仓卒龃龉，不敢惰容睨视，屏气移时。及苏吐一词，令人神怡气尽，满座熙春。近之如登云，去之若陨堑，即洛水巫山，莫可得而尚矣。王慷慨有超逸之韵，善击刺徒暴，以跟絓人，无不仆者。尝挟弓飞骑，出入都市，人目为"小木兰"云。而翰墨多能，靡不精绝，殆留侯、武侯流耶。同时罗桂林以才情胜，葛凤竹以丰度胜，其色皆可照耀十乘。罗婉顺绸缪，歌声振林，鸟为下鸣，鱼为出听。偶词与景谐，情以调触，则呜咽凄然，丝竹断裂，举座为之抆泣罢酒矣。葛矫矫如游龙，翠羽明珠，仪容绝艳，情钟故旧，顾盼无遗，报璠加璧，解佩献珠，其所沾沾自喜者尔。以上四君者，皆负才任侠，居然名流，大家贵介，豪俊之士，或屡烦蹇修而不获结褵，或终岁攀窥而莫觊半面。翩其徘徊，防以礼义，犹凛乎不可犯也，自王赛玉后而始衰矣。既灌而往，何以观哉。《亘史》

张幼于云：罗桂林工雅步，如一片云来。同上

朱丈人云：一时称苏、张、赵、葛为四状元。张谓小娥，赵谓燕如。其后，留京余、焦、朱、顾四鼎元一时竞起，实籍先声为之兆云。同上

金陵妓苏桂亭送人诗云："交情何草草，别思更悠悠。有梦见郎面，无书寄陇头。频将别时泪，化作江水流。风波不可散，点点逐君舟。"《道听录》

王小奕（129）①

小奕,旧院后门王氏女也,行一。时苏桂亭、葛凤竹、罗桂林与齐名,如四君。然上客得及门者,相矜诩自豪。或车马填咽,不得度,游人望其尘冉冉,如金支翠盖中人尔。吴江陈平江以游成均,与之交善,有婚姻盟矣。其妻悍妒,每言及,辄晕仆地,经夕始苏,以是不遂。小奕亦悒悒闲居,谢绝外交。久之成瘵,每语姥为召医,医不时至。陈之昵友过存,呼酒,或不为具,乃大愤曰:"是豢于我者,而顾以豢畜我耶!"有上洋瞿生,号中川,豪杰士也,慕小奕名甚久,自分不能破格请见,时狎其家小姬于后楼。小奕忽至楼下,招而与之语。瞿愊伏不知所出,附耳而去。黎明有十骑在门,小奕尽束重资载之,自挽辔上鞍,而以鞭指侍儿:"幸告姥,吾今一探瞿郎。"既入邸,而姥随至,徐数之曰:"吾病将深,若召医,每缓颐下气②,或不相指使,是以命而市。若慢,吾不忍也。今将观海以快心,毋阻我。伴姥归者,有二端,惟姥择之,计惟早决尔。"自擎而出,则匕首与纂金而已,姥大拚擗,且蒲伏谢。小奕不为顾,左右劝姥暂还,俟气少解而谕之,且曰:"瞿君非其素善,第欲释憾于家,必无他也。"姥颔之。会日暮,别归。小奕促瞿夜登舟,以篝授房主,俟姥来与开,则金三百在尔。王氏大不平,讼之宗伯,行提瞿。居黄浦之巨浸,盐灶丁以万计,盗相戒不敢近。其间部胥卒至,望风弃

---

① "奕",原作"弈",据《亘史》改。本段中称"王小奕"或作"王小弈",一并改正。

② 此句《亘史》无"下"字。

牒走,戒其后勿来,小奕遂止于瞿。会倭警,将避地湖之孝丰,经吴江,小奕病骤笃,语瞿曰:"此县有上舍陈平江园,可暂假息。"瞿以刺通,陈躬揖瞿入,而妻肃小奕于门,得一瞥见。是夕,小奕卒,陈亦病不得起,数惊曰:"有蝇入我帐中。"命侍者扑,固无蝇也,越一夕而卒。《亘史》

亘史曰:小奕真果毅女子也。一与之盟,秉志不爽,去姥以从瞿,其志未尝一日不在陈也。天假之缘,一见而同瞑,不亦悲哉! 鸦以目化,凫以目成,信然。同上

包彦平《传》:吴江人云:小奕名小燕,或是小乙之误。陈君为敬平,非平江也。敬平初访小燕,小燕以病谢客,不得见。忽一夕,梦神告之曰:"朝歌而入,且索弈者①,汝之同归人也,其姓曰陈。"寤,戒婢候之。停午,敬平歌而入,婢谢客如初。敬平曰:"吾来数矣,胡不余见? 试取楸枰,弈且待②,可也。"婢曰:"郎非陈郎乎?"曰:"是已。"亟语小燕,力疾以出,一见欢甚,竟欲嫁之。敬平曰:"妇妒甚,固不能娶若,奈何?"曰:"请以死为期。"敬平不能却,愈觉绸缪而已。一日,陈之妇自吴江至,留邸,纽敬平不得动,挟与归。迨抵家,始得作字报小燕。如是间阻者三年,小燕无日不挥涕望之,竟不得遂,而嫁之新安人。与约曰:"虽嫁若,归道吴江,有陈敬平者,必期一见,然无他。"果如约见之舟中,隔舟遥送,至武林,而小燕遽卒。敬平归,忽忽若小燕随之者,病亦骤笃。侍人见飞蝶自外直扑入帐中,栩栩不已,敬平鼻端亦飞出一

①② "弈",原作"奕",据文意改。

蝶相逐，许时遂灭，而敬平气绝矣。①丙午初夏，彦平在虎丘新闻此事，以夸余，不知为余所熟悉者。第协梦与双蝶所闻甚奇，或好事者艳称之，而不知有瞿中川，又谓嫁新安人，与余所传异矣。姑并存之。同上

葛馀芳（130）

葛馀芳，金陵旧院角妓也。善鼓瑟吹笙，小字云和，而人称曰凤竹。昆山顾二靖甫年十六，从叔兄应试留都，都人目以卫叔宝复生。叔兄皆豪游狭斜，强靖甫俱往。此年少一入当自没，靖甫遍观，无当意者，谓金陵佳丽徒虚语耳，沉湎何居。叔兄不厌，私计寓目诸艳，独失一葛卿，曷尝之。靖甫一见目成，各自负无双也。居久之，情好益笃，靖甫数奇不第，葛亦偃蹇适人。靖甫闻之，削迹不复入旧院，如是者数年，而葛竟郁郁以死，顾大感恸，誓终身谢外璧。人多窃笑之："彼自死他人，何预卿事？"靖甫曰："吾伤世无知已。琅琊伯舆，岂非人情哉！"又数年，靖甫复应都试，昵友强邀板桥踏月，归途遵前街，经葛故庐，顾俛首泫然而过。门忽启，一青衣侍儿呼曰："得非顾二郎乎？"友人错愕，询其故，扳靖甫返。目侍儿曰："识我乎？"曰："初来此门，不识也。从嫂姨辈立候多时，见郎君过，误呼之耳。君岂真顾二郎，与凤竹娘有旧者耶？"语未毕，嫂姨沓至，咸诧曰："真顾二郎也。"靖甫曰："吾绝迹于此已十馀年，不自意误经此门，而举家若有待而

---

① 按：此下为潘之恒按语。

迎,幸语其故。"葛女么凤挥涕,淫淫不止,哽咽数四,而后答曰:"畴昔梦娘归,靓妆自饰,语儿辈:'顾二郎当来,第伺诸薄。'儿立良久,夜深暂却,郎君若从天至也。"又十年,靖甫举孝廉,游宦新安,过庚生而语其事。《亘史》

亘史曰:精诚所感,可通幽冥。云和一梦,亦足报靖甫十年绝迹之谊。乃若顾君之不忘旧,世亦鲜觏矣。靖甫自述诗曰:"重来歌舞地,一望一魂销。杨柳楼前塔,芙蓉院里桥。梦馀今夜枕,曲远旧时箫。纵有空梁燕,谁能迓玉镳。"予作《吊古》二绝云:"板桥依旧月如霜,宝瑟无声暗断肠。不是蘼芜山下路,空持魂梦恼檀郎。""几年不向市门行,彷佛相呼最有情。儿女小窗啾唧语,片云飞坠冷桃笙。"同上

崔倩云:葛为人修洁自好,所适非其志,遂除一室独居,供观音大士甚虔。跬步不踰户外,如是者三年,抱病屡弱。忽一夕,梦大士畀之念珠,数得十八子,葛曰:"吾无忧,自今以往,受十八年清净足矣。"盖踰十八月而终,其夜有异香绕室。同上

或言:葛姬,吴之甪直人也[1]。年十岁,濯丝水上,郡人查孝廉见而奇之,下金为聘,载归金陵,属葛媪家教其歌舞,遂籍名教坊。查登进士,为尚书郎,卒后[2],其子应试留都,假寓他次。葛方居盛名,遣人逆之家,语曰:"此身若翁所觳而翼之者也,愿供一日洒扫,以报若翁,奈何遽弃之耶?"其子藉以安居,是年亦登第,其大节类如此。同上

---

[1] 甪,原作"角",形近之讹,今据《亘史》改正。
[2] "卒后"前,《亘史》有"即",则应点作"即卒。后其子……"。

罗桂林（131）

罗桂林，曼声绕梁，酷有情致。常从别筵缱绻，唱至"要见他山长水长，待放他情长意长"，便大恸，坐客尽沾衣。《曲中志》

徐翩翩（132）

徐翩，字飞卿，一字惊鸿，别号慧月，行大。居旧院。年十六，名尚未起，谢少连氏以"翩若惊鸿"目之，由是得名。鸾生初与之昵，为三迁其居。同日就四师，授以艺：字则周公瑕，琴则许太初，诗则陆成叔，曲则朱子坚。①翩少曲姿琴韵，遂以诗擅场。人或疑成叔代，及吐一词，拈一韵，成叔自以为弗如也。公瑕曰："翩字遒媚。世有卫夫人，吾将为右军泣矣。"后习方嗣宗，酷似其笔意，而能左右手正反双下，不失丝毫，称为绝技。无何，游吴，吴人争艳之。前令从公瑕帷内瞥见，寄以诗，其诗颇传。时广陵有荡子，诱翩许订盟，而实背之，委一室一骑去。经年粮绝，寒馁备尝，而翩守志无贰。马瘠，剉袵蓐以饲。梅季豹有"嫁时妆，为马食"之谣，翩无悔憾。俟广陵谢绝而后归，识者怜其情至而笑其痴，未之奇也。丙戌夏，汪函翁挟介弟仲淹避暑焦山，翩操舟访之，大得赏誉。至岁己丑，前令贻之诗者家居，成叔塞修其间，期之江浦，几成盟言。中有错迕，同载梁溪，与屠君遇，以诗交质，恨相知晚。然不能为丝萝托，而江浦事颇扬，羞归白门，

---

① "琴""诗""曲"之后，《亘史》皆无"则"字。

适澄江郁先辈一顾目成,遂为偕老期矣。自翩留澄江不归,其同母妹亭亭名亦起,慧黠乃复过之。后澄江令闽,同室妒翩,不得同行,澄江郁郁竟殁。翩既毕服,别郁氏,大归。澄江子孝廉为筑庵,居之南城,遂落鬑以老,逾期而病卒。郁氏为卜葬长干。亭亭少翩十六年,字曰若鸿,名噪甚。从吴上舍邸,主其室。后翩二年亦卒,而徐氏之艳声绝矣。翩有集数卷,为好事者流传,多散逸,异日图辑梓之。岁庚戌春,始为作传,以复元祯氏之请。《亘史》

赞曰:徐翩具有才情,而交道最笃,凡胜流都集其家,如馆舍客。翩伺嘉客入都门,馈问靡有遗者,称为女孟尝。都人士交慕而不得值,走讯之,翩历指所寓,百不失一。自翩去曲中,士人愿定交,率无繇自致,始思翩为不易得。翩盖溺于情,而才竟为所掩。嗟乎! 情多想少,终归沉沦,一念回向,不知得解脱否? 同上

万历十四年七月,司马汪伯玉先生在焦山,延四方僧,天界云松、栖霞素庵、从实,瓦棺振轩、玉轩,主其事者焦山见源,共二十四,众建水陆无遮道场。有一词客携旧院妓徐翩翩拜佛,伯玉先生作《慧月天人品》。

函大士与诸长者子俱,结夏水晶精舍,仲氏示疾方丈室,季氏偏袒主陀罗尼门,时镜空长者子、朝彻长者子、空藏长者子参辅大乘而为上首。夏之半,适一莲叶,沿江下流,其上载一天人,翩翩而至,至则屏花鬘而衣缟素,上谒门徒:"皎灵生少广天,与诸天人等。诸天具诸相好,嗜诸音乐,习诸纷华。皎灵狠以非夫容观无冶,音乐无所御,纷华无所濡,

诚愿一跃波流,直登彼岸。窃闻大士契无上道,演无上乘,用蠲五漏之身,归依无漏。"门徒入白大士,如天人言。大士谓之:"人也畴昔种诸善根,误堕彼趣,一变至道,则其优为?"遂命门徒肃之而入。于时绕席奉足,五体投地,白大士如初言。大士正襟而语天人:"善哉希有!诸天乐矣,若复何求?夫乐为苦,因苦则乐,果欲度诸苦,去乐为先。苦乐无常,皆非真义。苦无所苦,乐无所乐,是则天真。脱令泊乎其真,则天人亦一苦也,众生亦一乐也。火驰轮转,迭相循环,此有生之徽缠①,大慈之所深悯者也。希有愿超彼趣,所谓无碍智者,非耶?"尔时天人爇旃檀香,为大士供。大士言:"善哉希有!乃然西域名香。胡然而然,胡然而烬?然则畴入,烬则畴归,其性本然,不涉生灭。不生不灭,何异薪传?性空真臭,性臭真空。名曰旃檀,实非旃檀,是为旃檀。吾斯无受而无不受矣。"天人乃筓天衣,为大士供。大士又言:"善哉希有!衣我如是庄严。珠有牟尼,宛然在褒,握之径寸,同吾褒中。希有四珠,亦俱此不?亡应不减②,有亦不增。累累夜光,珠珠相射,凡我仲季,若诸长者子,遍照相同。吾摄是衣,受无所受,此何以故?各具故也。又何以故?同具故也。"尔时天人逡巡却步,奉青莲花树七宝瓶,于是挈瓶而进之,为大士供。大士拈花微笑,向天人言:"善哉希有!供我优钵罗花。是出九品上池,其花千叶,叶各跌坐一佛,法相

---

① "缠",疑当作"缳"。

② "减",原作"灭",据周晖《续金陵琐事》下卷改。按:《亘史》引《慧月天人品》亦作"减",是。

如如，其斯为妙色身，即圆满报身也。其花或出淤泥，皭然不染。要其高广，置之大海，与大海同，其斯以为千百亿化身也。虽芳馨色泽，曲畅群情，有目者之所习观，有鼻者之所习齅，要以无色而色，无臭而臭，殆不可得而名，其斯以为清净法身也。夫妙色身则无尽藏也，化身则光明藏也，法身则虚空藏也。揆之正法眼藏，得无尽则光明，得光明则虚空，得光明、虚空则无尽。稀有一三身也，三身一稀有也。尔无供莲，莲在尔所，无所无非所，是则真如稀有，勉矣！"于是天人闻斯义已，泣下沾襟："吾初供师，师导吾入众香界。及吾再供，乃授我如意珠。三供礼成，乃纳我莲花藏。即慈悲父天人师不啻也。"于是稽首座下，合掌而说偈言：

金粟下生不二尊，以居士身而说法。

超我有情堕乐趣，归于无上妙菩提。

香云高盖本来空，贫子故衣珠自在。

愿摄三身入三藏，默然独立总持门。

愿言解脱有漏身，愿言顿悟无生忍。

愿得名号为佛子，愿得常住他人居。

大士闻偈赞言[①]："善哉希有！乃能发如是心，证如是法，是用锡尔名号，表尔辩才。"义不重宣，第为之偈：

皎灵无所著，普照有余师。

字尔曰慧月，号尔曰幼慈。

---

① "闻"，原作"问"，据周晖《续金陵琐事》下卷改。《亘史》引《慧月天人品》亦作"闻"。

天人闻是偈已,引身而退,造陀罗尼门,历方丈室,谒诸长者子,白是义。于是鱼龙遍踊,瓦砾同宣,四众欢喜奉行,与净名等。

汪司马作此品,门下士录而梓之,送版于徐姬家。时丹阳姜公在礼书,既爱其文,又惜其文,从徐姬家取版毁之,更寄书司马,劝其用世,不可作无益文章。司马曰:"若起官,须得七千金方可,何处觅此七千金耶?"焦山道场毕,云松老衲过余草堂,曰:"莫谓无鬼神。道场圆满,放镫江中,镫忽逆流,二三百盏聚于寺前,江风不能吹,江波不能遏。非鬼神之力,乌能然哉?"老衲之言,定尔不虚。《金陵琐事》[①]

皇甫古尊在金陵市上得金字扇一柄,乃前朝名妓徐翩翩所书,扇尾署名"金陵荡子妇"。古尊喜甚,求题于厉太鸿,得《卖花声》一阕云:"花月秣陵秋。十四妆楼。青溪回抱板桥头。旧日徐娘无觅处,芳草生愁。金粉一时休。团扇谁留。嬭人只有小银钩。句尾可怜书荡妇,自诉飘流。"按:翩翩能诗,有侠骨。《送长洲顾太学》诗云:"一日发江口,五日下长洲。可惜送君泪,不随江水流。"又周晖闻友人诵其"红拂当年事,青楼此日心"之句,周笑曰:"徐姬已办走路矣。"后果嫁江阴郁文叔。文叔死,复还秣陵,削发为尼,居帘子营小楼中。《秦淮闻见录》

惊鸿书扇,印文曰"徐夫人"。《论印绝句》

寄赠幼兹四绝句，时在芜城

汪道昆伯玉

凌波微步出祇林，留得天花佛座深。二十四桥秋夜月，遥应处处印禅心。

雨避盂兰海不波，天孙何意隔银河。试看池上青莲界，肯听人间白苎歌。

海南遥接白云乡，佛手传柑尚未霜。摘得一枝仍并蒂，只应合掌礼空王。

广陵涛上暮江平，新月如眉画不成。野客乘舟将欲渡，到来何处踏歌声。

函翁生平艳诗最少，亦不狎见此流，偶以琴操遗韵见赏幼慈，真无愧坡仙矣。拘儒欲尊函翁，而废《慧月品》不录，又并削其诗，殊可发笑。余又见郁元祯处有《焦山别诗》，末句为利城合欢之谶，既录入奚囊，而复失之，嗣当并采记尔。

送慧月西还歌

亘史云：乙巳夏，余从郁元祯得函翁一诗，录之箧中。至甲寅秋，始得补入。末忏果验，翩何幸哉。

少年挟策趋南国，侧注纷纷人莫测。走马曾过十二楼，当筵一顾无殊色。乘时通籍献甘泉，回首秦淮四十年。绝代虚传苏小小，逢人只说徐翩翩。莫愁湖上章台路，垂柳流莺朝复暮。舞衣竞出柘枝筵，步辇迟归桃叶渡。姑射由来冰雪肌，铅华一洗淡蛾眉。缟衣素带全婀娜，翠羽明珠半陆离。挥金莫谩夸群少，裂帛何曾轻一笑。自信崇兰异艾萧，谁夸乔木依萝茑。诗句新裁班婕好，琴心未许汉相如。窦家机上三千字,王母池头尺一书。闻道霞城方百里,劈天划地云门起。其中乃有化人居,把橹直沿阿耨水。一苇东游且未还,此时准拟过吴关。直教掞柁奔牛渚,便欲维舟浮玉山。老夫岸帻坐山阁,姝子何缘来绰约。年来已化居士身,身外宁幻天人乐。仙乎仙乎胡为乎来乎,五浊悠悠溺蟪蛄。倾国佳人何代无,我欲饮尔蓬岳三华之坠露,坐尔迎风千仞之冰壶。湘灵罢歌,洛神绝响,何如白业居,青精厨。姝向维摩百稽首,误入平康羞奉帚。少小娇痴不自持,本来面目无何有。皈依依判急回头,接引须劳大垂手。为尔摩顶授真诠,试作林中狮子吼。秋入澄江醉不醒,慈航欲渡更丁宁。归来早筑莲花阁,好写莲花七卷经。

汪仲淹致徐飞卿书:比闻飞卿游困而归,家人复以株累逮系,每为恻然。再得飞卿书,大自意气,自以生得一当司马,获一言之褒,即九死未悔。此古节侠所难,乃今于飞卿见之,此意足千古矣。古今美丽不少,乃长门弃置,以千金买赋,遂得声施至今。悠然者能扼飞卿,益令飞卿声名无穷耳。所云诵佛号以破烦恼,是三界大医王,不佞与飞卿共宝之也。乌丝藏大士像一尊,金刚子念珠一串,附上。

六月望徐飞卿过访焦山,夜集得麻字韵

卧病依祇树,羁栖傍海涯。禅心通水月,法眼出云霞。通客容行酒,天人过散花。维摩匡坐久,林影带河斜。

飞卿过云烟阁,为郭山人临欧率更帖

晴窗疏影竹风凉,揭得欧书墨色光。恰似麻姑降王远,亲题尺一问沧桑。

游女篇送慧月还秦淮

秦淮有游女，容色芳且鲜。充耳大秦珠，压鬓黄金钿。十五学歌舞，二八私自怜。岂不好冶游，所慕瑶华篇。肱箧弄柔翰，至性清且闲。问道浮玉山，稽首得真诠。愿以有尽身，依此不二禅。肃肃扬清尘，飘飘驾鱼轩。名山有灵爽，皈依叩重玄。再拜礼阿母，辟珥闻至言。岂无双南金，盛鬎不重延。归去谢芳泽，观空度华年。

再送飞卿

清梵茱萸女，澄江莲叶舟。人天问小品，佛日溯中流。秋色分京口，潮声到石头。圆通应了悟，水月是真修。

戏效西昆体赋得徐娘

绣户春寒昼未温，离亭杨柳拂青尊。乱山不隔天涯梦，逝水空销艳客魂。细细游丝牵别恨，萋萋芳草怨王孙。徐娘最是情无限，寄得鲛绡半泪痕。

亘史曰：太函公早贵而耽书淫，初未近声伎，晚年游焦山，蛬卿扁舟访之，自此情窦始开。归里，数招项四妹佐酒，而蒋淑人每为下帷，故终身未染指，而不可谓无此情。所可诧者，慧月从澄江在己丑年，而《送西还》诗成于丙戌，结语若为之谶，何也？慧月虽无上根，然朗彻高莹，定非凡品。澄江郁君殁十年，为乙巳夏，其子元祯为结庵秦淮，竟从薙染，称比丘尼。余益信公之能全戒体，而善为慧月作导师也。因题此于诗后，毋令公负情少之消。

又云：冬十月晦，余过利城，元祯请为慧月作传，载米二十斛遗之。至吴门，而慧月示寂。嗟夫！不死于倡而死于

尼,不于闺阁而于兰若,信有宿缘哉! ①

赠徐姬翩翩参禅　有跋语

汪伯玉

伯玉先生参禅金山,秦淮徐翩飞卿往讯,为作《慧月天人品》,并系以此辞。

双调园林好

长相傍淮南小山,曾得致河中小蛮。人世那逢青眼。端为尔一开颜,还为尔更愁颜。

瘦怯怯春罗半删,娇滴滴秋波半含。高髻云鬟妆淡。从何处落尘寰,须有日脱尘寰。

江儿水

锦瑟逾千指,霓裳第一班。题来纨扇春风满,携来彤管卿云烂。挥来彩笔天花璨,一幅千金堪换。帝里前身,想只在临春宫观。

绣户时时掩,琅函日日翻。菩提烦恼无常断,须弥芥子无真幻。刹那旷劫无修短,解脱都无拘绊。借问登伽,一片禅心谁管。

五供养

蓬莱海畔,欲叩三乘,直到三山。维舟妆皎皎,绕屋步姗姗。信是天人缟带,全抛华鬘。香岩容说法,香积候传餐。一晤无多,相逢恨晚。

青楼梦断,黄鸟歌残,白岳云盘。帝居天作阙,佛座雪为

---

① 以上诸条均出自《亘史》。

山。信宿精蓝水月，梵王宫殿。到来千座满，归去一帆悭。五两风轻，直登彼岸。

玉交枝

墙东别馆，昼阴阴、长林夏寒。千竿修竹缘朱槛，床头供奉瞿昙。逢场不作少年憨，当筵总是长斋伴。转教人蜗涎半酣，怎禁他蛾眉半攒。

兰舟难挽，最多情、薰风自南。彩云易向天边散，又何须更唱阳关。崀山洞府任跻攀，秣陵风物从萧散。怕牵缠孤栖较难，怕飘零重逢较难。

川拨棹

金莲灿，去翩翩辞步缓。那些个兴尽更阑，那些个兴尽更阑。挂城头新蟾一弯，出偏迟却早还，似嫦娥恋广寒。

你别后声声听珮环，四座怅怅惨不欢。都想象风骨非凡，都想象风骨非凡。谩平章秀色可餐，道是掌书仙供奉班，近又带校书郎女史衔。

尾声

吴宫弱柳春难绾，更衰草夕阳零乱，我把你做优钵罗华佛眼看。

李素素（133）

李素素，金陵妓，见《遥集编》①。潘之恒云："丘公之客新安，有两女郎相周旋，以彤管侍者，此一时也，今不可得

---

① 《遥集编》，丘谦之撰，见潘之恒《亘史·外纪·楚艳》。下句引潘语，即见此处。

矣。"谓素与翩翩也。《然脂集》

柳金南（134）

柳金南，秦淮妓，出《耳谭》。《然脂集》

张小三（135）

杨玉山者，松之富商也。成化间，以税事至南都，遇妓张小三者，稚齿雅容，不肯就门户。杨一见语合，遂捐数十金成婚。踰月，杨欲归，张愿随之。杨以妇妒坚辞，然必三四至京，留连旬月，所赠遗已千万计。二十馀年，杨田产一空，婚嫁无策，怏怏失明。张闻之，直造杨氏之庐，拜主母，捧杨首大恸。乃悉出向所赠金珠其妆，嫁其二女，并为二子纳室。留侍汤药一年。杨死，复脱簪珥殡之，守其枢不去。既免丧，其父母强之，不归，讼之礼曹，移牒急，不得已，泣别其灵而去。至家，不面一男子，考终于旧院。《云间杂志》

马　淀（136）

华亭富人邹清臣，以运米至上元，携赀巨万。南曲妓马淀者，少有盛名，时年三十馀矣，素多智术，欲钩致之。谋诸狎客，狎客曰："此人虽富，然齐啬起家，安肯为狭邪游？"淀曰："但致之来，无虞其啬也。"客因谓邹："游金陵而不一过南院，人笑其村矣，盍一命驾，作归里佳话乎？"邹许之，偕往数处，皆艳妆盛饰，邹殊不顾。最后诣淀所，淀方拥衾面壁，辞疾不出。客曰："是妓年长，久厌风尘，业已脱籍，家政悉自操,故不轻见客耳。"俄而淀出,风致楚楚,鬟髻朴实,衣大布衣。坐方定,辄处分诸小婢,悉纺织井臼事。邹心动,辞出。明旦复往,淀稍设果茗,皆杇腐螫口。邹益喜,归旅舍,叹曰:"良人妇侈靡致贫乏者多矣。曲中若此,非持门户之健妇乎?"往还稍洽,淀问邹以何事入都,则具告以故,且曰:"官粮重累,隶胥需索,日给仆马费不支。"淀曰:"我馆宇清阒,使为君操米盐,计内外费,日不过二缗耳。"邹大喜,徙橐其家。淀经理殊井井,邹益爱慕,间与之缱绻,辄色庄不可,曰:"我怜君旅底,为君惜赀尔,宁有他意耶!且我齿已长,方欲择一至诚人为终身托,复欲我作风中絮,非知我者也。"邹谋诸客,客曰:"渠身非他人有也,君欲娶,实不费。倘仍以平康视彼,必不谐矣。"邹指日月为誓,遂结同心。留淀家数月,淀支给已竭,邹出橐中装相济,淀辞曰:"吾财即君财,今我赀未竭,完君囊以归,讵不善?"因指双鬟曰:"此辈不能作苦,正宜鬻之。"鬻鬟得百馀金,寻又鬻其宅,又悉鬻其器皿、帷帐。又一日,忽有数人称魏国公家人,突前谓淀曰:"汝负数百镮,今已从良,何不速偿?"遽拥淀去,邹殊骇,淀慰之曰:"君无恐,吾诚负魏府金,偿之久矣。今往见其主事,即白,薄暮当还,与君东归耳。"升车遽去,越宿不还。邹坐空楼,旁皇达曙,启其箧,万金皆化为石矣。亟完官粮,狼狈以归。邹旧患瘰疬,与淀狎时,多服房中药,抵句曲,郁郁不乐,疡发于头而卒。邹弟叔美,富啬乃欲过之。《绣江集》

卷第二之二　纪丽二

马守真（201）

　　马姬名守真，小字玄儿，又字月娇，以善画兰，故湘兰之名独著。姿首如常人，而神情开涤，濯濯如春柳早莺，吐辞流盼，巧伺人意，见之者无不人人自失也。所居在秦淮胜处，池馆清疏，花石幽洁，曲廊便房，迷不可出。教诸小鬟学梨园子弟，日供张燕客，羯鼓琵琶声与金缕红牙声相间。性喜轻侠，时时挥金以赠少年。步摇条脱，每在子钱家，弗顾也。常为墨祠郎所窘，王先生百穀脱其阨，欲委身于王，王不可。万历甲辰秋，百穀七十初度，湘兰自金陵往，置酒为寿，燕饮累月，歌舞达旦，为金闾数十年盛事。归未几而病，然镫礼佛，沐浴更衣，端坐而逝，年五十七矣。有诗二卷。万历辛卯，百穀为其序曰："秣陵佳丽之地，青楼狭邪之间，桃叶题情，柳丝牵恨。胡天胡帝，登徒于焉骀目；为云为雨，宋玉因而荡心。诚妖冶之奇境，温柔之妙乡也。有美一人，风流绝代。问姓则千金市燕之骏，托名则九畹湘江之草。轻钱刀若土壤，居然翠袖之朱家；重然诺如丘山，不忝红妆之季布。珮非交甫曷解，梭不幼舆焉投。文惭马卿，绿琴挑而不去；才谢药师,红拂怅其安适? 六代精英,钟其慧性;三山灵秀,凝为丽情。尔其搦琉璃之管,字字风云;擘玉叶之笺,言言月露。蝇头写怨,而览者心结;鱼腹缄情,而闻者神飞。寄幽惊于五字,音似曙莺之转谷①;抒孤抱于四韵,情类春蚕之吐丝。按子夜之新声,翻庭花之旧曲。瓦官阁下之潮,侬欲渡而吟断;征虏亭前之树,欢不见而歌残。语夫乘雾雒妃,未闻飞絮之咏;避风赵后,宁工明月之什? 不谓柔曼,词兼白雪;岂云窈窕,才擅青箱? 既高都市之纸价,遑惜山林之枣材。俾流苏帐底,披之而夜月窥人;玉镜台前,讽之而朝烟萦树。奚特锦江薛涛,标书记之目;讵止金闺杜韦,恼刺史之肠而已哉!"湘兰没,百穀为作传,赋挽诗十二绝云。《列朝诗选》

　　王穉登云:嘉靖间,海宇清谧,朝野熙熙,江左最称饶富,而金陵为之甲。平康诸姬,先后若而人风流艳冶、鹊黑鸦黄、倾人城国者何限。在马姬先者,刘、董、罗、葛、段、赵,与姬同时者,何、蒋、王、杨、马、褚,青楼所称"十二钗"也。马氏同母姊妹四人,姬齿居四,故呼四娘,小字玄儿,列行曰守真,又字月娇,以善画兰,号湘兰子,而湘兰独著。无论宫掖戚畹,王公贵人,边城戍士,贩夫厮养卒,虽乌丸、屠各番君貊长之属,无不知马湘兰者。湘兰名益噪,诸姬心害之。及见马姬高情逸韵,濯濯如春柳早莺,吐辞流盼,巧伺人意,人人皆自顾弗若也。姬声华日盛,凡游闲子、沓拖少年,走马章台街者,以不识马姬为辱。油壁障泥,杂沓户外,池馆清疏,

---

① "转",《列朝诗集小传·闰集》作"啭"。

花石幽洁，曲室深闺，迷不可出，教诸小鬟学梨园子弟，日为供帐燕客。羯鼓胡琵琶声与金缕红牙相间，北斗阑干挂屋角犹未休，虽缠头锦堆床满案，而金凤钗、玉条脱、石榴裙、紫襈裆，常在子钱家，以赠施多无所积也。祠郎有墨者，以微谴逮捕之，攫金半千，未厌，捕愈急。余适过其家，姬被发徒跣，目哭皆肿，客计无所出，将以旦日白衣冠送之渡秦淮。会西台御史索余八分书，请为居间，获免。姬叹王家郎有心人哉，欲委身于我，余谢。姬念我无人爬背痒，意良厚，然我乞一丸茅山道士药，岂欲自得姝丽哉？脱人之厄，而因以为利，去厄之者几何，古押衙而在，匕首不陷余胸乎？由是不复言归我，而寸肠绸缪，固结不解，政犹禅人云"如鱼饮水，冷暖自知"，亦惟余与姬两心相印，举似他人，不笑即唾耳。乌伤一少年游太学，慕姬甚，一见，不自持，留姬家不去。俄闻门外索逋者声如哮虎，立为偿三百缗，呵使去。姬本侠也，见少年亦侠，甚德之。少年昵姬，欲偕伉俪，指江水为誓，大出裹蹄，治耀首之饰，买第秦淮之上，用金钱无算，而姬击鲜为供具，仆马费亦略相当。是时姬政五十，少年春秋未半也。锦衾角枕相嬿婉，久而不少觉姬老，娶姬念愈坚。姬笑曰："我门前车马如此，嫁商人且不堪，外闻以我私卿，犹卖珠儿，绝倒不已，宁有半百青楼人才执箕帚作新妇耶？"少年恋恋无东意，祭酒闻而施夏楚焉，始鞅鞅去。盗闻之，谓姬积钱货如山，暮入其室，大索宝玉。不满望，怒甚，尽斩书画玩好，投池水中，姬贫乃次骨。后楼船将军于江中捕得盗，搜其箧，出马氏负子钱家券累累，而后知姬室中靡长物也。然其侠声由此益著。先是,姬与余有吴门烟月之期,几三十载未偿。去岁甲辰秋日,值余七十初度,姬买楼船,载婵娟,十十五五,客余飞絮园,置酒为寿。绝缨投辖,履舄缤纷满四座。丙夜歌舞达旦,残脂剩粉,香溢锦帆,泾水弥月烟煴。盖自夫差以来,龙舟水殿,弦管绮罗,埋没斜阳荒草间,不图千载而后,彷佛苎萝仙子之精灵,鸾笙凤吹,从云中下,来游故都,笑倚东窗白玉床也。吴儿啧啧夸美,盛事倾动一时。未几复游西湖,梅雨淹旬,暑气郁勃,柔肌腻骨,不胜侵灼。遂决西归之策,约明年枫落吴江^①,再过君家三宿,邀君同刺蜻蛉舟,遍穷两高三竺之胜,不似今年久客流连,令主人厨中荔枝鹿脯都尽也。余方小极,扶病登舟,送之射渎,分袂之顷,姬握手悲号,左右皆泣,余亦双泪龙钟无干袖矣。比苍头送姬自金陵返,述姬所以悲号者,怜余病骨尪然,不能俟河清也。呜呼,孰意姬忽先朝露哉!余别姬十六寒暑,姬年五十七矣,容华虽小减于昔,而风情意气如故。唇膏面药,香泽不去手,鬒发如云,犹然委地。余戏调:"卿鸡皮三少若夏姬,惜余不能为申公巫臣耳。"归未几,病暍已,病瘕下,皆不在死法中。医师妄投药,绝口不能进粥糜,水食者几半月。先是,姬家素佞佛,龛事黄金像满楼中,夜镫朝磬,奉斋已七年。将逝之前数日,召比丘礼梁武忏,焚旃檀龙脑,设桑门伊蒲之馔,令小娟掖而行,绕猊座,胡跪膜拜,连数昼夜不止。趣使治木狸首,具矣,然后就汤沐,袒服中裙悉用布。坐良久,瞑然而

---

① "约",王稚登《马姬传》作"曰"。

化。此高僧道者功行积岁所不能致，姬一旦脱然超悟，视四大为粉妆髑髅，革囊盛秽，弃之不翅敝屣，非赖金绳宝筏之力，畴令莲花生于火宅乎？彼洛妃乘雾，巫娥化云，未离四天欲界，恶得与姬并论哉！姬稍工笔札，通文辞，擘笺题素，裁答如流。书若游丝弱柳，婀娜媚人。诗如花影点衣，烟霏著树，非无非有而已。然画兰最善，得赵吴兴、文待诏三昧。姬亡后，广陵散绝矣。姬姿容虽非绝代，而神情开朗，明忝艳异，方之古名妓，何泰、苏小、薛涛、李娃、关盼诸人之亚匹与？胡不择名流事之，纵未能贵齐汧国，燕子楼中不堪老乎？欲作王家桃叶、桃根，余强学吾宗处仲解事，事遂不谐，以此负姬，惜哉！侠骨虽香，不逮蝉蜕污泥耳。《亘史》

湘兰与王百榖为文字交，南都郑应尼公车下第，游曲中，慕名过访。时湘兰正与百榖擘笺斗句，遇之不以礼。应尼作诗诮之，又为《白练裙》杂剧，备极谐谑，召湘兰使观，微笑而已。尝晓起理妆，玉钗坠地折，莞然曰："久不闻碎玉声矣。"其娴雅多类是。《秦淮八艳图咏》小传

休宁吴非熊兆，万历中游金陵，与新城郑应尼作《白练裙》，嘲湘兰。青楼人皆指目，有樊川轻薄之名。《本事诗》小传

丁酉，南教坊马四娘年过五旬，畜妓十馀曹，而门庭阒然，愁窘无计。有江右舒姓者怜之，为改其门，且曰："不出百日，当骤富。"适金华虞生年甫弱冠，游南雍，求见四娘，重币为贽，问其所属意，无一入目者，惟以娄猪为请。时马谢客已久，惭其诸妓，固却之，苦请不去，姑留焉。凡匝月，酬以数千金，马氏复如盛时者又数年。《野获编》

马四娘挈其家女郎十五六人来吴中,唱《北西厢》全本。中有巧孙者,故马氏粗婢,貌奇丑而声遏云,于北调关捩窈妙处备得真传,为一时地步。四娘还曲中即病殁,诸姬星散,巧孙亦去为市妪,不理歌谱矣。同上

马湘兰诗云:"自君之出矣,不共举琼卮。酒是消愁物,能消几个时?"楚楚有致,宜其名冠一时也。相传湘兰足稍长,江都陆无从戏以诗云:"杏花屋角响春鸠,沉水香残懒下楼。翦得石榴双样子,不教人见玉双钩。"《书影》

江宁南城外瑞相院后丛竹中,为马湘兰墓。望江鲁雁门题诗云:"叶飘难禁往来风,未肯输怀向狡童。画到兰心留素素,死依僧院示空空。知音卓女情虽切,薄幸王郎信未终。一点怜才真意在,青青竹节夕阳中。""绝世英雄寄女妆,荆家曾说十三娘。年来文士动相挤,始识伊人不可忘。零落似熏浓豆蔻,百花想见绣衣裳。平生除拜要离冢,到此才焚一瓣香。"《秦淮闻见录》

湘兰遗研,研背有双眼,百穀小篆"星星"二字。马自铭云:"百穀之品,天生妙质。伊以惠我,长居兰室。"项莲生鸿祚赋《高阳台》云:"艳曲题裙,清声碎玉,消磨何限欢场。侠骨飘零,当年留赠萧娘。云腴镂得如人腻,埽轻煤、澹写潇湘。好收藏、小字星星,旧署王昌。银钩惯寄相思札,问头陀知否?百穀有小印曰"王头陀"宿愿应偿。泪眼盈盈,红丝不系柔肠。可怜片石经尘劫,数秣陵、遗事苍凉。最难忘、烟月妆楼,孔雀庵旁。"《忆云词》

湘兰小印花乳石,约高二寸许,四方,文曰"听鹂深处"

四字,白文,边款:"百穀兄索篆,赠湘兰仙史,何震。"秦淮旧物也。予赋《湘月》云:"瑶肪一寸,向湘帘、棐几相伴妆镜。巧语如簧,杨柳外,道是催诗佳境。小字蝇头,短书鱼腹,红押芝泥净。雪渔妙篆,斯冰圣迹堪并。乘兴放棹秦淮,板桥流水,娉婷曾照影。孔雀庵边,归去也,睨睆新声谁听。眉砚生香,练裙顾曲,旧事心头省。绸缪风月,王昌艳福同领。"《碧香词》

旧有胜国名妓马湘兰印章一枚,寿山石,方径寸四五分,厚约三分馀,瓦纽中镌"浮生半日闲"五字,白文大篆,四围镌:"王子穀日偕蓝田叔、崔羽长、董元宰、梁千秋社集西湖舟中,女史马湘兰索刊",款曰"雪渔"。其石莹润完好,文字亦复整全。从兄春农属意久,余之楚,即用以志别。迨春农闻贵簣西先生贵庆藏有马湘兰砚,彼此传玩,各欲取以成耦,乃强为立说,作五古一章,韵至数叠,相持不下。先是互炫其物时,鲍觉生先生桂星在座,固知两家皆健斗,因以一诗解之,而此印竟为簣西先生有矣。彭邦鼎《闲处光阴》

苏州长春巷,医者曹仁伯所居宅,为王百穀故居,有马湘兰画壁数处,今殆亡矣。《多暇录》

经旧苑吊马守真文 并序

江都汪中容甫

岁在单阏,客居江宁城南,出入经回光寺,其左有废圃焉。寒流清泚,秋菘满田,室庐皆尽,惟古柏半生,风烟掩抑,怪石数峰,支离草际,明南苑妓马守真故居也。秦淮水逝,迹往名留,其色艺风情,故老遗闻,多能道者。余尝览其画迹,丛兰修竹,文弱不胜,秀气灵襟,纷披楮墨之外,未尝不爱赏其才,怅吾生之不及见也。夫托身乐籍,少长风尘,人生实难,岂可责之以死?婉娈倚门之笑,绸缪鼓瑟之娱,谅非得已。在昔婕妤悼伤,文姬悲愤,矧兹薄命,抑又下焉。嗟乎!天生此才,在于女子,百年千里,犹不可期,奈何钟美如斯,而摧辱之至于斯极哉!余单家孤子,寸田尺宅,无以治生,老弱之命,县于十指,一从操翰,数更府主,俯仰异趣,哀乐由人,如黄祖之腹中,在本初之弦上。静言身世,与斯人其何异,只以荣期二乐,幸而为男,差无床箦之辱耳。江上之歌,怜以同病,秋风鸣鸟,闻者生哀。事有伤心,不嫌非偶,乃为词曰:

嗟佳人之信娉兮,挺妍姿之绰约。羌既被此冶容兮,又工鞶与善谑。攘皓腕以抒思兮,乍含豪以绵邈。寄幽怨于子墨兮,想蕙心之盘薄。惟女生而从人兮,固各安乎室家。何斯人之高秀兮,乃荡堕于女闾。奉君子之光仪兮,誓偕老以没身。何坐席之未温兮,又改服而事人。顾七尺其不自由兮,倏风荡而波沦。纷啼笑其感人兮,孰知其不出于余心。哆乐舞之婆娑兮,固非微躯之可任。哀吾生之鄙贱兮,又何矜乎才艺也。予夺其不可冯兮,吾又安知夫天意也。人固有不偶兮,将异世同其狼藉。遇秋风之恻怆兮,抚灵踪而太息。谅时命其不可为兮,独申哀而竟夕。

梅蕃祚《寄马湘君》

流澌十月下双鱼,传得金陵一纸书。马角未寒盟语后,蝇头犹湿泪痕馀。梦中暮雨题难就,镜里春山画不如。红杏碧桃千万树,待侬花下七香车。

王稚登《马湘兰挽歌词》十二首

歌舞当年第一楼,姓名赢得满青楼。多情未了身先死,化作芙蓉也并头。

石榴裙子是新裁,叠在空箱恐作灰。带上琵琶弦不系,长干寺里施僧来。

不待心挑与目招,一生孤负可怜宵。只堪罚作银河鹊,岁岁年年只驾桥。

黄金不惜教婵娟,歌舞于今乐少年。月榭风台生蔓草,钿筝锦瑟化寒烟。

明珠缀在凤头鞋,白璧雕成燕子钗。换得秣陵山十亩,香名不与骨俱埋。

舞裙歌扇本前因,绣佛长斋是后身。不逐西池王母去,定随南岳魏夫人。

水流花谢断人肠,一葬金钗土尽香。到底因缘终未绝,他生还许嫁王昌。

平生犹未识苏台,为我称觞始一来。何意倏然乘雾去,旧时门户长青苔。

佛镫禅榻与军持,七载空房只自知_{姬未逝之前,夜镫朝磬,奉斋七年}。试向金笼鹦鹉问,不曾私蓄卖珠儿。

兰汤浴罢净香熏,冉冉芳魂化彩云_{姬临终就汤沐,袖服中裙悉用布,坐良久,泊然而瞑}。遗蜕一抔松下土①,只须成塔不须坟。

① 抔:原作"坏",形近而误,今改正。

红笺新擘似轻霞,小字蝇头密又斜。开箧不禁沾臆泪,非关老眼欲生花。

描兰写竹寄卿卿,遗墨多疑泪染成。不遇西川高节度,平康浪得校书名。

莆田姚旅《过湘兰故居》

曲榭残烟里,佳人昔此居。花犹笼锦瑟,苔自绣帷车。女侠名徒在,江神佩已虚。销愁不道酒,留恨若教除。注:"酒是消愁物,能消几个时",湘君名句也

江宁陈玄胤《过马姬湘兰废居》

树结寒阴鸟自啼,青楼闲锁板桥西。纱窗色改黏蜗壳,绣户香销冷麝脐。零雨残云春梦断,落花荒藓夕阳低。芳名犹在风流尽,烟水年年绕旧堤。按金陵有十二名姬,而当时所传文采风流以女侠自命者,惟湘阆最著,非所谓"青莲亭亭,能自拔于淤泥"者耶?

附百穀致书

楚少年风度,得当湘君否?阖扉谢客,纵之如海侯门,亦令诸君叹"萧郎是路人"也。仆今年五十,衲衣持钵,号"半偈头陀",无复当时侠骨气,即使见湘君,便作维摩观,不知湘君心似柳絮沾泥无耳?借陆先生使者为昆仑,致以笺素。何郎为纂佳集,已授剞劂未,王生虽老,犹能作春蚕吐丝,序君首简。

马卿一薄蹄,可当南千金,安得轻投半偈乎?十七年不过维扬。顷者以送邢使君,再历其地。维扬酒如蜜,醆如雪,

125

裹蹄如培塿①，水如斥卤，大可揶揄者。美人皆作江西木偶妆，虽终岁轩渠，安能倾人城乎？于北念湘君，真天上散花人也。两儿并为博士弟子，小者应秋试，当偕入冶城。念少时每应京兆试，攒眉数日不休，才一下第，又向隅归，对妻子泣牛衣中。今方得离苦海，常与湘君促膝，醉长板桥头明月，听玉树歌残未肯归，岂不大快事哉！徐司理谈足下尚未出见客，系臂守宫，何不掷之桃叶暮潮？桑中之期，硁硁如金石，足下鬘而效尾生也，何故？

步出东城，憩悦公竹下，绿阴黄鸟，骀目娱耳，顿忘尘土之困。此地宛似维那丈室，惜无天女散花耳。夜来芳泽微沾，已尽淳于一石，足下之意，非不绸缪，但老头陀心如槁木，恐一念堕落，累劫难修，不得不以慧剑割之。卿用卿法于我教中，便同风马牛矣。裙扇香囊，悉出纤手所成，敢不佩服明贶。其它珍宝累累，皆非半偈所须，却归妆阁。仆且东矣，湘君自爱。

湘君鬘而侠，举天下无足当君者，独昵昵一老王生也，何故？王生支离臃肿，向风则僵，不记月下君为簪茉莉，鬓乃小于花，揶揄不已。然则奚取于仆？以仆有心，如王家古押衙、千牛家昆仑乎？仆已作劣头陀相，何敢复谈少年伎俩。君亦方将魂梦恼襄王，安所事此？丹阳道上，尘高于马首，矢与吴大帝陵齐。有湘君画兰在握，便觉清泠洒然，不知行旅之困。还家送儿子都试，极仓忙作此纸，帘帏送纳。昔

① 培塿，原作"嶅嵝"，无意义。培塿，小土丘也。今据文意改。

贺怀智弹琵琶，太真妃子飘巾微拂之，龙脑之气经年不灭，今仆坐此车，五体皆香矣。

朱无瑕（202）

朱无瑕，字泰玉，桃叶渡边女子。幼学歌舞于朱长卿家，遂冒其姓。长卿有士行，称侠秦淮，颇厌歌舞。其女郎多异姿，亦每屏歌舞，而由曲中字进而求之词，求之乐府，间得《唐诗正音》《品汇》，藏之帐中，递相吟诵忘倦，不知晨欢夕宴之足娱也。时同行曰妥，曰彩①，一慧而鸷，一媚而憨。泰玉以沉静胜，名出其上，海内名流咸心艳焉。至己酉，冰华生结社秦淮，而声益振。先是，从蒋公鸣寓见其闺怨诗，逼一觇，与定交，始招集诸子联社，曲中惟崔嫣然、傅灵修最昵近，相聚为多。当岁暮，盟尚未解，今集中半为同赋草，每一咏出，无不令人齿馨神怡，而心为折，乃泰玉尤多慷慨怜人自怜之致。雪夕冰朝，送远悲离，寄惊远韵，往往足当玄赏。而世无司马相如、韩君平辈足以尚之，虽为情死，何益情事？闭门深思，有郁郁不可解者。友人吴公励彦嘉数子可语心知，顾室迩人遐，徒流连诗中之境，愦愦沉迷，将何自见哉！或言士悦则竞，女妒则倾，织女倘嫁牵牛，慎渡黄姑津。谓泰玉能免竞，必不免倾，今游新都，且验矣。余姑序其诗以传神云。《亘史》

序曰：夫水至清则无凝，香至馥则无气，色至美则无艳，

---

① “彩”，《亘史》作“美”。

知其至，而后可语泰玉之色①，因其色，可品其诗。诗也者，心之声，而色之呈露者乎。泰玉之为色也，澹虚沉静，飘忽流光，遥而望之魂飞，即而见之意销，望而不见想结。故其为诗也，如水空而镜彻，其沁神也，无所不融，如烟蔼而象玄，其幻游也，无所不适。验诸中泠，澄流一道，汲以素绠，注之瑶罂，不必深味，而湔滓已通。验诸旃檀，信手所然，方隅尽染，发于一缕，充满太虚，不必灰烬，而氤氲已布。故美者自美，不知其美，令艳者见之，亦失其所为艳矣。诗可易言哉！己酉秋冬间，与泰玉结吟社者凡五，所集皆天下名流，如粤之韩，楚之钟，吴之蒋，若陈，若俞，越之吴，若凌，闽之二林，夫非矫矫者耶，见泰玉辄自废。嗟夫！是可与语泰玉诗已。友人吴公励每艳泰玉，而忽若有失也，闻不佞此言，抑将求之烟水间耶。

　　阳和子《题绣佛斋诗引》云：东坡居士云："无所厌弃，何从出世；无所忻慕，何从入道。"其泰玉卿之谓乎！泰玉名冠华林，慧空祇树，以故客无多见，见无轻侣。其于一切衾裯调笑之态，尽扫而空之，盖厌弃之极也者。而一段文情墨趣，楚楚脉脉，种自净灵，应从员解，殆欣慕之至，如见所梦，如悟夙世。情不极不至，心不净不空。唯空故芳缘日澹，道味日亲。茹素习玄，净几名香，手录经卷，梵义无弗通晓，而阁笔抽吟，机调偶浃，亦仙亦史，流为妙韵，不可得名，强名之

---

① "后"字原缺，据《亘史》补。

曰《绣佛斋诗》。以厌出而以忻入，出者世，而入者道，道即佛也。泰玉印之菩提，若合为一，作空世观，无所受之。夫以水受月，犹二也。玉无瑕，并无无瑕，非不受也，以无受，故泰玉名无瑕，字真如，无无其道号云。

朱泰玉《绣佛斋诗》为余赏心者，如《春闺怨》："入眼春光长似醉，爱春翻作伤春泪。""惹恨牵情最恼人，落来花片飞来絮。"又："乱落桃花飞绛雪，柳梢头上三更月。""一缕名香手自焚，关山梦落魂飞越。"《对月》："一帘明月白纷纷，宝鸭香销欲断魂。侍女错猜心上事，却将花柳怨黄昏。"《闺梦》："清霜飞急漏声迟，遥夜孤帏忆别离。幽梦欲成明月去，却凭何处照相思。"《别友》："毕竟交欢又成别，不如行路总无情。"《秋闺曲》："芙蓉露冷月微微，小院风清鸿雁飞。闻道玉门千万里，秋深何处寄寒衣。"《月夜》："醉深玉露侵苔席，坐落残星冷石门。"五言如《春闺》："春和喧百鸟，寂寞坐春朝。蝉鬓少新洗，卖花声过桥①。"《咏秋海棠》："时来幽阁下，清夜醉婵娟。"《秦淮泛舟》："罗衣飞不起，露湿几曾还。"《霜上月》："谁招青女出，来伴素娥行。"《新月》："垂帘光尚弱，低树影犹昏。《别情》："寸肠依断草，孤影落离杯。"《咏四更山吐月》："何来幽梦后，独入素帏清。"《立夏喜晴》："去年初夏日，那得此清光。"《立冬》："树远瘦于簪。"《送友归新安》："去增新别梦，远仗故交心。"《迟方似之》："夜风融斑

---

① 此句下，《亘史》多"月月红"三字，三字后空一行，乃接"咏秋海棠"。

管,朝鸾引画眉①。"他如《夜舒荷》排律《送吴公励》七言近体《送傅子京》绝句《汉宫秋送李彦辅》歌行,皆绰约有唐人之致,今未能悉录,即所采拾,亦足以传矣。②

长洲林云凤若抚薄游秦淮,偶与一二胜友过朱校书擽宁馆,酒间,出䨇锦鞋贮杯以进曰:"此所谓鞋杯也,自杨铁史而后,再见于何孔目元朗,如君才情,正堪鼎足两公。"云凤闻之喜甚,盖不意风尘中博综雅谑有如此者,遂以笔蘸酒,为赋《鞋杯行》云:"君不见杨廉夫,狂吟豪饮天下无。又不见何元朗,风流文采犹堪想。鞋杯之事久寂寥,谁能狎作烟花长。秦淮艳女字无瑕,为予笑脱干红韈。酒间突出华筵上,短窄纤新才一纳。平生每恨旧裙低,今日分明见弓样。缃绹碧缭香尘生,凤头鸾尾花盈盈。玉壶泻处偏宜满,翠袖笼来不奈轻。杯行到手翻成哂,两颊红莲初著粉。暮雨朝云酿已深,春风秋月斟应尽。何须更筑糟丘台,尊中自有葡萄醅。何须更学邯郸步,尊前便是巫山路。一掬双弯娇自持,千巡百罚醉休辞。绝胜飞盖西园夜,不羡凌波南浦时。人生快意在行乐,且向青楼买欢谑。宝剑徒令老仲升,金门未必容方朔。醉乡恰喜傍温柔,莫问城头夕阳落。"《本事诗》

读朱泰玉扇诗

潘之恒亘之

莫言纨扇如秋月,如月还多万种情。惟有月听堪下泪,不从人说太分明。

---

① 此句下,《亘史》有"金山寺"三字,三字后空一行,乃接"他如"。
② 以上三段皆出《亘史》。

雪中答泰玉折简见招三首

前　人

寒窗夜雪照人明,梦到梅花觉有情。素女忽飞书一纸,瑶华千叠洒江城。

深红浅绛薛涛笺,白玉林中一叶鲜。字字惊心惟此别,不知行路傍谁怜。

未堪鸡黍应人呼,曾念淮阴一饭无。珍重多情桃叶女,不辞风雪自当垆。

青楼怨词为泰玉赋

廖孔悦傅岩

叙曰:上清之珠,络以绛纱,服以玉筒,进御黼黻之前,吐照千乘之外,固其所也。遗落寒沙,沉沦野水,光彩惊流俗,识者掩面而已。天生妙才,当得善遇,蛾眉窈窕,自有定价。西施玉床,东昏宝屦,可以堪之。而委质烟尘,匿耀丛台,抑独何也?造化忌其尤物,不若畜与之貌,乃使藐姑冰雪,杂尘滓以争妍,高唐云气,乱妖氛而弄态。随云间之坠月,逐河里之飞星。机中织锦,流黄与银汉交辉;花下校书,落蘂共丹铅斗艳。三台妙札,芍药空言;十样华笺,椒聊盈握。鹅笙象板,总非入耳之音;粉白鸦黄,更是伤心之色。命之薄矣,夫复何言。亦有红拂弹冠,红绡举镜,文鸾乍织,双凤同飞,盖婚媾之奇缘,风流之异遇乎! 至若慕周南之化,雅志超腾;空冀北之群,竟遭维絷。遂令低鬟事佛,敛屧披经。清磬声中,破除急管;水田影里,断送春衣。蕙质兰姿,几轴楞严之字;锦心绣口,半函梵网之文。抚影惊时,吾不能想

象其怀抱也。秦淮朱泰玉诗曰:"迩来多病肺,常是不描眉。"其怨可知矣。不当与长门寂寞、王昌薄幸诸作并观乎?其词云:

石幢小巷是儿家,三岁能挑绣谱花。双凤不来歌舞倦,深深杨柳恨藏鸦。①

蛾眉不戴凤翘冠,十斛明珠只厌看。鳖杀参军成底事,可怜长袖倚阑干。

妆霞紫绣踏新裙,淡掠斜梳压楚云。羿女未偷灵药去,且将兰麝学人薰。

妆楼花气扑深春,懒取开帘帖燕新。两点远山愁对客,尽教闲杀画眉人。

越罗新制翦鸦黄,锦袜珠褆佩麝囊。玉琖戏翻星子污,熏笼彻夜注沉香。

琉璃翠管架银床,无意催诗刻烛长。酒监声声频羯鼓,金笺碎朒不成行。

西池闲日看栽菱,听得郎敲不启门。行过桥边罗袜湿,花砖苔上有弓痕。

纱厨前面礼金仙,才到朱明歇篆烟。清供二时何敢缺,石瓶添水灌金莲。

五尺珊瑚作锦缠,寂寥心绪总徒然。曾将鹦鹉前头笑,若个传教阿母边。

---

① 此下二十首七绝之后,《亘史》原有小字标注"其一""其二""其三"……"其二十"。

中元诸馆尽修斋，手奉名香到佛台。欲踏祗园金地上，碧窗先绣女僧鞵。

萋萋芳草驻游车，女伴行春被水涯。日暮独怜樵径曲，茶烟隔竹老尼家。

清溪池曲碧桃花，依约成都女史家。醉客每翻书帙乱，避人别院校楞伽。

新槐齐叶乳鸣鸠，水际莎青卧白鸥。深闭阁门初病起，溪边独落玉搔头。

斫桂烧金佐夜杯，烛笼红处踏歌来。平明争扫车尘去，唯有侬心惜绿苔。

侍儿嘈呷学调笙，不谱云韶只丽情。三十六声孤凤语，令人忆杀董双成。

青酥白鹿漫甘肥，香饭清虚欲采薇。带比楚宫围减后，相将胜得鹤翎飞。

青鸾引去谒西王，赐坐瑶池饮玉浆。便道是真还是梦，低声暗唾合欢床。

秦淮绿雾起潺湲，桃叶风生画舸还。翠袖不堪红泪积，朝朝犹自唱阳关。

檐花萎夕草摇秋，鹧鸪声中岁月流。醉起海棠烟已暝，管弦催月上西楼。

十样鸾笺照绮窗，银毫今已负萧娘。幽情锦字无人会，一字诗成一断肠。

冯化跋云：'刺绣文不如倚市门'，贫女寒窗，有艳玉楼歌舞而自憾其貌者矣，何泰玉之超然高度也。泰玉自负能识英雄,恨时无英雄,郁郁不得志,深情自闭,逃于净土。天下名人逸客,往往惊就其丰格,而罕接其声响,转益寥上。余友廖氏傅岩未识其面,而为之赋《青楼怨》二十首,其知泰玉,过泰玉之自知矣。虽然,吾于是窥傅岩之微焉。十年铅椠,牢落不偶,雄襟逸气,无可发舒,聊借玉香红翠之事,以况其隐衷耳。然傅岩如五粒新松,楚楚方引,岂终此者?所况得无逊乎!书以志笑。①

赵彩姬(203)

赵彩姬,字今燕,南曲中与马湘君齐名。张幼于中秋赋诗,有云"翠盖红妆送客亭,佳人眉黛远山青。试从天上看河汉,今夜应无织女星"之句,诗句流传,脍炙人口。今燕亦用是名冠北里。冒伯麐云:"余从十二名姬中,见今燕诗。顷游秦淮,知其尚在,屏居谢客,与吴非熊访之。容与温文,清言楚楚,'枇杷花下闭门居',风流可想,不独徐娘老去也。故为刻其诗,附于湘兰之后。"《续本事诗》

今燕老居琵琶巷口,每闭门,时号"闭门赵"。常教授女郎,所著有《青楼集》一卷。《露书》

今燕有《长相思词寄幼于吴门》云:"去悠悠,意悠悠,水远山长无尽头。相思何日休。见春愁,对春羞,日日春江认去舟。含情空倚楼。"《续本事诗》

---

① 以上诸诗皆出《亘史》。

张玄超自海上寄书问连城生消息　连城生指今燕

上元盛时泰仲交

若问青楼倡,芳年二八强。轻罗不遮面,绣户自焚香。
对客时题句,怀君每断肠。倘能贻锦字,犹胜梦高唐。

郑如英（204）

　　妥,小名十二,行也。冠名于行,余辄嘉之。其姓郑,名
如英,字曰无美。凡居金陵旧院,以艳著者,首推郑氏,而侪
辈竞秀,亦不乏人。逮中衰,妥以晚出,韶丽惊人目,然不逐
侪辈修一时名,而独亲图史铅椠之业,故人亦未易知之。母
携游广陵,过客舟,与期莲生遇,各留一盼,竟失之。侪辈为
言妥二娘偃蹇态,不易为偶,期莲生益贮诸臆中,不能释。
会盐估汪某者知妥所尚,愿以净室居之,妥欣以就。室中庋
书万卷,恣所探讨,而汪客卿呼之。无何,汪病赢且死,族构
妥讼,罄其装资,伶仃以归。产废,赁居旁舍,而意澹如,不
易偶如故。惟取办十指慧,如流苏、帏帨、眉领之饰,皆极精
工。而期莲生亦偃蹇,所遇于路旁有传妥二娘名者,期莲生
曰:"此人不没于闺阁,即死蓬蒿久矣,安得为人称之?"白
郎导经其室,时方昏,叩门无应。明日介所亲求见,妥乃造
客席,扬扬自矜①,生为慑伏。又择吉以禽修好,相对谈往昔,
若梦中事,欷歔欲绝。自以生平得靓,为愿足矣,尚复何言,
惟终日相对,若丧魄者之所为。而生以劻勷故走维扬,寻归

---

① 《亘史》此句前多"意"字。

新都,淋漓雨中者几十旬。妥缚扫晴娘,咒雨檐隙欲遍,所寄尺牍泊帕箑诗,皆微言,即钟情所不能及。期莲生死情者,犹自谓不能髣髴嗣音,嗟叹吟咏,与同社追和之,欲胜妥一言,终不可得也。乃相率饯期莲生岐亭,慨两情之太苦尔。期莲生曰:"无美才胜其情者十三,而情胜其才者十七。余三谢其才,而七愧其情,第未知死所耳。"客曰:"然则薪合而生之乎? 将不合而死之乎?"生曰:"不然。法在合,所不得不离;而离,所不得不合。离合云者,是死情死才以外事也,神圣所不能定。客请休矣。"余深味其言,而有会于衷,乃姑为立传,而合两美之手札若诗篇,以为他日左券。《亘史》

亘史曰:释氏言因果报应,毫发不爽,若期莲、无美两人者,可验矣。以舟见为因,以路闻为果,以扫晴护臂为报,以合璧同心为应。夫非累劫多情人哉! 使自今忏悔,想多情少,即超缚碍,如将情多想少,恐终堕沉沦,吾愿两人勖之尔。同上

期莲生《四时长相思曲寄郑十二无美》,即用十二字为目:"池塘垂柳堤垂杨,十二阑干春恨长。梅花若为相思发,莫遣疏英过粉墙。"其一"生炉芙渠出水妆,十二时长思更长。知君粉汗嫌罗绮,为觅轻绡制舞裳。"其二"苍苍月色夜生凉,十二琼楼漏渐长。团扇流萤思更远,鸾笙懒自试新簧。"其三"寒入孤衾天有霜,十二巫峰宵梦长。锦帐不留侬共宿,枉杀熏炉一夜香①。"其四郑无美答书云:"接手札,视之恍惚如

---

① "熏",《亘史》作"薰"。

醉。一字一句，令人魂飞肠断。复阅佳什，一字一珠，岂惟倍切相思，即死可瞑目。细思英乃裙布一寒子，今侍君左右，已借光颜色，况复情如金石，一世之愿足矣。董小来，蒙许见过，日已将晡，何为不至？古人一日三秋，今英以一刻为千秋，尚不足比，愿君速来，慰英悬望。"同上

期莲生《辩惯字书》云："我与君相知，自信有天地以来，未有如我二人者。即再有天地，亦必不能再有如我二人者。昨宵语及赠畅然诗，君言阿痴原来是惯的，阿痴死矣，冤何如之。我此等诗果然惯做，如与君此情，实未惯有，如此亦是惯，何情之有钟也。愈思愈苦，死矣死矣，生来只一相知，尚且加以此名，不得已奉书相告，莫又谓我惯苦、惯死、惯写如此书也。"郑答书云："对谈不觉，一别增思。适接来翰，知为一惯字恼心，令人亦增欢重，可取亦取。然惯字有意，弟取君之才之情，天下无双。弟爱君者，非独诗，但一开言，令人魂飞天外，岂忍见妙才付之流俗。故出此一毒字，欲君后改，勿自轻才，乃弟之实意，非有他也，愿自珍重。"同上

郑如英《观雨寄怀》诗云："风雨萧萧闷倚楼，为君落泪为君愁。江村寂寂无人问，谁伴孤舟水上浮。"又《夜来帖》云："夜来何竟不来，孤枕梦魂，恍忽如面，遂不能睡。强起独坐，青镫细雨，风色萧萧。因自念我之所以得遇足下者，天也。不意遽然失足下者，亦天也。得失既不在我，去就之权，必在足下矣。今夜之月，必胜三五，欲与足下清话，不识能如愿否？倘同尔思，即来为望。"又《送小鬟香奁帖》："如英白：乍闻分别，不由人肠断心碎，悲苦几绝。今欲以种种离怀

137

相诉，奈一段苦心，非书写可尽。谅君必知，既知之，能不为英肠断哉？今付小髹香合一串，虽不足奇，乃英自小至今所爱，常不离身。故以赠君，为他日会合之兆，幸勿轻弃。英拜白。"又《半臂帖》："君归，无以相赆，自裁半臂，护君晓寒，遂不觉天明矣。令董小持赠，愿勿弃人并弃衣，自忍冻归也。离愁如乱丝，容面时求解，长叹长叹。"_{同上}

期莲生《玉鹅帖》："王右军爱鹅，鹅因不为俗物。旧玉鹅一事以答髹香奁，旧取不忘，玉取不染，鹅何幸常伴玉指，我何不幸，不得常对才人面也。少选过辞，勿以泪眼相看，恐玉鹅亦解悲啼尔。"又《秦淮别怨》诗云："秦淮二月柳新黄，折柳贻人人断肠。可怜袅袅秦淮柳，今朝又上离人手。离人手把柔条看，柔条低拂紫骝鞍。紫骝欲嘶人落泪，谁当此际犹能醉。绸缪执手问前期，莲子花开是到时。但恐见莲君不见，使人空忆莲花面。君心不负泪沾衾，侬意肯忘私语深。语深字字沁人骨，吐息芬甘餐不竭。青青草色长干道，偏使离人颜易葧。秦淮上流即丰溪，我心随水不复西。请看不断秦淮水，有心宁不相思死。"_{同上}

郑《和期莲诗》云："鸳鸯何事各分飞，从此看看冷翠帏。前期虽订莲开会，但恐莲开君不归。"_{其一}"君心果不负莲期，侬意欣随奉寻时。又恐相思先送却，嘱君归早莫归迟。"_{其二}又《送期莲还里》诗云："肌如莹雪腰如柳，鬓髳秦淮渡口桃。几度为郎围渐减，不知何日可同巢。"_{其一}"忽忽支床气不扬，春山半蹙谩呼郎。好花不耐寒霜妒，一日那堪九转肠。"_{其二}"乍见寒梅已落花，香魂暗递阿谁家。溪桥波影成何事，

水涨春芜可及瓜。"其三"谩把金炉柏子烧,小窗离思转无聊。郎今欲去留难住,梦绕黄山路渐遥。"其四 同上

期莲生《难别离曲四首,板桥逢使寄答,仍用前目》:"花满林开柳遍黄,离人酒醒望中伤。想到朱楼第十二,有人楼上独支床。"其一"步步冲泥行路难,花愁柳困意摧残。思君暗数愁中路,凭遍东风十二阑。"其二"河柳含烟金缕长,花枝带雨想残妆。遥知十二帘栊底,临风又挂扫晴娘。"其三"愁城十二锁相思,路杳人稀客子悲。满树繁英为谁发,似教人念采莲时。"其四 同上

庚戌三月初八日,期莲生寄郑书云:"临歧道别,执手惘然。俗人不知,尽以为假。自思我用一片心在十二身上做假,十二又用一片心在我身上做假,此一片做假心肠,便非世间可得。任他们寻真,真得不了局处才是假。随我你做假,假到没破绽处也成真。不怕世人不能认真,但怕世人假不来耳。孔子曰:'苟有过,人必知之。'则好处必不幸人知也。我两个情悰,当不许花鸟得窥,岂肯使世眼识破。偶坐来黎阁上,闻便寄此。因念与君在梅花坞中,君折意中花,倩我插髻傍,光景如昨宵梦,人何处也? 想犹未已,泪已满襟,人何处也? 修竹萧萧,汀鸟嘹嘹,恍有新秋芦苇边景色。俯看曲池绕阁,萍花如错绣,幸尚未吐荷钱也。漫成一绝,并衣纱一端却寄,临书神驰无已。"其诗云:"千里缄封寄泪痕,离愁一段郁于云。行人未发肠先断,不识何时书到君。"同上

亘史云:此书勘破真假公案,恨无卓吾老子见赏。

二月二十九日,郑寄书云:"英与足下才结新盟,便当分

别，好事多磨折耶！分手之日，实望寻一静处，与足下将种种情怀、种种嘱语举杯细说，不意行至碧峰寺，见车马簇拥，意欲前进，恐伺察者知之，只得入寺，又遇他客先在，即苦不可言。候多时，足下至，共出玉鹅髻盒，相视呜咽，共话未终，又即促饮。与足下举杯时，英心魂如醉梦，霎时又促去。听去罢一声，如万针刺我五内，欲随不可，欲舍不能。此时此刻，寸寸柔肠，丝丝痛断。足下别后，又复还席共饮，惟英悲苦难言，见他人冷冷不着疼热的眼，只得以酒自遣，不觉大醉。归家成期儿事，事完入房，寂寂无声，凄凄尽是离况。即无情，当此能不泪流？思昨与足下促膝谈心，今忽西东相隔，此夜必难成寐，宁不思及我苦乎？即此夜思量光景，笔不能尽，况其他乎？念七日见雨不止，做一扫晴娘挂窗上，咒之曰：'帚一举，扫尽满空烟雨。见太阳，封汝为扫晴娘。'"
同上

亘史云：此书具见儿女真率之情，雨咒尤佳。

郑别后复成一诗云："执手难分处，前车问板桥。愁从风雨长，魂自别离销。客路云兼树，妆楼暮与朝。心旌谁复定，幽梦正摇摇。"又《河亭月夜》诗云："玉镜宵升玉露团，怀人永夜倦阑干。秦淮不绕闺中梦，三十六峰天际寒。"又《寄望月》诗云："悠然有所思，倚楼望明月。忆昔共侬欢，清歌月下发。离别杳难逢，坐令愁白发。"又《夜怀诗题纱帕上系小相思囊寄之》："怯抚朱弦韵未调，琴心不奈可怜宵。移来月色帘生白，遮莫邻钟到寂寥。"其一"鸳衾半剩怯流苏，只是天涯恨有馀。却忆四郎眠未稳，长宵片月碧窗虚。"其二 同上

期莲生《杂忆曲》不尽传,随录数首于后。《题朱唇》云:
"漫拟朱樱娇可摘,酒盏馀甘剩丹液。微笑榴房露瓠犀,火
齐自吐非脂赤。"《怯饮》云:"酒面酣红花殢雨,冰肌腻白玉
生香。自是羽觞飞不尽,非关春漏不曾长。"《黄山梦》云:
"三十六峰如列障,峰峰攒翠夜魂孤。惟我眉梢偏似得,梦
里曾经见也无。"《唤期儿》云:"唤期儿,问郎期,莲花何不解
相思。郎归早,郎归迟,莫负莲花盛放时。"《赴莲子花期》云:
"可怜侬十五,嫁作荡子妇。荡子耽远游,久别侬常苦。今复
游白下,侬愿从郎者。侬乘翠幔车,郎跨青骢马。青骢马,冲
苍野。前路尚迢遥,且惜珠鞭打。"又用诗首句为题三首:"对
沉香宝像入定,养银光粉纸书经。赢得朝梳发未落,输他夜
梦泪交零。"其一"林暗子规深树鸣,车中忽听旅魂惊。郑娘已
自愁春去,莫过楼西叫一声。"其二"杨柳风生万万枝,美人何
处雁书迟。相思恰似丰溪水,流到秦淮无歇时。"其三最后作
《欢重逢曲》四首,仍用前目,盖指后会事也。"遥望春城十二
门,门门欲闭总氤氲。欢逢今夜灯前笑,怕见当初帕上痕。"
其一"人因花信重开面,藕解人情亦吐莲。回忆相思无一日,
浑如一十二千年。"其二"步步云连十二衢,谁家两地梦魂孤。
秋风酒里先酡面,夜月人前几倩扶。"其三"葭管飞灰才报冬,
乐府齐调十二钟。人人竞唱升平曲,侬唱重欢骄杀侬。"其四

亘史云:两人题咏诗甚多,不能悉录,录此亦足征情。
其书能操独见,非浪语也。余生来负痴癖,恨未当此快士,遂
艳羡乃尔。期莲又称十二"棋韵琴心,种种绝世,俱为一情字
所掩"。篇中称期莲生,即郑诗中语所命。今莲叶如钱,未见

莲开,早已践约。生既先之矣,郑报安得后哉!余既与二三兄弟钱生岐亭,因寄声十二云:"情无底,何能已。请看行云,莫逐流水。"①

妥娘与湘兰、今燕、无瑕齐名,在万历年间按:马没于万历三十四年,年五十七。郑、赵至国初犹存,年七十馀,齐名于万历初年,而齿少于马二十馀岁。诗选《列朝诗闺集》中,至国朝初年尚存。年七十二。钱牧斋诗云:"旧曲新诗压教坊,缕衣垂白感湖湘。闲开闰集教孙女,身是前朝郑妥娘。"《本事诗》

冒伯麐集妥与马湘兰、赵今燕、朱泰玉之作,为《秦淮四美人选藁》。伯麐称妥手不去书,朝夕焚香持课,居然有出世之想。有《述怀》诗寄伯麐云:"浪说掌书仙,尘心谪九天。皈依元凤愿,陌上亦前缘。"良可念也。②

虞国儒云:"妥非独于诗,所为尺牍或数十言,或三四百言,莫不淋漓委折。"《然脂集》

秦淮感郑妥娘事

钱唐陈文述云伯

郑如英,字无美,小名妥。如皋冒伯麐集无美及马湘兰、赵今燕、朱泰玉之作为《秦淮四美人诗》,钱牧斋采其诗入闰集,所云"闲开闰集教孙女,身是前朝郑妥娘"也。孔东塘《桃花扇》乐府过事丑诋,因为正之。

传唱诗篇总擅名,当年谁似郑如英。流传闰集今犹在,

---

① 以上两段亦出自《亘史》。
② 此段出《列朝诗集小传·闰集》,原书漏注。

何处青溪绕石城。牧斋《诗选》以青楼诗入闰集。

罗袂春寒绝纱辞，桃花红湿雨丝丝。词人月旦真无定，
雪岭才登又墨池。如英《闺怨诗》："曲曲回廊十二阑，风飘罗袂怯春寒。桃花
带雨如含泪，只恐多情不忍看。"

回首莺花旧院春，板桥流水碧鳞鳞。只应水绘园中客，
解说秦淮四美人。

孔雀荒庵易夕曛，消愁何处酒微醺。双跌何与词人事，
也唱当年白练裙。"酒是消愁物，能消几个时"，湘兰句也。《白练裙》乐府，郑应
尼为湘兰作。

薛素素（205）

薛素素，南都妓，能画兰竹，作小诗，善走马挟弹，置弹
于小婢额上，弹去，而婢不知。少游燕市，与五陵年少并辔出
郊，观者如堵，为李征蛮所嬖。其画象流入蛮洞，容美彭宣
慰深慕好之。吴人冯生自诡能致素素，费金钱无算，久之不
餍。宣慰怒，羁生洞中，十馀年不遣。晚归吴下富儿，为房老
以死。《续本事诗》

素素能书，作黄庭小楷，尤工兰竹。下笔迅埽，各具妙
境，虽名画好手不能过。诗师王行甫，亦以薛校书呼之。虽
篇什稍逊洪度，而众技翩翩，亦昔媛之少双者也。所著有《南
游草花琐事》。《然脂集》

素素姿性澹雅，工书善画，时复挟弹走马，翩翩男儿俊
态。后从金坛于襄甫玉嘉有约矣，而吾乡沈虎臣德符诡得
之。合欢之夕，郡中沈少司马纯甫、李孝廉伯远偕诸名士送

之。姚叔祥诗云："管领烟花只此身,尊前惊送得交新。生憎一老少当意,忽谢千金便许人。含泪且成名媛别,离肠不怕沈郎嗔。相看自笑同秋叶,妒杀侬家并蒂春。"褒甫恨薛之爽约及沈之攘爱也,寄赠薛三律云："锦水飞来第二身,蕙心更擅艺如神。相怜南国应无辈,不悟东家别有邻。纨扇写留骑凤女,宝符赍向驭龙人。碧山烟外含愁思,犹似蛾眉隔座颦。""凉壁哀蛩吊蕙帷,计狂祝梦又多违。锦书织恨萦千轴,钿带萦愁减一围。弱水药来娥月皎,明河槎去客星微。越人不肯归西子,花泣吴宫掩夕扉。""铜标志里候灵芸,中道香车改辙闻。魂逐飞蓬辞夜幕,泪随落叶点秋裙。尾生作鬼难仇水,巫女为神易变云。自古情多欢便少,双栖何必羡离群。"叔祥诗今在集中。于诗明艳流利,余甚赏之,并略书本事传之。薛后不终于沈,嫁为商人妇,尤可叹也。胡孝辕《读书日录》

素素小字润娘,行五,人称其有十能:诗、书、画、琴、弈、箫,而驰马、走索、射弹尤绝技也。予见其手写水墨大士,甚工。董尚书未第日,授书禾中,见而爱之,为作小楷《心经》,兼题以跋。《暴书亭集》[1]

素素能以两弹丸先后发,使后弹击前弹,碎于空中。又置弹于地,以左手持弓向地,以右手从背上反引其身,以击地下之弹,百不失一。绝技翩翩,亦青楼中少双者。《甲乙剩言》

薛素素小影,绢高一尺八寸七分,阔七寸二分,画阑边

---

[1] 即《曝书亭集》。

石竹下有钩叶兰,自题小楷云:"玉箫堪弄处,人在凤凰楼。"十字分二行。下有沈氏、薛第五之名二方印,皆白文。《覃溪诗草》

观薛素素挟弹歌

江都陆弼无从

酒酣请为挟弹戏,结束单衫聊一试。微缠红袖袒半鞲,侧度云鬟引双臂。侍儿拈丸著髻端,回身中之丸并坠。言迟更疾却应手,欲发未停偏有致。

赠素素

缨绝钿遗漏欲分,留髡送客意何勤。酒阑明月生璚树,坐久流萤点绣裙。子夜歌来犹是夜,巫山梦去总为云。羞将锦字重为愿,清磬长依贝叶文。

寄素素

闽郑琰

野草城边油壁车,海棠开尽燕飞初。愁深司马舟中泪,梦逐萧娘锦上书。二水云阴桃叶渡,四桥春暗浣花居。伤心南国垂杨月,夜夜香尘满客裾。

崔重文（206）

崔重文,小字媚儿,艳之者目曰嫣然。同母姊景文,字倩,行长,而己居三,侍儿辈以三娘呼之。嫣然方鬌龀,因倩结余为兄。每广众中,机警越人。十三习女史,十五通情窦,逾二十幽闲自律,无朝暮之行、信宿之遇。抚弦吹箫,声协鸾凤,故清远士咸致其款于嫣然。嫣然有所不屑,无诡得之者矣。室中有幻影阁，驹隙所容，凡庭柳扶疏，归禽颉颃，呈态壁间，不遗毫末。人征瑞于二文，及二文誉烨然起，而幻影始灭。嫣然弱质丽姿，肤骨匀腻，仪度翩翩，见宾肃容，言笑动止，不爽尺寸，居然礼义中人。乃闺阁婉娈，挑达憨痴，无不纤媚自逞。尤寄情山水，徘徊善卷、玉女潭之间，澹然忘归矣。吾党每造之，乐其房帏虚朗，整洁穆清，图史四陈，翰墨间作，从坐上口占挥毫，丽藻横溢，皆辟易以退。至于见月飞觥，临风解佩，微辞宛转，千古酸辛，琅琊王伯舆终当为之死耳。人言崔氏姊弟洵有情人，惜也好为过情之事，无不及情者矣。鸾生曰："情者，人之所自生也。情之不知，与枯木朽株等耳。故与其不及也，宁过。"余于崔氏醉心焉。所昵两黄生，皆余邑人。虽交亡久暂，而情互浅深。季思久而疏，玄龙暂而戚。余谓玄龙有生理，季思无死地，其情殊也。余语嫣然："是情也，乌能尽之？卿吝其馀者自疗，以不足者疗人，毋胥溺也。而姊屡甚，以自适而忽肥，吾愿子之有适也。多情必速毙，乌能尽之？"余既为嫣然作传，而以吾辈述情诗附于左，为钟情者发一慨焉。玄龙之言曰："余交倩时，姬始扶床。及其破瓜，各有二语铭心，今始酬之。其未畅者，旦暮成幻，信宿易睽，会即语塞，别即思绵。吾第从中宵遥唤之，姬遥应之。姬唤之，吾应之，以当绸缪。如情之不愆，岂限于河鼓？"同社重伤其志，为诗讽焉，不兑类乎百一矣。《亘史》

黄夬《纪别诗》云："记得盈盈乍相见，绕屏霜蕊藏娇面。瞥时细语人不闻，已觉双心输一片。峡云行迹任萧萧，十载心期各未消。那能不使床前月，次第窥人到小乔。彩丝初绾千盘结,得暨相怜仍百折。柔情一缕似游丝,震荡春风总难绝。才怜深岁悁深盟,可忍欢情即别情。此别应知倍相忆,难消空夜唤卿卿。"又一绝云:"旅舍村醪未忍倾,愁声相伴砧蛩声。不知翠阁清歌处,可应孤人夜唤名。"同上

崔重文《别黄玄龙诗》八首:"昨夜罗帏始觉霜,马嘶寒影候严装。晓灯欲暗将离室,不道离情畏曙光。""九月江南似小春,偷春花鸟殢归人。妆楼直对长干道,愁见行车起暮尘。""枫落鸦翻秋水明,长桥衰柳古今情。寻常歌板银罂地,从此伤离不忍行。""华裾赋别酒初醹,水调吴歌夜入云。此曲由来能解恨,一时凄切半缘君。""君心未去妾心行,相顾无声觉泪声。别后何人照憔悴,空馀明镜解含情。""莫轻春梦薄残缘,款语关心十五年。覆水落花难再合,匣琴从此怯危弦。""留君且住慰凄其,少住欢惊转益悲。欲绝不知因底事,将无真作有情痴。""亦道三秋只暂时,骨惊魂绝已难支。章台二月春风里,莫寄空函付柳丝。"

代黄玄龙崔嫣然叙别

天都潘之恒亘之

破瓜以前年十五,喵蘗衔碑生解苦。兰蕙初芽已吐心,莲华入掌翻成语。百结柔肠怯不禁,飘蓬双鬓露多侵。谁能子夜歌中觅,谁能霜晓梦中寻。隔岸微风吹木叶,罗衣罗袜寒波结。楼前幻影已全消,却倩闲情管离别。

吕燮雅

才人相盼初无语,一枕青山销暮雨。回首悠悠役梦魂,白露兼葭隔江渚。酒杯忽接杂啼笑,明月虚庭双窈窕。莫将

鹊意浪猜鸠,汉宫燕侣原怜少。人世良缘合有期,尽令十载负参差。无端又博新离别,悲绪欢惊来几时。从旁不得无心者,种种幽情许共知。[①]

郝文姝（207）

郝氏,行二,居金陵朱市院。初名文珠,字昭文,易珠以姝,嘉之也,犹曰蔡文姬云。姝短身而翘首,似不能颊者,人见之,皆窃笑。及领其谈吐,慷慨风生,下笔成琬琰章,几令卫夫人拉泣,而以貌列中品,姝由由然不屑也。庚子秋,汝宁阎汝用、张俊之以才名倾世,独昵好姝,谓江南艳冶无出其右,岂为怜才然耶? 无何,宁远伯李大将军结婚魏国,纲纪能物色之,费琲贝十斛,载媵车中。太君闻而愠奴辱姝,罪及纲纪。李大将军老而壮猷方用,督帅辽东,乃问姝安在。此江南名流,置诸掌记间,称内书记,凡奏牍悉以属焉。人言文姬没胡,胡无知者,徒托语于《胡笳十八拍》,姝以媵行获收麾下,而参麟阁之画,其幸逾于蔡文姬远矣。《亘史》

孙子真云:文姝甚笃交谊,有侠士风。壬寅九日在金陵,建孙楚酒楼,姝时为金夫所昵,辞而往会,张筵莫愁湖上,穷三昼夜之骥。谓所知云:“妾得附名此楼,足以不朽。”碌碌风尘,非其志也。别子真有诗云:“江左多名彦,惟君独擅奇。兴公山入赋,摩诘画兼诗。交忆重游处,人怜再晤时。分携且莫恨,千载托心期。”盖指酒楼中复以《啸赋》相遗,书法工

---

① 以上三段皆出自《亘史》。

绝。同上

冯祭酒开之有《酬郝姬文珠》诗云:"虚作秣陵游,无因近莫愁。"其为名流契慕如此。《列朝诗集》

昭文居珠市,为人文弱,清致逼人,咳唾生珠玉,下笔成琬琰,秦淮一曲,几于独秀。余尝在其斋头见信笔作报,顷刻数百言,不减黄庭,信佳品也。 姚旅《露书》

张如玉（208）

张如玉,字楚屿,行大。家本金陵南市楼,徙居旧院,以马蕙芳为假母,遂称马如玉云。如玉丰容修洁,气韵萧疏,无儿女子态。凡行乐伎俩,靡不精工,熟精《文选》赋骚洎《唐诗正音》,背诵如流。尤善小楷八分书及绘事,持笺丐其手笔者,殆无虚日。居常好侠游,耽吟咏,心窃厌薄纨绮,与同志者品题花月,指点江山,意豁如也。无论一时名流艳慕,即闺媛女媭见者,如以胶投漆,至截发烧臂,涕泣不能舍去。后同马蕙芳受戒栖霞苍麓法师,易名妙慧,朝夕礼佛惟谨,每日栉沐后,必念佛号千声,如太和、九华、三天竺诸名山,皆不惮裹粮登陟。常思结茅莫愁湖上,焚修度世,不愿老死曲中。年三十八,竟以疾卒于清溪之河房。所著有《楚屿集》、《谢尘诗》。邢宪副赏以为佳,姑梓其一二于左,以示之同好。今曲中张八,字荆卿,其同母妹也,别有传。《亘史》

外史氏曰:余阅如玉传,窃疑女子之聪慧艳冶、倾动人意者,古今不乏,然皆耗荡丈夫之具耳,非所以论于妇人行也。及以如玉事质之曲中诸媪,历历不爽。烧臂则有陈大,截发则有徐美,涕泣啮肤则有陈五。他如良家妇史三姊、李五娘辈,相与密意钟情,踰于伉俪,京师传播以如玉为阴阳女子,然实不尔也。昔李势妹能消宣武妻之悍妒,至谓"我见犹怜汝[①],何况老奴"。然魏伯阳有言,"假使二女同室,张仪为媒,苏秦合婚,敝发腐齿,终不相知",又何说耶? 同上

亘史云:曲中诸姬多倩笔于人,惟如玉不倩人,自成名家。即倩人,乌能及如玉者? 王百穀有"情人墓草已宿,而哭奠如新",如玉可瞑矣。同上

王百穀又言:"金陵才人惟郝文姝、马楚屿二人而已,然貌不称才,而钟情过之。马慷慨多丈夫行,郝婉媚自怜,而人怜之甚,非独以才也。"吁! 可以语知己矣。又如玉曾有《谢尘诗》十首见遗,检之不得。同上

张文儒(209)

张幼于志《舞书》成,语余曰:"公见旧院妓张文儒舞耶? 惜公生晚,不及见其盛。常夜造其室,侍儿传曰:'娘来矣,娘来矣。'如是数四,犹未至。至则徐徐其行,前双鬟导以明角灯二,后侍婢以二羽扇障之,望之若洛川凌波,左明珠而右翠羽。有选盘旋舞荐间,又如天女散花,惜子未之见也。予犹习见徐惊鸿观音舞、万华儿善才舞云。今曲中尽废此伎矣。"同上

或云:小娥,文儒号也。色极艳而缠足最小,尝脱屣以饷

---

① "我"字原缺,据《亘史》及《世说新语·贤媛》补。

人。初，山阴高孝廉狎之最昵。及居南省，当斋宿，小娥着青衣帽，杂入小幼中进幸。后以不谨失官，尚因家衅而不及小娥事，即此可推矣。同上

罗湘如（210）

罗湘如，字天然，秦淮女郎，见邓彰甫《语小篇》。《然脂集》

寇文华（211）

寇生，名文华，字琰若，小名定儿，落籍朱市。朱市数产艳姬，以余所见，郝文珠、佟七、秦小二、林大皆有俊声。佟妖而荡；郝以才翰自见，而貌猥亵；秦体弱不胜衣；顾善依托；林病而色黄，毅然有丈夫气；皆朱市之表表者。寇生名晚噪而超四君，负湖海气，俨然居名流。好亲翰墨，口刺刺讽咏不置。接笺字书卷，必曼声诵之，时举似一二隽语以问客。房帏整肃，侍御调习，酒德沉酣，而才韵丰度，亦足惊四筵矣。东海屠君闻而造之，各以名自负不相下。屠曰："吾才士也，惜寇生之不余昵耳。"生曰："惟名士悦倾城，子不余悦，徒损子名。如矜名邀昵，国士所惭，矧寒陋鄙姿，何繇自荐，以辱大雅知遇耶？"人笑屠之莽莽，然生实无藉屠知，微哂而已。先是，徐翩昵屠，盖耳食而甘者，人以定寇、徐之品云。生顾顾独立，行如拥玉山，抹眼流波，尤善狐媚，人争奉之。时露贵骄态，故侵暴屡至，虽闭门谢客，绝外交，而金夫挑之，终不能固，其声亦远出少时。每睐之所遗，体之所附，手抚足蹑，咸靡然欲废，故趋艳者未易舍之，而名流允终惠

好焉。汝宁张君乃云："慕寇生何必寝，寝何必内。"其然乎？生能诵张诗，赏之啧啧，恐其论终伧父耳。少年辈沉湎者，非寝且内，难久居，谅矣。客又称寇生多节侠事，有误罹而乞解于显者，无以投其好，生出小李将军画，值金百，授而尝之。罹者苦贫，有难色。生曰："吾岂望子值耶？"卒赖以解。余间过生，谈吐激奋，殊令人怜，怪其漫然无归止念也。将讽之以观其尚，未得间，徒貌言相唐突耳。且所昵为吴郎、汪郎，而未卜终焉之志，余未知其尚之者。《亘史》

寇四儿负坊曲盛名，每具伊蒲之馔，招雪浪大师宴于屏阁，时论哗然，遂有摩登伽之谤云雪浪名洪恩，初号三淮，曾募修大报恩寺塔者。同上

万历丁酉，屠长卿隆新奉恩诏，复冠带，慕狭邪寇四儿名，先以缠头往，至日，具袍服头踏，呵殿而至，踞厅事南面，呼妪出拜，令姬旁侍行酒[1]，更作才语相向。次日，六院喧传，以为谈柄。有江右孝廉郑豹先名之文者，素以才自命，遂作一传奇，名曰《白练裙》，摹写屠憨状曲尽。时吴下王百穀亦在留都，其少时曾眷名妓马湘兰[2]，马已年将耳顺，王则望七矣，两人尚讲衾裯之好。郑亦串入其中，备极丑态[3]，一时为之纸贵。《野获编》[4]

---

① "姬"前，《万历野获编》多"寇"字。
② 此句末，《万历野获编》多"名守真者"四字。
③ "极"，《万历野获编》作"列"。
④ 此段出明沈德符《万历野获编》卷二十六"白练裙"条，其首数句略有出入，因录如次："顷岁丁酉，冯开之年伯为南祭酒，东南名士云集金陵。时屠长卿年伯久废，新奉恩诏，复冠带，亦作寓公。慕狭邪寇四儿名文华者……"。按：此条亦可见沈、王之心结。

曲中老寇四家有《说郛》全部,以四大厨贮,博古之士多有就寇氏钞录者。_{《亘史》}

王 琐（212）

黄玄龙自余病中来视,为言茶湾王琐之钟情于项三也。项三者,新安人,美姿容,自媚而善媚客,客见之如颓玉山。未冠,执业成均,废一博士、一郎中,然未与之狎也。谚曰:"莫近项三郎,一废车驾吴,再废博士臧。但令倾国与倾城,何必南方与北方。"此万历己卯间事。至乙酉年,王琐始破瓜,而项三壮矣。其风度如少年时,昵琐,而琐倾心焉,誓与偕老。项亦挟多金,足庇之。而琐名噪甚,金帛委者填门,父母贪利,不能释琐,琐依项不归也。母诈病而迎之,致项讼,竟与绝。时戊子秋,琐得暂出,车马奔集茶湾,其尘障日。余从娄东王氏兄弟一再过之,琐在有意无意间,其况不可尽述。玄龙状之曰:琐所见无非项三也。见庄客,必与侍儿耳语:"某似项郎度,某似笑、似颦,某得其耳目鼻口之一。"而佯喜佯悲,若不能为情者,人多窃笑以为痴。玄龙最怜之,不谓痴也。时昵好者有二人:孙射父才俊而谨,事之稍得其骊心;程景同貌陋而戆,挟重赀以蛊其母,乘孙间得攫而有之。父母以家微而声特起,势不能支,遂内程聘。孙来,大失望曰:"奈何夺我凤凰池?"而不知项三尚踽踽凉凉,作落魄状以行于市衢。识者曰:"子非项君耶?何以至此?"曰:"吾失侣而孤栖,求死不得耳。"余曾为访程景同,与游说,而程陋甚,不足与语。报项曰:"无庸为谋。君第须之,非久贮阿娇人也。"又三年,而项生消摇于市,车从甚都,貌益腴泽,询之,已诡得琐而遂初盟矣。后十馀年,玄龙复遇之留都,则年四十以上。问:"王姬无恙耶?其宠爱得如前时否?"对曰:"夫夫宠爱安能衰。余房中所幸者五六辈,皆下陈,不足与姬敌也。"玄龙又谓余:"向语射父云:何纵强归,非其初志矣。如此美合,安得不称快事哉。"余病中闻之,霍然有起色,遂为立传。《亘史》

王　寿（213）

王寿者,琐之妹也。少琐不啻十馀岁,琐适项久而后有名。然琐善婉媚,而寿节侠过之。方及笄,即赎身自居,喜蹴踘、鋜子、走马、六博、杂戏,而豪于饮,多从侠少年游,不受羁靮,而善跰蹰者也。人目其姊妹为文武魁首云。寿卒嫁税府童中军去,盖从其好也。《亘史》

王曼容（214）

王少君,名曼容,白皙而庄,清扬巧笑,殊有闺阁风。其居表以长杨,人遂呼为"长杨君"。余从少年场结社,少君方十六,以兄事我。而谢师少连与狎,亦因严之一时学字于公瑕,学诗于宗汉,学琴于太初,争以文雅相尚。友人孙子真以词令绘事擅场,馆如幸舍,未几,少君昵张郎肇卿,遂绝迹不出,社客稍稍星散。过长杨而歔欷,诗韵琴声,若灭若没,彷佛于月魄云影中如见少君。而少君宜于张俯仰,靡不竭其逊顺,终以兰摧玉折,人人惜之。逾十年,游浙,而张郎有声宦籍,一见如旧知。张曰:"公忆曲中长杨乎?"曰:"忆之。"曰:"然则感憔悴而兴悲,乌能忘情?"余曰:"君非歌《折杨》者乎?今有能貌少君姗姗于步幄,岂不愿之?"曰:"请问其术。"曰:"孙子真自吴来,故习少君,能貌之。"因致子真,丐其貌,得之形内者三,得之神外者七,三人举手相招,若见少君帷间,而诗韵琴声,飘飘空际,乃酾酒酹少君,可不死矣。嗟乎!世安得有埋玉十年后而情若新者乎?余感少君素交谊笃,遂题此传,寄崔家嫣然。嫣然情笃甚,见少君此像,定当招之与语,得毋作'是耶非耶'叹耶!则子真此像,能令人喜,亦能令人悲矣。《亘史》

林金兰(215)

林金兰,南曲中人,画山水宗马远,笔力差劲。亦能人物。徐沁明《画录》

卷第二之三　纪丽三

陈闰儿（301）

　　陈闰儿，行二，^①幼居瓜洲，年十三，始还旧院，姊事崔倩。余因倩数过之，见其令颜光莹，洁清自好，梳发委地，双趾如钩，心甚艳之。然为何次公所宠，经旬暂归栉沐，趁有窥之者。客谋购欢资十倍，尚不得少间。时丁酉冬，倩招与围炉，才片刻耳。会何有赏燕，遂载之还，亦不复数数出矣。戊戌首夏，偶登吴门，上方山，见一丽人泠然御风，以頮石湖，衣带飘举，几欲仙去。惟双钩印苔藓间，如落轻红，有荡飏之态，见者魂销。旁有伟丈夫，倚柱引手而目："潘生幸挟姬氏，绕楞伽之塔。"余敬诺，熟虑而却之，何君殆尝我矣。嗣后益嬖幸，声寂不闻。壬寅冬，何君按闽，载之经吴门，语余，且得泛西湖十日。一官如幻，坐令失此温柔乡，奈何？别之日，携手樟亭，泣下数行，诸客皆涕流，不能仰视。嗟嗟，孰知为永诀乎哉！未满瓜期^②，而何君讣至秦淮，姬将以身投阁者屡矣，何夫人怜甚，与同居起，曰："儿不忘恩，吾能为夫

---

①　此二句，《亘史》作"姬名闰儿，行二，依母陈氏"。
②　"期"字原缺，据《亘史》补。

终爱。闺阁之间，秩然有以自守也。"阅三年，丙午，有因蹇修执重币说何夫人，夫人赪发于颜，姬仍截发自誓，其谋始寝①。《亘史》

林云仪（302）

云仪者，玉树字也。其先林某系殉建文之难②，籍其孥教坊司，今苗裔寖衰，于执巾司箧之流，犹可想烈士风焉。先是，同侪有紫华、绿华，相继著声，云仪其特起者也。岁丁酉，余从幻影阁窥之东邻，恍若霞举，见者惊目，艳绝一时。高视者收之物外，自好者品之逸流，故清誉雅尚，超超玄箸，不埒行伍中矣。性慕远游，每鼓三吴棹，犹惭因人。乙巳春，泛不系之舟，期礼三天竺大士，谒莲池师于云栖。夏抵武林，咸毕所愿，列梵筴日广，晓以暑，憩六桥秋阴间，萧萧穆穆，自谓有天际真人想。休夏未几，而章缝之哗起，查氏仇诸生阑游妓以中之，云仪遂撄网，谇讯备楚。执宪者，木强人也，将难云仪。时宋经略、冯司成诸公出身芘之，金陵何兵宪走书为解，始得脱。"谁谓雀无角，何以穿我屋？"君子为之赋《行露》焉。既归旧院，闭门独居，焚旃檀，调鹍弦，即棋笺，慧业都废，惟友人江尚于患难相依不失。故丙午冬余主双鸾馆之盟，集名姝十三人，云仪首出，为之领袖，顾意念愀然，向知己抆泣，发声长啸，慷慨激烈，时露节侠之概。于月下杂

---

① 此下《亘史》尚有："异哉陈姬！西湖苏小，虎丘贞娘，虽存芳名，尚多惭德矣。"
② "之难"，《亘史》作"逮及"。

157

袭簪裾，徜徉长干，联臂踏歌，其玄远之度，且将持巾帼遗时贵人，向者逢公之怒，直目摄耳。别未数月，遂归于江。《亘史》

少逸伯云：兴化李公为孝廉时，偶出狭斜游，习林氏。适紫华暴卒，绿华曰："余夜单怯，邀李郎伴我。"公欣就之。迨数十夕，妪从纸窗以线香作孔，如其夕数。奚奴为言，公视之，曰："信矣。"亟辞之句容，向县令有所关说，得数十缗酬之。妪曰："相公从何来？"答曰："适从线香孔中来耳。"乃一笑别去。同上

董　桂（303）

旧院琵琶巷故有"楼子董"之名，以文华行五、秀华行七、文英行九竞爽鹊起。新都豪士黄天锡者，隐迹阘众人装束，独身求偶，董氏识其非凡，推秀华当寝，设嘉燕三日夜，不问其姓字。临别，语之曰："诘朝令一介来，将有致。"董氏佯诺，故不遣。越三日，而纪纲自江上传主人命，致柟杉千章、金百镒，与匠作俱来，烦为起一宅，主人当落成之，竟不告姓字去。及楼子成，而黄郎乘坚策骏杂沓至，董氏待之如前，无加礼焉。至今宫室之丽，称董楼子家，盖昉于嘉靖末年。当万历初，董定姬行二、茜姬行四相继出，二华女也。定姬善歌舞，年十八，即从真州李孝廉季宣，生子中星，为邑文学。茜姬工媚客，客与处，皆钟情，自创新宅，与楼俪胜，而饰致过之。凡鼎彝食具所陈，规制皆拟三代，而一时文人名笔，洎晋唐宋元帖画无不称备。姬顾无所好，听客持去，惟囊金笥贝充溢，莫与比。茕然一女，以八月生，命曰桂，年十岁，侍客燕

如成人,人曰:"董氏之声未艾,此其后劲者乎!"逮岁己酉,年十三,海阳吴公开媾其成,政当生朝,因字月生,而余锡之以重楼,璚台、玉宇、临春、结绮,将俯仰见之。一时同声诸公雅相贻赠,谓月生真从王母班中来,下谪人世。洞房复道,若增其华丽,庭前盆莲并蒂,忽起重楼。天都生适过公开于邸,遂爱笔为之传。①

为吴公开赠董重楼诗②

郝之玺

神如秋水骨如梅,玉鉴光中谪下来。一字小名呼作桂,双成还入董家胎。

舞席歌筵积寸尘,可怜花月不成春。秦淮岂意萧条后,十四楼中有此人。

杨家徐氏后人稀,曰马曰王少异姿。奇绝独夸楼子董,琼花根底出苏枝。

蜂喧蝶笑浪探春,采尽名花半里人。更有一枝君速取,莫教化作洛川神。

和前韵

何伟然

气想芳兰韵想梅,呼名翻向月中来。莫教金粟飘秋雨,珠藂还含荳蔻胎。

南国香销珠翠尘,红楼十二若为春。只今绣柱开新艳,

楼上应来月上人。

冰骨生当秋月期,自分清艳作瓘姿。素娥久不谐灵匹,仙桂犹依玉树枝。

不嫁东风桃李春,天香应待惜香人。画眉郎到妆临月,妒杀描来笔下神。

董月生催妆诗

林古度

灼灼复盈盈,新妆乍学成。春风吹太早,秋月映同清。已待安黄正,还嫌写黛轻。下云初逐凤,出谷始闻莺。众看心怜满,单羞颊晕生。未知夫婿惜,本是女儿情。

钟惺

亭亭一女郎,的的试新妆。宝钏娇嫌重,罗衣豫作长。晚风迎出户,秋月送归房。隐笑回花媚,含羞避烛光。芳年未十五,已是嫁王昌。

吴兆

谁云刘碧玉,定是董双成。几向花边映,还疑月里生。双蛾窥扇小,百蝶匝裙轻。只合歌桃叶,偏宜炙玉笙。嫩荷难着露,弱柳不胜莺。解带仍须劝,微羞灯影明。

吴明翼

华堂点红烛,扇底出桃花。小小能骑凤,盈盈乍破瓜。娇歌倚瑶瑟,微笑隔窗纱。夫婿莫相问,长干是妾家。

林槲

珠廉绣闼丽如春,玉镜台前照丽人。灼灼如花向谁赠,芙蓉出水一枝新。

香风细细透窗纱，窗外歌声唱破瓜。一片绿云娇不起，傍人催上七香车。

吴嘉木

百叠裁罗小，流苏挂帐新。花灯灿如月，疑是月宫人。

一身弱复单，无妹亦无姊。今日去从郎，莫比兰闺里。

冒愈昌

摩挲桂树捣玄霜，灵药时兼桂子香。谩向行云夸楚峡，争如修月有吴郎。

望里红楼是姜家，雕阑油幕巧相遮。春情若个为攀柳，秋夕逢君为破瓜。

王　醇

名倡美颜色，才子足繁华。共驾双灵凤，吹箫弄彩霞。文鸳绣珠幕，宝蜡透红纱。此夜珊瑚枕，新开并蒂花。

冯　任

人说催妆两颊羞，妆成不肯下歌楼。丰姿岂藉铅华艳，月落寒香桂子秋。

映烛临花分外娇，汉宫颜色楚宫腰。双蛾画出分浓淡，犹是从郎信手描。

朱无瑕

芳树成连理，名花本并头。将雏歌凤侣，对镜舞鸾俦。未贮金为屋，先看玉作仇。双星天上丽，夜夜映帘钩。

为欢复为慊，相见即相怜。美配当良夜，佳期正妙年。窥窥郎似玉，笑笑日成妍。更有销魂处，娇羞花烛前。

吴元乐

十二学新妆,峨然便胜旧。不施螺黛浓,恐掩花枝秀。髻取片云成,钗摹双燕就。三寸瘦作袜,半幅宽裁袖。风迎竹并丝,月度宵如昼。为君强自前,须识年还幼。[①]

董宛玉（304）

董宛玉,字赵卿,行九,居旧宅楼下。其媪年八十余,四方士来者,数年一面,竞呼之无爽。而赵卿袅袅亭亭,居然后来之秀,人以月生方之,觉卿犹有萧散林下风也。余友黄元声苦聊萧之,吴铭素云:"赵卿如双璧在廷,足当国宝。彼玑贝戈戈者,乌足与之较轻重哉？"是言庶不谬矣。《亘史》

徐若鸿（305）

若鸿之女曰远音,字方响,行大。自二鸿相继起,名震一时。虑其绪将绝,偶过故居,询知有女,弱态幽姿,宛然亭亭复出,何其相肖乃尔,式穀之似,信不诬哉。余从若鸿破瓜年,经宿四百日始别。若鸿母事流波君[②],门户对峙,晨昏十造之不厌。曲中迁徙无常,两家幸守其故,且皆有女,不堕芳声,为一纪之。酒垆尚起沸波,觉河山未远。辛亥小岁日记。《亘史》

---

① 以上诸诗皆出自《亘史》。
② 母,原作"毋",形近致讹,今据《亘史》改。

段　鸿（306）

段鸿,字翩若,茅元仪谓其秦淮社集诗风致当居才人第一。《然脂集》

顾　翠（307）

顾翠,字青青。《然脂集》

钟　英（308）

钟英,字蒶华。同上

张　回（309）

张回,字渊如,号观若,金陵妓。《神释堂脞语》云:回诗传者,唯《帆影》一篇,笔情灭没,吟咀无穷。①

杨素真（310）

杨三娘,名素真,字太白,旧院角伎。笄年婉媚,弱态依人,长益俊伟,喜任侠,有丈夫气,望之似出昭容班中,而慷慨激烈,绝不类粉黛女子。燕都梁君,豪爽士,其宦游结纳,动倾千金。余友姚百雉、吴嗣宗最称襟契,感国士之知,他不胜计。当梁之失意,栖金陵,邂逅太白,托为逆旅主人,梁安之,阅岁忘归。家奉或不给,曾鬻一妾为客供,客愈趋之。太白意无倦,且曰:"令婢子获奉巾帼,无过戾。君还国,而

---

① 此条出处未详,或即据《神释堂脞语》。

怜风露之交，赏其加璧，为荣多矣。"梁念绸缪谊，愈不欲归，新安游侠数辈咸劝之，如毛、薛之谋信陵公子，于是以腊之朔辞行，社中善诗者争为古调壮之。太白冒风雪送之广陵，十日未返。梁君且行，乞余传杨姬，为追寄之，而附诗于左。《亘史》[①]

杨玉娟（311）

杨玉娟，字幼真，疑是太白姊妹行。与顿青娥，张叔周栩均为之填曲。

寄酬杨姬幼真 　有序

张叔周

缅维戊子，纵步秦淮。寻访殷勤，度虹桥之杨氏；姻缘邂逅，欣阆苑之玉娟幼真名。盈盈十五芳春，皦皦三千绝艳。娇来笑语，浑疑一骑尘飞；倦倚迷离，却讶沉香亭畔。方新知之乐极，遽生别之悲来。寂寞扁舟，叹文鸳之暂只。凄凉宝瑟，伤彩凤之长孤归时已丧偶。断弦何日续鸾胶，朔风兹厉；锦字一朝传雁足，芳草向荣。重以血泪诗新，加之绣囊缣素。钟情独至，寓意良深。图报愧乏琼瑶，寸私聊赓律吕。庶双簪玉凤，期髻绾乎青丝；而六幅名花，讵带宽于团扇。

南吕红衲袄

记初逢，秋月盈。乍相看，香玉莹。两点涓涓眼波净，双弯蔼蔼眉黛轻。展罗襦，飘麝冰，启朱唇，语燕莺。那更额印

芙蓉,脸晕桃花也,雾鬓云鬟翠靥明。

五更转

教我意马驰,心猿竞。他掩青团只笑迎,筵开玳瑁金罇罄。一曲清歌,碧天云静。背画栏偷自把香肩并。心招目允幽期订。有分刘郎,已入天台佳境。

浣溪沙

龟甲重,流苏映。袅熏笼一缕烟凝。轻拈荳蔻娇还倩,细吐丁香款不惊。幽梦醒,不觉得透酥胸浥香汗,喘吁吁耨耨低声。

东瓯令

迷香洞,殢花营。一片春心不恁撑,朝云暮雨欢无竟。又重九西风冷,萧萧落叶短长亭。执手暗叮咛。

大迓鼓

扁舟度石城,花浓帝里,莫负深盟。鸳鸯队拆怜孤影,鸾凰栖断痛哀鸣。死别生离,音沉路冥。

节节高

双鱼千里程,寄恩情,生绡血泪斑斑剩。新诗哽,音律清,挥毫正。香囊万缕裁花胜,针针线线堪人敬。点染聊将练裙酬,名花倾国真相称。

金莲子

赋别情,缝腰莫酿凄凉症。把纨扇,共乌云付卿。更看这凤头簪,一双双绾发尽今生。

尾声

一缄书,权折证,抵多少同心两两结西陵,怎做得薄倖王魁负桂英。

寄秦淮顿姬青娥 有序

张叔周

青娥顿姬者,姿容闲婉,绝非献笑之俦;性质灵通,早负多才之誉。秋枝点染,妙入雪窗;楷画清妍,法宗管氏。已结盟于三载,复欢聚于九秋。恨蜗角之无成,嗟凤钗之未偶。西风陡别,空悲汉上之珠;缺月还圆,愿作乐昌之镜。肠九回夫孤棹,情一寄乎长歌。聊托羽鳞,鉴兹衷愫。

双调步步娇

目送香车投东疾,闷赴孤舟里。分离顷刻时,正是咫尺天涯,无尽相思。这滋味有谁知,空教懊恨长亭地。

山坡羊

碧腾腾江云纷翳,软飕飕金飙乍起。那正值霜朝试寒,更堪怜令节重阳霁,见绕篱黄花开满枝。何缘落帽,枉却登高事。回首茫茫,前征靡靡。嗟咨,似孤鸿嘹呖飞凄其,伴孤鸿芦荻栖。

五更转

石头城,烟雾底。早疏林,月影低。临舸独自长吁气,且索强酒支吾,奈愁肠不殢,拥寒衾,慢屈指,更筹递。高唐梦杳,赋就成何济。拚得个两鬓潘丝,宽褪了休文带徵。

园林好

想新秋重游帝畿,喜相逢温存远离,记分袂雨疏风细。空落得两猜疑,空落得两猜疑。

江儿水

缓步秦楼悄挑灯,凤枕欹。启朱唇道我忘恩义,扑簌簌泪眼频凝睇,一声声怨把新人系。愿托终身依倚,三载丹诚,惟有皇天垂视。

玉交枝

衷肠谁似,信芳心金石坚持。当初盟誓今犹尔,岂区区薄幸男儿。鸥鹏若拟奋天池,鸳鸯管取浮波底。叹年来双鱼信稀,悔今朝重逢较迟。

玉抱肚

前欢有几,感卿卿殷勤念兹。又何须绿绮传情,端的图皓首佳期。中心暗计,虽然故国有新知,还向章台觅柳枝。

玉山颓

可奈西风铩羽,凭危楼如呆似痴。困英雄两字功名,滞姻缘桃李芳姿。一般偃蹇,两下同担愁思。暮雨重门闭,冷凄凄,啼痕破粉泪交颐。

三学士

只指望早遂于飞偕故里,难道又拆散东西。霜风未得乘鸾鬃,丽日应看效凤栖。抛闪暂时非容易,千金诺忍暌离。

解三酲

订山盟三春比翼,欣媒证一绾连枝。押衙自古谁为匹,今日个青眼怜伊。我只为行囊羞涩蝇头利,因此上翠馆淹留燕尔期。休忧忆,谢君家疏财成就,须有日足系红丝。

川拨棹

念你屡屡体,涸风尘浊水泥,但从今好自支持。但从今好自支持。莫憔悴朱颜玉肌。捱寒冰六出奇,盼韶华瞬息时。

嘉庆子

我谩把心情彩笔题,尽在叮咛一首诗。看玉坠今已牢携,睹物休教越惨凄。望关山,衰草迷。尽凄惶,塞雁驰。

侥侥令

香囊花胜子,罗帕断肠辞。道是月下灯前亲针指,付与我系晨昏千里思。

尾声

船头细把风流纪,字字恩情字字晞,真个是地久天长永不移。①

孙瑶华（312）

孙瑶华,字灵光,金陵曲中名妓,归于新安汪景纯。景纯,江左大侠,忧时慷慨,期毁家以纾国难,灵光多所佽助。景纯以畏友目之。卜居白门城南,筑楼六朝古松下,读书赋诗,屏却丹华。景纯好畜古书画鼎彝之属,经其鉴别,不失毫黍。王百榖亟称之,以为今之李清照也。景纯没,遂不作诗,所著《远山楼藁》亦不存。汪仲嘉有《代苏姬寄怨所欢》之诗,一时词客属和盈帙,吴非熊尤岸然自负。灵光诗云:"由来娇爱竞新知,空结同心不忍持。山上蘼芜宁再遇,陵西松柏讵相期。罗襦明月君休系,纨扇秋风妾不辞。极目自怜春欲尽,流莺飞去草离离。"一出,皆阁笔敛衽。景纯子骏声,以手迹

---

① 以上原书未注出处。

示余,诗字皆清劲婉约,真闺房之秀也。景纯在里门,有《寄衣》诗云:"闭妾深闺惟有梦,怜君故国岂无衣。"怨而不怒,可谓《小雅》之遗,亦骏声为余诵之。《续本事诗》

刘桂红（313）

刘桂红,南京教坊妓,见《女才子四部集》。《然脂集》

王 节（314）

余交女子,几半于丈夫,乃若女子有丈夫气者,殆难其人,即豪举疏越与委靡宛弱,其翩然士风,各自本来,不可以强合也。金陵王卿持,殆庶几乎。卿持者,王节字也。少时人以"纤纤"呼之,姿态娟媚,吐辞如簧,兰情蕙性,居然林下风流,知非尘凡中品。及破瓜期,即倾其侪偶,如野鹤之在鸡群。喜习吴曲,若黄问琴、许倪诸家,莫不参调新韵,经其喉舌,即遏云流汉,众皆敛避,不啻青出于蓝,姊妹辈未有与之颉颃者矣。顾志意萧散超上,凡所歆慕①,虽寒素必倾心向之,稍有不惬②,即巨室名流,不能屈以洽溺。常语人曰:"卿自用卿,我宁作我。"故甘贫窘自若,弗改其操。余嘲之:"苏属国十九年尚近胡女,令有子,卿所持特甚之耶?"同盟中袁小修、刘冲倩皆挟国士称,爱而不能狎。卿持私语所知:"彼安得以名市我?故以骄情报之,非不受怜,政以相成耳。"然竟因两人交而亲我,此岂漫然者哉! 辛亥之夏,余客

① "慕",《亘史》作"莫"。
② "稍",《亘史》作"少"。

广陵僧舍,忽友人吴嗣宗君衡见访。君衡云:"叔氏挟有校书来。"至则卿持也。慷慨激烈,霞举云飞,广陵烟月间,何得有此人,为之憮然。嗣宗谓余:"卿持近时声调,较昔益高,请为兄试之。"余谢曰:"见卿持,岂复从声调中求耶?"于是挟之江淮,溯洄宛转,无不当卿持者。余复聊萧之:"卿不徇名,乃复为谀,转若以情真,则卿得毋谀吴郎乎?"冬,抵金陵,两人之盟尚不渝也,遂为作传。①

　　节先归顾不盈,后归王恒之。甘淡泊,怡然自得。虽为姬侍,有荆钗裙布风味②。《板桥杂记》

余交卿持于广陵,一见自呼一妹。及妹游秦淮,时余
以事遄归,因赋诗五首,聊纪其遇,且索知己之和③

谢于宣

　　淮南桂冷夜迢迢,一曲尊前客思骄。最是伤心塘上别,不禁愁寂至今朝。

　　忽听吴歈忆别离,回头不见美人悲。谁能更制相思子,唱彻秋江风雨时。

　　女侠双眸迥自怜,情痴目断广陵烟。当时记得分香处,日暮横塘秋水船。

　　教吹箫罢月沉沉,银烛光中细语深。但使苏家长对面,西陵何必结同心。

---

　　①　此条原缺出处,今检核,出自《亘史》。
　　②　"味",《板桥杂记》无此字。
　　③　以下谢、吴、潘诸诗皆出《亘史》,谢、吴诗后另有小字标注"其一""其二"……等。

晓阁无由见画眉,焚香兀坐小窗思。记来花下双文唤,髩髿哥哥口角儿。

和前韵

吴嗣宗

当筵回首碧云迢,领取东风护您骄。无奈玉骢嘶不住,渭城凄雨可怜朝。

水云相伴草离离,宛转湖头送客悲。最是有情无着处,罗衣展见泪痕时。

底样酣娇共尔怜,竹枝缥缈度寒烟。一声凄绝灯前泪,为忆当时泛酒船。

青阴满地露华沉,指点明河夜已深。想见楼头人不语,底帏有事暗关心。

斜月盈盈漾翠眉,人前丰韵别来思。几回梦里横塘路,听得谁呼轻薄儿。

广陵立秋前一日别王卿持

潘亘之

良会随云散,伤心邗水流。梁尘应未断,庭树已先秋。棹响催归兴,江谭带旧愁。平山堂上望,烟景隔迷楼江谭用冲情事。

梁　燕（315）

梁燕,字于飞,金陵妓。《神释堂脞语》云:梁燕、王节,词翰之名初不甚著,而《亘史》各载《送别》五古一篇,皆雅隽有古法。景升有言:北里名姬多倩笔于人者,其是耶?《然脂集》

傅　寿（316）

旧伶傅瑜，少有殊色。为名优，二十以前旦，三十生，四十外，尤以北曲杂剧擅场，班中推为教师。娶于陈，生子女各一，子曰卯，女曰寿，皆美艳异常。年仅十二三，灼灼如双芙蓉，未知名也。新都逸史氏作《二妙篇》揄扬之，一时声重都邑。而卯尤狡甚，寿持闲静，莫之桃也。于时北音寥寥垂绝，瑜口传音调，合之弦索，琤琤琅琅，有锵金戛玉之韵。二人登场，一坐尽狂，若交甫逢汉上姝，不知其捐佩而忽失也。第趋狭邪者竞新曲，以昆山魏良甫调相高，寿习为曼声遏云，吴人咸挢舌不下。卯则超距行伍中，振衣舒啸，举国无能和者，虽李延年兄妹不过是矣。己酉夏，岭南韩君来，适当秦淮结社，一至先问灵修。灵修，寿字也。既见，语潘髯曰：“彼姝非女流，有侠士风，且闻北音甚劲，吾有《司马相如传》，曷为演之？”灵修请寓目，一夕而竟，十日而成音。卯之司马，寿之文君，宛然绝代才人复出。韩大快，立赋诗数千言，倾橐金为赠，与约曰：“愿下第后寻盟，再观垆头之剧。”遽别去。髯独留，日征高会，而朱泰玉、崔嫣然每临双艳楼申盟，涉腊度蜡，冉冉追除，而髯甫归。明年，姚伯子自闽来，会于李长公席上，灵修属目云：“何风度之类髯公？”众以多情誉之。客有负才者，邀眤灵修，不得志，辄相诟詈。灵修曰：“彼才不及司马，而欲余为文君，吾不忍也。”盖不能忘情于髯，而长公遂以灵修为能怜才也者。征诸伯子，云：“辛亥夏，余再来长干，而灵修有云间之驾，必有为所怜者。余独惜北音绝矣，虽延年将奈何哉。"①

灵修歌

天都潘之恒亘之

望灵修兮不来，衢路侧兮车徘徊。灵修来兮窈窕，色既愉兮歌且笑。留灵修兮憺忘归，残月上兮晓光催。

朱泰玉无瑕

唯南国之佳人兮，容妖冶其如玉。时婉转弄歌喉兮，不以南而以北。敛明眸兮美清扬，启皓齿兮咏空谷。响曳红云，歌回白雪。罗绮生风，宾朋悚息。彼何人兮曰灵修，家何处兮桃叶渡口，浣纱溪头。夜不寐兮思悠悠，胡笳十八拍兮月满楼。《亘史》

赠傅姬灵修 有序

俞君宣

灵修，名寿，字秋英，又自号无双。善琴，善书，善歌，萧散自放，交不滥与，情亦寡合。日以风尘为恨，欲得一才人毕其终身。偶出侧理，索一言为品题，予曰："子喜歌，即以歌赠。"疾书五调示修，修跃然曰："吾生平无知己，此词，吾知己也。"

商调二郎神

春深候，看满院红芳似锦稠。第一当场人在否？小名名寿，字秋英又唤灵修。架上图书为素友，爱琴歌也无拘手口。笑缠头，他是个女中裘马风流。

---

① 此条出《亘史》，原书未标出处，盖涉下而省。

集贤宾

痴中浪谑狂后酒，意阑珊不会绸缪。道是无情原是有，到情来却还如旧。芳桃媚柳，怎比恁梅花清瘦。相聚首，真个是粉香姿秀。

黄莺儿

低护锦云兜，蒸余香，暖素绸。伤心淡月窗棂透。杯间自羞，人前暗愁，聪明愿付聪明手。谢床头，解人魂梦，常只远青楼。

啄木鹏

幽闲态，性格柔，举举朝霞天上有。不枉他自号无双，遍人间果是难俦。字学欧颜还带柳，话不修文文在口。一片闲情谁处投，徙倚盼东流。

琥珀猫儿

画屏春蔼，帘箔躔金钩。怕野外迷蜂强逗遛，虽是眼前笑语腹怀忧。何由？做得那梁间燕子，并宿啾啾。

尾声

前生玉杵还灵否，迅速风光不可留，莫待莺老春归人自丑。《彩笔清辞》

李翠英（317）

李翠英，行一，字文玉，小名元儿。辛亥冬，王孙国华结秦淮社，必以元为称首。余亟访之，一粲相迎，风韵可掬。又如珠泉笑波，见之令人绝倒。性沉静，颇闲翰墨，在社中曾赋《花飞落绣床》云："粲烂骄衾枕，春风送落英。薄帏张未下，近榻拂还轻。恐搅佳人梦[1]，偏饶荡子情。堆屏任重叠，绕槛太纵横。且恋飞频转，无言积更盈。只愁双笑起，远却锦官城。”其才情如此。友人朱心远与昵，每邀余造之。会其病，未能良觏，然窃为之心艳。评者谓文玉脸晕宜笑，或不宜颦。一日，强起薄送我畿，容更莹然，翻觉靥之为颣。一颦一笑，关夫品题，信无不宜者矣。《亘史》

沙　才（318）

飘飘，沙氏之娇女也。万历癸卯秋，新都谢氏《季汉书》成，其友徒醵金贺之，席设齐王孙高第，集七省士百人，而选六院佳丽为侑，几半之，车辚辚来。飘飘首及门，马姬挟之行，真若天女散花至也。一坐望之，魂尽消，谓二十年仅得一见。时尚未破瓜，俄以觐白岳，留蓝溪，小冯君从牡丹花下瞥见，以为绝代，相传《花下美人诗》所由咏也。已而以病亟归，里人方元贞嬖之，居金陵西园，十年不复出。人言飘飘若扬州蕃厘观琼花无两树，亦不再见，共惋惜之。有同母妹曰嫩哥，颜色与之齐，而慧性相彷彿，定是唐昌玉蕊，岂必无玉蜂期哉？《亘史》

沙才美而艳，丰而逸，骨体皆媚，天生尤物也。善弈棋、吹箫、度曲。长而修容[2]，留仙裙，石华广袖，衣被灿然。携其妹曰嫩者游吴郡。卜居半塘，一时名噪，人皆以“二赵”、“二乔”目之。惜也才以疮发，剜其半面，嫩归咤利，郁郁死。

---

① “搅”，原作“揽”，形近致讹，据《亘史》改。
② “长而修容”，《板桥杂记》作“长指爪，修容貌”。

《板桥杂记》。按:《亘史》云嫩为飘飘之妹,《杂记》云沙才之妹,疑才即飘飘之名。《亘史》论一事,《记》则志其终始也。①

俞南史鹿林,吴江人,分咏沙才云:"晚寒强病出来迟,微笑灯前影半敧。只为愁多长独坐,翻嫌情重易相思。琼花不是人间种,桃叶还从江上期。若有好花兼好月,携来酒畔总相宜。"《本事诗》

沙　嫩（319）

沙宛在,字嫩儿,自称桃叶女郎。善弦管,有《蝶香集闺情绝句》一百首,渔洋诗"傅寿清歌沙嫩箫",即谓宛在也。《列朝诗选》

宛在,字未央,又名彩姝,擅临《兰亭》。《珊瑚网》

《神释堂脞语》云:嫩《闺情》百首中,多无端之想,虽时得佳趣,颇疑泛设,其有代司者耶?《然脂集》

满庭芳　赠嫩儿

建宁曹溶能始②

艳似陶金,清还碾玉,怕人唤作风尘。溪边送约,落雁故频频。漫说愁来醉卧,趁波陀,高下铺匀。疏狂处,量他一斛,捻就小腰身。　　随轻浪滚莲,花步暖软,尽无痕。当年咤利,假借堪嗔。今日谁能拘管,恒河自有仙真。情何恨,千堆白雪,占稳凤楼春。

---

① 此按语是缪氏所加,由此可知其编撰之时亦有所考证。
② 按:曹学佺字能始,福州人,与秀水人曹溶字秋岳非是一人。此当是缪氏误记。此词92字,《满庭芳》正体95字,别体或作93字、96字。此词似有脱文。

苗　宝（320）

　　苗姬，小名宝，字馣秀，颜色韶媚如玉人，而志尚闲静，终日俛首，不发一言，言必中矣。未笄时，从外亲居南市楼，瞥见之，此岂风尘中人耶。姬益自匿，不求侵暴，移栖旧院，门常闭，未尝以艳招人。或说之游銮江，冀得偶足托。初强一就，如溷珠砂砾间，无少安意。闻叔子季友矜细行者，有高阁可避嚣，试语叔子，许之。居阁中，逾岁未下。叔子往西湖，载与俱，假汪季玄青翰舟，贮比金屋，陆栖则小蓬莱，亦逾岁方返。所历鸳湖、虎丘、慧泉、京口三山，必登眺，弥日忘倦，最后复栖西湖叔子，委之，禽成嘉耦矣。于是复归銮江，居阁中如故。叔子遗旅髯书曰："阁中人从湖上方以身许我，谓我俭足自卫，直能自强，智可趋时，虽与兄一门天壤，幸亲炙友于之风，庶释鄙吝，虽富贵弗愿也。其志如此，愿得兄一言以终勖之。其识字从《韵语广测》，展卷即上口成诵，间喃喃喜吟，未敢陈也。余心异之，抵銮江，姬膏沐出拜，翩翩闺阁美度，而宛然有林下风。幸姬从正，还其始愿，为《阁中诗》十章赠之，且以讽同志者云。"

阁中诗[1]

昔年十二三，颜色美如茜。小声人不闻，低头人不见。

十五出阛都，颜色美如荼。小声向阿母，低头谢狂夫。

移居旧庭除，闭门不敢出。愿作刮地风，吹断行人迹。

居者不肯停，行者数欲止。安得素心人，慰此红粉女。

---

[1]　以下十首，《亘史》于每首诗后有小字标注"其一""其二"等。

飞尘不可浣，思乘江上波。缥缈隔星汉，其如风浪何。

侬唱竹枝词，欢理西湖楫。欲招湖上风，还荡湖心月。

纤月断眉峰，梅花写妆黛。重来高阁中，不似曩时态。

从来不下楼，膏沐下楼拜。犹有云霞姿，缭绕烟波外。

竭来阁中人，繁华知尽却。兔丝虽无根，女萝幸有托。

幸托百年约，惟持一日心。西泠旧松柏，结好到如今。

《神释堂脞语》云：苗五送别一绝，措言精刻，造语清纤，可药妓流俗艳。《然脂集》

梁　昭（321）

梁昭，字道昭，故以善歌名。为人仪度澹雅，绰约若仙，习琴，能棋，作小楷有《东方赞》《曹娥碑》笔法。《识小录》

香奁社集，钱星客赠昭云："日晚烟香护紫冥，迢迢忽郁下云軿。逢人每见敲棋局，仿佛长思诵梵经。醉里歌声凭扇暖，座间眉色映人青。酒阑黯黯消魂处，明月临空白满汀。"《续本事诗》

杨婉如（322）

杨婉如，字汉卿，小字曰昭。长叔卿一岁，从兄弟也。姿容甚丽，而性柔顺，类太憨生。含笑遗盼，举趾揄袂，咸有依依之态。与妹同学字学曲，不肯竟学，曰："吾不欲攘妹名，况忍居其下乎？"然发艳钟情，视妹觉夤慧，古有书空之字，无弦之音，意更超越，此可与品外者道尔。余所亲吴铭素夸二杨于山中不去口，而程汉隐复为之游扬。辛亥冬，居金陵，

邀铭素为十日之饮，所誉不啻过之。百闻一见，杨之后竟在二婉矣。《亘史》

杨婉素（323）

旧院名姝辈出，称有大家风，推楼子杨家。以余所见，三杨泊同母二苏皆擅名一时，至今犹香人齿颊。自苏大嫁后，而枝秀瘁然矣。余抵金陵，则人人称杨叔卿云。余再造，未得觌见，其姊婉如风度翩然，可想见合德。久之，来广陵者又多誉婉素，而未能悉陈其致，最后从瓜渚遇鲍无雄、程左民、余叔平，方从杨氏来，其誉似溢，而余不能为定情，因征其辞。左民曰："婉素字叔卿，去年从武林见之，其容光与湖水相荡，而歌声与西泠松柏相杂和也。父母珍爱如掌珠，以为苏小风流今绝响矣。吾已复吾故姓，请归而为杨氏振颓波，不犹愈于蜉蝣之羽乎？其归也，闭一阁，非豪侠士不屑承盼。明窗净几，惟对《黄庭经》摹揭，酷似之。又喜作颜鲁公《麻姑坛》，字落素茧，如画银钩，得一染齐纨，可易百锦。而叔卿从众中挥洒，神气逼人，人尤服其闲静。及当筵奏曲，百购不启一粲，谓世无能作周郎顾者。及发一音，觉俗流争摇手去，仅为审音叹惋，不能已已，虽前此擅场者，咸掩扇避之。"无雄曰："向者，吾从切叔校其音，觉吾两人喉中多涩滞耳。"叔平曰："字与声，皆技也，何足称[1]？吾爱其容止怡旷，坐如山，立如鹄，行若翔，而发音若锵珮玉也。"庚生曰："如

三君言,进于所闻矣,皆天之所成,与时之所构,遇之适然。此之谓三际,有莫之为而为者,未可与众人道也。杨氏昔所艳冶,多本之肥环,其蜕也,必清逸乃能尚之。闺阁中人,每少飞动态,以拘于一方,舒而徐之且有待,而阒寂之极,奇锐者乃克颖焉。是以君子论世也。杨氏之子,其殆庶几超于等夷者乎?故丽质慧性,夙授自然,既有以为之本,推而评之,于凑合之巧有五焉:家声远耀,一也;胜迹早涉,二也;珍秘不露,涵濡积润,三也;淑慎其仪,跬步自闲,四也;培于根柢,不侵狂飙,五也。有三际而谐以五美,须之三年,不能倾城,吾不信矣。若恃以自恣,随于流波,纵肖其族类,犹多揶揄于诸君,何称之有?"姑因左民寄此勖之。寻得觐,且为之定其品。若情之所之,非所敢知也。

亘史云:作传之明日,从瓜渚返广陵,汪汉举邀过胡抱一寓观伎,余有他约,辞勿往。凌晨,问汉举何氏,云:"有小姬善楷书。"余曰:"异哉,必叔卿也。"以十日为期,而三日得之,宜余不得幸尔。又二日,就苏家访之。汉隐、公琰、定于具在,叔卿见汉隐,嫣然而趋,其风度萧远,似不从人间来,颜色素质,温润非常,殊有林下风。今逐逐烟波,恐失其本然,安得贮以金屋,令相如琴心挑之,为其涤器。又不然,从范少伯扁舟五湖,永与世绝,吾能保其终矣。辛亥初冬望日记。

赠杨叔卿

郝之玺

碧海仙卿尊绿华,乘鸾冉冉落青霞。神光幻座明如月,冶色倾城艳似花。流水已随歌绝响,行云不逐梦无涯。柔枝弱蔓春容浅,晓日雕梁燕子斜。①

飞动香生十日闻,枉将兰麝斗氤氲。琴声不肯调司马,书法翻能嗣右军。身外容光犹有态,曲终流韵已无文。秦淮佳丽空相妒,绝代非关乍出群。

程如檄

为访仙人结伴过,丰神澄彻湛江波。毫飞芳藻时临帖,声遏流云夜度歌。逸态轻盈回艳雪,明妆妖冶簇新罗。虚传六代饶佳丽,赢得青楼受妒多。

冯　任②

谁能未见即相怜,纵是含思莫与传。声合紫箫云外凤,妆窥明月镜中仙。纤腰学舞烦吴锦,彩笔题诗倩蜀笺。艳质不教金屋贮,只宜随泛五湖船。

见叔卿扇头小楷③

罗　逸

悠悠何似阿娘情,野旷霜空月半横。因问萧斋如许地,肯容逸少作门生。

冬夜集妥十二娘宅赋三艳曲　得月字

杨婉素

仲冬长至日,寒气中夜发。阿阁结重帏,苕苕不可越。上有三青鸟,啸歌飘以忽。高调遏流云,听微细入发。烛光

---

① "杨婉素"条下各段,皆出自《亘史》。郝之玺二诗后,《亘史》原有小字分别注云"其一""其二"。
② 《亘史》录此诗,题作《寄赠》。
③ 《亘史》录此诗,题作《见叔卿扇头小楷赠诗》。

澹洗红,霜力繁侵月。鸟栖啼未央,兔隐魄仍阙。抱病欲忘疲,一往殊自没。因君征艳声,聊用相唐突。

前 题 得秋字

罗 逸

倦游岁复晏,苹馆契良俦。敝袍肃气薄,烛光黯不流。霜天空澹白,四座清如秋。乃有曲中姝,粲粲月花浮。轻云遏吹肉,逸韵破牢愁①。流连宵过半,交喝暂相酬。彼美三君子,无烦命塞修。

前 题 得半字

潘之恒

客计日已淹,曰归岁云晏。黾勉素心人,结契玄龙焕。士众日相矜,女三诇成粲。吐气拟兰芬,工书试柔腕。逸兴迟月生,扬声缘云半。主人奏新辞,行爵亦无算。先张蜀国弦,再陈齐女弹。盈耳惭报章,继以关雎乱。

前 题 得眉字

华仁源

良会岂云易,况兹天一涯。翩翩邺下才,意气同埙篪。畅以三姝秀,娉彼曲中奇。灼烁芙蕖丽,淡扫春山眉。书工换鹅经,句绝柳絮词。杂坐了无序,遏云歌莫辞。按节竞吐胜,宁畏周郎知。香氲透绮室,凤炭护寒卮。残月冷高树,促席催新诗。起色捐积痾,深交谅在斯。

---

① "愁",《亘史》作"骚",出韵,似误。

前　题　得蛾字

郑如英

支枕病未歇，欢游当奈何。复值时序薄，枯魄吐纤蛾。爰集君子俦，命酒且征歌。繁星落檐桁，寒鸟喧林柯。飞霜苗疹栗，浮烟沉水多。婉转发清籁，一唱三声和。匪以瑶华音，愿进金叵罗。心赏写玄绪，不惜醉颜酡。

前　题　得影字

沈世昌

天涯相聚在俄顷，踪迹翻怜似萍梗。开尊那惜酒如泉，曲遏行云夜方静。三绝新词艳丽馀，一时雅集才华逞。屏侧犹馀兰蕙香，灯前掩映寒梅影。翩跹舞袖意无穷，绿鬓纷纭情自整。桃花如面柳如眉，醉倚春风不知冷。

前　题　得入字

卫紫英

残月映疏林，寒光涵户入。朱帘乍卷时，连络歌声集。度曲促飞觞，酒政严愈急①。红烛照琼筵，袅袅香烟袭。谐赏尽知音，清芬自相挹。

和景升三艳曲

何　璧

曾传三妇艳，一曲态愈新②。花笑非生树，莺鸣不待春。停觞齐皓齿，按拍递朱唇。斗巧回喉急，含羞转盼频。云行

---

①② "愈"，《亘史》作"逾"。

看振木,梁绕觉飞尘。高调迟生晕,馀音半上氇。意娇多掩袂,魂断欲沾巾。对此应三叹,怜君顾曲人。

冰夕行同社中诸友集杨叔卿温玉斋同用冰字为首韵

罗　逸

清歌杂和戛层冰,博山沉水篆烟腾。岁杪萍期温冻局,四座谈谐霏如玉。涛卷垆焦听酒沸,直教浮白浇肠胃。流光吐腻半烧残,萧萧侵袂觉风寒。不知今夕为何夕,醉里相看谁不适。扶童戴笠独归来,缁衣点缀雪花白。

潘之恒

如行群玉倚绡冰,梦入温柔第几层。百缕铜丝笼兽炭,九微香焰发华灯。琼台昨夜飞秦月,画舸明朝操剡雪。独怯鲛宫浸十围,阳春和曲人应绝。故人高咏捷飞轮,吹出骊珠一串匀。片玉敲残檀板热,绮楼乘风度瑶津。

程　汉

雪夜坐高馆,寒凝见积冰。层层映虚白,隔幔照红灯。窗外玲珑摇玉树,玉壶人对心同素。夜深仙子何处归,凌波滑倒青溪路。溪上冻凝雪不晴,明日劝郎莫远行。

何　璧

朔风戛地天雨冰,红楼十二何层层。金樽银烛歌声急,遏林振木惊寒凌。似霜非雪中庭白,愁杀满堂断肠客。疑是峰头行雨人,欲行不行凝冷魄。君不见美人斋头银箭促,曲罢酒阑娇不足。试问潘郎温不温,请看檐前滴寒玉。

陈玄胤

瑶空一夕寒雨冰,照彻玉壶清光澄。壶中仙客青楼侧,醉调锦瑟佳兴增。美人晕靥酒微醺,娇歌一曲遏冻云。曲罢手把鸬鹚杓,满斟绿蚁持劝君。愿君夜深还秉烛,开帘四望洒寒玉。拚饮冰宵乐未央,堕地水晶看不足。《亘史》

杨叔卿喜学《麻姑坛》,一染齐纨,可易百锦,大足掩映林下风。《珊瑚网》

陈念如（324）

陈念如,字心玉,义在《小戎》之首章。吾友汪肇邰粲之,故以是称曰赛,曰月姬,行四,则曲中旧所目也。自秦淮社立,其平章花事,惟王孙、水部主之。二君雅推心玉为后进之首,余未必然。向夕遇之吕湘云家,肇邰挈以归,如拥玉山行也。水部君赞不容口,令侍席王孙邸中,至则刮目,匪直首来,兹自刘八茜华以后,未有惊坐如此其艳者也。遗睇蝄然,惟情所之,令人不饮而醉,不迩而亲,不狎而昵,评者以花解语、玉生香庶足以当之,犹嫌以尺寸矩度自隘。余曰:“情易纵也,敛之实难。令颜无终,恣为害也。孰能广以震泽,荡以西湖,而不随以波者,是真能遗世独立者也。”肇邰曰:“近与水部、王孙约探梅岭于玄墓,泛桃水于苏堤,愿携手同舟,浸淫三春,而陶其佳韵,当必以韫藉出茜华上者,髯其谓何？”水部、王孙曰:“善。请开岁启行,而髯与偕,以试所誉。”余笑曰:“无庸,已得于秦淮之上矣。”《亘史》

杨 四（325）

杨四,字少华,小名福儿,流波君孙女。自流波君亡后,十年未诣其馆。辛亥腊之朔,从国华王孙会上瞥见之,飞动惊目,翛然出群,而流盼尤觉多媚,命曰"小波君"。历望日为其生朝,余访戴造之,入其室,暖然流波君笑靥之在目。馆故在渌波中,时歌舞方散,余不忍迹,犹忆袜尘侵裾,梁尘委席也。嗟呼,千载一士,犹若踵接,而况家庭芳声能振起乎!故人犹在,不堪为唱渭城,为发长叹。《亘史》

又三日之夕,会竟陵谭友夏、闽林子立于此馆,更觉嫣然目光一线,殊有奇态。同上

郝婉然（326）

郝婉然,小名赛,字蕊珠,金陵伎。楷书有昭文门风,所著有《调鹦集》。《女才子四部集》疑赛即文珠,非。《然脂集》

吕雪衣（327）

吕氏多丽姝,其后劲者曰雪衣,小字喜儿,东吴赵君玉以湘云呼之。其态纵横无定,余乍见飞蓬飘带而出,彷彿天女散花,再见如西施捧心容,益令人有可怜之色。评者或以苏小、灵妃方之,余得之西泠、湘波之外矣。辛亥冬之夜,遇陈念如于涂,入门,得雪衣,掩映梁月,正其病时,而王孙华拥之膝间[①],不啻玉树琳琅。忽有么凤飞来,欲掠其西枝,为沈郎负之去,藏于帐中。余赴清华堂观剧,则二客偃卧却避矣。明旦,二客索传,余笑曰:"雪衣娘轻身袅娜,虽不与么

---

① 按:王孙华当指王孙国华,即明宗室朱承彩,字国华,齐王孙。此处或脱"国"字。

凤同栖,固为林中瑞相。彼凤下千仞,惟德辉是揽,非沈郎畴足当之?"惜两公俱有狮吼癖,不能沉湎,从未明求。衣行,遂书此嘲之。

赠吕雪衣

朱国华

如玉如花蕙质清,撩人小语学莺声。闲拈玉管消春困,欲画双鸾画未成。

陈玄胤

私语灯前入夜长,盘龙髻子缕金裳。嗔来背却双红颊,檀口空馀一段香。①

卫紫英（328）

卫九,名紫英,字嫣红。余向品七桂在季孟间,三年而忽发艳。余友吴左千载之銮江,居水亭六十日,涨甚,不能归,亦忘其归也。即充符氏求多者,亦觉沉湎醉心,吾党遂以胜情目之。少俊方不其一见莫逆,惟两艳为钟情,进于江亭之誉,而嫣红遽以名流自负矣。辛亥冬月,以三艳品之,殊觉羞涩,其艳不以曲,淮南桂树于焉攀留,则卫氏犹有大家风度,不愧其姊之玉润矣。《亘史》

杨晓英（329）

杨晓英,字梦襄,乳名曰瘾,寿娘之从孙也。先是,寿与

---

① 以上三段皆出自《亘史》。

美娘齐名，寿嫁程典客康伯，而美未四十终于家，为作《流波君传》。后辈杨大以善吴歈名，而最丽者曰瘤，则瘝娣氏也。自瘤嫁后，而梦襄有声江南，以文艺称女士。其小楷有晋人之度，琴弈歌曲又居其次，凡四方词林逸客，莫不愿与托交，而大艑纨袴子弟，纵未能知，犹阳艳之，而名益藉甚。偶游吴门，抵大鄗，有风雅校书之号。归就故居，恬淡自防，凡流不易近。闽中词士陈山甫一见倾慕，联同社与盘桓，不减平原之兴，语潘生曰："君标七桂，此亦郗林一枝，独无文以嘉惠之乎？"予笑曰："梦襄士林人，不堪辱以巾帼。山甫既怜其才，复悦其色，即此足传矣。雪夜秉画烛，书付侍儿，藏之笥中，毋令效鞞者妒杀。"

冬之夜，杨梦襄校书席上，送陈山甫社兄之吴兴，谒所知交，共用楼字

程　汉

谁言别馆动离愁，寒烛深尊且共留。桃叶可怜歌渡口，梅花还欲寄江头。冻云水远吴中路，夜雪川明雪上舟。知为故人鸡黍约，不须千里独登楼。[①]

王桂容（330）

王桂容由旧院徙居淮扬，岁馀矣，辛亥七月既望，程定于舫旅觏于云中君仙舟，载王姬为侑。请觏字，字曰月修。见其婉弱，甚易之，勿强以酒。座上酒人陈山甫与之角，不

---

① 以上两段皆出《亘史》，原书未标注。

能胜,颓然矣。姬惺惺自若,若未沾醉者,虽马矗采以豪夸,乃不动声色而能制人,则月修为酒圣矣。征其歌,不欲奏吴音,以金陵艳声度小调曲,其溜亮如飘云汉上,听飞仙缥缈歌也。人之静好无闻,抑至此哉。与姬昵者,云姬荐寝尤能横陈,非媾之者莫能知,则姬之可纪,岂惟二端哉。冬之夜,别舟中,书此为赠。

何仙郎评云:张怀音如水上烟,王月修如水底云,当从缥缈有无间辨之。《亘史》

陈无言

画舫奏云和,天孙出绛河。霓裳沾露冷,曲槛碍星过。翠盖凝眉黛,青衣发棹歌。合欢私昵久,无意理金梭。

郝之玺

幽姿朗朗媚秋明,兰蕙分香水借清。无语欲随云入梦,酣歌能引月生情。灯前送艳神为荡,花下司觞座尽惊。颜色不须夸绝世,玉山颓处可倾城。[①]

宇　嫩（331）

宇嫩,字非英,华林七桂之首选也。母曰淑芳,故以婉丽倾国,其蹑蹋声调,擅名少年场。晚得非英,珍如掌上。沈郎才士,始得媾于其母。年十二,翩翩如燕雏,而转侧依媚,沈为之溺。隔岁,与商山吴微之狎,遂沉湎,终岁不出户。咸云此儿飞鸟依人,非久樊笼间物也。不数年,与敛士吴叔虞善,

---

① 以上二诗皆赠王月修者,并出《亘史》。

久之不复归。茹淡衣素,一洗艳冶,谓母氏曰:"女子三十色衰,而倡门及笄,可谢脂粉仇矣。儿年二十,请从吴郎。"先是,客有突入其别室,吴郎方病心,非英侍汤药,有焦色,语所知曰:"非英不出矣。"后果如其言。值母暴卒,非英暂归一临,从此闭阁,籍遂落。《亘史》

亘史曰:妓之择所归,非以年,则以窭,或为势所逼,求能出尘埃于初日者,未之覯也。非英之识卓如,可易及哉!近时归正者,必以此姬为第一流矣。同上

范金英（332）

范金英,字素鸾,行四,华林七桂之最少者。发未总,已慧性过人。其姨氏曰:"宝目此女,为吾家照乘珠,终为门户光。"乃素鸾高视一世,非好述勿善也。躁者一见自释,能降心从焉。最后之真州,依道侣还元子栖托。还元子谢嬖宠十五年矣,岂其妊女视之?张未央入见,语人曰:"范姬非凡流,是将丈夫自期,为冲举事,庶几矣。昔龙施女捐躯楼下,倏转为男,范姬亦何难之有?"无何,姬母亡,还元子为治丧,以是占,姬无归志。《亘史》

范文涟（333）

范文涟,字碧波,小名元儿,素鸾妹也。素鸾业蜚声,文涟晚出,与之竞爽。所交俱名流,凡近未屑昵也。辛亥冬之夕,人传素鸾暂归,遣奴侦之,不见素鸾,但见碧波。坐客有士能、仲韦、山甫,皆同社雅流,惟一少年郎君,未问名姓。余

昨见山甫，云："吴兴昭眉生尚逗遛于此，必眉生也。"问之，信然。诘旦，眉生过余萧寺，愿以元生辱公品题，余唯唯。迟日过平康，值于门，澹然冰玉姿也。余笑谓范氏一门仙流，宜尘世罕能觏尔。元亦笑不答，属侍儿致殷勤而退，霞裾琼佩，如御风行。因寄语眉生：汉上珠仍缬衣袂否？《亘史》

亘史云：眉生壬子夏曾寄一书，未达，至甲寅是日，乃从佛寓中得其初稿。盖壬子冬余与眉生会雪上，时所未及，又三札而后见之。眉生信有心人与！碧波若在新别，而谓其忘情友生，必不然矣。其书娓娓千言，兹录其恋恋元姬者如左。同上

章眉生书云：如《亘史》一书，弟初读之解颐，再过抑首，而继之呜咽长恸。嗟乎《亘史》，诸姬幸矣。予尝谓才士正如佳人，若耶不遇，谁问浣纱，汉宫绝代妃，与射鸟者御耳。迨乎鸾轩既命，翟茀载朝，则震骇殊俗，所以人为情死，恩以知忘。吾兄旗鼓中原，蹒轹一世，如所云陟巅嘘云者，正自不难。至惠我阿元数语，虽在弄闲，实经宛委，乃元儿才弱齿稚，弟事遘缘接，偶与目成，而阴岑多病，邀脉善怀，第其杯底微罂，灯前低哑，天寒翠袖，风飏红衫，未免情深，尤为魂折。何当彩笔传辉，哀园镂雪，谓并莲而犹媚，濯冰而愈清也①。虽惭薄幸，亦与荣施，伊我同心，如画一石。所恨者，人生足别，才士多贫，握盟誓于河清，劳悲欢于幽梦。倘无负心期，有如此史。二人所系，恃丈如山，宁不眷我馀生，顾

---

① "愈"，《亘史》作"逾"。

兹兰质,为金陵旬日之游,毕两心此生之愿乎? 宁惟弟念,儿实有心,跂予望之矣。^①

康　年（334）

余友张季黄每为余言和宁院之康生也,是虽最少,而姿首耀目,精采摄人,曲中之艳,无出其右者。同社郝公琰以好色称,自言世无佳丽,有之,必为钟情。令司马相如不以琴心挑之^②,而文君勿奔,则古今无美人、无佳事矣。其游也,一吊刘生,一访康年,皆不及情事,谓其既见而失之也。公琰曰:"吾所得者,岂与众人同哉? 吾以心为期要之,屡劫与众人欢聚,固不久耶? "问:"年何字? "曰:"蘩生"。"何行? "曰:"四。而班小。""见凡几? "曰:"癸卯初见,年十二,能擅新声,登场,令坐客尽废。丙午再见,为破瓜时,艳发长干,倾六院。丁未从社中张西、黄冈樊二、金坛王五、武林何三朝夕见也。"为云为雨,百态横生,莫能彷佛。而有力者将载之西湖,年不欲往,私语郝生:"西湖以西施名,岂非以苏公显耶? 诚令妾如琴操侍苏公,吾愿足矣,奈何从金夫而唐突之? 且天独不令足下多金而载我行,用是滋戚,虽往勿善也。"生铭之于衷,期以三年,当复见汝。然以金挟故,竟不免西湖之行。既返,则母死而姊嫁矣。年茕茕无所依,遂不复出。郝生之出京口也,将游秦淮,践三年盟,值王慧生,而语之故。生叹曰:"生者成隔世矣,而死者岂难通灵哉? "于

---

① 此段亦出自《亘史》。
② "之",《亘史》作"挑"。

是浮淮吊刘生。归,乃属髯为康传。生吊刘之绝十,而怀康者九,其情不啻百之,如一死一生,可以定情,公琰无愧矣。

亘史曰:世言巫山神女不可见,乃感梦中而赋之。公琰所见,不犹真于梦乎? 然巫山自在也。上峡者多为云雨所蔽,间见一二峰于缥缈间,或杳然无睹,而巫山之灵犹可想象。假令飞去,纵为鹫岭,为鹳峰,其神已离,无合梦之理。生成隔世,死可通灵,吾不能不三复斯语。

感旧诗

郝之玺公琰

引云:康姬名年,字藁生,秦淮女子也。丰姿秀冶,心曲玲珑,新声绕梁,清谈惊座。十二与余相见,十八而姬适人,中间欢聚光景,如水中之盐,胶里之色,一般风味,惟两人能知,岂笔端能述而口能道哉? 辛亥夏,值藁生邻姬王慧生,讯藁生消息,因成《感旧诗》九绝,以记昔时遇合。若以有情痴目余,则余非其人也。

曾卜秦淮艳冶游,征歌选伎醉青楼。可怜玳瑁筵前事,化作人间一段愁。[1]

众人绝艳有仙姝,康姓年名字藁珠。十四楼中推第一,容颜才艺古今无。

蒲萄棚底数相亲,记得时当癸卯春。了了言谈倾座爱,年才十二未成人。

忽着鸾靴步上场,却来演剧侑飞觞。滑稽景状风流态,

---

[1] 《亘史》于此九首七绝之下,标注"其一""其二"……"其九"。又:以上三段皆出《亘史》。

见惯应须恼乱肠。

千里金陵为汝来，三年重到旧池台。蛾眉已画神愈艳[①]，水上琼花月下梅。

探春不惜重流连，博得时时共绮筵。莫必禅朝朝禅莫，才情颜色互相怜。

卿吴我楚忽西东，从此分飞似断蓬。一入朱门消息绝，十年侬想顿成空[②]。

今朝偶入少年场，遇汝邻家姊妹行。歌榭今为狐兔穴，小姬已嫁老姬亡。

感慨弥坚昔日盟，称心欢聚卜他生。空床梦觉愁胶臆，起立莎阶看月明。

罗芳涧（335）

罗芳涧，字采南，一名喜。年十四，出游江上，会于憩园之畅阁，再会于桐阴馆中，皆酷暑，对之凉气袭人。古云冰肌，信有之乎。入坐风生，诙谐横出，香茗尤性所嗜，不可顷刻废者，值乏处，必多方办之。余偶乘上汉信宿，邀之，别时语余："君暂之广陵，妾亦将归白门矣。"无何，有小舟维上汉侧，亟觅之，为妒人子解去。此重阳前事，交甫怀佩而遽失之也，又岂欺我哉！入冬，返銮江，则采南已归旧院，因录前赠诗于左。

客有目采南妖胜，谓传殊不尽，为之赞曰："子之丰兮，

---

① "愈"，《亘史》作"逾"。
② "侬"，《亘史》作"浓"。

遗盼如练。欲结绸缪，以承缱绻。花睡方沉，蝶寻无倦。珠光在县，玉温言念。情之所之，素以为绚。观阵于奇，操术以变。迫而视之是耶非，目而送之美且艳。"可谓善言采南之妖者矣。

銮江别罗采南诗

潘之恒亘之

城边垂柳拂高楼，塘上蒲生半没舟。雨过卢家偏好景，洗开新月曲如钩。①

罗敷南陌渐萧条，宋玉东邻望不遥。已觉薰炉添夜火，似将寒影暗中消。

屈指青楼第几家，平铺秋水带蒹葭。江南有梦随君去，月色寒飘桂子花。

云边鸿雁恰相怜，系帛宁无一字传。只恐潇湘吹不到，更依芦苇落前川。

冬夜赠罗采南诗

罗　逸

烧残蜡炬酒频催，欹昵丰标似识来。记得罗浮山下过，一枝清艳雪中开。②

杨筠卿（336）③

金陵之工吴音，自傅灵修以登场声扬，而王卿持以惊坐

---

① 各诗之后，《亘史》皆有小字分别标注"其一""其二"等。
② 以上四段皆出自《亘史》。
③ "杨"，《亘史》作"顾"。

见赏,后来秀出者为筠卿,两擅之,直掩傅、王上,一时推许,以比魏之翔风。而筠卿婉顺柔和,殊无矜色,又复条畅文义,凡遇古今词曲,一寓目即上口。下笔飘瞥,宛有绪致,为群俊艳羡,其名骤倾江以南。余初见之双艳楼中,尚未破瓜,灵修冶宕自负,每为敛容。客值诸通衢,举止翩然,有大家风度,且知为司乐熙女,争礼聘之。乃一见余友广微,即为定情。同辈挟之,为新安山水之游,寻西湖金昌胜迹,登京口三山,观广陵琼花而归。涉春夏之交,往返数千里,慷慨发扬,略无金陵儿女子态。辛亥冬,再见之秦淮,允为国士无双。广微询余:"筠卿方之前艳,定居何等流?"以余目之,当在褚茜英、杨荔华之间。茜英妩而润,荔华佻而佚,筠卿绰有馀情,美无不足,都知佳丽者,必在此子矣。广微曰:"子徒以姿才论耳。余习筠卿志度,每有出尘之思,而酝藉风流,尤闺阁中具四德者所不易及。尝言:'身溷污泥,如粪上英尔。欲取其壤,和合栴檀,以求香气,无有是处。诚得浣濯奋飞,即啜水胜膏粱,束布胜绮罗,岂复有系恋乎?'曰:'然则曷选名士而归之?'复低回曰:'世安有梁伯鸾其人,余为之挽鹿车,入山中,无憾矣。'"广微感其言,欲奖成其志,而未有当也。庚生曰:"是儿胸中必无膏肓之疾,且将轻举云霞,岂能作耳目近玩哉!荔华甘心鸩毒,以沉苦海,所不必论。茜英犹选高华,灵修、卿持钟情美丽,其志易以尚也。"果如筠卿言,吾向者以四君拟之,彼将伧父我矣。《亘史》

顾文英（337）

顾文英善书，以碧丝作小行楷绣之，盛锦囊以寄所欢。

《俞琬纶集》

刘　宝（338）

刘宝，字润玉，行一。籍名素真，相知者以阿真呼之。居朱市之东门。余向品朱市之艳备及，而润玉晚出，在破瓜时一靓之，从寇生对帘相问讯耳。然采色每在目光中，殊不能自释。今虽依溧阳某生居者二年，而余友程季绍思之若狂，为道其概，而乞余传①。其私季绍者，亦情所独钟也。当己西春夏间，季绍甫游秦淮。秦淮之青翰白鹢，每相错如织，女曰士何都，士曰曷拥绣被而同舟乎，则凫藻以目成，而婚媾谐矣。如是历冬，而季绍始言归，别于长干，指鹢首为誓，愿比翼而无退飞。期以春明，当申契白岳，而同诣金陵，会迎润玉，朱邸不克至，而季绍亦愆于素。润玉待之逾岁，强从溧阳某生，尚栖秦淮西阁。甲寅之夏，季绍适再游，一水盈盈，如隔河牛女，放舟相荡，不得再抱琵琶。幸青鸟可以传情，而幽怀申于密订，梅庙瓣香，假赛神瞥见，毛府庵僻近，尚能把臂叙阔，挥涕丁宁，此生有愿，白首同归。已而绮阁窗虚，画船夜泊，细语不隔于微波，霞衣每飞于浅箔。淇上桑中，窃而负之如跳丸，而季绍且心动矣。友人项晋叔固沮之：“君不为百岁计，而侥幸于一掷，败之尤也。”于焉禁情，止以礼义。两

---

①　“传”之下，《亘史》多一“传”字，或是衍文，或当属下句。

心千里,永无弃捐。在树连理,在水比目,庶几可喻此传。若为定情,盖润玉方操两意,宁负要盟,毋忘旧约,季绍知二三罔极,惟固守一心,仆将执彤管以待,勖之而已。

亘史氏曰:余品市中诸艳,几失一刘生。倘改弦更张焉,犹可列之瑶台,缅以锦瑟。不然,盆江之上,宁免青衫尽湿耶。

又云:传称寇生谓琰若,所适汪郎年甚少,昨岁癸丑复出矣,将视闺阁为传舍耶。老去多情,正不必强为固守,令此中都知得人,方有气色耳。又市南钟举有艳声,余所未见。闻吕凤飞入卫家,亦复翔出,其趾与润玉相错,而纤过之,宜身轻而可奋迅也,则季绍不忍置袖中,知所重矣。

又云:润玉《惆怅词》十章,甚都丽。季绍所答,几为情死,好事者多和之。余观其序而有感焉,并载后乘。

惆怅词序

程光祚

窦妻寄怨,纾藻思于回文;秦妇兴悲,媲华诗于团扇。固知离生于合,参玄象之循环;情生于文,启丹宫之灵龠。余每流观往籍,不无深感今衷。己酉春,弭鞚长干,吊罗绮于晋宫,访莺花于吴苑,凤台淮水,陶心实多。乃遘绝代佳人,态合秾纤,妆遗朱素,藜华敛艳,朝霞避光。薛涛未足拟其才,韩娥焉敢鬻其技。余爱是歌翻桃叶,远慕王大令之风流;诗答莲花,笑非陈征君之老大。雕房瑶席,映绿酒以添春;角枕珠衾,背华灯而忘夜。愿言白头共穴,遂指青松示心。虽裴航之杵可求,而温峤之台未下。盟以事夺,期为归迁。还踪练水，自知宝镜之难圆；抱影红楼，应掷玉箫而罢奏。途非千里，历则五移，重入金陵，不虞崔娘遽为郑妇，蔡姬远作胡妃矣。往事如云，忧心似捣，彩凤既伤其无偶，青禽幸为之通忱。祈灵绀殿为期，空睨瓣香而送恨；命舸渝洲各泛，徒窥影箔以摇魂。询知妆阁临波，蕙帐深栖鸳侣；浪邀游帆入浦，桃花偏阻渔郎。相隔一沤，孰禁永夜。地同居则异，望中销银箭之声；室迩人非遥，想处变玄冠之发。投余《惆怅词》十章，述其颠末，璨丽凄婉，与淑真之《断肠集》当并传焉。仿其音而答之，凡我同声，望为属和，所谓情之所钟，正在我辈。

惆怅词十章寄季绍①

素　真

练水悠悠妾梦迷，红颜憔悴倚门啼。青春海燕双飞翼，谁分梁间见独栖。

羽帐春宵独宿寒，鸳衾泪点不曾干。桃花面药无光泽，明镜朝来不忍看。

飘风苦雨逼花枝，强学和亲出嫁时。碧玉那能忘旧好，可无佳句寄相思。

厌杀求皇弦上歌，辉辉银烛惹愁多。彩毫不是情郎手，误向妆台写翠蛾。

浮云游子不思还，坐卷湘波怅望间。浪说新知偕嬿婉，朝朝相对九疑山。

朝来青雀自西来，传说情人一棹回。江上芙蓉君昔爱，

---

① 　以下四人所作《惆怅词》十章，《亘史》于每章下皆有小字分别标注"其一""其二"……"其十"等。

可怜不在旧枝开。

神庙焚香约见期,私传眼语畏人知。灵风虽送山间雨,岂是巫阳荐枕时。

落日横塘各泛舟,舻窗偷望结双愁。生憎咫尺秦淮水,翻似银河不渡秋。

妆阁玲珑瞰水开,郎船阁外日沿洄。多情不挟晨风翼,飞入帘栊里面来。

郎戏兰桡绿玉湾,红灯照妾隔波间。秦淮小阁今宵里,误作当年化石山。

答真娘十章

季 绍

帝里年光艳舞衣,空因情思减容辉。芹香淮水花千叠,妒杀双双燕子飞。

罗衾昨夜感馀香,一缕思牵两地肠。闻道云鬟膏沐减,可容临镜为添妆。

芳林二月百花新,愁雨颠风太妒春。莫使名园关锁著,且令春付看花人。

瑶房花烛合骊期,应恨良宵浪结褵。红粉不须销鹊镜,黄金那得赎蛾眉。

花柳愁人遍客途,羡君鸳偶足骊娱。不知彩幄红灯夜,可诵蘼芜逢故夫。

棠舟渺渺泛仙津,重访仙人玉洞春。千树桃花还似昔,伤心不见似花人。

何地私窥别后容,琳宫密约好相逢。讵知对面参辰隔,那说云山千万重。

同江各泛怨相违，忍识文鸳旧赠衣。双舸若知情最苦，
化为双鹄载人飞。

红栏绿柳映相鲜，肠断新妆影箔前。恨杀淮流如弱水，
昆仑不得接神仙。

画船朱阁共江湄，坐对明灯到晓期。相限尺波如万里，
何如不见独相思。

和真娘惆怅词十章

王　醇

离居有分见无期，怨粉愁红宝镜知。昨夜春风吹绿树，
向人开出并头枝。

妆楼留恨不留人，五见垂杨似黛新。云鬓别来梳结少，
琅玕翠羽暗销春。

于归不是合鹣情，何用殷勤捧雁迎。此夜便乘双凤去，
天风吹咽玉箫声。

锦瑟凄凄带恨调，琼筵花烛恼良宵。章台愿使长条在，
肯许飙风恣荡摇。

腰肢宽却郁金裳，嫩绿夭红总断肠。罗帐漏沉春睡著，
几回梦里错呼郎。

彩鹣闻从天上归，江山犹昔昔人非。应伤昔日鹣娱事，
却共浮云一片飞。

佳期空向洞天春，目送心摇似越秦。若使神仙怜别苦，
两身合作一身人。

对面相思两桂舟，双情脉脉眼相钩。江风吹上团圞月，

分照波心一样愁。

密约还因水阁开,画船相望只魂摧。江潮愿与阑干接,偷荡兰桡进阁来。

坐望星河待晓光,伤心何必隔他方。泪痕添入金壶漏,不尽繁声此夜长。

和刘真娘惆怅词十章

项　康

愁云遥隔万重山,倦向妆台整翠鬟。一自当时郎去后,离情颠倒梦魂间。

杨花无力任东风,虽入帘栊愿未终。莫羡双栖如海燕,试看飞絮共飘蓬。

君去郍山五度秋,妾身无主逐波流。扁舟偶并秦淮水,欲抱琵琶敢自由。

伤心不语只沉吟,长把幽思托素琴。漫拟新声翻旧曲,繁弦纤指杂商音。

几度相逢不敢亲,隔帘空使泪沾巾。当时指誓同肝膈,此日谁怜陌路人。

妆阁临流去路赊,如何咫尺不天涯?同郎舟里诸年少,可有高人古押衙。

停船几夜画楼前[1],妾在楼中郎在船。怪杀秦淮闲月色,窥人两地不成眠。

已作金笼鹦鹉身,可怜游子枉劳神。浪言调合逢萧史,

---

① 此句及下句之"船",《亘史》作"舡"。下句诗韵应谐"船",作"舡"误。

那识愁同朱淑真。

乌衣故主乍相逢,栖止空惊西复东。欲别新窠寻旧侣,恐如捞月向波中。

镜里花开艳不香,相看两地费思量。纵令能辨柯亭竹,难复吹箫引凤凰。

亘史云:两情已具词中,而晋叔乃为决绝语,何也?岂忠告之过,抑托以讽者耶?余高晋叔而怜两情在,先民亦无不及之叹。余友凌初成最喜新词,而难于和,宜不慧为阁笔矣。甲寅小岁日跋。[①]

马　美（339）

姬名美,马大姥之孙,五娘女也。敛衽对客,自称许卿,而人称之曰飞琼。幼具慧性,诸姑姊皆尚妖冶挑达,擅声秦淮,自其门风,姬惟贞静自持,澹如也。从大姥送客广陵,道出銮江,封侍御方公泊先君高逸处士以风流赏识,为青楼标榜,名士多趋之,目姬"不凡,此自闺阁中人耳"。年十七,归于方蔚宗,而相其室,是为封公孙、侍御犹子,公闻之而不谴也。语先处士:"向者闺阁之言,乃为吾孙搴修,于小子何诛焉。"居数年,进马玉姬,而已姒之,卒以烈殉李氏之难。当斯时也,家势式微,流离颠沛,宾客星散,仆从狂奔,蔚宗以讼羁其身于法宪之庭。储鲜宿舂,室如悬罄,姬一任其劬勤,不以贻嫡忧,按籍主筹,井井有法,掌记仆从,秩然不淆。又

---

① 　以上各段,皆出自《亘史》。

当焚荡飘泊,屹立中流,雀鼠虽穿屋,墉幸无隙。而蔚宗得恣力于仇对,以恢复故业者,伊谁之功也? 不有死者,莫殄厥凶,不有居者,莫究安宅。及难平,而蔚宗始归,姬手爪尽秃,衣裳悉质库家,犹挥涕劳蔚宗之勤苦也。嗟夫! 马氏盛甲秦淮,奴使成群,曳纨蹈绮,鸡豕啄啄,皆有馀粱,而蔚宗袭贵介豪华,所奉拟素封,一旦遭外侮之变,此躯几不自保,而贾勇直前,无所却顾,姬实有以激之矣。蔚宗既迁留都,宾客云集如故,姬咄嗟供具,靡不丰洁,过于曩时,人不能窥蔚宗之内敛也[①]。贫交张在我中年失明,而无所依,蔚宗以客舍居之。间出游四方,历岁不归,姬伺其寒暑,朝夕衣食之,必以时。在我叹曰:"僖负羁之妻加璧于餐,以饷重耳,而汉高之嫂且辚釜以拒之,人当贱贫残毁,而不委于沟壑,岂独友可托哉,微内助不及此矣。"蔚宗年三十无子,姬选房中之丽,得奉衾裯,去年举雄,而姬翯翼之,不啻己出,其懿行纯且备矣,尚得以蒲苇视之耶!

亘史氏曰:隆、万间,教坊司推马氏殊多才人,而大姥家以劲节著。真娘之葬长干,七娘之为吴氏衰三年,皆未镇其室。若飞琼者,天实成之矣。[②]

陶楚生(340)

陶楚生者,金陵之名姬也。归于吴兴茅止生,不三载而亡。临没,见羽幢相迎,曰为西玄洞主,一时词人赋诗哀

---

① "敛",《亘史》作"歉"。
② 以上二段并出《亘史》。

挽,名曰《西玄洞志》。岁癸酉,降于曹南王士龙之乩,六月望,同神菩十有一驾至,自述小传,系瑶池西玄洞八主之一,名倩英,茅生亦东朝大元宫二品才官也。陶羡之,因微次其"浪倚洞天分紫翠,骑云愿入九重楼"之句。玉监瑶察,双奏两谪,因此七世苦缚,偿缘不已,颠连两世,一枕三秋。又辱瑶池双引,仍主西玄,侍彤朝玉,分掖候厘。"苦海无涯,回头是岸,止生勖勉哉!"又跋曰:"倩有一几噉云窗,公暇,以观书临帖哦诗为私课。《螺园诗》三十首,俱高旌螺翠山诸景之妙。今丐五云代录,附小传之后,令世之观者知我稳栖银馀,飞游青末,与夜台沉沦者不同。"其自署曰"神霄东府内苑螺翠山元澄第一宫,闽夷证觉元君陶倩英"。止生得五云报,作《西玄青鸟记》。《列朝诗选》

杨　宛（341）

杨宛,字宛叔[1],金陵名妓也。能诗,有丽句。善草书。归茗上茅止生,生重其才,以殊礼遇之。宛多外遇,心叛止生,生以豪杰自命,知之而弗禁也。止生没,国戚田弘遇奉诏进香普陀,还京,道白门,谋取宛而篡其赀,宛欲背茅氏他适,以为国戚可假道也,尽橐装奔焉。戚以老婢子畜之,俾教其幼女。戚死,谋奔刘东平。将行而城陷,乃为丐妇装,间行还金陵,盗杀之于野。昔宛与草衣道人为女兄弟,道人屡规劝之[2],宛不能从。道人皎洁如青莲花,亭亭出尘,而宛终堕

---

① 　"宛叔",原作"叔宛",据钱谦益《列朝诗集小传》"杨宛"条改。
② 　"劝",《列朝诗集小传·闰集》作"切"。

落淤泥，为人所姗笑，不亦伤乎！《列朝诗选》

田弘遇致杨宛叔于阁中，令幼女受学，得秘闻禁中事。王誉昌《宫词》

茅止生云：宛叔归予[①]，年才十六，能读书，工小楷，其于诗游戏涉猎若不经意，鲜润流利。钟山献序

止生得宛叔，深赏其诗，序必称内子。既以遣荷戈，则自诩有诗人以为戍妇，兼有句云："家传傲骨为迁叟，帝赍词人作细君"，可云爱惜之至，顾宛叔恒思背之。《秋怀诗》云："独自支颐独自愁，深情欲语又还羞。从来薄命应如此，敢比鸳鸯到白头。"棘心已露矣。止生亡后，思倚国戚田弘遇，[②]以其贿迁。不期弘遇第以众人畜之，寻俾其授琴书于季女。甲申寇变，宛叔携田氏女至金陵，匿山村中，盗突入其室，欲污田氏女，女不从，宛叔从旁力卫之，遂同遇害。《静志居诗话》

董其昌云：杨宛书非直媚秀取姿，而回腕出锋，绝无媚骨。《书史会要》

汪历贤《题杨宛叔兰亭临本诗》云："独就规模出新意，更留粉本与兰亭。双钩响搨谁能事，直唤昭陵片箑醒。"《香祖轩记》

陈继儒评其书云：所临《兰亭帖》笔势骎骎，抗衡钟、李。《然脂集》

《神释堂脞语》云："宛诗体气既薄劣，复好作淫言媟语，间有雅语，足称小慧。"同上

---

①　"宛叔"，原作"叔宛"，据上文改。
②　本段两处"弘"字，原皆作"宏"，盖因避讳而改，今回改。

吴　娟（342）

吴娟字麋仙，别号群玉山人。初名眉，字眉生，青溪妓，所著有《萍居草》。《然脂集》

《神释堂脞语》云："娟诗才情有限，然时有入格之语，如'长天连几席，孤槛扼群形'，亦锦囊之胜句也。"同上

吴娟娟，广东石城人。本名家后裔，流落不偶，卜居金陵。善画，工小楷尺牍。《撷芳集》

吴娟字梅仙，自号群玉山人，南曲中人。善丹青，曾绘小幅水仙，林茂之见而赏之，为作《水仙赋》，倡和相得，遂委身焉。

《竹西雅集诗画卷》，马守真湘兰、王宾儒蕊梅、吴娟娟梅仙、林雪合绘折枝，以赠王百穀，并联句云："冷暖风光次第新娟，浅斟芳醑酬花神。凌波罗带遗琼佩真，雅操琴丝惜晚春。人澹独留清影瘦雪，香寒应羡素心真。卷中品格谁知己梅，敢谓丹青附后尘真。"《竹西雅集联句》为百穀契丈作，马、王、吴，金陵妓；林，闽中妓。百穀词云："春色满芜城，嫩柳藏莺。青油画舫擢波平。笑指石阑深院里，曲罢银筝。几席有馀清。花草香生，徐黄彩笔粉痕轻。合璧联珠吟兴好，明月多情。"《浪淘沙》丙午春暮，尊生居士。两印："王印稚登"、"青羊君"，均朱文。①

---

① 据赫俊红《明代女画家马守真画作真伪考鉴》（《收藏家》，1998年第2期）考证，此画今藏于无锡博物馆，原出自不知名者之手，后经作伪者挖去本款，另添吴娟娟、马守真、林雪、王宾儒四名姬的伪款印及卷首尾的题诗题词，改换成了目前的面貌。

柳初新

上元许宗衡

翻经绣佛吟初罢,色空莫认春游冶[①]。仕女图新,女郎诗好,一例绿娇红姹。何处芜城芳榭。问兰因、丹青无价。　一片烟光如画。况惊心、莺声如话。众香成国,无遮供养,绕席花枝低亚。忆当日、风流难写,尽消磨、楮痕萦惹。

林　雪（343）

林雪,字梅仙,旧院人。《画兰赠友》云:"屡借骚人佩,时飘郑国香。郎心能永念,幽谷自含芳。"可人也。《图绘宝鉴》

葛宾月（344）

葛宾月,金陵妓。《然脂集》

范　珠（345）

范珠,字半珠,秦淮妓,见《漉篱集》。卓能儒云:"作诗绝不傍人门户。"同上

张　鸾（346）

张鸾,秦淮妓,见《漉篱集》。同上

---

① 按《御定词谱》、万树《词律》,《柳初新》计81字,第2句作三言两短句,许宗衡此处多一字。

李贞丽（347）

李贞丽，字淡如，桃叶妓。有侠气，一夜博，输千金立尽。所交接皆当世豪杰，尤与阳羡陈贞慧善。李香之假母也。所著有《韵芳集》。王宗评其秦淮社集云："出风入雅，有何女郎能之，足压倒江南矣。"

贞丽有句云："相思莫写上阳花，恐被风吹，愁起满天涯。"用唐雍陶诗意，不减草衣道人《忆秦娥》也。《明词综》未载。《词苑丛谈》①

---

① 《词苑丛谈》卷五"李姬词"条："李姬（名香），秣陵教坊女也。母曰贞丽（一作贞娘），有侠气，常以一夜博输千金立尽。"与此处所录有所不同。第二段除李贞丽词句（"阳"作"杨"）外，皆不见于《词苑丛谈》，似是缪氏所加按语。

卷第二之四　纪丽四

葛　嫩（401）

葛嫩，字蕊芳。余与桐城孙克咸交最善。克咸名临，负文武才略，倚马千言立就，能开五石弓，善左右射，短小精悍，自号飞将军。欲投笔磨盾，封狼居胥，又别字曰武公。然好狭邪游，纵酒高歌，其天性也。先昵珠市妓王月，月为势家夺去，抑郁不自聊，与余闲坐李十娘家。十娘盛称葛嫩才艺无双，即往访之。阑入卧室，值嫩梳头，长发委地，双腕如藕，而色微黄，眉如远山，瞳人点漆。教请坐，克咸曰："此温柔乡也，吾老是乡矣。"是夕定情，一月不出，后竟纳之闲房。甲申之变，移家云间，间道入闽，授监中丞杨文骢军事，兵败被执，并缚嫩。主将欲犯之，嫩大骂，嚼舌碎，含血噀其面，将手刃之。克咸见嫩抗节死，乃大笑曰："孙三今日登仙矣。"亦被杀。《板桥杂记》

柳　是（402）

柳是，字如是，小字蘼芜，秦淮名妓也。美丰姿，工诗，善画，精通音律，分题步韵，顷刻立就，章台中名噪一时。才俊奔走枇杷花下,柳视之,无当意者,独心识陈忠裕公。尝效书生装,投刺谒见,未纳,遂往谒虞山钱宗伯。谈论风生,钱不能屈,柳亦心折之。归,言于人曰:"吾非才学如钱学士者不嫁。"钱闻之,喜曰:"吾非能诗如柳如是者不娶。"好事者两相传致,遂订婚焉。宗伯筑我闻室以迎,结褵于茸城舟中,仪礼备具,称为继室,号河东君。建绛云楼居之,穷极壮丽,广贮图书,题花咏柳无虚日。尝衣儒服出,与宾客辩难,编襜若仙。宗伯又呼为柳儒士。顺治初,宗伯因事被逮入都,如是正卧病,蹶然起,冒死从,誓上书以身代。未几,案解。康熙间,宗伯捐馆,嗣君弱不能振,族党骄悍,聚众争产,如是尽出妆奁以赡,族人争攫,喧集如故,如是投缳以殉。有司穷治悍党,家业赖以保全,嗣君感痛,以嫡礼葬于拂水山庄。遗诗多佚,仅于《有学集》中附刻数章耳。道光初,陈云伯宰常熟,访得遗墓于尚湖之滨,为重加修治,树碣题诗,和者甚众焉。《秦淮八艳小传》

　　柳如是,一字蘼芜,本名爱,柳其寓姓也。丰姿逸丽,翩若惊鸿。性狷慧,赋诗辄工,尤长近体七言。作书得虞、褚法。年二十余,归虞山蒙叟钱宗伯,而河东君始著。先是,我邑盛泽归家院有名妓徐佛者,能琴,善画兰草,虽僻居湖市,而四方才流履满其室。丙子春,娄东张西铭以庶常在假,过吴江,泊垂虹亭下,易小舟访之。佛他适,其弟子曰杨爱,色美于徐,绮谈雅什,亦复过之。西铭一见倾意,携至垂红,缱绻而别,爱于是心喜自负,谓:"我生不辰,堕兹埃壒,然非良耦,不以委身。今三吴之间,簪缨云集,膏粱纨袴,形同木偶,而帖括呫哔、幸窃科第者，皆伧父耳。唯博学好古、旷代逸才，我乃从之。所谓天下有一人知己，死且无憾。矧盛泽固驵侩之薮也，能郁郁守此土乎？"遂易杨以柳，而是其名。闻茸城陈卧子为云间绣虎，移家结邻，觊有所遇。维时海内鼎沸，严关重镇，半化丘墟①，虎旅熊师，日闻挠败。黄巾交于伊雒，赤羽迫于淮徐。而江左士大夫曾无延林之恐，益事宴游，其于征色选声，极意精讨，以此狭邪红粉，各以容伎相尚，而一时喧誉，独推章台。居松久之，屡以刺谒陈，陈严正不易近，且观其名纸，自称女弟，意滋不悦。而虞山宗伯与陈齐望，巍科赡学，又于陈为先辈，因昌言于人曰："天下惟虞山钱学士始可言才，我非才如学士者不嫁。"宗伯闻之大喜，曰："天下有怜才如此女子者耶，我亦非才如柳者不娶。"钱之门多狎客，往来传致，迄于庚辰冬月，柳始遇宗伯，为筑我闻室，十日落成，促席围炉，相与饯岁。柳有《春日我闻室之作》，诗曰："裁红晕碧泪漫漫，南国春来已薄寒。此去柳花如梦里，向来烟月是愁端。画堂消息何人晓，翠幕容颜独自看。珍重君家兰桂室，东风取次一凭阑。"盖就新去故，喜极而悲，验裙之恨方殷，解佩之情愈切矣。辛巳初夏，结褵于芙蓉舫中。箫鼓遏云，麝兰袭岸，齐牢合卺，九十其仪。于是三泖荐绅，喧焉腾议，至有轻薄之子掷砖彩鹢、投砾香车者。宗伯吮毫濡墨，笑对镜台，赋催妆诗自若。柳归虞山宗伯，目为绛云仙姥下降，仙好楼居，乃枕峰依堞，于半野堂后构楼

---

① 丘，原作"邱"，避讳字，今回改。

五楹，穷丹碧之丽，匾曰"绛云"。大江以南藏书之家，无富于钱，至是益购善本，加以汲古雕镂，舆致其上，牙签宝轴，参差充牣。其下黼帏琼寝，与柳日夕晤对，所云"争先石鼎搜聊句，薄怒银灯算劫棋"，盖纪实也。宗伯吟披之好，晚龄益笃，图史校雠，惟柳是问。每于画眉馀暇临文，有所讨论，柳辄上楼繙阅，虽缥缃浮栋，而某书某卷，拈示尖纤，百不失一。或用事微有舛讹，随亦辨正。宗伯悦其慧解，益加怜重。国初录用前朝耆旧，宗伯赴召，旋罣吏议放还。由此专事述作，柳侍左右，好读书以资放诞，登龙之客，沓至高闾。有时貂冠锦靴，有时羽衣霞帔，出与酬应。否则肩筇躧访于逆旅，清辩泉流，雄谈锋起，即英贤宿彦，莫能屈之。宗伯殊不蒴懑，曰："此我高弟，亦良记室也。"常戏称为柳儒士。越十载庚寅，绛云楼灾，时移居红豆村庄。良辰胜节，必放舟湖山佳处，留连唱和，望者疑以为仙。其《中秋日携内出游》诗曰："绿浪红兰不殢愁，参差高柳蔽城楼。莺花无恙三春侣，虾菜居然万里舟。照水蜻蜓依鬓影，窥帘蛱蝶上钗头。相看可似嫦娥好，白月分明浸碧流。"柳依韵和曰："秋水春衫澹暮愁，船窗笑语近红楼。多情落日依兰棹，无藉轻烟傍彩舟。月幌歌阑寻麈尾，风床书乱觅搔头。五湖烟水长如此，愿逐鸱夷泛急流。"其它篇什多附见《有学集》，不尽载。生一女，嫁毗陵赵编修玉森之子。康熙初，嗣子孝廉君迎宗伯入城同居，而柳与女及婿仍在红豆村。逾二年而宗伯病，柳闻之，自村奔候。未几，宗伯捐馆，柳留城守丧，不及归也。初，宗伯与其族素不相睦，乃托言宗伯旧有所负，枭悍之徒，聚百人交讧于堂，柳泫然曰："家有长嫡，义不坐受凌削。未亡人奁有薄赀，留固无用，当捐此以赂凶而纾难。"立出帑千金授之。诘朝喧集如故，柳遣问曰："今将奚为？"宗人曰："昨所颁者夫人之长物耳，未足以赡族长。君华馆连云，腴田钿绮，独不可割其半以给贫窭耶？"嗣子惧不敢出，柳自念欲厌其求，则如宋之割地，地不尽，兵不止，非计也。乃密召宗伯懿亲及门人素厚者，复纠纪纲之仆数辈，部画已定，与之誓曰："苟念旧德，毋渝此言。"咸应曰："诺。"柳出厅事，婉以致辞曰："妾之赀尽矣，诚不足为赠。期以明日，置酒合燕，其有所须，多寡惟命。府君之业故在，不我惜也。"众始解散。是夕，执豕烹羔，肆筵设席，申旦而群宗麕至，柳谕使列坐丧次，潜令健者阖其前扉，乃入室，登荣木楼，若将持物以出者，逡巡久之，家人心讶，入视，则已投缳毕命，而大书于壁曰："并力缚饮者，而后报官。"嗣君见之，与家人相向号恸，绯绰之属先一日预聚于室，随出以尽缚凶党，门闭无得脱者。须臾，邑令至，穷治得实，系凶于狱，以其事上闻，置之法。夫河东君以泥中弱絮，识所依归，一旦遭家不造，殉义从容。于以御侮，于以亢宗，讵不伟欤！方宗伯初遇柳时，黝颜鲐背，发已鬖鬖斑白，而柳则盛鬒堆鸦，凝脂竟体，燕婉之宵，钱曰："我甚爱卿如云之墨，如玉之白也。"柳曰："我亦甚爱君发如妾之肤，肤如妾之发也。"因相与大笑。故当年酬赠，有"风前柳欲窥青眼，雪里山应想白头"之句，竞传人口，而不知一与之醮，终身以之，即奉雁牵丝，有所不逮也如此。《吴觚》

柳夫人慧倩，工词翰。在章台日，色艺冠一时。才隽奔走枇杷花下，车马如烟，以一厕扫眉才子列为重，或投竿衔饵，效玉皇书仙之句，纸衔尾属，柳视之蔑如也。即空吴越无当，独心许虞山，曰："隆准公即未敻绝古今，亦一代颠倒英雄手。"而宗伯公亦雅重之，曰："昔人以游蓬岛宴桃溪，不如一见温仲圭，可当吾世失此人乎？"遂因缘委币。柳既归宗伯，相得欢甚，题花咏柳，殆无虚日。每宗伯句就，遣鬟矜示柳，击钵之顷，蛮笺已至，风追电蹑，未尝肯地步让。或柳句先就，亦走鬟报赐，宗伯毕力尽气，经营惨淡，思压其上，比出相视，亦正得匹敌也。宗伯气骨苍峻，虬榕百尺，柳未能到。柳幽艳秀发，如芙蓉秋水，自然娟媚，宗伯公时亦孙之。于时旗鼓各建，闺闼之间，隐若敌国云。宗伯于柳不字，凡有题识，多署柳君，吴中人宠柳之遇，称之直曰柳夫人。宗伯生平善逋，晚岁多难，益就窭蹙。嗣君孝廉某故文弱，乡里豪黠颇心易之，又嗛宗伯公墙宇孤峻，结侣伺衅。丙午某月，宗伯公即世，有众骤起，以责逋为口实，噪而环宗伯门，搪撞诟谇，极于觑辱。孝廉魂魄丧失，莫知所出。柳夫人于宗伯易箦日已蓄殉意，至是泫然起曰："我当之好语诸恶少，尚书宁尽负若曹金，即负，固尚书事，无与诸儿女。身在，第少需之。"诸恶少闻柳夫人语，谓得所欲，锋稍戢，然环如故。柳中夜刺血，书讼牍，遣急足诣郡邑告难，而自取缕帛结项，死尚书侧。旦日郡邑得牍，又闻柳夫人死，遣隶四出，捕诸恶少，问杀人罪，皆雉窜兔脱，不敢复履界地，构尽得释。孝廉君德而哀之，为用匹礼与尚书公并殡某所。吴人士嘉其志烈，争作诗诔美之，至累帙云。

东海生曰：柳夫人可谓不负虞山矣哉！或谓情之所钟，生怜死捐，缠绵毕命，若连理梓、雉朝飞、双鸳鸯之属，时有之矣。然柳于虞山，岂其伦耶！夫七尺腐躯，归于等尽，而掷之当侯嬴以存弱赵，杵臼以立藐孤，秀实以缓奉天之危，纪信以脱荥阳之难，或轻于鸿羽，或重于泰山，各视其所用。柳夫人以尺组下报尚书，而纡其身后之祸，可不谓重与？所云重用其死者也。夫西陵松柏才矣，未闻择所从，耆卿月仙、齐丘散花女得所从矣，而节无闻，韩香、幼玉、张红红、罗爱爱之流，节可录矣，又非其人也。千秋香躅，惟张尚书燕子一楼。然红粉成灰，尚在白杨可柱之后。夫玉容黄土之不惜，而愿以从死之名，为地下虑荒矣。微白舍人泉台下随，未敢必其然也。人固不可知，千寻之操，或以一念隳，生平之疵，或以晚节覆。遂志赴义，争乎一决，柳夫人存不必称，而没以馨，委脱如遗，岂不壮哉！《虞初新志》

钱尚书纳河东君，筑我闻室以居之，常于鸳湖舟中作百韵诗以赠柳，中有云："河东论氏族，天上问星躔。汉殿三眠贵，吴宫万缕连。瑶光朝孕碧，玉气夜生玄。"又云："纤腰宜蹴踘，弱骨称秋千。天为投壶笑，人从争博癫。"又云："凝眸嗔亦好，溶洋坐生怜。薄病如中酒，轻寒未折绵。清愁长约略，微笑与迁延。"君之风神才艺，概可见矣。《续本事诗》

牧斋《自茸城新纳河东君赋诗志喜》诗云："五茸媒雉即鸳鸯，桦烛金炉一水香。自有青天如碧海，更教银汉作红墙。当风弱柳临妆镜，罨水新荷照画堂。从此双栖惟海燕，再无消息报王昌。""朱鸟光连河汉深，鹊桥先为驾秋阴。银缸照壁还双影,绛蜡浇花总一心。地久天长频致语,鸾歌凤舞并知音。人间若问章台事,钿合分明抵万金。"和者甚众。嘉兴沈德符景倩云:"何来鸟爪蔡经家,狡狯人间岁未赊。唾受绀来频展袖,泪凝红处恰登车。回文诗就重题锦,无线衣成自翦霞。赠内偶占相谑句,始怜芍药异凡花。"常熟冯班定远云:"一朵名花色最深,章台长带漫垂阴。红蕖直下方连藕,绛蜡才烧已见心。只取鸦雏为鬓样,闲调凤语作笙音。琉璃鸳瓦香泥地,娇屋重楼费几金。"《续本事诗》

顾苓绘《河东君初访半野堂小影》,汉阳夏君之勋曾见于友人处,因摹其图,并录卷中传跋题诗,出示于予。顾苓传曰:河东君者,柳氏也。初名隐雯,继名是,字如是。为人短小,结束俏利。性机警,饶胆略。适云间孝廉为妾。孝廉能文章,工书法,教之作诗写字,婉媚绝伦。顾倜傥好奇,尤放诞。孝廉谢之去,游吴越间,格调高绝,词翰倾一时。嘉兴朱冶愐为虞山钱宗伯侔其才,宗伯心艳之,未见也。崇祯庚辰冬,扁舟访宗伯,幅巾弓鞋,著男子服,语言便给,神情洒落,有林下风。宗伯大喜,谓天下风流佳丽,独王修微、杨宛叔与君鼎足而三,何可使许霞城、茆止生专国士名姝之目。留连半野堂,文燕浃月,越舞吴歌,族举递奏,香奁玉台,更唱迭和。既度岁,与为西湖之游,刻《东山酬和集》,集中侔"河东君"云。君至湖上,遂别去,过期不至,宗伯使客构之,乃出。定情之夕,在辛巳六月初七日,君年二十四矣。宗伯赋《前七夕诗》，兴诸同人和之①。为筑绛云楼于半野堂之后，房栊窈窕，绮疏青琐，旁龛金石文字，宋刻书数万卷，列三代秦汉尊彝环璧之属，晋唐宋元以来法书名画，官、哥、定州、宣城之甆，端溪、灵璧、大理之石，宣德之铜，果园厂之髹器，充牣其中。君于是乎俭梳靓妆，湘帘棐几，煮沉水，斗旗枪，写青山，临墨妙，考异订讹，闲以调谑，略如李易安在赵德卿家故事。然颇能制御宗伯，宗伯甚宠惮之。乙酉五月之变，君劝宗伯死，宗伯谢不能。君奋身欲沉池水中，持之不得入。其奋身池上也，长洲明经沈明抢馆宗伯寓中见之，而劝宗伯死，则宗伯以语兵科给事中宝丰王之晋，之晋语余者也。是秋，宗伯北行，君留白下。宗伯寻谢病归。丁亥三月，捕宗伯亟，君挈一囊，从刀头剑铓中牧圉馈饟惟谨。事解，宗伯和苏子瞻《御史台寄妻》韵，赋诗美之，至云"从行赴难有贤妻"，时封夫人陈氏尚无恙也。宗伯选列朝诗，君为勘定闺秀一集。庚寅冬，绛云楼不戒于火，延及半野堂，向之图书玩好略尽矣。宗伯失职，眷怀故旧，山川间阻，君则"知子之来之，杂佩以赠之。知子之顺之，杂佩以问之"，有《鸡鸣》之风焉。久之不自得。生一女，既昏，癸卯秋下发入道。宗伯赋诗云："一翦金刀绣佛前，裹将红泪洒诸天。三条裁制莲花服，数亩诛锄稷稻田。朝日装铅眉正妩，高楼点黛额犹鲜。横陈嚼蜡君能晓，已过三冬枯木禅。""鹦鹉纱窗昼语长，又教双燕话雕梁。雨交澧浦何曾湿，风认巫山别有香。初着染衣身体涩，

---

① 兴，疑当作"与"，形近致讹。

乍抛稠发顶门凉。萦烟飞絮三眠柳,飏尽春来未断肠。"明年五月二十四日,宗伯薨,族子钱曾等为君求金,要挟蜂起,于六月二十八日自经死。宗伯子曰孙爱及婿赵管为君讼冤,邑中士大夫谋为君治丧葬。宗伯门人顾苓曰:"呜呼,今而后,宗伯语王黄门之言为信而有征也。"宗伯讳谦益,字受之,学者称牧斋先生,晚年自号东涧遗老。甲辰七月七日书于真娘墓下。

案:顾苓为虞山门下士,曾不能为虞山讳其短,而于柳是则极扬之,如所谓劝虞山以死节,不能从,欲自赴水死,何侠而烈也。苓特为绘图作传,以垂不朽,岂别有知己之感耶? 不可谓非阿私所好也。若是生平风流放诞,不拘小节,要亦古来才色女子本色,不足为是责。独于虞山殁后,能以一死殉之,令群小之风波顿息,真可谓死得其所,亦足以克盖前愆矣。超达道人苇江氏题。

柳是幼隶乐籍,侨居我郡,与钱生青雨俙狎邪莫逆交。钱故有小才,其诗若书,皆钱所教也。已而归虞山,钱生为之介。余时年才数龄,惜未及见其人。吾友减堂氏为余言:是身材不逾中人,而色甚艳,冬月御单袷衣,双颊作朝霞色,即之体温,然疑其善素女术也。虞山之惑溺且畏之,有以哉!有以哉! 其生平放诞,亦不必论,独能以大义责虞山而不能从,虞山实有愧于是。是之死虽出于追胁,然较之偷生视息者,为差胜耳。苓以门下士,而不能为虞山少讳,且多微辞,或亦《春秋》善善恶恶之旨耶? 过柳舫,阅此,为之一叹。古梅华源木叉庵白牛道者书。

弘光僭立，牧翁应召，柳夫人从之。道出丹阳，同车携手，或令柳策驴，而己随其后，私语柳曰："此一幅《昭君出塞图》也。"邑中遂喧传钱令柳扮昭君故事，招摇道路。悠悠之口，固可畏哉。《牧翁事略》

大铖据要津，虞山末路失节，投之。一日，觞阮于家，以其妾柳氏出为奉酒，阮赠以珠冠一顶，价值千金，钱命柳谢阮，且移席近阮，其丑状令人欲呕。《明季北略》

钱牧斋帖子有云："春宵一刻，先令细君先引一杯，以助千金之兴。"细君指柳氏也。予闻之周郿山，谓牧斋年六十四，柳氏年二十四归之。客有访之者，柳氏出侑酒，依然旧日风流也。浪子之诮，有以哉。《鲒埼亭集》

谦益降北，柳在南都，与一私夫乱。谦益子鸣其私夫于官，杖之。谦益怒，屏其子不见，语人曰："当此国破家亡时，士大夫犹丧其所守，独以名节二字责一妇人，可乎？"其言亦恕而平矣。《三垣笔记》

牧翁事本朝，亦不得志，以礼部侍郎、内宏文院学士还乡里。丁亥忽为蜚语所中，被急征，河东君实为职橐饘。长君孙爱性暗懦，一筹莫展。牧翁于金陵狱中和东坡《御史台寄弟诗》，有"恸哭临江无孝子，从行赴难有贤妻"，盖记实也。孙爱见此诗，恐为人口实，托翁所知，百计请改"孝子"二字，今集中刻"壮子"，是更定者。《柳南随笔》。按：《有学集》作《次东坡御史寄妻诗以当诀别》，夫寄弟也，而谬曰寄妻，坡集具在，不可证乎？且原配陈夫人尚在，而竟以河东君为妻，悍然不顾，即此一端，牧翁不惜行检，可知矣。

牧翁妾柳氏宠嬖非常，丁亥被逮，柳氏束装挈重贿北

上。先入燕京,赂于权要,曲为斡旋,然后牧翁徐到,竟得释放,生还里门,始知此妇才智,又不当以闺阁细谨律之矣。《野语秘汇》

一门生具腆仪,走干仆,自远省奉缄于牧翁,内列古书中僻字数十条,恳师剖晰,牧翁逐条裁答,复出己见,详加论定。中有"昔昔盐"三字,尚待凝思。柳姬如是从旁笑曰:"太史公腹中书乃告窘耶?是出古乐府,《昔昔盐》乃歌行之一耳。'盐'宜读'行',想俗音沿讹也。"牧翁亦笑曰:"吾老健忘,若子之年,何待起予?"《牧翁事迹》

人目河东君风流放诞,是永丰坊底物。《妇人集》

钱牧老言:"每诗文成,举以示柳夫人,当得意处,夫人辄凝睇,注视终日,其于寸心得失之际,铢两不失毫发。"柳夫人言:"草衣之诗近于侠,皆令之诗近于僧。"草衣,王微也。《钱集》自注

牧斋晚年卜筑红豆山庄,与河东君吟咏,茗椀熏炉,绣床禅板,髯鬏苏子之遇朝云也。尝有句云:"青袍便拟休官去,红粉还能入道无。筵散酒醒成一笑,鬓丝禅榻正疏芜。"可想见蒙叟心情矣。《续本事诗》

柳夫人生一女,嫁无锡赵编修之子玉森。柳以爱女故,招婿至虞,同居于红豆村后。柳没,其婿携柳之小照至锡,赵氏亲戚咸得式瞻其容。瘦小而体态幽娴,丰神秀媚,帧间几栩栩欲活。坐一榻,一手倚几,一手执编,牙签缥轴,浮积几榻,自跋数语于幅端,知写照时,适牧翁选列朝诗。其中《闺秀集》为柳斟定,故即景为图也。《牧斋事迹略》

河东君古镜，为郡倅郑公作。镜径五寸许，背有诗云："照日菱花出，临池满月生。官看巾帽整，姜映点妆成。""帽"，作"帽"；"整"作"整"，据初白《金陵杂咏》，知为藡芜旧物也。华亭吴陶宰钧《台城路》云："南朝旧事烟销尽，菱花似经残雨。绿暗春窗，红明晓阁，尝伴绛云同住。龙蟠凤翥。把十指轻摩，湿银犹注。忽忆村庄，夜山红豆画中树。　临池怎教月满，拼分鸾此后，芳意良苦。温峤台边，江郎发白，试照羞颜如许。铜花腻处。怅玉貌貂蝉，此中难铸。小字回文，更吟肠断句。"君与钱青雨相狎，称莫逆交，其诗若书，皆生所教，姚梅伯《咏如是镜》有云"问钟情何似春雨"，指此也。《赌棋山庄词话》

河东君青田石书镇，长二寸有半，广二之一，刻山水亭树，款曰"仿白石翁笔"。小篆颇工致，面镌"崇祯辛巳畅月柳藡芜制。"张秋水咏之云："写罢乌丝笑破钱，笔床砚匣日周旋。归家园里伤心树，转手沧桑二百年。""山庄红豆正花开，花底齐牢酒一杯。展向春风重叹息，绛云书卷久成灰。"
《冬青树馆集》

盱江黄树椿得"半野草堂"牙章及"河东君"水晶小印，皆绛云楼旧物。

柳藡芜青田石书镇，见震泽王砚农征君《绘水集》。

苏州濮仲谦水磨竹器，如扇骨、笔筒、臂阁之类妙绝，或见其为柳夫人制弓鞋底板二双。《五石瓠》

河东君墓碣

查撝梅史

自昔扶风设帷，不闻窈窕之名；厌次应谐，乃托宛若之迹。靡风瓖俗，骖服六朝；夸饰畸行，筝滥八代。炙輠解小郎之围，抽簪聆济尼之论。魏成君去，乃有朝云；伶元姿来，何嫌通德。或谓侍千牛之巾拂，则反手者三；上鸱夷之苇杭，亦效鼙者屡。抑知穆姜再拜，赋绿衣之卒章；息妫无言，拒湘宫之万舞。荓菲下体，箫勺暮年。如河东君者，抑亦难矣。君生禀异质，归并英流。姓本卢前，谊从籛后。窃以信陵醇酒，妇女多归；北部党魁，菜佣知慕。群议所趋，非云清尚；迹其通议，别有慧因。夫深山大泽，实生虺蛇；幽阜单岑，非无荃蕙。弘光之际①，鼙鼓惊花，房栊闭月。谁言赵鬼能读《西京》，亦有吴姬争歌南渡。或天魔舞艳，忽沉劫钵之图；或神女行云，已泣灌坛之梦。君独慧观扰扰，妙悟如如。依颜特进颂《归心》之篇，就雷次宗发往生之愿。弥戾之车跳出，频伽之瓶饷空。张苍则肥白如瓠，有仍之发光可鉴。歌舞疑仙，冠巾说法，我闻之室，其筏喻乎。若乃首阳何拙，柳下为工。野史亭空，独雪遗山之涕；通天台迥，空衔初明之悲。梧桐秋雨，拥髻而泣汉宫；山鬼女萝，挟瑟而歌楚调。内无可以托妻子之张堪，外不闻有致生刍之徐穉。顾独能涕泪饰巾，从容引玦，无殊伯姬下堂之言，有逾尾生抱柱之信。呜呼！何其烈也。君墓在虞山之西麓，拂水山庄遗址也。其前为秋

---

① 弘，原作"宏"，为避清讳而改，今回改。

水阁,其旁即耦耕堂。枯桑知风,土偶消雨。狐丘即墟[1],蛾壤屡蛰。烟凄露迷,蟪鸣蚓吊。访其后人,仅有存者。予友钱唐陈君文述来治县事,征文献,阐幽微,弃瑕崇瑜,遗浊表洁,披荆改松,命畚揭皋,所以慨陈迹,嘉晚志也。既封植矣,授毫于予,略其冶艳,进于贞正,庶几齐女有冥漠之侣,枚生非优俳之体。铭曰:

似花非花,如镜非镜。住四禅天,为色究竟。生也慧业,死也正命。去来洒然,婵娟掩映。天之生是,为才者媵。

附:河东君尺牍 按《河东君尺牍》一卷,《湖上草》一卷,文瑞女史袁瑛辑录。《传记》一卷,《诗》一卷,管芷湘藏本。

鹃声雨梦,遂若与先生为隔世游矣。至归途黯瑟,惟有轻浪萍花与断魂杨柳耳。回想先生种种深情,应如铜台高揭,汉水西流,岂止桃花千尺也。但离别微茫,非若麻姑、方平,则为刘、阮重来耳。秋间之约,尚怀渺渺,所望于先生维持之矣。便羽即当续及。昔人相思字,每付之断鸿声里,弟于先生,亦正如是。书次惘然。

良晤未几,离歌忽起,河梁黯淡,何以为怀。旧有卫玠之羸,近则裴楷之困。羁绪寒惊,惟以云天自慰,无论意之有及有不及,先生能寒谷而春温之,岂特刘公一纸书贤于十部从事而已。二扇草上,病中不工。书不述怀,临风怅结。

寄繁思于鳞羽,斯已无聊;况旷日而闻问,何如感切耶。有怀光霁,无时去心,忽捧素书,恍如披面。且高咏下投,

---

[1] 丘,原作"邱",为避清讳而改,今回改。

禂仪远饷,此岂渺末所敢当,辞笔所能颂也。流光甚驶,旅况转凄,恐悠悠此行,终浪游矣。先生相爱,何以命之。一逢岁始,即望清驺。《除夕诗》当属和呈览,馀惟台照不既。

弟之归故山也,本谓吹笛露桥,闻箫月榭,乃至锦瑟瑶笙,已作画檐蛛网,日望凄凉,徒兹绵丽。所以未及遵刿棹,而行踪已在六桥烟水间矣。已至湖湄,知先生尚滞故里。又以横山幽崎,不见赤城,遂怀尚平之意。不意甫入山后,缠绵夙疾,委顿至今。近闻先生已归,幸即垂视山中,最为丽瞩,除药炉、禅榻之外,即松风桂渚。若觌良规,便为情景俱胜。读孔章之檄,未可知也。伏枕草草不悉。

余昔寄迹西湖,每见然明拾翠芳堤,偎红画舫,徜徉山水间,俨黄衫豪客。时唱和有女史纤郎,人多艳之。再十年,余归三山,然明寄视画卷,知西泠结伴,有画中人杨云,友人多妒之。今复出怀中一瓣香,以柳如是尺牍寄余索叙。琅琅数千言,艳过六朝,情深班、蔡,人多奇之。然明神情不倦,处禅室以致散花,行江皋而逢解佩。再十年,继三诗画史而出者,又不知为何人,总添入西湖一段佳话,余且幸附名千载云。三山林雪天素书于翠雨阁。

王　月（403）

王月,字微波,珠市妓[1]。母胞生三女,长月[2],次节,次

---

① "珠市妓",《板桥杂记》无此句。
② "长月",《板桥杂记》作"长即月"。

225

满，并有殊色。月尤慧妍，善自修饰，颀身玉立，皓齿明眸，异常妖冶，名动公卿。桐城孙武公昵之，拥致栖霞山下雪洞中。经月，于牛女渡河之明夕，^①大集诸姬于方密之水阁^②，车骑阗溢^③，梨园子弟三班骈演。水阁外，环列舟航如堵墙，品藻花案，设立层台，以坐状元，二十余人中，考微波第一。登台奏乐，进金屈卮，南曲诸姬，皆惭沮逸去^④。天明始罢酒^⑤，各赋诗纪其事。余诗所云"月中仙子花中王，第一嫦娥第一香"者是也。微波绣之于帨中，不去手。武公益眷恋，欲置为侧室。会有贵阳蔡香君名如蘅，强有力，以三千金啖其父，夺以归。武公悒悒，遂娶葛嫩也。如蘅后为安庐兵备道^⑥，携月赴任，宠专房。崇祯壬午^⑦，张献忠破庐州，擒如蘅，搜得月，宠压一寨。偶忤意，献忠立断其头，置柈中，以视群贼，各大笑。嗟乎！等死于贼也，月不及嫩矣。《板桥杂记》

　　南京朱市妓，曲中羞与为伍。王月生出朱市，曲中上下三十年，决无其比也。面色如建兰初开，楚楚文弱，纤趾一牙，如出水红菱。矜贵，寡言笑，女兄弟闲客多方狡狯，嘲弄哈侮，不能勾其一粲。善楷书，画兰竹水仙，亦解吴歌，不易

---

①　"经月，于牛女渡河之明夕"，《板桥杂记》作"经月不出。己卯岁，牛女渡河之夕"。

②　"水阁"，《板桥杂记》作"侨居水阁"。

③　"车骑阗溢"，《板桥杂记》作"四方贤豪，车骑盈间巷"。

④　"皆惭沮逸去"，《板桥杂记》作"皆惭沮，渐逸去"。

⑤　此句下，《板桥杂记》多"次日"一句。

⑥　"如蘅"，《板桥杂记》作"香君"。

⑦　以下诸君句，《板桥杂记》作："崇祯十五年五月，大盗张献忠破庐州府，知府郑履祥死节，香君被擒。搜其家，得月，留营中，宠压一寨。偶以事忤献忠，断其头，蒸置于盘，以享群贼。嗟乎！等死也，月不及嫩矣。悲夫！"

出口。南中勋戚大老力致之，亦不能竟一席。富商权胥得其主席半晌，先一日送书帕，非十金，则五金，不敢亵。订与合卺，非下聘一二月前，则终岁不得也。好茶，善闵老子，虽大风雨大宴会，必至老子家啜茶数壶始去。所交有当意者，亦期与老子家会。一日，老子邻居有大贾，集曲中妓十数人，群谇嘻笑，环坐纵饮。月生立露台上，倚徙栏楯，眠娗羞涩，群婢见之，皆气夺，徙他室避之。月生寒淡，如孤梅冷月，含冰傲霜，不喜与俗子交接。或时对面同坐起，若无睹者。有公子狎之，同寝食者半月，不得其一言。一日，口嗫嚅动，闲客惊喜，走报公子曰："月生开言矣。"哄然以为祥瑞，急走伺之，面赪，寻又止。公子力请再三，曛涩出二字曰："家去。"《陶庵梦忆》

王　满（404）

王满幼小[①]，好戏弄，窈窕轻盈，作娇娃之态。保国公置之后房，与寇白门不合，后还秦淮[②]。《板桥杂记》

顾　媚（405）

顾媚，又名眉，字眉生，号横波，晚号善持君[③]。庄妍靓雅，风度超群。鬒发如云，桃花满面，弓弯纤小，腰支轻亚。通文史，善画兰，追步马守真，而姿容胜之，时人推为南曲第一。家有眉楼，绮窗绣帘，牙签玉轴，推列几案，瑶琴锦瑟，

---

① 　"王"，《板桥杂记》作"妹"，盖其传附于《王节传》之下，故有此称。

② 　"后"，《板桥杂记》作"复"。

③ 　此前五句，《板桥杂记》作"顾湄，字眉生，又名眉"。

陈设左右，香烟缭绕，檐马丁当。余常戏之曰："此非眉楼，乃迷楼也。"人遂以"迷楼"称之。当是时，江南侈靡，文酒之宴，红妆与乌巾紫裘相间，坐无眉娘不乐，而尤艳顾家厨食，品差拟郇公、李太尉，以故设筵眉楼者无虚日。然艳之者虽多，妒之者亦不少。适浙来一伧父[①]，与一词客争宠，合江右某孝廉互谋，使酒骂座，讼之仪司，诬以盗匿金犀酒器，意在逮辱媚娘。余时义愤填胸，作檄讨罪，有云："某某本非风流佳客，谬称浪子、端王[②]，以文鸳彩凤之区，排封豕长蛇之阵，用诱秦诓楚之计，作摧兰折玉之谋，种夙世之孽冤，煞一时之风景"，云云。伧父之叔为南少司马，见檄，斥伧父东归，讼乃解。眉娘甚德余，于桐城方瞿庵堂中，愿登场演剧为余寿，从此摧幢息机[③]，矢脱风尘矣。未几，归合肥龚尚书芝麓。尚书雄豪盖代，视金玉如泥沙粪土，得眉娘佐之，益轻财好客[④]，怜才下士，名誉盛于往时。客有求尚书诗文及乞画兰者，缣笺动盈箧笥，画款所书"横波夫人"者也。岁丁酉，尚书挈夫人重游金陵，寓市隐园中林堂。值夫人生辰，张灯开宴，请召宾客数十百辈，命老梨园郭长春等演剧，酒客丁继之、张燕筑及二王郎_{中翰王式之、水部王恒之}串《王母瑶池宴》。夫人垂珠帘，召旧日同居南曲呼姊妹行者与燕，李六娘、十娘、王节娘皆在焉。时尚书门人楚严某赴浙监司任，逗留居

---

① "来"，《板桥杂记》作"东"。
② "王"，原作"庄"，不通。据《板桥杂记》改。"端王"，宋徽宗即位前为端王，此以"端王"与被称为"浪子宰相"之李邦彦相对。
③ "息"字原脱，据《板桥杂记》补。
④ "客"字原脱，据《板桥杂记》补。

樽下，褰帷长跪，捧卮称："贱子上寿！"坐者皆离席伏。夫人欣然为罄三爵，尚书意甚得也。余与吴园次、邓孝威作长歌纪其事。嗣后还京师，以病死。敛时，现老僧相。吊者车数百乘，备极哀荣。[1]尚书有《白门柳》传奇行于世。《板桥杂记》

先是，湘灵友刘芳与妓顾湄约为夫妇，顾后背约，而芳以情死，湘灵为经纪其丧。吴仲伦《闻见录》

崇祯某年，余中丞集生与谭友夏结社金陵，适黄公石斋来游，与订交，意甚洽。黄公造次必于礼法，诸公心向之，而苦其拘也，思试之妓。顾眉生，国色也，聪慧，通书史，抚节按歌，见者莫不心醉。一日，大雪，觞黄公于余氏园，使顾侑酒。公意色无忤，诸公更番酬劝，大醉，送公至特室。去其衣，榻上枕衾茵各一，使顾尽弛亵衣伴之，随键户，诸公伺焉。公酒醒惊起，索衣不得，因引衾自覆，而命顾以茵卧。茵厚且狭，不可转，仍使就寝，顾遂昵公。公徐曰："无用尔。"侧身内向，息数十转，即酣睡。漏下四鼓，觉，而转面向外，顾佯寐而以体傍公，公酣睡如初。诘旦，顾出，具言其状，且曰："公等为名士，赋诗饮酒，是乐而已矣。为圣为佛，成忠成孝，终属黄公。《石斋黄公逸事》

顾归龚定山，官御史，李自成陷京师，谓龚曰："若能死乎？我先就缢。"龚不能用，而是语传播搢绅，一时以为美谈。龚仍出为巡城御史，贼西窜，大众出城求生，顾恒俯拾尘土以自污，日暮危途，艰辛万状。《遇变纪略》

---

[1] 此句后，《板桥杂记》原书有"改姓徐氏，世又称徐夫人"二句。

龚定山尚书与横波夫人月夜泛舟西湖,作《丑奴儿令》四阕,自序云:"五月十四夜,湖风酣畅,月明如洗,繁星尽敛,天水一碧。偕内人繫艇子于寓楼下,剥菱煮芡,小饮达曙。人声既绝,楼台灯火,周视悄然,惟四山苍翠,时时滴入杯底。千百年西湖,今夕始独为吾有,徘徊顾恋,不谓人世也。酒语情恬,因口占四调,以纪其事。子瞻云:'何地无月,但少闲人如吾两人。'予则谓:'何地无闲人,无事寻事如吾两人者,未易多得耳。'"词云:"一湖风漾当楼月,凉满人间。我与青山,冷澹相看不等闲。藕花社榜疏狂约,绿酒朱颜。放进婵娟,今夜纱窗可忍关。"又云:"木兰掀荡波光碎,人似乘潮。何处吹箫,轻逐流萤度画桥。白鸥睡熟金铃悄,好是萧条。多谢双高①,折简明朝不用招②。"又云:"情痴每语银蟾约,见了销魂。尔许温存,领受嫦娥一笑恩。戏拈梅子横波打,越样心疼。和月须吞,省得浓香不闭门。"又云:"清辉依约云鬟绿,水作菱花。苏小夭斜,不见留人驻晚车。湖山符牒谁能管,让与天涯。如此豪华,除却芳樽一味赊。"《词苑丛话》③

顾夫人识局朗拔,尤擅画兰蕙,萧散乐托④,畦径都绝,固当是神情所寄。《妇人集》

顾夫人对客挥毫,顷刻立就,又能高谈惊四座。凡文人

---

① "高",《词苑丛谈》作"篙"。
② "朝",《词苑丛谈》作"宵"。
③ 按:《词苑丛话》应作《词苑丛谈》。
④ "乐",《妇人集》(《香艳丛书》本)作"落"。

墨客之聚，必姬与俱，而姬亦雅意自托，思与诸才人伍。每有文酒会，必流连不肯去，故吾党益重之。每当含毫伸纸，其眼光鬓影，与笔墨之气两相浮动。今年年二十有六，而得名已十年，好楼居，诸友争咏之。《倚声初集》

龚尚书元配童氏，明两封孺人。龚入仕本朝，历官大宗伯，童夫人高尚，居合肥，不肯随仕京师，且曰："我经两受明封，以后本朝恩典，让顾太太可也。"顾遂得一品封典，①改姓徐氏，世又称徐夫人。《板桥杂记》

龚尚书在京师，四方名士尊如泰斗，夫人复左右之。阅朱竹垞词，有"风急也，声声雨。风定也，声声雨"之句，遂叹为才子，厚赍其旅费。阎古古遭名捕，夫人脱之。夫人殁后，尚书《同古古夜集》诗后二律云："更残动地朔风来，起舞重呼浊酒杯。自许梁松床下拜，争看李燮座中回。两都亡命尊佣保，万里题诗到草莱。明月寒霜人健在，芒鞋复壁未须哀。""二十馀年感逝波，春风巷陌夕阳多。唾壶声急江潮断，金马吟成铁骑过。巴蜀有人传锦字，鄢陵何地问云罗。伤心青眼綦巾者，不见吾曹击筑歌。"小注："追忆善持君，每佐予急友朋之难，今不可复见矣。"《诗话》②

顾百计求嗣，而卒无子，甚至雕异香木为男，四肢俱动，锦绷绣褓，顾乳母开怀哺之，保母褰襟作便溺状，内外通称"小相公"，龚亦不之禁也。时龚以奉常寓湖上，杭人目为"人

---

① 此句以下，《板桥杂记》原书作："顾遂专宠受封。呜呼！童夫人贤节，过须眉男子多矣！"无"改姓徐氏，世又称徐夫人"二句。

② 此段及此下第三段之《诗话》，具体所指未详，待考。

妖"。《板桥杂记》

顾夫人性爱狸奴，有字乌员者，日于花栏绣榻间徘徊，抚玩珍重之意，踰于掌珠，饲以精餐嘉鱼，过餍而毙。夫人惋恺累日，至为辍膳，宗伯特以沉香斲棺瘗之，延十二女僧，建道场三昼夜。《觚剩》

善持君没后，尚书哀之，建妙光阁于长椿寺，以资冥福，作诗，时寓悼亡之感。如《灯屏词》第七首云："绣佛名香去不回，春人春日罢登台。锦屏看遍吹箫女，可似珊珊佩影来。"小注："虞山《灯屏曲》，为善持君寿也。"《寒食感慨，为善持君槜将南发诗》云："寒食春风广柳时，两行人去惜临歧。吞声已是三年别，悲莫悲兮死别离。"亦可想见摧伤之极矣。《诗话》

陈　沅（406）

陈沅，字圆圆，一字畹芬，前明金陵倡家女也。花明雪艳，色艺冠时。崇祯末年，流寇鸱张，宸衷忧瘁，外戚嘉定伯思求绝色，纾宵旰忧，以重赀购纳掖庭，帝意漠然，命遣归。田畹艳之，劫置别室。闯贼逼畿辅，帝急召吴三桂镇山海关。畹忧寇，甚皇皇。圆圆请曰："曷不缔交于吴将军乎？"畹然之，盛筵迓三桂。酒行，圆圆率歌队进，三桂神驰心荡，抚之曰："卿乐甚？"圆圆小语曰："红拂尚不乐越公，况不及越公者耶？"三桂颔之。饮酣，警报踵接，畹前席曰："寇至，将若何？"三桂曰："能以圆圆见赠，吾保君家先于保国也。"畹未及答，三桂即命圆圆拜辞，细马驮之去。帝趣三桂出关，其父襄督理御营,恐帝闻圆圆事,留府勿令往。闯贼犯都城,襄降贼,贼使招三桂,许以通侯赏。使至,三桂从之,询及圆圆,知为贼有,大怒,作书与父诀,勒兵入关击贼。贼败,屠襄家三十余口,弃京出走,妇女悉委于途。三桂追贼至山西,昼夜不息,其部将先于京城搜得圆圆,飞骑传送。时师驻绛州,将渡河,闻之大喜,即帐前结彩楼,备翟茀香罍,列旌旗,箫鼓三十里,亲往迎迓。自此由秦入蜀,建钺滇南,将正妃位,圆圆固辞,三桂乃别娶。而后妇悍妒,群姬多被杀,圆圆遂长斋绣佛,削发为尼。三桂为筑兰若于五华山居之,名华国寺。三桂殁,大兵平云南,圆圆投寺外莲花池卒。滇人哀之,为葬于池侧。寺中藏有小影二帧,莲花池有刻石诗,皆至今存。《秦淮八艳小传》

　　延陵将军美丰姿,善骑射,躯干不甚伟硕,而勇力绝人,沉鸷多谋。弱冠,中翘关高选,裘马清狂,颇以风流自赏,一遇佳丽,辄为神留,然未有可其意者。常读《汉纪》,至"仕宦当作执金吾,娶妻当得阴丽华",慨然叹曰:"我亦遂此愿,足矣。"虽一寄情之语,而妄觊非分,意肇于此。明崇祯末,流氛日炽,秦豫之间,关城失守,燕都震动。而大江以南,阻于天堑,民物晏如,方极声色之娱,吴门尤盛。有名妓陈圆圆者,容辞闲雅,额秀颐丰,有林下风致。年十八,隶籍梨园。每一登场,花明雪艳,独出冠时,观者魂断。维时田妃擅宠,两宫不协,烽火羽书,相望于道,宸居为之憔悴。外戚周嘉定伯以营葬归苏,将求色艺兼绝之女,由母后进之,以纾宵旰忧,且分西宫之宠。因出重赀购圆圆,载之以北,纳于椒庭。一日，侍后侧，上见之，问所从来，后对："左右供御，鲜同里顺意者。兹女吴人，且娴昆伎，今侍栉盥耳。"上制于田妃，复念国事，不甚顾，遂命遣还，故圆圆仍入周邸。延陵方为上倚重，奉诏出镇山海，祖道者绵亘青门以外。嘉定伯首置绮筵，饯之甲第，出女乐佐觞，圆圆亦在拥纨之列。轻鬟纤屐，绰约凌云，每至迟声，则歌珠累累，与兰馨并发。延陵停卮流盼，深属意焉。诘朝，使人道情于周，有紫云见惠之请。周将拒之，其昵者说周曰："方今四方多事，寄命干城，严关锁钥，尤称重任。天子尚隆推毂之仪，将军独专受脤之柄。他日功成奏凯，则二八之赐，降自上方，犹非所恡。君侯以田窦之亲，坐膺绂冕，北地芳脂，南都眉黛，皆得致之下陈，何惜一女子以结其欢耶！"周然其说，乃许诺。延陵陛辞，上赐三千金，分千金为聘，限迫即行，未及娶也。嘉定伯盛具奁腾，择吉送其父襄家。未几，闯贼攻陷京师，宫闱奸荡，贵臣世室，悉加系累。初索金帛，次录人产，襄亦与焉。闯拥重兵，挟襄以招其子，许以通侯之赏。家人潜至帐前约降，忽问："陈娘何在？"使不能隐，以籍入告。延陵遂大怒，按剑曰："嗟乎！大丈夫不能自保其室，何以生为！"即作书与襄诀，勒军入关，缟素发丧，随天旅西下，殄贼过半。贼愤襄，杀之，悬其首于竿，襄家三十八口俱遭惨屠。盖延陵已有正室，亦遇害，而圆圆翻以籍入无恙。闯弃京出走，十八营解散，各委其辎重、妇女于途。延陵追度故关，至山西，昼夜不息，尚未知圆圆之存亡也。其部将已于都城搜访得之，飞骑传送。延陵方驻师绛州，将渡河，闻之大喜，遂于玉帐结五彩楼，备翟茀之服，从以香辇,列旌旗箫鼓三十里,亲往迎迓,虽雾鬟风鬓,不胜掩抑,而翠消红泫,娇态愈增。自此由秦入蜀,迄于秉钺滇云,垂旒洱海,人臣之位,于斯已极。圆圆皈依上将,匹合大藩,回忆当年牵萝幽谷、挟瑟勾阑时,岂复思有兹日。是以鹤市莲塘,采香旧侣,艳此奇逢,咸有咳吐九天之羡。梅村太史有《圆圆曲》,曰:"鼎湖当日弃人间,破敌收京下玉关。恸哭六军皆缟素,冲冠一怒为红颜。红颜流落非吾恋,逆贼天亡自荒宴。电扫黄巾定黑山,哭罢君亲再相见。相见初经田窦家,侯门歌舞出如花。许将戚里箜篌伎,等取将军油壁车。家本姑苏浣花里,圆圆小字娇罗绮。梦向夫差苑里游,宫娥拥入君王起。前身合是采莲人,门前一片横塘水。横塘双桨去如飞,何处豪家强载归。此际岂知非薄命,此时只有泪沾衣。薰天意气连宫掖,明眸皓齿无人惜。夺归永巷闭良家,教就新声倾坐客。坐客飞觞红日暮,一曲哀弦向谁诉。白皙通侯最少年,拣取花枝屡回顾。早携娇鸟出樊笼,待得银河几时渡。恨杀军书抵死催,苦留后约将人误。相约恩深相见难,一朝蚁贼满长安。可怜思妇楼头柳,认作天边粉絮看。遍索绿珠围内第,独呼绛雪出雕阑。若非壮士全师胜,争得蛾眉匹马还。蛾眉马上传呼进,云鬟不整惊魂定。蜡炬迎来在战场,啼妆满面残红印。专征箫鼓向秦川,金牛道上车千乘。斜谷云深起画楼,散关月落开妆镜。传来消息满江乡,乌桕红经十度霜。教曲伎师怜尚在,浣纱女伴忆同行。旧巢共是衔泥燕,飞上枝头变凤凰。长向尊前悲老大,有人夫婿擅侯王。当时只受声名累,贵戚名豪竞延致。一斛明珠万斛愁,关山漂泊腰肢细。错怨狂风飏落花,无边春色来天地。尝闻倾国与倾城,翻使周郎受重名。妻子岂应关大计,英雄无奈是多情。全家白骨成灰土,一代红妆照汗青。君不见馆娃初起鸳鸯宿,越女如花看不足。香径尘生鸟自啼,屟廊人去苔空绿。换羽移宫万里愁,珠歌翠舞古梁州。为君别唱吴宫曲,汉水东南日夜流。"此诗史微词也。皇朝顺治中,延陵进爵为王。五华山向有永历故宫,乃据有之。红亭碧沼,曲折依泉,杰阁丰堂,参差因岫,冠以巍阙,缭以雕墙,袤广数十里。卉木之奇,运自两粤,器玩之丽,购自八闽。而管弦锦绮以及书画之属,则必取之三吴,捆载不绝,以从圆圆之好。延陵既封王,圆圆将正妃位,辞曰:"妾以章台陋质,谬污琼寝,始于一顾之恩,继以千金之聘。流离契阔,幸保残躯,获与奉匜之役,珠服玉馔,依享殊荣,分已过矣。今我王柝珪胙土,威镇南天,正宜续鸾戚里,谐凤侯门,上则立体朝廷,下则垂型裨属,稽之大典,斯曰德齐。若欲蒂弱絮于绣裀,培轻尘于玉几,既蹈非耦之嫌,必贻无仪之刺,是重妾之罪也,其何敢承命?"延陵不得已,乃别娶中阃,而后妇悍妒绝伦,群姬之艳而进幸者,辄杀之。唯圆圆能顺适其意,屏谢铅华,独居别院,虽贵宠相等,而不相排轧,亲若娣姒。圆圆之养姥曰陈,故幼从陈姓,本出于邢,至是府中皆称邢太太。居久之,延陵潜蓄异谋,邢窥其微,以齿暮请为女道士,霞帔星冠,日以药垆经卷自随。延陵训练之暇,每至其处,清谈竟晷,而还府中。或事有疑难,遇延陵怒,不可解者,邢致一二婉语,立时冰释。常曰:"我晨夕焚修,为善是乐,他非所计耳。"内外益敬礼焉。今上之癸丑岁，延陵造逆，丁巳病殁。戊午，滇南平，籍其家，舞衫歌扇，稚蕙娇莺，联舻接轸，俱入禁掖。邢之名氏，独不见于籍，其玄机之禅化耶？其红线之仙隐耶？其盼盼之终于燕子楼耶？已不可知。然遇乱能全，捐荣不御，皈心净域，晚节克终，使延陵遇于九原，其负愧何如矣！《觚剩》

圆圆初为女优，名擅吴中，与某公子有生死盟。田皇亲购得之，公子遣盗劫之江中，误载他姬以还。盗再往，已有备矣，力战易归。已而事露，祸且不测，公子度不能争，遂以献。既至，无宠，杂配梨园中。三桂以父荫入觐，皇亲出家妓侑觞，一见陈沅，问乡里，遂属意焉。酒半，则供奉者已易人矣。盖家伎有上次两班，初出供客，犹其次也。三桂频问陈沅，皇亲知其意，辇送邸中。时边报日亟，三桂三宿驰去。既而流贼陷京师，陈沅已为贼帅刘宗敏所得。三桂入关，首遣亲骑四出，悬重赏购归，宠之并嫡，宫中呼陈娘娘。壬子，以前时达官解饷至滇，官本吴人，娘娘召见便殿，问："吴中某某无恙乎？"盖犹未忘情也。《众香集》小传

圆圆父好歌曲，倾赀招善歌者与居家，常十数人，日夜讴歌不辍，以此破其家。有一子戆甚，顾其女俏而慧，恒教之歌，盖以自乐也。父死，失身为妓。予邑金衢道贡二山之子若甫，往金华省父，见而悦之，输三百金，纳为妾。室人不容，二山见之，曰："此贵人也，我家岂能有之？"纵之去，遂归田皇亲。

圆圆从平西入滇，平西移檄江南，访其母兄，抚按下之武进，榜于通衢旬日，其兄村居，不知也。戚某为言之，兄初

不敢认，细察椟中姓名、居址，果其妹也，逡巡久之，为众人怂恿，乃敢自言于官。发人夫传而去，圆闻母兄来，拥矚骑百馀、侍女数十，出郭来迎。其母耄年，见戒装飞骑至，已惴惴矣。圆盛服入行馆，抱母而泣，母不知为己女也，惊怖几死。入府，水土不惯，数请归，平西乃厚赍遣之。《天香阁随笔》

圆圆色艺擅一时，如皋冒先生常言："妇人以姿致为主，色次之，碌碌双鬟，难其选也。蕙心纨质，澹秀天然，生平所见，惟圆圆一人耳。"冒襄注：家伯兄有《赠畹芬绝句》："潇湘一幅小庭收，菡萏香馀暮色幽。细细白云生枕簟，梦圆今夜不知秋。""秋水波洄春月姿，淡然远岫学双眉。清微妙气轻嘘吸，谷里幽兰独许知。"

陈圆圆于吴逆死后，即遁迹为尼，城外瓦村尼庵，尚存小影二，一少年靓妆，一尼装。兵燹俱归羽化矣。因志一绝："读罢梅村曲，吴宫草不春。画图已零落，何况画中人。"吴仰贤《小匏庵诗集》

董　白（407）

董白，字小宛，一字青莲，秦淮乐籍中奇女也。貌娟妍，擅词翰，针神、曲圣、食谱、茶经，无不精晓。性爱闲静，慕吴门山水，徙居半塘。竹篱茅舍，咏诗鼓琴，往来白下。时冒生辟疆有东海秀影之目，游金陵，彼此倾慕。数访始遇，相见于曲栏花下，暗相心折，小宛欲委身焉，而生因家事未果。时流贼方炽，江左晏安，小宛独恣遨游，自西湖远涉黄山、白岳，归寓桐桥小楼。生邂逅遇之，惊喜，遂相携游惠山、毗陵，抵北固。小宛著西洋布退红轻衫，观竞渡于金、焦，人争拥之，目为仙侣。生赴试白下，小宛买舟随之。试事毕，一时名流觞二人于河亭。秦淮女郎满座，皆激扬叹羡，喜极泪下。榜发，生复中副车，而小宛父逋负山积，事久不集。虞山宗伯闻之，特至半塘，出巨贳，亲为规画，以手书并盈尺之券，送小宛至如皋，闻者称快，咸颂宗伯之高谊也。小宛入门后，智慧络绎，举家欢悦。与辟疆歌咏流连，裒集四唐诗，又出慧解以佐之，永日终夜，相对忘言。间作小画，亦楚楚有致，与金晓珠、蔡女萝先后相辉映。侍儿扣扣亦通翰墨，性爱梅月，妆阁遍植寒香，月夜凭栏，恒至晓不寐。乙酉变起，仓皇避难。乱后归里，以劳瘁卒，年二十有七。辟疆深悼之，撰《影梅庵忆语》二千四百馀言。张公弼为作传。道光间，彭梅垞谱《影梅庵传奇》。*《秦淮八艳小传》*

董小宛天姿巧慧，容貌娟妍。七八岁时，阿母教以书翰，辄了了。少长，顾影自怜，针神、曲圣、食谱、茶经，莫不精晓。性爱闲静，遇幽林远涧，片石孤云，则恋恋不忍舍去。至男女杂坐，歌吹喧阗，心厌色沮，意弗屑也。慕吴门山水，徙居半塘，小筑河滨，竹篱茅舍，经其户者，则时闻咏诗声，或鼓琴声，皆曰："此中有人。"而扁舟游西子湖，登黄山，礼白岳，仍归吴门。丧母，抱病赁居以栖。随如皋冒辟疆过惠山，历澄江、荆溪，抵京口，陟金山绝顶，观大江竞渡以归。后卒为辟疆侧室，事辟疆九年，年二十七，以劳瘁死。辟疆作《影梅庵忆语》二千四百言哭之。同人哀辞甚多，惟吴梅村宫尹十绝，可传小宛也。其四首云："珍珠无价玉无瑕，小字贪看问姜家。寻到白堤呼出见，月明胜雪映梅花。"又云："念家山破定风波,郎按新词妾按歌。恨杀南朝阮司马,累侬夫婿病愁多。"又云:"乱梳云髻下妆楼,尽室苍黄过渡头。钿盒金钗浑抛却,高家兵马在扬州。"又云:"江城细雨碧桃村,寒食东风杜宇魂。欲吊薛涛怜梦断,墓门深更阻侯门。"《板桥杂记》

己卯初夏,应制白门,晤密之,云:"秦淮佳丽,近有双成,年甚绮,才色为一时之冠。"余访之,则以厌薄纷华,挈家去金阊矣。嗣下第,浪游吴门,屡访之半塘,时逗遛洞庭不返。名与姬颉颃者,有沙九畹、杨漪炤。予日游两生间,独咫尺不见姬。将归棹,重往,冀一见。姬母秀且贤,劳余曰:"君来数矣,予女幸在舍,薄醉未醒。"然稍停复他出,从兔径扶姬于曲栏,与余晤,面晕浅春,缬眼流视,香姿玉色,神韵天然,懒慢不交一语。余惊爱之,惜其倦,遂别归,此良晤之始也。时姬年十六。《影梅庵忆语》

壬午仲春,便道之吴门,夜游虎嶅。①舟过一桥,见小楼立水边,偶询友人,此何处、何人之居,友以双成馆对。余三年积念,不禁狂喜,即停舟相访。友阻云:"彼前亦为势家所惊,危病十有八日,母死,镶户不见客。"余强之上,叩门至再三,始启户。灯火阒如,宛转登楼,则药饵满几榻,姬呻吟,询"何来",余告以"昔年曲栏醉晤人",姬忆,泪下,曰:"曩君屡过余,虽仅一见,余母恒背称君奇秀,为余惜,不共君盘

---

① 此数句,《影梅庵忆语》原书作:"是晚壹郁,因与友觅舟去虎嶅夜游。明日,遣人之襄阳,便解维归里。"

桓,今三年矣。余母新死,见君忆母,言犹在耳。今从何处来?"便强起,揭帷帐,审视余,且移镫,留坐榻上。谭有顷,余怜姬病,愿辞去,牵留之,曰:"我十有八日寝食俱废,沉沉若梦,惊魂不安,今一见君,便觉神怡气王。"旋命其家具酒食,饮榻前。姬辄进酒,屡别屡留,不使去。余告之曰:"明早遣人去襄阳,告家君量移喜耗,若宿卿处,诘旦不敢报平安,俟发使行。宁少停半刻也。"姬曰:"子诚殊异,不敢留。"遂别。越旦,楚使行,余急欲还,友人及仆从咸云:"姬昨仅一倚①,盖拳切不可负。"仍往言别,至则姬已妆成,凭楼凝睇,见余舟登岸,便疾趋登舟。余具述即欲行,姬曰:"我装已戒,随路祖送。"余却不得却,阻不忍阻,由浒关至梁溪、毗陵、阳羡、澄江,抵北固,阅二十七日,凡二十七辞。姬惟坚以身从,登金山,誓江流曰:"妾此身如江水东下,断不复返吴门。"余变色拒绝,告以期逼科试,年来以大人滞危疆,家事委弃,老母定省俱违,今始归经理一切。且姬吴门责逋甚众,金陵落籍,亦费商量,仍归吴门。俟季夏应试,相约同赴金陵,秋事毕,第与否,始暇及此。此时缠绵,两妨无益。姬仍踌躇不肯行,时五木在几,一友戏云:"卿果如愿,当一掷得巧。"姬肃拜于船窗,祝毕,一掷得全六,时同舟称异。余谓果属天成,仓卒不臧,反偾乃事,不如暂去,徐图之。不得已,始掩面痛哭失声而别。余虽怜姬,然得轻身归,如释重负。才抵海陵,旋就试。至六月抵家,荆人对余云:"姬令其父先已过江来,

---

① 倚,《影梅庵忆语》作"面"。

云姬返吴门，茹素不出，惟翘首听金陵偕行之约。"闻言心异，以十金遣其父去，曰："我已怜其意而许之，但令静毕场事①，后无不可耳。"余感荆人相成相许之雅，遂不践走使迎姬之约，竟赴金陵，俟场后报姬。桂月三五之晨，余方出闱，姬猝到桃叶寓馆。盖望余耗不至，孤身挈一妪，买舟来自吴门，江行遇盗，舟匿芦苇中，柁损不可行，炊烟遂断三日。初八抵三山门，又恐扰余首场文思，复迟二日始入。姬见余虽甚喜，细述别后百日、茹素杜门，与江行风波、盗贼惊魂状，则声色俱凄，求归逾固。时魏塘、云间、闽、豫诸同社无不高姬之识，悯姬之诚，咸为赋诗作画以坚之。场事既竣，余妄意必第，自谓此后当料理姬事，以报其志。讵十七日，忽传家君舟抵江干，盖不赴宝庆之调，自楚休致矣。时已二载违养，冒兵火生还，喜出望外，遂不及为姬商去留，竟从龙潭尾家君舟，抵銮江。家君阅余文，谓余必第，复留之銮江，候榜。姬从桃叶寓馆仍发舟追余，燕子矶阻风，复几罹不测，重盘桓銮江舟中。七日乃榜发，余中副车，穷日夜力归里门，而姬痛哭相随，不肯返，且细悉姬吴门诸事，非一手足力所能了。责逋者见其远来，益多奢望，众口猖猖。且严亲甫归，余复下第意阻，万难即谐②，舟抵郭外朴巢，遂冷面铁心，与姬决别，仍令姬归吴门，以厌责逋之意，而后事可为也。阳月，过润州，谒房师郑公。时闽中刘大行自都门来，与陈大将军及同盟刘

---

① 静毕场事，《影梅庵忆语》原书作"静俟毕场事"，通行本并以"事"属下句。

② 谐，《影梅庵忆语》原书作"诣"。

刺史饮舟中。适奴子自姬处来，云姬归不脱去时衣，此时尚方空在体，谓余不速往图之，彼甘冻死。刘大行指余曰："辟疆夙称风义，固如是负一女子耶！"余云："黄衫押衙，非君平仙客所能自为。"刺史举杯奋袂曰："若以千金恣我出入，即于今日往。"陈大将军立贷数百金，大行以参数勖佐之，讵谓刺史至吴门，不善调停。众哗，决裂，逸去吴江，余复还里，不及讯。姬孤身维谷，难以收拾。虞山宗伯闻之，亲至半塘，纳姬舟中，上至荐绅，下及市井，纤悉大小，三日为之区画立尽，索券盈尺，楼船张宴，与姬饯于虎疁，旋买舟送至吾皋。至月之望，薄暮，侍家君饮于拙存堂，忽传姬抵河干，接宗伯书，娓娓洒洒，始悉其状，且即驰书贵门生张祠部，立为落籍吴门，后有细琐，则周仪部终之，而南中则李总宪旧为礼垣者与力焉。越十月，愿始毕，然往返葛藤，则万斛心血所灌注而成也。《忆语》

秦淮中秋日，四方同社诸友，感姬为余不辞盗贼风波之险，间关相从，因置酒桃叶水阁。时在坐为眉楼顾夫人，寒秀斋李夫人，皆与姬为至戚，美其属余，咸来相庆。是日新演《燕子笺》，曲尽情艳。至霍、华离合处，姬泣下，顾、李亦泣下，一时才子佳人，楼台烟水，新声明月，俱足千古。至今思之，不异游仙枕上梦幻也。《忆语》

姬最爱月，每以身随升沉为去住。夏，纳凉小苑，与幼儿诵唐人咏月及流萤纨扇诗。半榻小几，恒屡移以领月之四面。午夜归阁，仍推窗延月于枕簟间，月去，复卷幔倚窗而望，语余曰："吾书谢希逸《月赋》，古人厌晨欢，乐宵宴，盖夜之时逸,月之气静。碧海青天,霜缟冰净,较赤日红尘,迥隔仙凡。人生攘攘,至夜不休,或有月未出,已酣睡者,桂华露影,无福消受。与子长历四序,娟秀浣洁,领略幽香,仙路禅关,于此静得矣。"李长吉诗云"月漉漉,波烟玉",姬每诵此三字,则反复回环,曰:"月之精神气韵,光景尽于斯矣。人以身入波烟玉世界之下,眼如横波,气如湘烟,体如白玉。人如月矣,月复似人,是一是二,觉贾长江'倚影为三'之语尚赘,至淫耽无厌化蟾之句,则得玩月三昧矣。"《忆语》

秦溪蒙难之后,仅以俯仰八口免。维时仆婢杀掠者几二十口,生平所蓄玩物及衣贝,靡孑遗矣。乱稍定,匍匐入城,告急于诸友,即褛被不办,夜假荫于方坦庵年伯。方亦窜迹初回,仅得一毡,与三兄共裹卧耳房。时当残秋,窗风四射。翌日,各乞斗米束薪于诸家,始暂迎二亲及家累返旧寓,余则感寒,痢疟沓作矣。横白板扉为榻,去地尺许,积数破絮为卫,炉煨桑节,药缺攻补,且乱阻吴门,又传闻家难剧起,自重九后,溃乱沉迷,迄冬至前僵死,一夜复苏,始得间关破舟,从骨林肉莽中冒险渡江,犹不敢竟归家园,暂栖海陵。阅冬春百五十日,病方稍痊。此百五十日,姬仅卷一破席,横陈榻傍,寒则拥抱,热则披拂,痛则抚摩。或枕其身,或卫其足,或欠伸起伏,为之左右翼。凡病骨之所适,皆以身就之。鹿鹿永夜,无形无声,皆存视听,汤药手口交进,下至粪秽,皆接以目鼻,细察色味,以为忧喜。日食粗粝一餐,与吁天稽首外,惟跪立我前,温慰曲说,以求我之破颜。余病失常性,时发暴怒,诟谇三至,色不少忤,越五月如一日。每见姬星屬如蜡，弱骨如柴，吾母太恭人及荆妻怜之感之，愿代假一息，姬曰："竭我心力，以殉夫子。夫子生，而余死犹生也。脱夫子不测，余留此身于兵燹间，将安寄托？"更忆病剧时，长夜不寐，莽风飘瓦，盐官城中，日杀数十百人。夜半鬼声啾啸，来我破窗前，如蚩如箭。举室饥寒之人，皆辛苦鼮睡。余背贴姬心而坐，姬以手固握余手，倾耳静听，凄激荒惨，歘歘流涕。姬谓余曰："我入君门整四岁，番夜见君所为，慷慨多风义，豪发几微，不邻薄恶。凡君受过之处，惟余知之亮之，敬君之心，实踊于爱君之身，鬼神赞叹畏避之身也。冥漠有知，定加默佑。但人生身当此境，奇惨异险，动静备历，苟非金石，鲜不销亡。异日幸生还，当与君敝屣万有，逍遥物外，慎毋忘此际此语。"噫，吁嘻！余何以报姬于生死哉！姬断断非人世凡女子也。《忆语》

　　姬之衣饰，尽失于患难，归来澹足，不置一物。戊子七夕，看天上流霞，忽欲以黄跳脱摹之，命余书"乞巧"二字，无以属对。姬云："曩于黄山巨室，见覆祥云真宣炉，款式佳绝，请以'覆祥'对'乞巧'。"镌摹颇妙。越一岁，钏忽中断，复为之，恰七月也。余易书"比翼连理"。姬临终时，自顶至踵，不用一金珠纨绮，独留跳脱不去手，以余勒书故。长生私语，乃太真死后，凭洪都客述寄明皇者，当日何以率书，竟令《长恨》再谱也。《忆语》

　　小宛才色擅一时，归如皋冒推官。明秀温惠，与推官雅相称。居艳月楼，集古今闺帏轶事，荟为一书，名曰《奁艳》，王吏部撰《朱鸟逸史》，往往津逮之。《妇人集》

小宛有手书唐人绝句一卷,落笔生姿,杜于皇极赏之。辟疆尝避难渡江,屡濒于危,小宛不以身先,则愿以身后,云:"宁使贼得我则释君,君其问我泉府耳。"中间知计百出,保全实多。后辟疆虽不死于兵,而几死于病,小宛侍药,不遑寝食者百昼夜。吴梅村《题小宛象诗序》云:"奔迸流离,缠绵疾苦,支持药裹,慰劳羁愁。苟君家免乎,勿复相顾;宁吾身死耳,遑恤其劳。"盖纪其实也。华亭周寿玉积善有《悼小宛赋》,极能儗子建者。《在园杂志》

董小宛贴梅扇子歌

吴县潘曾莹星斋

美人生小娇罗绮,芳魂冷浸梅花里。九华宫扇写春风,纤指轻盈妙无比。射雉山头一笑缘,双成风貌本翩翩。蟏蛸窗掩围红雪,翡翠帱香护玉烟。双玉临风屡回顾,花娥合被名花妒。看到参横月落时,只愁梦断关山路。红萼拈来笑语亲,生绡点缀替传神。分明滴粉搓酥手,争羡团香镂雪人。玉尖拂拂香初透,峭寒吹上红罗袖。䓕动班姬弃箧悲,春容病怯和花瘦。片片花飞水阁前,曲中谁唱念家山。殷勤密誓凭乌鲗,惆怅仙期跨彩鸾。妆楼一闭铜镮涩,曾著冰绡花下立。纨扇无缘得聚头,依稀粉泪燕脂湿。芳姿憔悴怨何堪,奁艳翻馀贮锦函。何处江城吹玉笛,东风寂寞影梅庵。

董　年（408）

董年,秦淮绝色,与小宛姊妹行。艳冶之名,亦相颉颃。钟山张紫淀作《悼小宛》诗,中一首曰:"美人在南国,吾见两

双成。春与年同艳,花推月主盟。蛾眉无后辈,蝶梦是前生。寂寂皆黄土,春风付管城①。"《板桥杂记》

卞　赛（409）②

卞赛,一名赛赛,秦淮名妓。知书善画,俞南史赠以诗云:"朝来曾不负芳辰,晚坐花间送月轮。和曲自同王大令,学书曾仿卫夫人。每从南浦捐瑶珮,长向西窗醉锦茵。家在虎丘山畔住,真娘或恐是前身。"《本事诗》

卞玉京（410）

玉京道人,莫详所自出,或曰秦淮人,姓卞氏。知书,工小楷,能画兰,能琴。年十八,侨虎丘之山塘。所居湘帘棐几,严净无纤尘。双眸泓然,日与佳墨良纸相映彻。见客,初亦不甚酬答,少焉谐谑间作,一座倾靡与之。久者,时见有怨恨色,问之,辄乱以它语。其警慧,虽文士莫及也。与鹿樵生一见,遂欲以身许。酒酣,拊几而顾曰:"亦有意乎?"生固为若弗解者,长叹凝睇,后亦竟弗复言。寻遇乱别去,归秦淮者五六年矣。久之,有闻其复东下者,主于海虞一故人。生偶过焉,尚书某公者张具,请为生必致之。众客皆停杯不御,已报曰:"至矣。"有顷回车,入内宅,屡呼之,终不肯出。生怏怏自失,殆不能为情,归,赋四诗以告绝,已而叹曰:"吾

①　"春",《板桥杂记》作"香"。
②　按:《板桥杂记》:"卞赛,一曰赛赛。后为女道士,自称玉京道人。"则卞赛即卞玉京,此条应与下一条合并。此盖是缪氏偶疏。

自负之，可奈何？"逾数月，玉京忽至，有婢曰柔柔者随之，尝著黄衣，作道人装，呼柔柔取所携琴来，为生鼓一再行，泫然曰："吾在秦淮，见中山故第，有女绝世，名在南内选择中，未入宫而乱作，军府以一鞭驱之去。吾侪沦落，分也，又复谁怨乎？"坐客皆为出涕。柔柔庄且慧，道人画兰，好作风枝婀娜，一落笔尽十馀纸，柔柔承侍砚席间，如弟子，然终日未尝少休。客或导之以言，弗应。与之酒，弗肯饮。逾两年，渡浙江，归于东中一诸侯郑建德名应皋，号慈卫。不得意，进柔柔奉之，乞身下发，依良医保御氏于吴中。保御者年七十余，侯之宗人郑钦谕字三山，号初晓道人，筑别宫，资给之良厚。侯死，柔柔生一子而嫁柔柔生一子，托三山，已而归慈卫家，所寄箱箧衣装，悉为三山诸郎肱之一空矣，所嫁家遇祸，莫知所终柔柔嫁袁大受，大受死海寇狱[①]，家属发宁古塔为奴。道人持课诵戒律甚严。生于保御，中表也，得以方外礼见道人，用三年力，刺舌血为保御书《法华经》。既成，自为文序之，缁素咸捧手赞叹。凡十余年而卒，墓在惠山祇陀庵锦树林之原。后有过者，为诗吊之曰："龙山山下茱萸节，泉响琤瑽流不竭。但洗铅华不洗愁，形影空潭照离别。离别沉吟几回顾，游丝梦断花枝悟。翻笑行人怨落花，从前总被春风误。金粟堆边乌鹊桥，玉娘湖上蘼芜路。油壁曾闻此地游，谁知即是西陵墓。乌桕霜来映夕曛，锦城如锦葬文君。红楼历乱燕支雨，绣岭迷离石镜云。绛树草埋铜雀砚，绿翘泥涴郁金裙。居然设色倪迂画，点出生香苏小坟。相逢尽说东风

---

① 此句原文作"大受死海寇寇狱"，衍一"寇"字，今删之。

柳,燕子楼高人在否。枉抛心力付蛾眉,身去相随复何有。独有潇湘九畹兰,幽香妙结同心友。十色笺翻贝叶文,五条弦拂银钩手。生死旃檀祇树林,青莲舌在知难朽。良常高馆隔云山,记得斑骓嫁阿环。薄命只应同入道,伤心少妇出萧关。紫台一去魂何在,青鸟孤飞信不还。莫唱当时渡江曲,桃根桃叶向谁攀?"吴梅村《卞玉京传》。按:集中《听女道士卞玉京弹琴歌》、《琴河感旧》四律,均为玉京作也。

卞玉京画眉砚,旁篆"玉京"二字,背有铭,署名"梦痴",想亦明季遗老也。秦散之敏树有长歌咏之。

元和江建霞《题卞玉京榐帖二绝句》云:"想见衫舒钏重时,玉窗香茧界乌丝。独愁一事梅村误,不誉能书只誉诗。""举举师师姓氏迷,飞琼仙迹近无稽。蚕眠小字珊瑚押,莫误杨家妹子题。"又《题玉京画》云:"爱读琴河感旧诗,枫林霜信叹来迟。秋风红豆相思种,定为萧郎写折枝。"信笔挥洒,妙绪天成,觉余澹心《板桥杂记》之言益可征信。

梅邨集中《琴河感旧》为卞玉京而作,牧斋和之,即"上林珠树集啼乌"四首是也。《杨秋室集》采旧笺某氏诗曰:"梅邨集中艳诗,皆庚寅以后之作,悉有本事可考,亦无故国之感。某氏所读之诗已佚矣,新出吴氏《传家集》,末有诗话一卷,牧斋即和此诗,并载末简。"又云:"小序引杨眉庵论义山臣不忘君语,使骚人词客见之,不免有兔园学究之诮,然他日黄阁易名,都堂集议,有弹驳文正二字,出余此言为证明,可以杜后生三尺之喙,亦省得梅老自下脚注。"其言如此。玉京明慧绝伦,书法逼真《黄庭》,琴亦妙得指法。余有《听女道士弹琴歌》及《西江月》《醉春风》填词，皆为玉京作，未尽如牧斋所引杨孟载语也。此老殆借余解嘲，然则笺诗欲得本事，亦谈何容易也。①

题卞玉京道人《重帘香锁图》

樊圃居士张景祁

绣幢烟袅，散花人意含笑。黄纻新翦，舞衫旋换，碧玉华年，空门垂老。障风银蒜小。坐对博山灰冷，忏情多少。剩飘零吴苑旧曲，付与莫钟残照。　　尊前涕泣谈天宝。叹翠钿尘委，鼙鼓渔阳道。故宫春杳。但素琴寄恨，水云同调。长眉慵更埽。镇日写经窗静，篆纹萦绕。问祇陀遗迹，至今犹认，绿裙芳草。

卞　敏（411）

玉京有妹曰敏，颀而白，如玉肪。风情绰约，人见之，如立水晶屏也。亦善画兰、鼓琴。对客为鼓一，再行，即推琴敛手，面发赪。乞画兰，亦止写筱竹枝、兰草二三朵，不似玉京之纵横枝叶，淋漓墨渖也。然一以多见长，一以少为贵，各极其妙，识者并珍之。携来吴门，一时争艳，户外履恒满。乃心厌市嚣，归申进士维久。维久宰相孙，性豪举，好宾客，诗文名海内。海内贤豪多与之游，得敏，益自喜，为闺中良友。亡何，维久病且殁，家中替，后嫁一贵官颍川氏②，三年病死。《板桥杂记》

---

① 此条及前此二条，原书皆未标出处。
② "颍"原作"颖"，据《板桥杂记》改。按：此句下，《板桥杂记》尚有："官于闽。闽变起，颍川氏手刃群妾，遂自刭。闻敏亦在积尸中也。或曰："

附　诗

鹿樵生吴伟业

画兰女子年十五，生小琵琶怨春雨。记得妆成一见时，手拨帘帷便尔汝。蜀纸当窗写畹兰，口脂香动入毫端。腕轻染黛添芽易，钏重舒衫放弃难。似能不能得花意，花亦如人吐犹未。珍惜沉吟取格时，看人只道侬家媚。横披侧出影重重，取次腰肢向背同。昨日一枝芳砌上，折来双鬟镜台中。玉指才停弄弦索，漫拢轻调似花弱。殷勤弹到别离声，雨雨风风听花落。花落亭皋白露溥，旧根易土护新寒。可怜明月河边种，移入东风碧玉栏。闻道罗帏怨离索，麝煤鹅绢闲尝作。又云憔悴非昔时，笔床翡翠多零落。今年挂楫洞庭舟，柳暗桑浓罨绮楼。度曲佳人遮钿扇，知书侍女下琼钩。主人邀我图山色，宣索传来画兰笔。轻移牙尺见匀笺，侧偃银毫怜呬墨。席上回眸惜雁筝，醉中适口认鱼羹。茶香黯淡知吾性，车马雍容是故情。常时对面忧吾瘦，浅立斜窥讶依旧。好将独语过黄昏，谁堪幽梦牵罗袖。归来开箧简啼痕，肠断生绡点染真。何似杜陵春禊饮，乐游原上采兰人。

寇　湄（412）

寇湄，字白门。钱牧斋诗云[1]："寇家姊妹总芳菲，十八年来花信迷。今日秦淮恐相值，防他红泪一沾衣。"则寇家多佳丽，白门其一也。白门娟娟静美，跌宕风流。能度曲，

---

[1] "牧斋"，《板桥杂记》作"虞山"。

善画兰,粗知拈韵,能吟诗,然滑易不能竟学。十八九时,为保国公购之,贮以金屋,如李掌武之谢秋娘也。甲申三月,京师陷,保国公生降,家口没入官。白门以千金予保国赎身,匹马短衣,从一婢而归。归为女侠,筑园亭,结宾客,日与文人骚客相往还。酒酣耳热,或歌或哭,亦自叹美人之迟暮,嗟红豆之飘零也。既从扬州某孝廉,不得志,复还金陵。老矣,犹日与诸少年伍。卧病时,召所欢韩生来,绸缪悲泣,欲留之同寝①。韩生以他故辞,执手不忍别②。至夜,闻韩生在婢房笑语,奋身起,唤婢,自棰数十,咄咄骂韩生负心禽兽行,欲啮其肉。病甚剧,医药罔效,遂死③。蒙叟《金陵杂题》有云④:"丛残红粉念君恩,女侠谁知寇白门。黄土盖棺心未死,香丸一缕是芳魂。"《板桥杂记》

寇白门,南院教坊妓⑤。朱保国娶姬时,令甲士五千⑥,俱执绛纱灯,照耀如同白昼。国初籍没诸勋卫,朱尽室入燕都,次第卖歌姬自给。姬度亦在所遣中,一日,谓朱曰:"公若卖妾,计所得不过数百金,徒令妾落沙吒利之手,且妾固未暇即死,尚能持我公阴事。不若使妾南归,一月之间,当得万金以报公。"度无可奈何,纵之归,越一月⑦,果得万金。《妇人集》

---

① "同",《板桥杂记》作"偶"。
② 此句前,《板桥杂记》多"犹"字。
③ "遂死",《板桥杂记》作"遂以死"。
④ "蒙叟",《板桥杂记》作"虞山"。
⑤ 此句,《妇人集》作"南院教坊中女也"。
⑥ "千",《妇人集》作"十"。
⑦ 此句《妇人集》无"一"字。

题寇白门小像

钱塘吴榖人锡麒

怅银云写影，麝月描眉，前梦逐波远。一片苍苔冷，阑干外，空留香印深浅。画图瞥见，倚夕阳、难诉幽怨。算垂柳，多是凝情处，美人泪曾溅。闲了青罗团扇。便黄金能赎，身世都换。匹马天涯路，吹芳草，东风容易春晚。铜仙故苑，想者时、红豆愁满。问侠骨谁寻，大半蝶衣零乱。《调寄眉妩》

云溪玉屏江立

白板门荒，青溪人杳，小橙墨痕留影。碧天无际画堂东，澹娟娟、树凉风静。芳菲乍冷，怅红豆、飘零难定。想当时，有黄金作屋，伊谁能并。　而今省。马上弓弯，幸蹋南归镫。行藏浑似谢秋娘，话章台、后先相映。珠衣绣领，恐吹起，馀香还剩。问朱门，何处颓廊断井。《调寄西子妆》

李　香（413）

李姬者，名香，母曰贞丽。姬为其养女，亦侠而慧，略知书，能辨别士大夫贤否，张学士溥、夏吏部允彝急称之。少风调皎爽不群，十三岁，从吴人周如松受歌，《玉茗堂四传奇》皆能尽其音节，尤工《琵琶词》，然不轻发也。雪苑侯生己卯来金陵，与相识。姬尝邀侯生为诗，而自歌以偿之。初，皖人阮大铖者以阿附魏忠贤论城旦，屏居金陵，为清议所斥。阳羡陈贞慧、贵池吴应箕实首其事，持之力，大铖不得已，欲侯生为解之。乃假所善王将军，日载酒食与侯生游。姬曰："王将军贫，非结客者，公子盍叩之？"侯生三问，将军乃屏人，述大铖意。姬私语侯生曰："妾少从假母识阳羡君，其人有高义，闻吴君尤铮铮，今皆与公子善。奈何以阮公负至交乎？且以公子之世望，安事阮公？公子读万卷书，所见岂后于贱妾耶？"侯生大呼称善，醉而卧。王将军殊怏怏，因辞去，不复通。未几，侯生下第，姬置酒桃叶渡，歌《琵琶词》以送之，曰："公子才名文藻，雅不减中郎，中郎学不补行，今《琵琶》所传词固妄，然尝昵董卓，不可掩也。公子豪迈不羁，又失意，此去相见未可期，愿终自爱，无忘妾所歌《琵琶词》也，妾亦不复歌矣。"侯生去后，而故开府田仰者，以金三百锾邀姬一见，姬固却之。开府惭且怒，且有以中伤姬。姬叹曰："田公宁异于阮公乎？吾向之所赞于侯公子者谓何，今乃利其金而赴之，是妾卖公子矣。"卒不往。 侯朝宗《李姬传》

　　李香，字香君，秦淮名伎也。性知书，侠骨慧眼，能鉴别人物，艳名噪南曲中，四方才士争以一识面为荣。侯生朝宗赴试白门，一见两相慕悦，邀生为诗，而自歌以偿。初，阮大铖以阉党论城旦，屏居金陵，为清议所斥，欲攻之，陈定生、吴次尾实首其事。两人与生至交，大铖欲藉生为解，倩人日载酒食，与生游，为香备妆奁及缠头，赀甚钜。香询知为大铖意，悉却之。大铖怒，欲杀生，生亡去，香送之桃叶渡，歌《琵琶记》以示意。生去后，大铖绳香于故开府田仰，以三百锾邀一见，香拒之力，田使人劫取，未果。福王即位南都，遍索歌妓，香被选入宫。南都亡，只身逃出，后依卜玉京以终。当生与香定情之夕，以宫扇一持为赠。生去，香把玩不离手。田使往劫时，香坠楼不死，血痕溅扇上。杨龙友就血点添写枝

叶,为折枝桃花。香觅人以扇寄生,生感之,为作《李姬传》。孔云亭谱《桃花扇》传奇,纪其事。《秦淮八艳图小传》

《语小篇》载其题邓彰甫细书《虞美人》词云:"相思莫写上杨花,恐被风吹、愁起满天涯",可谓妙绝。《词苑丛谈》

陈其年曰:姬与归德侯方域善,曾以身许方域,设誓最苦。誓词今尚存湖海楼箧衍中。《词苑丛谈》

与陈处士札

商丘侯方域朝宗①

昨域归来,有人倚阑私语,谓足下与域至契。既知此举,必在河亭凝望,冀月落星隐,少申夙诺,不意足下诱李君虞,作薄幸十郎也。然则一夜彷徨,失却十年相知,罗袖拂衣,又谁信此盛遇乎?域即冒受法太过之嫌,然有意外之逢,此即至诚之报也。足下表章,自是不藏善之美,其实天王明圣,不介而孚,遭际如此,臣愿毕矣。今日雅集,亟欲过谈,而香姬甚怒。足下谓昨日乘其作主,而私燕十郎,坚不可解,则域虽欲过从,恐与人臣无私交之义,未有当也。

玩此书辞,姬生平风调尔尔。②

尹 春(414)

尹春,字子春。姿态不甚丽,而举止风韵,绰似大家。性格温和,谈词爽雅,无抹脂郛袖习气。专工戏剧排场,兼

---

① "丘",原作"邱",乃避孔子名讳改字,今回改。按:陈处士即陈定生。据《侯方域集校笺》,此札出自陈维崧《妇人集》冒襄注引。
② "玩此书辞"以下二句,非是侯方域书札辞句,乃缪氏所加按语。原书未作说明。

擅生、旦。余遇之迟暮之年，延之至家，演《荆钗记》，扮王十朋。至《见娘》①《祭江》二出，悲壮淋漓，声泪俱迸，一座尽倾，老梨园自叹弗及。余曰："此许和子《永新歌》也，谁为韦青将军者乎？"因赠之以诗曰："红红记曲采春歌，我亦闻歌唤奈何。谁唱江南断肠句，青衫白发影婆娑。"春亦得诗而泣。后不知其所终。嗣有尹文者，色丰而妍，荡逸飞扬，顾盼自喜，颇超于流辈。太平张维则昵宠之，惟其所欲，甚欢。欲置为侧室，文未之许。属友人强之，文笑曰："是不难。嫁彼三年，断送之矣。"卒归张，未几，文死。张后十数年乃亡，仕至监司，负才华，任侠，轻财结客，磊落人也。《板桥杂记》

李湘真　女媚（415）

李十娘，名湘真，字雪衣。在母腹中，闻琴歌声，则勃勃动。生而娉婷娟好，肌肤玉雪，既含睇兮又宜笑，殆《闲情赋》所云"独旷世而秀群"者也。性嗜洁，能鼓琴清歌。略涉文墨，爱文人才士。所居曲房密室，帷帐尊彝，楚楚有致。中构长轩，轩左种老梅一树，花时香雪霏拂几榻。轩右种梧桐二株，巨竹十数竿，晨夕洗桐拭竹，翠色可餐。入其室者，疑非尘境。余每有同人诗文之会，必至其家②。每客用一精婢侍砚席③，磨隃糜，爇都梁，供茗果，暮则合乐酒宴，尽欢而散，然宾主秩然，不及于乱。于时流寇讧江北④，名士渡江侨金

---

① "娘"，《板桥杂记》作"母"。
② "至"，《板桥杂记》作"主"。
③ "席"，原作"掌"，据《板桥杂记》改。
④ "北"，原作"左"，检《板桥杂记》原书作"北"，揆之文意，是，今据改。

陵者甚众,莫不艳羡李十娘也。十娘愈自闭匿,称善病,不修饰,谢宾客。阿母怜惜之,顺适其意,婉语逊词,概勿与通,惟二三知己,则欢情自接,嬉怡忘倦矣。后易名"贞美",刻一印章曰"李十贞美之印"。余戏之曰:"美则有之,贞则未也。"十娘泣曰:"君知儿者,何出此言?儿虽风尘贱质,然非好淫荡检者流,如夏姬、河间妇也。苟儿心之所好,虽相庄如宾,情与之洽也。非儿心之所好,虽勉同枕席,不与之合也。儿之不贞,命也! 何如^①? "言已,泣下沾襟。余敛容谢之曰:"吾失言,吾过矣。"十娘有兄女,曰媚姐,十三才有余,白皙,发覆额,眉目如画,余心爱之。媚亦知余爱,娇啼婉转,作掌中舞。十娘曰:"吾当为汝媒。"岁壬午,入棘闱,媚日以金钱投琼,卜余中否。及榜发,落第,余乃愤郁成疾,避栖霞山寺,经年不相闻矣。鼎革后,泰州刺史陈澹仙寓丛桂园,拥一姬,曰姓李。余披帏见之,媚也。各黯然掩袂,问十娘,曰:"从良矣。"问其居,曰:"在秦淮水阁。"问其家,曰:"已度为菜圃。"问其:"老梅与梧、竹无恙乎? "曰:"已摧为薪矣。"问:"阿母尚存乎? "曰:"死矣。"因赠以诗曰:"流落江湖已十年,云鬟犹卜旧金钱。雪衣飞去仙哥死^②,休抱琵琶过别船。"《板桥杂记》

李小大(416)

李大娘,一名小大,字宛君。性豪侈,女子也,而有须眉丈夫之气。所居台榭庭室,极其华丽,侍儿曳罗縠者十余

---

① "何如",《板桥杂记》作"如何"。
② "死",《板桥杂记》作"老"。

人。置酒高会，则合弹琵琶、筝、瑟，或狎客沈元、张卯、张魁数辈，吹洞箫[①]，唱时曲，酒半，打十番鼓。曜灵西匿，继以华灯，罗帏从风，不知喔喔鸡鸣，东方既白矣。大娘曰[②]："世有游闲公子，聪俊儿郎，至吾家者，未有不荡志迷魂，没溺不返者也。然吾亦自逞豪奢，岂效觑觑倚门市娟，与人较钱帛哉！"以此得侠妓声于莫愁、桃叶间。后归新安吴天行。天行钜富，赀产百万，体羸，素善病，后房丽姝甚众，疲于奔命。大娘郁郁不乐。曩所欢胥生者，赂仆婢，通音耗。渐托疾，荐胥生能医，生得入见大娘。大娘以金珠银贝纳药笼中，挈以出[③]，与生订终身约。后天行死，卒归胥生。胥生本贫士，家徒四壁立，获吴氏资，渐殷富，与大娘饮酒征歌相娱乐[④]，教女妓数人歌舞，生复以乐死。大娘老矣，流落阛阓，仍以教女娃歌舞为活。余犹及见之，徐娘虽老，尚有风情。话念旧游，潸焉出涕，真如华清宫女说开元、天宝遗事也。昔杜牧之于洛阳城东，重睹张好好，感旧论怀，题诗以赠，末云："朋游今在否？落拓更能无。门馆恸哭后，水云秋景初。斜日挂疏柳[⑤]，凉风出坐隅[⑥]。洒尽满襟泪，短歌聊一书。"正为今日而说。余即出素扇以贻之[⑦]。大娘捧扇而泣，或据床以哦，哀动邻壁。《板桥杂记》

---

① "洞箫"下，《板桥杂记》多"笙管"二字。
② "曰"，《板桥杂记》作"尝言曰"。
③ "挈"字原无，据《板桥杂记》补。
④ "征歌"，《板桥杂记》作"食肉"。
⑤ "疏"，《板桥杂记》作"衰"。
⑥ "出"，《板桥杂记》作"生"。
⑦ "余即出素扇以贻之"，《板桥杂记》作"余即书于素扇以贻之"，

小大国变后为女道士，名净持。顺治丁酉，蒙叟到金陵，相遇于秦淮水亭，赋赠十二首，今录其八云："不裹宫妆不女冠，相逢只作道人看。水亭十月秦淮上，作意西风打面寒。""妆阁书楼失绛云，香灯绣佛对斜曛。临风一语凭相寄，红豆花前每忆君。""旗亭宫柳锁朱扉，官烛膏残别我归。今日逢君重寄取，横波光在旧罗衣。""目笑参差眉语长，无风兰泽自然香。分明十四年来梦，是梦如何不断肠。""棋罢歌残抱影眠，冰床雪被水烟缘。如今老去翻惆怅，生对残缸说往年。""瘦沈风狂可奈何，情痴只较一身多。荒坟那有相思树，半死枯松伴女萝。""金字经残香母微，啄铃红觜语依稀。新裁道服莲花样，也学雕笼旧雪衣。""贝叶光明佛火青，贯光心口不曾停。侬家生小能持诵，鹦鹉亲歌般若经。"水亭在青溪、笛步之间，蒙叟题诗其上，有"夹岸翘尘三月柳，疏窗金粉六朝人"之句，亦胜地也。《本事诗》

范　珏（417）

范珏，字双玉，又字玉公[1]。静廉，寡所嗜好，一切衣饰、歌管、艳靡纷华之物，皆屏弃之，惟阖户焚香瀹茗，相对药炉、经卷而已。性喜画山水，摹仿大痴、顾宝幢，槎枒老树，远山绝磵，笔墨间有天然气韵，妇人中范华原也。《板桥杂记》

双玉名云，秦淮女子。文舍人启美有"相逢恨少珠千斛，问字云从玉一双"之句。徐元叹赠诗云："秦淮春水流碧玉，

---

[1]　《板桥杂记》无此句。

双鸳自覆烟蘅宿。水引香魂渐向吴，繁花开尽摇空绿。芳草沿门古岸横，相招吴语最分明。深帘度曲家家雨，小阁尝茶树树莺。耽游年少看成队，来往镫阴花影内。新衣窄袜索人怜，感梦驰情向谁在。桃李从教蜂蝶忙，幽兰自爱谷中香。声名不用量珠价，词赋须窥宋玉墙。言甘体泽人思咽，只向图中偷半面。齐梁格调未嫌卑，惆怅诗成独不见。"《本事诗》

顿　文（418）

顿文，字小文，琵琶顿老孙女也。性聪慧，略识字义，唐诗皆能上口。授以琵琶，布指《濩索》，然意弗屑，不肯竟学。学鼓琴，雅歌《三叠》，清泠泠然，神与之浃，故又字曰"琴心"云。琴心生于乱世，顿老赖以存活，不能早脱乐籍。赁屋青溪里，荜门圭窦，风月凄凉，屡为健儿、伧父所阨。最后为李姓者挟持，牵连入狱，虽缘情得保，犹守以牛头阿旁也。客有王生者，挽余居间营救①，偕往访之，风鬟雾鬓，顦悴可怜，犹援琴而鼓，弹《别凤离鸾》之曲，如猿吟鹃啼，不忍闻也。余说内乡许公，属其门生直指使者纵之，后还故居。吴郡王子其长主张燕筑家，与琴心比邻，两相慕悦。王子故轻侠，倾金钱，赈其贫悴，将携归，置别室，突遭奇祸。收者至，见琴心，诧曰："此真祸水也。"悯其非辜，驱之去，独捕王子。王子被戮，琴心逸，后终归匪人②。嗟乎！佳人命薄，若琴心者，其尤哉！其尤哉！《板桥杂记》

---

① "余"，原作"合"，不通，据《板桥杂记》改。
② "后"，《板桥杂记》作"然"。

马　娇（419）

马娇，字婉容。姿首清丽，濯濯如春月柳，滟滟如出水芙蓉，真不愧"娇"之一字也。知音识曲，妙合宫商，老技师推为独步。然终以误堕烟花为恨，思择人而事，不敢以身许人，卒归贵阳杨龙友。龙友名文骢，以诗、画擅名，华亭董文敏亟赏之。先是，闽中郭圣仆有二姬，一曰李陀那，一曰珠玉耶①。圣仆殁，龙友得玉耶，并得其所蓄书画、瓶研、几杖诸玩好、古器，复拥婉容，终日摩挲，笑语为乐。甲申之变，贵阳马士英册立弘光帝②，自为首辅，援引阉儿阮大铖，构党煽权，挠乱天下，以至五月出奔。都城百姓焚烧马、阮居第，以龙友乡戚有连，亦被烈炬，顷刻灰烬。时龙友巡抚苏、松，尽室以行。玉耶亦殉，婉容莫知所终。③婉容有妹曰嫩，亦著名。又有小马嫩者，轻盈飘逸，自命风流。真州盐贾用千金购得，奉溧阳陈公子。公子昵之，未久，并奁具赠豫章陈伯玑，生一子一女，如王子敬之有桃根也。《板桥杂记》

顾　喜（420）

顾喜，一名小喜，性情豪爽，体态丰华，跌不纤妍④，人称为"顾大脚"，又谓之"肉屏风"。然其迈往不屑之韵，凌霄拔

---

① "珠"，《板桥杂记》作"朱"。
② "弘"，原作"宏"，避讳改字，今回改。
③ 此句之下，《板桥杂记》尚有"龙友父子，殉难闽峤，无遗种也。犹存老母，丐归金陵，依家仆以终天年"诸句。
④ "跌"，《板桥杂记》作"双跌"。

俗之姿,则非篱壁间物也。当之者,似李陵提步卒五千人,抵鞬汗山,入陿谷,往往败北生降矣。汉武帝《悼李夫人赋》有云"佳侠含光",余题四字颜其室。乱后,不知从何人以去,或曰归一公侯子弟云。_{《板桥杂记》}

张 元（421）

张元,清瘦轻佻,临风飘举。齿少长[①],在少年场中,纤腰踽步,亦自楚楚,人呼之为"张小脚"。_{《板桥杂记》}

米小大（422）

米小大,颇著美名,余未之见,然闻其纤妍俏洁,涉猎文艺,粉摇墨痕,纵横缥帙,是李易安之流也。归昭阳李太仆。太仆遇祸,家灭。_{《板桥杂记》}

王小大（423）

王小大,生而韶秀,为人圆滑便捷,善周旋,广筵长席,人劝一觞,皆膝席欢受。又工于酒纠、觥录事,无毫发谬误,能为酒客解纷释怨,时人谓之"和气汤"。扬州顾尔迈,字不盈,镇远侯介弟也。挟戚里之富,往来平康,悦小大,贮之河庭[②]。时时召客大饮,效陈孟公、高季式[③],授"女将军酒正"

---

① "少",《板桥杂记》作"稍"。
② "庭",《板桥杂记》作"亭"。
③ "式"原作"武",《香艳丛书》本《板桥杂记》亦作"武"。今据苗怀明注评本《板桥杂记》(中州古籍出版社,2016年)改。按:汉朝陈遵字孟公,北朝高季式字子通,皆以好饮酒名。

印,左右指麾,客皆极饮滥醉①。有醉而逸者,锁门脱履,卧地上,至日中乃醒。时吴桥范文贞公官南大司马,不盈为揖客,出入辕戟,有古任侠风。书画与郑超宗齐名。《板桥杂记》

刘　　元（424）

刘元,齿亦不少,而佻达轻盈,目睛闪闪,注射四筵。曾有一过江名士,与之同寝,元转面向里帏,不与之接。拍其肩,曰:"汝不知我为名士耶?"元转面曰:"名士是何物?值几文钱耶?"相传以为笑。《板桥杂记》

崔　　科（425）

崔科,后起之秀。目未见前辈典型,然有一种天然韶令之致。科亦顾影自怜,矜其容色,高其声价,不屑一切。卒为一词林所窘辱。《板桥杂记》

朱媚儿（426）

朱媚儿,秦淮倡,归耿章光。章光,山东人,明季进士,投诚,寓金陵。后受秦王孙可望札,与通谋,事觉被僇,以尸归,其妻妾环而哭之。媚儿止之曰:"此非哭泣时也。国法,叛人妻孥收入官,发满洲为奴,此时不早为计,则耻辱狼籍,更为死者羞。"力劝其主母并女媳妾媵等投井死,媚儿独后,更坚闭前后门,从容入井死。呜呼!媚儿倡也,不惟能死其

---

① "滥",原作"沾",据《板桥杂记》改。

主,且能全主母一家之节,何见之明而行之决也。呜呼！士大夫愧此者多矣。《广阳杂记》

马晓寒　　妹乔（427）

马晓寒、马乔姊妹,湘兰裔也。范生文光与乔目成,而晓寒更从中调护,惟恐其不遂意。曾谓范云:"世间惟情字最说不尽。"盖深于情者也。《倚声初集》

蓝七娘（428）

南京乐籍蓝七娘,善秋千、蹴鞠,入楚宫。乱后为尼,顾黄公为赋《楚宫老妓行》云:"白头缁衲谁家妪,身似虚舟眼如雾。自言十五学新声,名在宜春内人部。初随阿母长干里,转入金沙洲里住。门前车马隘阛阓,席上缠头不知数。章华骄贵世应稀,征歌度曲辨音徽。龙楼燕月香成阵,凤扇障风内作围。曾逐行宫同象辂,不嫌花底夺鸾篦。鸳鸯瓦暗流萤度,翡翠帘深络纬啼。年年恩例官䥷后,善和门外饶花柳。东肆郭郎西肆歌,社北厨娘社南酒。半仙小女斗腰支,齐云儿郎好身手。王舍空门乍改移,平台戚里今何有。乍来岂识婆罗门,梦中只记君王后。初时夏腊尚红颜,几度春秋成老丑。君不见古来袆翟椒房尊,几多失势为桑门。柔福当年死沙漠,妖尼诈作平王孙。家亡国破有如此,妪乎妪乎何足论。莫到玉钩斜下路,天阴新鬼哭黄昏。"《续本事诗》

杨　妍（429）

杨校书妍,字步仙,旧院歌姬也。能诗,善书,工画丛兰竹木。兵火后,寓武定桥南大功坊废园内。[①]

王丽玉（430）

尤汝厚,闽南知名士也,饱经史,下笔有神,为学者所敬仰。数奇不偶,屡抑场屋,仅中副车,以恩拔。游金陵旧院,有名姝王青霞女名丽玉者,色艺俱绝,尤颇顾之,情好日笃。值鼎革,仓猝南还,事定,玉委身于立勋大将。顺治中,尤觅官燕都,暇日游西山,入萧寺,忽逢车舆甚盛,中一美人,褰裳顾尤而颦曰："每忆西楼肠欲断,今朝犹恐梦中逢。"视之,乃玉也。访之,厚遣阍者,冀图良晤,杳不可得。玉寄诗若干首,与尤永诀,竟投缳焉。诗甚缠绵哀怨,为时传诵。尤即拂衣归,一意空门,不复以名利关心,老禅宿德,莫不降伏皈依。噫!变乱中佳人没入沙吒利者,何止一丽玉耶?禁不遣归,致红颜颓于尺组,于司空、韩晋公益令人传诵千载下。然尤以不得玉逃禅,定证真空,则崔郊、戎昱因此羁绊一生,又幸中之不幸矣。徐岳《见闻录》

李三娘（431）

李三娘,旧院大街顾三之妻,流落江湖,遂为名妓。忽

---

① 此条出处原漏注,今检核,乃出自《本事诗》。此段末,《本事诗》尚有:"吴闻玮镪送叶学山之秣陵,寄询杨校书云:'孤客江干八月潮,绮窗曾记话无聊。轻执画箑丛兰小,遮遍春风武定桥。'"

为匪类所持,暴系吴郡狱中。余与刘海门、梦锡兄弟及姚翼侯、张掬存极力拯之,致书司李李蝼庵,仅而得免,然亦如严幼芳、刘婆惜,备受笞楚决杖矣。三娘长身玉色,倭堕如云,量洪善饮,饮至百觥不醉。时辛丑中秋之际,庭桂盛开,置酒高会,黄兰丛及玉峰女士冯静容皆来[①],居停主人金叔侃,尽倾家酿,分曹角胜,轰饮如雷,如项羽、章邯钜鹿之战,诸侯皆作壁上观。饮至天明,诸君皆大吐,静容亦吐,髻鬟委地。或横卧地上,衣履狼籍,惟三娘醒,然犹"不眠倚桂树"也。兰丛贾其馀勇[②],尚与翼侯豁拳,各尽三四大斗而别。嗟乎!俯仰岁月之间,诸君皆埋首青山,美人亦栖身黄土。河山邈矣,能不悲哉!《板桥杂记》

荷珠、桂珠（432）

道光己亥,诸生集洞神宫扶乩,有两女仙降坛,自云荷珠、桂珠,词意凄婉,似教坊被选入宫,死乙酉之难者。叩之陈,果然。后诸生频召,意近于亵[③],遂不复至,贞烈之性依然也。附录其诗云:"姊妹同时浪得名,荷珠弦索桂珠筝。安排酒政苛如虎,整顿歌喉滑似莺。豆蔻有花香未泄,鸳鸯无偶梦难成。瘦腰不似柔条柳,那管春风作送迎。声价居然满白门,羞夸桃叶与桃根。初分瓜字春犹浅,方整花容镜已昏。宫里俄传天子诏,曲中惊散美人魂。无端听鼓应官去,

---

① 此句,《板桥杂记》作"黄兰岩、方邵村及玉峰女士冯静容偕来"。
② "兰丛",《板桥杂记》作"兰岩"。
③ "于",原作"干",形近之讹,今改正。

回首妆楼泪暗吞。昨夜传呼出教坊,春官待晓便升堂。梨园教习苏昆老,乐部班头郑妥娘。奁箧轻抛何氏粉,绣衣初换内家妆。宵深才罢春镫谜,燕子新词又换场。正当丝竹好排场,鼙鼓声声绕建章。何处朱楼寻宰相,可怜黑夜走君王。裙钗未识兵尘劫,花月空馀粉黛香。一死鸿毛千载恨,半抔黄土盖萧娘。风情初解尚含羞,十五盈盈未上头。奇字不嫌停绣问,艳歌毕竟为谁讴。官书火急传新部,王业冰消付逝流。只恨昙花才一现,无端颈血溅骷髅。伤心月缺与花残,泪湿宫袍总未干。磷火夜随庭草碧,血腥晓带剑光寒。惊魂落地今犹滞,倩女升天古亦难。寂寂泉台谁作伴,鬖年姊妹自相安。记得雄兵入紫宫,逃生无路去匆匆。不多几步鞋先退,才欲褰裳带已松。鬼哭天阴昏昼夜,炮声地动震西东。茫茫世界何归著,好把青萍一抹红。昏昏天黑复沙黄,二百年来在梦乡。人到无情生死淡,月将谁恨去来忙。游魂已断风中线,磷火难烧劫后香。拈笔诗成天欲暮,归鸦几阵过潇湘。”又绝句云:“濛濛微雨湿花街,小步犹防堕玉钗。姊妹扶肩砖路滑,避人檐下暗兜鞋。”“雨夜风晨最寂寥,新诗联句漫挥毫。从容检得云笺出,乘兴淋漓染墨涛。”“无端愁思触胸怀,白水真人带剑来。红袖乱飞蝴蝶影,半沾泥絮半丛台。”“古墓无人扫坫落花,夕阳红树隐流霞。双檎不喜尘凡乐,非鬼非仙别一家。”“书生心事颇难猜,一日招魂又几回。独向深闺吟皓月,肯教花影过墙来。”其诗悲怨和平,不类巾帼,顾以诸生少近狎弄,遂尔长辞。侠骨贞心,死且如是,当不仅高出寇白门、卞玉京辈一流,固宜其寂寂生前矣。《翼駉稗编》

　　明末诸人,大半取之《板桥杂记》。世有人以柳是、陈圆,广霞君未收,是吴妓而未至秦淮者,然广霞君撰此书时,尚书婆娑里门,平西坐镇边徼,声势赫然,殊有未便。近人"秦淮八艳"均已列入。即使借材异地,亦不同名臣仕籍,断断辨论也。有人又曰:"龚尚书之善持君,何亦列入而不讳乎?"予应之曰:"龚尚书与善持君,方在秦淮大会,召姊妹行与旧宾客,镇日宴乐,未尝自讳,不比河东以匹嫡争礼,延陵以千金改诗,几几欲自讳也。"国初尚存旧人,于《杂记》之外掇拾丛残,即以附后。①

---

　　①　此段乃缪氏按语,说明本书相关体例。

南京文献精编

秦淮广纪（下）

（清）缪荃孙 编纂

校点 程章灿 成林

南京出版传媒集团
南京出版社

卷第二之五　纪丽五

王寿卿（501）

王寿卿，姑苏优人也。发长委地，静好多姿，不喜涂泽，名噪秦淮。多才，善综理，家小赡。能视人缓急，一往无斯。有天台生，客居失意，殊无聊，欲归，不可。寿卿与有旧，邀致使来，为之摒挡行李，馈赆丰隆，俾得归省其家焉。噫！此丈夫之所难者，今乃出于贱女子哉。《海天馀话》

庚子七月，意园偕同人集河上诸丽人于寿卿水榭。张雪鸿敬酒酣，群姬以笺索画。雪鸿画重一时，购者不吝重赀，而性傲，不轻作，惟曲中人求则如请。是日，靥花研墨，当得《扑蝶图》，称得意笔，索同人咸题而藏焉。及戊申暮秋，同人重集寿卿所，述旧游。寿卿曰："靥花近窘甚。重九日有客，招之来，暮雨新寒，犹衣单袷，仍手雪鸿主人画扇。客欲得之，绐曰：'卿困，盍货此？'靥花曰：'侬之爱此扇者，重此笔也，岂以寒窭易心乎？困固何伤？'合座悉为改容。儿因制衣裘赠之。"雪鸿抚掌曰：'我今得一知己矣。'意园曰：'若寿卿者，亦善成人之美也。"《白下纪闻》

卖花声·泛舟桃叶渡听寿卿吹箫

榎　庭

风叶下纷纷,舣棹湖滨。小红低唱近黄昏。二十四桥秋一漾,响散行云。　婀娜画中身,愿与温存。一枝碧玉黯消魂。凉月照人如有意,忒地殷勤。

王四娘　女绿姝（502）

王四娘,金陵人,兰姿玉质,秀韵天成。性喜清幽,虽在风尘,常深自秘匿,不甚见客。所居月波水榭,绮窗锦幕,不染纤埃。几榻尊彝,位置俱极楚楚,入其室,如别一洞天。丙申丁酉,同人文字饮,皆适此。犹忆夜半酒酣,觞政罚兰川作鸡鸣,引颈长啼,声彻内外。少焉,媪婢持灯,走罝坩鸡,欲缚而烹之,盖俗忌非时鸡鸣,有"一鼓穿窬二鼓火"之禁也。主客哄筵。其一时之狂态,尚可想见。迄今彩云飞去,人各一方,旧雨不来,新愁益炙,谁复乘潮河上耶? 女绿姝,三四岁时,闻歌声即喜悦,矢口即仿之,天性使然也。甫及垂髫,姿妙心灵,品歌第一,洵属后来之秀。《白下纪闻》

刘　姬（503）

刘姬,明眸皓齿,姿致婀娜,所谓肩若削成、腰如约素也。量洪善饮,性尤黠颖。与客酬答,机趣横生。词成镰锷,辩事鲜有不逮,时谓之"女张仪"。家本和阳,来秦淮,擅名久。积金数千,服饰器玩极华贵,曲中之富,无逾姬者。有江夏玉人,携重玩自西来,寓其河亭,久而昵甚,非玉人在,食不甘,寝不安也。有他客至,谢不见。居一年,竟委身焉。取所积金授玉人,趣治玉事。犹恐赀不足,尽货其生平玩好之物,得千缗,为玉人治装,與马甚都。濒行,祖帐于南门下,期年来会。玉人行后,姬买陋巷旧宅,携一老妪与居,布裙椎髻,长日闭门,意自得也。及瓜期,音耗不闻。值岁大歉,姬窘甚。前与往来者有所馈遗,拒不受,日日盼玉人,泪盈盈承睫也。有贵介慕姬名,无由通,挽其旧时姊妹某姬辈,纳重币,期一晤。姬却之坚,因是风闻,企慕者日益众。姬厌嚣,避之鸠兹,偕老妪缝纫供食指,异旅穷途,不少悔。乃玉人行,不得意,赀本尽丧,且染恶疾,狼狈归其乡,不敢与姬通鱼雁也。姬侦知之,走使贻书,其略曰:“知心密契,何不可言。阿堵身外物,弃之诚不足惜。尊体千万珍重。意者不返江东之面,其以妾为市井求锱铢子母者耶?伫俟德音,急图良觌。江水悠悠,此情曷极。”玉人得书,涕汗交下,复书曰:“西行失指,贫病侮人,深负重情,腼颜无地,幸得归骨故乡,不敢求见卿也。彩鸾金凤,容与翱翔,且听卿矣。青山当面,白水盟心,行乐期之再生,图报未知何日”云云。姬见复函,即日挟老妪,买舟南下,抵玉人门,登堂拜母,并谒其妇,执礼甚恭。时玉人委顿在床,不可向迩。姬直趋卧榻,慰勉交至,玉人但能颔之而已。自此朝夕侍侧,奉汤茗,治药裹,日数为之洗浣,其家咸德之。玉人家非素封,又逢洊饥,举家待哺,日进一餐,无几微怨恨意。久之,玉人病起,得某观察力,助其资,仍出治玉事。姬在室,奉母妇,茹苦食贫,泊如也。噫!身都纨绮,日在欢场,一旦决然,捐数千金之积,委身于人,历经困苦,终始不渝,其情可谓专一矣。吁嗟玉人,其如何?吾不知玉人操何术,能使姬遗弃一切,独与彼偶也。异哉!《女张仪传》

采春水榭题壁

漱 六

作意春飔欲放颠,夭桃红似火初然。采春楼上春慵甚,不让花枝笑独眠。

絮语喁喁月上迟,莲花生舌女张仪。伤心十五年前事,湖畔东风未嫁时。

黄倚云（504）

黄倚云,丹阳人,有媚色而不妖。爱静坐,偶游白门,逢秋试,名下士来访者,俱不甚款接。有桐乡生此桐城,非浙之桐乡过,忽招致之,情礼周挚。他姬以生贫,皆漫视之。姬曰:"勿轻此生,乃桂籍中人也,我辈当致敬。"众皆窃笑之,姬始终不衰。榜发,生果捷,偕同年生过姬所,置酒高会,他姬皆不敢往。《海天馀话》

河亭即席赠倚云

问 兔

自笑江干落拓身,如何尘外忽相亲。十年浪迹秦淮市,未省鸳鸯队里人。

平生惭愧说名场,知己翻怜粉黛行。且喜姮娥新入月,桂花香动拂霓裳。

拟南曲剪靛花

芙　苏

风中柳絮水中萍，散也无情聚有情，一会儿且消停。几度送郎郎去晚，斜阳路上短长亭。怕断了人行，怕断了人行。心中无限事，蓦地可怜生。别时言语总伤心。没一个字儿真，没一个字儿真。

唐素君（505）

唐素君，著名白门最久。花身倚玉，大雅不群，略涉文墨，喜寂坐薰香。登其阁者，如在氤氲佳气中。年三十，姿容不改旧时。当日争胜如靥花、绿琴辈，有憔悴无聊者，有物化者，乃知妖冶不常，静好能久也。《海天馀话》

水云凹待月记

慧　庵

雪鸿先生家居，不事酬应，日翔步林霏间，茸金陵旧垞之西偏，筑室疏池，别饶幽境，名曰水云凹。断霞流水，孤艇横秋，疏树远山，淡烟笼月。雪鸿或倚长几，伸纸搦管，泼墨淋漓。或棹小舟，吹洞箫，随风所之。有时月地花天，横钗侧帽，望之者疑为仙。己酉仲秋后二日，雪鸿折柬，招同人待月水云凹。席将半，有客携素君至，云鬟翠饰，罗衣从风，姗姗其来迟也。洗盏更酌，宾主甚欢。俄顷，皎魄东升，桂香压榭，长天秋水，一色空茫。时而曼声宛转，行云欲停，听者无不魂消心惬，则素君歌而雪鸿按拍也。忽引吭长啸，声出坐间，如金铁玎琮之声，觉月色波光，相与动荡，坐客噤不发声，则雪鸿歌而素君酬以笛也。一时鬓影花枝,参差蕴藉,酒清曲妙,饫耳醉心,洗尽寻常筵宴之陋,顾不乐哉。漏下四鼓,方罢饮食,曲终人远,天淡云闲,觉前人西园雅集逊此清新耳。

题素君画帧

雪　鸿

画屏秋意生金井,人立西风夜凉永。双蝶眠花花正开,碧云满地梧桐影。

前　题

柏　心

澹扫双蛾点翠匀,碧梧阴里露华新。七分情绪三分景,合遣眉生拜后尘。

前　题

自　唐

离合神光纸上奇,画眉妙笔定难辞。肯教独立秋风里,翠袖禁寒露重时。

前　题

柚　苏

狡狯眉生张一军,轻盈阿西瘦三分。纱幮昼静梧阴满,侍史还宜著素君。

南歌子　即席书素君扇头

药　人

拜月回身却,横波入鬓斜。暗吹兰气逗窗纱。只觉一时人意,淡于花。　　绿晕双眉黛,红分半面潮。温柔乡近醉香遥。但见东风无力,衬纤腰。

周兰玉（506）

　　周兰玉，金陵城北人。洒落有妍态，能浮大白，善雅谑。每值高会，青衫翠袖，云集一时，四座不喧，清言可听。且生长秦淮，备知曲中旧事，往往举楼榭兴废，花柳盛衰，傍及薄命多情，长条短折，能使坐中倾耳者或歌或泣，或愤或怖，灯灺月斜时，倩女离魂，已随唇吻翕辟间而迷离一片也。《海天馀话》

　　周姬兰玉，豪饮善谑。尝冬月，邻姬置酒高会，兰玉知之，易男装，冠貂帽，袭大裘，排闼而入。主客咸惊，离坐起，莫知所措。及小鬟走报，始辨其伪，同人争以大斗罚之。《白下纪闻》

河亭夕坐

固　堂

　　玉色照花间，风前见鬈鬟。披云三径夕，坐月一春闲。杯泛鹅黄酒，帘开豆绿山。兰芬霏袖底，妙语破愁悭。

一半儿

镜　塘

　　青溪九曲绿湾环，远水澄空映玉颜，画槛前头露髻鬟。那中间，一半儿纱窗一半儿板。

　　河干风月秣陵秋，闲说檀郎喜浪游，又上东家翡翠楼。这根由，一半儿荒唐一半儿有。

　　昨宵风露满中庭，叫彻寒螀隔户听，灯影低摇一穗青。欠分明，一半儿朦胧一半儿醒。

微风轻曳翠罗裾,秋到秦淮落木初,遥送西陵油壁车。望中虚,一半儿斜阳一半儿雨。

徐绿琴(507)

徐绿琴,一字月卿,石城南畔人。丰艳绝伦,横波第一。客有见之者,必曰予心荡。萝峰云:"河上称意花,以此为尤物。乃昙华一现,而香月痕堕,彩云影沉,能不断魂长叹耶!"《海天馀话》

河楼秋夕仿七言三句体

浴 泉

满身明月炉烟静,秋色平分谁管领,隔窗似有梨云影。

月夕有怀

秋 槎

小拍云肩暗倚风,脂凝寒玉冻酥红。画阑十二珠帘卷,人在天香月露中。

前 题

慧 庵

花香依约玉人前,云影玲珑璧月边。客绪如丝秋正冷,静中人月想俱圆。

酷相思　河楼讯病

萝 峰

黄叶声中寒乍透,正帘外、西风骤。却无耐、罗衫宽褪袖，秋也与、人同瘦，花也与、人同瘦。万种情怀结就[①]。想一个、开时候。怕眉意、今朝难解旧。秋可为、人依旧，花可为、人依旧。

白玉李（508）

白玉李，石头城北人。蕙心纨质，竟体无尘。镂玖镂琼，难况其洁，人戏呼为"白玉李"。弱不胜衣，常独立，喜偎人。有时入翠盘，作掌上舞，窃恐玉山颓耳。同居小妇名六儿，亦韶丽，颇驰名，第落地莲跌，瓣移玉井，人稍惜之。《海天馀话》

调笑令

南 楂

日午，日午，紫燕一双私语。被风吹入重帘，惊破绡帏梦甜。甜梦，甜梦，春在杏红衫缝。

赵昆仙（509）

赵昆仙，小字龄生。随母自吴之石城，僦屋牡蛎园。期年，复归吴。韶媚轶群，瞳人翦水。性灵敏，度曲作新声，压流辈。与巧官、双官同负一时名，遂结同年姊妹。当时金陵有十二花之选，昆仙得第一花。《海天馀话》

石城曲

柚 苏

白雪风团覆白门，主人送客独留髡。重来憔悴斜阳里，

---

① 按词谱，此句似尚脱一字。

断续凉蝉牡蛎园。

如梦令 东园忆旧

药 人

牡蛎园中春去,回首凄凉秋暮。为问倚楼人,一叶凌风飞渡。且住,且住,谁傍仙源深处。

沁园春 东园即席留别

蠡 艇

宿雨才晴,行云尚湿,欲做深秋。喜曲榭回廊,竞围香国,花天月地,遥遣闲愁。艳带莲珠,光生双璧,瞥地姗姗见倚楼。相辉映,更崔莺小字,兜上心头。谓双成。人生何愿能酬。爱名士、佳人意味投。笑烛底颓唐,莫嫌疏放,尊前婀娜,最解风流。辄唤奈何,且留小住,醉泼青衫未肯休。垂杨外,有离情万缕,分付谁收。

顾二兰（510）

顾二兰,自苏州之石城,气柔色靡,莲趺最纤弱。能健步,善病,含颦凝黛,信自可人。居秦淮二载馀,择人从焉。行日往别,候其登舟,目送欸乃而去[1]。青山落叶,碧水孤帆,又南浦销魂之一别也。《海天馀话》

无题用尤威哀韵

慧 庵

百花丛里人如玉,河上相逢三月三。半面暗窥葱翠钿,

---

[1] "欸",原作"款",形近之讹,今改正。

回身先露杏红衫。闻声似觉莺簧动,趁步遥怜风味衔。小字兰芬传侍女,高堂萱背说宜男。病回玉体犹馀怯,醉后颓颜却带惭。我欲寄怀频宛宛,卿教传语尚喃喃。花前笑解鸳鸯佩,烛底斜敧玳瑁簪。隔座风披清气永,搴帷云散暗香含。陈王好梦迻巡觅,陶令闲情仔细谙。白下韶光驹隙过,吴门消息静中参。雪儿韵远评长短,莲子心多辨苦甘。底事消魂偏赋别,画船烟雨忆城南。

周秀卿（511）

周秀卿,溧阳人。有丰姿,不阿时好,与当时名下士通,尺素往来,择其尤雅者,装潢成帙。有茶癖,熟读《茶经》,善得水火候。一日,游慧山毕,汲第二泉数十斛,贮满罂瓮,携置船中,棹归白下。活火松风,蝇声鱼眼,终日手煎不倦,时有"茗师"之称。《海天馀话》

临　行
小　仓

临行遍唱恼侬歌,惹得檀郎脸亦波。为费黄金还费泪,吃虚无奈是情何。

沁园春　初过秀卿水榭
倚　沅

绛树池塘,碧云楼阁,好日迟迟。问渡江一舸,移将桃叶,隔帘半面,唱到杨枝。月榭风亭,银屏珠幌,高会群仙醉不辞。抛簪笏,有钿裙貂袖,争乞香词。　　于今谁复情痴。把桦烛、双烧照玉卮。笑看花几度,闲愁似织;临风一顾,短鬓成丝。客欲何为,畴能消此,悔不逢卿未嫁时。沉吟久,爱掐他红豆,种出相思。

小丹阳（512）

小丹阳,姓字不著,以里居名。来白下,深自韬匿,不见客。偶一现身,而桃花半面,神采飞扬,洵未易才。善新妆,能作飞凤盘龙、灵蛇春蚓等髻。每逢花晨露旦,粉食脂盎,罗列镜台,真不让施朱宋里、堕马梁家也。《海天馀话》

九月初三夜泊丹阳

鹣 寄

欲采芙蓉不自由,眉峰隐约叠闲愁。珠团夕露弓量月,来放丹阳郭里舟。

荷 官（513）

荷官,吴人养女,赘菊部陈生而寡。过白门,工南北曲,甚负时名。居尝懒妆便服,致颇颓唐,而秀净杂俗,秋风帘畔,瘦胜黄花。百事不如,流光瞬迈,潦倒中人,能不同病相怜耶!《海天馀话》

石城曲

柚 荪

雨丝织柳覆江潭,青眼惺忪泪半含。谩道此心平不得,树犹如此我何堪。

陶阿酉（514）

陶阿酉，金陵人。姿首佳，工盼睐。不得志于假母，居无聊，似有幽忧之疾。吐茹亦闲雅，喜倩人歌小诗，每回肠于伤秋感春、薄命断肠之句，俯仰太息，若有所触。香草当门，珍惜者谁欤？《海天馀话》

上梁文为阿酉水榭落成赋

澧 秋

盖以白门杨柳，春风摇入画之人；红墅鸳鸯，夜月印眠香之径。位置众香国里，寸土尺椽；移来群玉峰头，二间五架。云廊月榭，遥开卓氏之垆；霞拱虹梁，竞运仙郎之斧。苟云完矣，金曰美哉。一水拖蓝，亘朱楼而成芳构；五方错彩，贮金屋以琢新词。借绣口之生春，祝花身之无恙。祝曰：

东：初日瞳瞳射曲栊。草可忘忧花解语，玉楼人倦舞衣风。

南：绿阴圆覆径三三。人倚薰风慵欲醉，芙蓉双颊粉痕酣。

西：遥台高矗广寒梯。镜面秋波呈百媚，绛河斜带鹊桥低。

北：暖室消寒金盏侧。梅花妆额笑巡檐，琼铺远映倾城色。

中：复榭层轩四面通。碧玉紫云分左右，步虚声出蕊珠宫。

载祝曰：

东西南北,合中央而佳气氤氲;春夏秋冬,历馀闰而景光骀荡。想西园之公子,都宜载酒而来;问南国之佳人,能不吹箫以俟。

余眉生（515）

余眉生,龙蟠里人。娟妙,长爪指,有理剧才。广筵列席,仓卒中可咄嗟办。善作觯录事,酒兵对垒时,狡狯百变,独张一军。后以百金购虞山高氏女,字曰金,白皙多姿,冰肤贴玉,爱度曲,殊楚楚可怜也。《海天馀话》

集 唐

柚 荪

采菱歌怨木兰舟_{冷朝阳},到处销魂感旧游_{李煜}。今夜月明人尽望,画屏无睡待牵牛_{温庭筠}。

尽日含毫有所思_{薛能},碧阑干外绣帘垂_{韩偓}。无情有恨何人见_{李贺},莫遣玲珑唱我诗_{元稹}。

金屋无人见泪痕_{刘方平},绣屏斜立正消魂_{韩偓}。仙郎旧有黄金约_{罗隐},鹦鹉前头不敢言_{朱庆馀}。

错教人恨五更风_{王建},零落残红绿沼中_{李群玉}。不用凭栏苦回首_{杜牧},一枝红是一枝空_{唐求}。

风蝶令　为眉生题纨扇

柏 轩

雾縠斜裁月,冰丝冷□霜。夕天闲称薄罗裳,记取有人、持赠沈东阳。　　素手摇偏□,丹唇掩未妨。好风吹梦入秋乡,笑问檀郎、今夜怎生凉。①

王　贞（516）

王贞,茂苑人。髫年在白门,与昆仙、双成住牡蛎园之东,号"东园三妙"。结邻二年,都星散,王贞随其母之瓦梁,买屋龙津桥南,以曲擅长,瓦梁人皆称为"龙津王"。《海天馀话》

龙津即事

红　庵

曾说姗姗近碧轩,招携仙侣隔尘喧。五年往事成怊怅,忆煞秋风牡蛎园。

红树青山拾翠游,从来名辈足风流。天涯旧雨匆匆去,犹自闲情说段侯。

周双成（517）

周双成,一字文卿,由吴之白下,载之崇川。性温雅,度曲能得其情。在河上时,与昆仙齐名,觉稍逊。忆同人集东园,为文卿留别,雨丝风片中,人尽衣裘,犹有寒意。正呼酒时,忽门前剥啄,昆仙袭裘而来,合尊联席,顿觉凄凉化为和煦。座有填《沁园春》纪事者,咸争叠之。每一脱稿,则奉一觥觥,酬以清歌,愈叠愈工,不觉邻鸡之唱。乃重遇文卿于崇川,询及旧稿,散佚无存,怅触前情,惘然不啻。《海天馀话》

---

① 此词原本有两字作空字符,待补。

崇川客舍听文卿谈往事

澧 秋

天涯秋去易消魂,浪迹江淮近海门。何处游丝牵过客,几人芳草怨王孙。新愁荏苒芙蓉渚,往事凄凉牡蛎园。一夕相逢回鬓影,可堪樽酒与重论。

桃叶寿（518）

桃叶寿,住桃叶渡口,许姓,知名最早。眼波笑靥都有致,歌辞饶远韵。爱女秀波,发才覆额,明润殆过其母。《海天馀话》

答兰川代柬

漱 六

蓬莱虽浅尚盈盈,洞口云深旧路生。只恐谪居香案吏,到来何处觅飞琼。

陈凤衫（519）

凤衫,陈氏女,甘泉乡人。由吴之白门。柔情绰态,一笑能解颐。客有骂坐者,见之帖然。《海天馀话》

河亭即事

雪 香

欢觅忘忧草,侬成解语花。翩跹怜彩凤,底事竟随鸦。词传三影瘦,月忆二分佳。却笑风埃底,知音谁与偕。

汤畹九（520）

秦淮名姝,首推二汤。二汤者,本郡人,以九、十行称,孪生姊妹也。态度则杨柳晚风,容华若芙蕖晓日,并翠眉而玉颊,各卢瞳而赪唇,乍见者如一对璧人,无分伯仲。注目凝睇,觉九姬靥辅微圆,左手背有黑痣一小点,可识别也。早堕风尘,从良未遂,阖户数十指,惟赖二姬作生涯。虽车马盈门,不乏贵游投赠,而缠头到手辄尽。居新桥之牛市,临流数椽,湫隘已甚。余曾于辛丑夏初邂逅一晤,今秋往访,适为势家招去侑觞,不复谋面。闻之桐城孙楚侬云:"二姬穷愁日甚,虽年才二纪,而消瘦容光,较初破瓜时,已十减六七矣。然三分丰韵,尚堪领袖秦淮也。"嗟乎!美人如玉,命薄于云,如二姬者,殆以奇姿遭造物之妒欤!楚侬又语余云:"桐邑杨米人曾为二姬作《双珠记》传奇,情文并茂。"惜尚秘之枕函,余未得而读之。《续板桥杂记》

汤靥花（521）

汤靥花,行十,城北人,移居城南新桥左侧,有老树当其门。生最娇怯,花明玉净,艳绝当时。一日,朔雪初晴,靥花珥貂,著氅裘,披风笠,过东家邻,双钩趿地,步步生云,遥立而睇者,诧为天人。远近耳其名,候问不绝于道。畹如行九,靥花之姊也。本孪生,顶趾无少异,惟太瘦生,稍逊其妹。习见者不能辨,人合称之曰"二汤"。河上诸丽人,皆望而却步,贵游无不招致,舆马在门,争先恐后。名下士题其姊妹所居小阁曰"双珠阁",临水,画帘窣地,半面双雅,行舟过其下者,靡不停桡屏息,侧睇注睛,惟恐有所失也。意园为谱《双珠记》传奇,一时名伶争演之。近闻憔悴不胜,且困顿无聊

赖,竟无有过新桥问讯者。噫!好会不常,盛名难副,鸟啼花落,其奈流光逐驷何?《海天馀话》

新桥汤二姬,姊妹孪生,庞目腰肢,略无区别。九则行步蹁跹,十则眼光如醉,差有异同。达官要人多召之侍饮,名遂腾于远迩。昔豫章贾客以千金聘九姬,真州公子纳十姬于侧室,皆以兄姊无赖,诱之归。姊二,曰五,曰八,极贪污,居姬为奇货,要客索重赂,而两人殊不耐也。姬既以永辞金屋、失身烟花为恨,又制于悍姊,不获与风情少年畅遂于飞之乐,故居尝郁郁,慵髻啼眉,有不能自胜之状。所居陋室湫隘,嚣尘不可逾越,贵游罕至。然偶一登堂,虽侧帽碍眉,而与两妹相对,则如登云阶月地,不问其他。意园为撰《双珠记》传奇,纪其事。嗟乎!姬生秦淮佳丽之地,而风情姿色,为秦淮冠。故所谓锦江滑腻,峨嵋秀幻,出文君与薛涛,若二姬者,亦灵秀之气所钟哉。《青溪闲笔》

双珠阁画像赞

铁 侬

如水中花,印花中影。水皱影开,水平影并。分作双身,春光九十。一笑同嫣,对愁同泣。苔华玉白,姊妹花红。芙蓉出水,杨柳当风。花信风催,萍踪风约。即现在因,双珠名阁。

题双珠阁小照

意 园

夕阳楼阁当春水,鸳鸯绣罢翦刀冷。燕子窥人风满帘,银屏遮却梨花影。谁从合浦觅双珠,香雾云鬟写作图。姑射仙姿相照耀,洛川丽想岂虚无。九十韶光愁小叠,那须说与闲蜂蝶。颇忆韩公眷柳枝,曾闻王令携桃叶。回首新桥事恐非,画中人面总依稀。春泥最易黏香絮,莫便因风著地飞。

《双珠记》传奇题词

柚　苏

新桥桥畔是花田,映日红生绿水莲。纵说无情终有恨,如何笑靥总嫣然。

香草多情怨美人,盈盈带水隔芳津。薰衣得坐联吟榻,竟体如分九畹春。

前度刘郎到亦迷,仙源无路认花蹊。依稀记得来时棹,上下浮桥西又西。

肯悔看花去较迟,学拈红豆种相思。王瓜不解怜人渴,私递蛮笺道乞词。

绛蜡烧融夜欲阑,小楼听雨不知寒。垂帘窣地香凝幔,恰见双珠舞翠盘。

十色迷离间九光,春兰秋菊一齐芳。我渐沃尽冰肠雪,为试华清第二汤。

不合风流让献之,桃根桃叶渡江迟。而今一片桃花水,两桨分明似旧时。

夜半吴歌楚客愁,阿侬又荡采莲舟。莲花赢得羁人骂,从此开花莫并头。

雨暮云朝事有无,凌波翠羽拾明珠。梦中愿授生花管,待写晴皋解佩图。

玄武湖传百尺心[①]，别离心较此湖深。他年纵乞湖州守，燕燕分飞何处寻。

鹧鸪天　　阳春九十词

春　农

九十韶光护翠霞，水晶帘畔远周遮。凤鸾自爱通仙籍，兰玉何曾让谢家。　　连理树，断肠花，人间天上两争差。谁将锦字衔青鸟，并作情丝一缕斜。

曾上仙坛步绿苔，豌如妆就靥花催。温泉潋滟连珠阔，香草氤氲并蒂开。　　双婀娜，小徘徊，凌波罗袜浅生埃。盈盈一水星桥隔，杨柳风微拂面来。

《双珠·忆旧》一出

红　庵

南商调十二红山坡羊暖融融芳情如海，瘦秸秸腰围松带。意匆匆九转肠回，恨迢迢人在青山外。五更转想当初，画阁里群仙会，分明左右云生彩。真个是、并额齐眉，月下深深同拜。园林好一双儿灯前去来，不觉的花惊月猜，又道是观音自在。江儿水忒煞消魂，一个个掌珠相待。玉交枝蛾眉敛黛，似桃花微舒粉腮。一双两好真无赛，那横波觑着谁来。五供养镇无聊赖，偏做出、疼热万般堪爱。戏穿同命缕，深覆合欢杯。在烛底尊前，羞把头抬。好姐姐却记炉香散霭，又谁管更催漏催，同心绺带。那知你做人魅黯。玉山颓思量风雪夜，可憎才，两遭儿携手问心谐。鲍老催楼窗半开，姗姗似从天外来。不

笑赚我猜。川拨掉底事将侬怪，说从今把心事灰。休忘却蜡
泪成堆，休忘却蜡泪成堆。不料你抛离梅花又开。喜庆子谁
把相思诉上心来，肯把相思撇在天涯。说往日恩情，你可不
该。侥侥令相逢如往日，两两巧安排。好把相思偿却债，不偿
尽相思不肯回。尾文风光九十金难买，却叙起离愁无奈，若装
上太平车刚满载。

朱　大（522）

　　朱大，苏州人。身体弱小，人戏以"朱骨"称之。盖细骨
轻躯，践尘无迹，倘舞回风，当挽留仙之裾也。鬓发如云，明
眸似水，骤与之遇，神光陆离，在侪辈中齿稍长矣。而风度高
雅，无折腰龋齿习气，故文士乐与之游。随园主人，过江耆
宿也，《遂初》既赋，寄兴扫眉，雅与姬善，苍髯红粉，尝相对
于银灯绿酒之间。余于庚辛两度抵宁，时一过从，瀹茗清谈，
目为艳友。惜近以病废，退居辟巷中①，生计萧然，无复过而
问者。"芙蓉绿水秋将老，鹦鹉金笼语可怜。"②旧日繁华，不
堪回首矣。姬有女，年方十岁，教以歌曲，不肯发声。自言愿
归里门，织布为业。余闻之，叹曰："此大知识之女也，宜成
其志。"姬亦以余言为然。《续板桥杂记》

---

　　①　"辟"，《续板桥杂记》作"僻"。
　　②　此二句出明初人王佐《书所见感旧》诗："小小银筝压坐偏，曾将古调寄新
弦。芙蓉绿水秋将老，鹦鹉金笼语可怜。两鬓秋霜明镜里，十年春梦夜灯前。湖山隐约
人何在，空负当年罨画船。"载《明诗综》卷十一。

徐 二（523）

　　徐二，江阴之青阳镇人。本姓张，乳名银儿。年十七，适同里徐权。田舍郎不解温存，大有骏马驮痴之戚。权又性耽逸乐，不愿力田，惑于匪人，夫妻偕赴吴门，转徙秦淮，作脂粉生活。性情豪迈，不屑效倚门倡，与人较钱帛，非心之所好，即诱以多金，弗顾也。余游金陵，首与姬晤。雪肤花貌，丰若有馀，而裙底弓弯，却又瘦不盈握。赠以诗，有"一泓秋水双钩月，洗尽秦淮烂漫春"之句，见者谓非虚誉。先是，姬赁居洞神宫前马妪家，斗室两间，殊苦窄陋，且为伧父所侮，不安厥居。余倾囊佽助，并纠同志为卜居于城北细柳巷中。此庚子七月间事也。明年春，余再抵白门，姬又迁上邑之娃娃桥。嗣余就馆崇川，闻为无良速讼，移家维扬。壬寅仲冬，便道过访。虽座上客满，不异曩时，而风雨飘飘，渐觉朱颜非昔矣。逮今秋载造其庐，则已举家赴淮。托言索逋，实乃生计萧索，意欲别拣枝栖。闻其濒行，犹倩人至周稼轩幕中询余近状，盖赋情特甚焉。为诵家泉邨诗云："青山憔悴卿怜我，红粉飘零我忆卿。"殊觉今昔同情，不胜慨叹。《续板桥杂记》

　　姬幼工技击，不轻示人。余曾乘其薄醉，强一试之，矫若猿飞，疾同鸟落，腾跃半炊许，观者咸目眩神惊，姬一笑敛身，依然寻常旖旎也。姬在娃娃桥时，有本郡人张二寄居姬家，铅华不御，横波流光，雅有娇憨之态。惜翻云覆雨，爱憎无常，逐水桃花，未免稍轻薄耳。《续板桥杂记》

王秀瑛（524）

王秀瑛，小名受儿[1]。父母皆苏州人。生于金陵，遂家焉。适伶人张七，以母命，非本志也。姿首清妍，举止闲雅，不乐与姊妹行为伍。所居钞库街之西，闺阁幽深，翛然绝俗。有伧父某，以白金四十啖其母，谋一夕欢，不可得。惟二三知己，相对永夕，杯茗清谈，鲜及于乱。遇缓急，倾赀相助，不望报也。其性情矜尚如此。余友周子稼轩、孙子楚依，皆与善，尝语余云："姬非五鼓不眠，非日中不起，早饭晌午，晚膳三更，习以为常，不能改也。自奉甚薄，宴客必丰。盛服盈笥，弗以被体。能鼓琴，善南北曲，非兴会所至，虽素心人不克强之发声。"是盖青楼中最有品者。然终以不得其所，郁郁多病。楚依赋诗云："我本飘萍卿断梗，白门同是月残时。"姬为涕泣久之。有妹曰二姑，沉静，寡言笑，高自位置，亦大有姊风。《续板桥杂记》

董　三（525）

董三，苏州人。肌肤不甚白，而天然韶令，虽粗服乱头，自有一顾倾城之致，余戏以"墨牡丹"名之。惜遇人不淑，孽海飘零，所得缠头，尽偿博债，眉黛间常有恨色。同居二人，长曰董大，眼光如醉。次曰董二，姿亦白皙。然以视三姬之风韵嫣然，不觉瞠乎后矣。《续板桥杂记》

---

①　"受"，《续板桥杂记》作"爱"。

张玉秀　妹张二　女双福　凤儿（526）

张玉秀,行大,苏州人,随其母寄籍江宁。眉目轩爽,举止大方,巾帼具须眉之气。少时,楚省吴公子见而倾倒,出数百金梳栊之,为欢匝月。公子就官浙东,未半载,卒于署,仆从云散,宦橐萧然,旅榇不得归里。姬闻之,立出箧中赀,遣人赴浙,扶枢西旋。舟过江关,素服哭临,呼号欲绝。遂于江口招提,广集缁流,礼忏三昼夜。尽倾箱笼长物,命其家人伴送至楚,为之营葬而返。以此,侠妓之声振一时。辛丑岁,狎客朱元官为余道其事甚悉。余尝一再询之,泪眦荧荧,隐有"母也天只"之恨。别时,许作一传,荏苒三载,未暇践言。今秋过访,已于六月间从良矣。问之邻姬,言有同邑名士邹生,年甫三旬,弦断未续。偶与姬晤,姬知其高世才也,赠以所蓄缠头,易金奉母,飘然长往,兹得倡随相得[①],笔耕针耨,称嘉耦焉。吁,异哉！姬之所为,殆有大过人之才识,而济以豪侠果断者,不图于青楼中得之。余既深嘉其志,且喜其得所归也,为之缀序其事,以偿夙诺云尔。《续板桥杂记》

闻姬善昆曲,有崩云裂石之音,惜未及聆之。其继妹曰张二,弱质纤妍,亦娴词曲。姬有义女,名双福,年才十一,白皙聪俊,与姊凤儿并工戏剧。余于王氏水阁观演《寻亲记·跌包》一出,声情并茂,不亚梨园能手。凤儿年十三,亦姬义女。自姬从良后,其母尚赖三人作生计焉。《续板桥杂记》

---

① 　"兹得",《续板桥杂记》作"兹闻"。

郭心儿　**女小姑**（527）

郭三，名心儿，丹阳人。父早亡。及笄之岁，母惑媒氏言，误字维扬郭某，成婚未几，竟以诱胁，堕入风尘。年十九，移家金陵之桃叶渡，妖冶倾一时。向来秦淮诸姬，以苏帮为文，扬帮为武。姬虽产于云阳，而来自邗江，遂为维扬诸姬之冠，都人士戏以武状元目之。其所交好，皆达官贵人，及文士负盛名者，赶热郎未易得觏颜色。余曾于辛夏邂近河亭，顾而婉，丰而逸，素肌纤趾，温乎如莹。于今三年，姬齿二十有六，而盈门车马，不减当初。余友季子影生甚与善，尝为余言：姬赋性豪爽，重意气，善知人，无门户习。至于媚骨天生，更不待择新采异也。赠以短句四章，有云："醉闻娇喘声犹媚，暖熨丰肌汗亦香。漫道司空浑见惯，温柔只合唤仙乡。"皖桐光漱六孝廉闻而击节，以诗寄余，有"传来好句惟卿两，解识芳心共我三"之句。时孝廉在上洋榷署也。姬有义女，曰小姑，扬州人，忘其姓。年十七。长眉掩鬓，笑靥承颧，弹袖曳裾，风流秀曼，亦后起之隽也。同上

施　四（528）

施四，苏州人。窈窕秀弱，眉目含情。唇一点，小于桃英，趾双翘，瘦于莲瓣。年虽稍长，调笑无双，殆《疑雨集》所咏"丰容工泥夜，情味胜雏年"者也。松陵某尹昵宠之，携居胥江别馆，欲置为侧室，不果。三载后，复归秦淮。同上

徐 九（529）

徐九，扬州人，早负盛名，惜余未之见。孙楚侬赠以词云："帘前记执纤纤手，中堂细酌盈盈酒。语软情温，惆怅巫山一段云。背人特地留侬住，惊风又拂衣衫去。无闷无愁，万唤千呼不转头。"又云："惊春正滞邗江棹，悲秋始返金陵道。此日相逢，疑是飞琼下碧空。茜裙半掩榴花饰，云鬟低亚胭脂赤。相对多情，只少些儿画不成。"近闻已归吴江某明府公子，为侧室，甚有宠云。同上

唐 小（530）

唐小，本郡人，住糟坊巷①。年方及笄，品貌双绝，绮阁深藏，俗子未易谋面。善歌，能饮，解诵风诗，每一掉文，如匡说解颐，不数郑家婢泥中之对也。其大妇曰严三，齿长于姬，而娇容修态，堪与颉颃。亦缘位置自高，羞与曲中人伍，人罕见之。同上

谢 玉（531）

谢玉，字楚楚，本郡人。年十六，肌理玉雪，秀慧绝伦。与其母居钓鱼巷中。善南北曲，娇喉一啭，飞鸟遏音。母珍同掌珠，欲得佳子弟字之。玉亦自矜声价，不屑作寻香人，虽给侍燕游，犹虚屏山之梦也。同上

---

① "糟"，原作"槽"，形近而讹。糟坊巷在今南京长乐路中段北侧。

赵　小（532）

赵小，字静芳，江阴人，中人姿耳。有纨袴子弟昵之，一时献谀者，思博主人欢，遂有"文状元"之号。余观其为人，沉默寡言，无轻佻气习，要亦善自修饬，不随俗波靡者。同上

许寿子（533）

许寿子，本郡人。年逾二纪，举止风韵，俨如闺阁中人。有张生某，夙与善。生以笔耕为业，而未有室家，岁入悉以遗姬，如是者有年。既而生以旅邸久居，饔飧不继，姬闻而招致之，终岁日用，皆取给于姬，衣履亦姬亲制。继复为宛转营谋，得膺某邑侯之聘，馆谷丰美。濒行时，姬置酒祖饯，生恋恋不忍别。姬于酒半，忽抗声谓生曰："青楼中那有情好，所绸缪者，钱耳！君留恋烟花，罔思自立，浪游数载，如梦如泡。今年已三旬，一误岂容再误。自兹以往，君当绝迹狭邪，亟图嘉耦。妾不能终事君，亦不愿继见君。此间君勿复来，亦无复以妾为念也。"言已歔欷，泣下如雨。生大感恸，即振策去。嗣闻就馆三年，积赀颇厚，且娶妾生子，不负姬别时所嘱云。先是，有润城某公子，慕姬名，策骑过访。适姬所赁屋为主者别售，迫令徙居，某立出千金，购以赠姬，至今青溪艳称之。《续板桥杂记》

徐二宝（534）

徐二宝，本郡人，居钓鱼巷之上街，其夫为梨园领袖。姬

于侪偶中年最长,余相识时,已不作脂粉生涯。然素服淡妆,自然幽雅,徐娘虽老,尚有风情也。皖桐光漱六孝廉凤与之善。有无锡秦姬者,与姬有葭莩亲,向居丁字帘前。庚子秋,复自梁溪来,寄居姬家者匝月。余因徐姬得识秦姬,虽齿加长矣,而纤腰踽步,婉媚愁人,亦此中翘楚也。同上

徐寿姐 (535)

徐寿姐,杭州人。适维扬徐某,侨寓秦淮。年已二纪。俊逸风流,妙解音律。同居数姬,并善度曲①。余尝避暑河亭,寿率诸姬柳阴列坐,丝竹竞发,云委尘飞,静聆移时,宛在清虚府也。同上

马　四 (536)

马四,苏州人。身躯弱小,明眸善睐,肤如凝脂,殆江淹赋所云"气柔色靡"者。惟双跌不甚纤妍,常靸小方鞋俗名拖鞋,作忙促装,掩其微疵。同上

王　二 (537)

王二,苏州人。早堕风尘,由琴川转徙金陵。余于庚夏相晤于熊氏河房,容貌亦自娟妍,第苦贫乏,不能自存。赠以赀,且为之誉,得渐生色。及辛岁抵宁,则被服丽都,座客常满矣。绨袍虽在,已无恋恋故人之色。余笑而诘之,姬面发

---

① "并",《续板桥杂记》作"竞"。

赪,一座粲然。

姬有妹曰凤姐,年方十龄,致亦楚楚。教之歌曲,发响清越,妙合自然,洵美材也。同上

汤四　汤五（538）

汤四、汤五,扬州人。姿首皆明艳,而四姬尤柔曼丰盈。余尝戏之曰:"子好食言而肥欤?"姬不解,误以言为盐_{吴音言、盐相似},率尔曰:"吾素不嗜盐。"闻者绝倒。同上

陈　小（539）

陈小,江北人。向居王府塘董二家,迁居潘家河房。年及破瓜,眉目疏朗,靥辅略点微麻①,天然媚丽。余同乡邵子峨堂与相善,语余云:"姬姿致亦犹人耳,所绝胜者,春痕酥透②,双蕾含香,触手温柔,不待斜照银灯,惊夸瑞雪也。"

董二,本郡董秃子女,年十五、六,亦有微麻,白晳瑰逸,王府塘之魁首也。同上

金　二（540）

金二,本姓丁,苏州人。居钓鱼巷,艳名颇著。余于庚夏曾一遇之,明眉慧眼,纤跌柔腰,几欲倾其流辈,惜颧微高③,婉容稍减。有某公子者,甚与善,珠玉锦绣,稠叠赠遗,尝于一

---

① 此句,《续板桥杂记》作"靥辅间数点微麻"。
② "春",《续板桥杂记》作"一"。
③ "颧"字前,《续板桥杂记》多"两"字。

月中费金千计。两情胶漆,引喻山河,秋以为期,丝萝永托。闻者咸谓金姬能博公子欢,庆将来得所归。公子亦喜得阿娇,拟以金屋贮之。一日,公子启扉而入,阒其无人,询之邻姬,则姬于前夕尽室以行,不知所往。公子疑信半参,书空咄咄,侦骑四出,踪绪杳然,悲愤填膺,一病几殆。噫!青楼薄幸如金姬者,其尤哉。《续板桥杂记》

方　琁（541）

　　方琁,江阴人,本姓水,乳名阿全,方玉奴之义女。幼为金陵女伶。余于辰秋曾相识于王氏河亭。色艺俱佳,已倾流辈。以其命名未雅,易之以琁,字曰姗来。于今三年,河干邂逅,烟轻月瘦,雪韵花嫣,正盈盈二八时也。性耽清雅,沉静寡言。初来扬州,居小秦淮之南,因避尘嚣,移家古旗亭曲巷中。闺阁幽深,非素心人未许排闼。玉亦将顺其意,珍如掌珠。绿萍前尹,余同乡中表戚也,以栽花之仙吏,为掌玉之文星,投簪后,侨寓竹西,绝怜爱之。适有伧父,使酒骂座,意将逮辱姗来,绿萍嘱余护持,得寝其事。余每馀暇过从,清谈移晷,尝见其理双鬟,束双弯,笑笑生芳,步步移妍,真可相对疗饥,不待酣红腻绿也。为赋《玉梅二绝》赠之,有"管领春风第一枝"及"朗于新月澹于云"之句。姗来颇解赏音,浼余书于香笺,时时吟诵,出入怀袖中。会夏杪,玉奴以事速讼,仓猝间偕返里门,明月芦花,不胜惆怅。

　　玉奴,亦江阴人。年逾二纪,姿致犹人,惟腻理靥颜,不愧温如之目。善饮酒,工觞政,度曲亦清越擅场。《云鸿小记》

杨玉娟（542）

杨玉娟，小字自馥，苏州人，居钞库街。俊逸明慧，修眉横波。甲子秋，琴仙、娱谷、镜卿偕试白门，遇姬于秦淮水榭，与镜卿邂逅目成焉。翌日，同人集王韵秋水榭。韵秋名桂，故为琴仙昵。圆靥清矑，肌肤玉雪，亦秦淮翘楚。席间，以玉娟询，述目成状，韵秋笑目镜卿曰："若是侬，则当为瘦腰人急疗饥渴。"乃以油壁迎之来，琼席甫即，眉语旋通，射覆飞觞，灵心激注。觞政值生浼度曲，姬为歌明人传奇《占花魁》一阕。酒阑，同人怂恿生送之归，申后约，订明当集绿云图室，盖即洛阳女儿对门居室，为毛君畹兰别业，俯清淮，面丁字帘前。毛复广交游，名流云集。先是，有欲得姬一笑者，屡靳之。至日，闻姬之为生至也，命侣咸集，姬殊落落。比生至，则媚靥圆，瓠犀展，捧研呓毫，以扇乞书生为写红豆折技，并系以词。夕筵既阑，众宾就散，眉月衔岭，凉星压波，乃凭露槛，订星期，出袖藏络绣罗带一袭赠生。生固丰于才而啬于财者，转难之，姬曰："妾身直金二百，君第谋其半，妾当鬻钗珥，得知数。"生终以四壁为虑，未之颔。毗陵某生者，愿与生订缟纻，且艳其事，携朱提付生，将为石家十斛珠，生却之。比竣试，有力者欲强要之，以重金唊假母，豫买舟河干，将为褰裳之涉。姬侦知之，有遁志，而未发也。中秋夜，同人复置酒绿云图室，争致之，姗焉来迟，双黛萦愁，默默不一语，数拈带而已。索巨觥痛饮，并酬生，黯然告别，厥明而为惊鸿之逝。时八月既望朝也，生亦寻为友招游摄山，追赋

十绝以寄。《吴门画舫录》

秦淮纪事之三书寄玉娟

芷 桥

酒鳞潋滟蹙琼卮,桦烛生烟绿缭眉。恐是同乡试相问,微波刚住水仙祠。

曾呼双桨访清溪,长板莺花半已迷。唤出尊前杨妹子,六朝山色尽眉低。

木兰催上太匆匆,懊恼杨丝万缕风。便放石城烟艇去,莫愁湖上最愁侬。

朱 兰（543）

朱紫艻,名兰,秦淮旧人,复移苏州。靥辅丰丽,吐词洒落,宜喜宜嗔,风流儒雅,令人想见莫愁、桃叶遗风。余于竞渡时,邂逅渌水桥舟次,眼波微度,竹肉轻调,觉冶而不妖,细而不腻,吴中美丽,未能或之先也。其厌故而喜新欤? 姑志之以待明眼。近见碧城外史,知与高玉英姊妹并邀激赏,则余之倾倒,窃喜不谬。《吴门画舫录》

即席赠紫香校书

远 峰

紫云声价压江东,身住华鬘第几宫。我是情天狂杜牧,樽前休唱小桃红。

银泥裙子绿云鬟,桃叶兰桡打未还。他日买田梅冶住,与卿饱看六朝山。

赠朱紫香校书

个中生

横塘草绿晓啼莺,七宝香鞭护六萌。乌柏村边曾缓缓,碧鸡坊底又盈盈。一鬟钗影花前酒,五尺帘波月里筝。闲与琼窗谈絮果,桃根桃叶是三生。

柳枝生小记湔裙,鸭背情漪欲化云。镜里螺痕春烂漫,坐来花气夜氲氲。逢人玉树含愁唱,为我都梁着意薰。便是青山易惆怅,白头他日为文君。

高玉英（544）

高玉英,行大。秦淮旧人,后于苏州得名。面团似月,发叠如云,有玉屏风之目。余于筱玉席间邂逅一面,隔座闻余谈《红楼梦》,执壶而前曰:"亦喜此书耶?"余醉中漫应曰:"熟读之二十年矣。"姬引一觞,进曰:"亦数年从事此书,真假二字,终不甚了了。君暇日枉过,当为解之。"余诺之,惜行期已迫,不及走访。《吴门画舫录》

李春云（545）

李春云,秣陵人。前从假母姓纪氏。声价压秦淮。壬申冬,避喧来吴门,因易本姓。湖山招隐词人谓姬清姿雅度,不耐风尘,故眉黛间时有恨色。吾宗瀛槎老人,年八十有四,晤姬于舟次,有不能遣之情,即席赠长律二章,词致眷眷。他日,三吴少年一见,而迷魂荡魄,固无足怪。《吴门画舫录》

赠春云女史

瀛槎老人

洛川神女楚台仙,任是名花也避妍。翠鬟笼烟鬟蚕尾,冰肌凝馥腻龙涎。风回舞态鸣环佩,云遏歌声媚管弦。岂独多情白司马,月明停舫我犹怜。

恰是崔徽写旧真,卷中人即意中人。眼波莹趁回风鹢,眉影青涵曲水苹。带酒更添红粉艳,整衣初试碧罗新。吾家传得求凰调,好倩丝桐觅宿因。

张倩红　　妹倩云（546）

秦淮妓张倩红,人比之璞玉。张蠹秋外翰,曾虑诗弟子也,著《绣馀吟》,其《一半儿》词曰:"罗衾难耐五更风,欲起披衣体尚慵。临镜羞看两鬓松。拨熏笼,一半儿香灰一半儿红。"妹倩云亦殊色,咏白莲曰:"小婢笑从池上指,六郎傅粉效何郎。"《快园诗话》

马友兰（547）

秦淮妓马友兰,字芸卿。曾画桃花寄所欢,题诗于上曰:"生长绥山骨本仙,尘凡小谪倩谁怜。未随流水原耽隐,偶逐东风便斗妍。溪上红涛翻灼灼,竹间翠袖倚娟娟。锦城三月春如海,笑破香唇又一年。""轻薄休教并柳枝,侍香曾见燕瑶池。只因露面迎崔护,未许无言效息妫。稚燕雏莺娇共惜,狂蜂浪蝶想休痴。夕阳一片亭亭影,倩女魂销若个知。""双桨争迎渡口春,略沾雨露便精神。游来前度题诗客,喜动芳

302

年待字人。妆阁梨云参入梦,离亭柳影佐含颦。仙郎倘忆胡麻饭,须记天台好问津。""一从春去怨残英,紫陌红尘别恨生。此日门中应忆我,何时洞口再逢卿。剧怜酺面风华好,不觉惊心月令更。惆怅深潭千尺水,琼瑶未报故人情。"《快园诗话》

王双红　朱秀芳（548）

余与江雪舫、方以虚馀秦淮妓王双红家[①]。先是,雪舫以《红楼梦》书赠王,值王夜饮,方调江曰:"拚酒客围红烛暖,送书人坐黑窗孤。"双红笑曰:"何不改'献书人立黑窗孤',似有风味。"其小姑朱秀芳,尤慧,熊晴栏戏谓曰:"秀色可餐。"秀芳应声对曰:"芳心自警。"《快园诗话》

杨香轮（549）

杨香轮,小字桂娘,兴化人。父早卒,幼鬻于匪徒。比长,姿容端丽,挥弦度曲,亦极其妙。曾游皖江、汉水,所至辄自为家计。囊橐千金,随手散尽,有马湘兰之风。年十九,来金陵,雪樵词客初会于牡蛎园,从此秋月亭台,春花绮席,无不招致尽欢。最爱其善谈衷曲,如操作贫家妇。每欲自离苦海,作铤而走险之计,余止之,而迂为筹策,虽极绸缪,不及于乱。钟沁香句云:"三十六宵浑未染,多情何事立瓜田。"盖纪实也。为填《牡蛎园》四曲,载《青溪风雨录》。至庚辰

---

① "馀",疑是"寓"之误。

303

孟冬,有故而去,招予友兰轩,泣曰:"数日来,肠断心碎,于焦思垂死之际,忽心地光明,若有所悟。吾又何必以区区形骸,终累我某公也。若轮回三生之说不爽,直须臾事耳,吾有以自处矣。"以行看子幅托兰轩转致。余时寄迹鸠江,迨再抵白门,则牡蛎园空,徒悼叹桃花人面,自呼负负已耳。为题小照十律云:"回首难追旧日欢,空堂寂寂泪漫漫。人如黄叶三秋散,心与青梅一样酸。或有痴情来梦里,尚疑幽怨在眉端。分明记得临歧语,不信重来作画看。""悲同死别亦吞声,画虎三年竟未成。无可奈何真决绝,最难消受是聪明。自知抱恨将千古,忍听酬恩说再生。修竹天寒人独坐,谁能参透此时情卷内画《幽篁独坐图》。""描来粉本是耶非,相对无言各自悲。最怕雪霜侵鬓后,恰逢傀儡散场时。梅花骨格生来傲,杨柳腰肢舞亦傲。雅爱浓纤均合度,商量燕瘦与环肥。""知有前因莫感伤,几番抛撇又思量。辞巢燕去留空垒,同砌花开感旧香谓其妹玉林、喜林辈。未必敷荣连理树,可怜憔悴寄生桑。雁鸿咫尺无音信,匪独天涯是永昌。""崔徽卷里易招寻,惹起文通别恨深。入握明珠还撒手,翻身苦海亦伤心。一枝已借投林鹊,三匝谁怜绕树禽。沟水东西流日夜,归与莫想广陵琴。""安排归棹莫春天,浪迹无端已廿年。愧我未成王粲赋,多卿先著祖生鞭。西楼梦断歌声寂,南浦魂消草色妍。别泪从今挥不到,凭谁折柳大堤边。""尘寰小谪便无家,三月初三降碧霞三月三日即姬诞辰。记得去年逢此日,任看人面与桃花。一朝神女行云急,午夜襄王入梦差。十二巫峰原有路,招魂何用赋些些。""春夜楼头数漏频,闲情历历似书绅。吟残柳絮诗成谶,尝到莲心苦最真。鹦鹉洲边萦旧恨,琵琶亭畔泣前身_{姬曾游九江汉水}。风邮水驿经千里,辛苦营巢付别人。""芬芳原是广寒姿_{小字桂娘,又名香轮},云外相思笑梦痴。不信天香移种易,悔游蟾窟折技迟。乍辞月姊愁飘泊,暗嘱风姨好护持。皎皎独怜三五夜,一轮清影上阶墀。""新诗十首亦凄然,题到裙边与袖边。寻梦客歌惊梦曲,意中人结画中缘。朱颜绿鬓何愁老,纨扇秋风免弃捐。我欲寄来相折证,未逢青鸟下庭前。"《秦淮闻见录》

春日寻香轮旧宅

江志和成斋

愁来不解酒肠宽,看到莺花兴又阑。屐齿苔青沾宿雨,裙腰草绿带春寒。吟残旧句怀人苦,寻遍遗踪欲见难。记得绿窗红影里,叮咛清晓劝加餐。

苏　三（550）

刘生,名伟,字琬如。己酉应试白门,寓丁家水阁。先是,晋陵某公子费千金,定花案,曲中诸妓,有"文状元"、"文探花"之名。文探花者,随母姓苏氏,字绣英,以其行三,群呼为小三云。慕刘生名,乞同邑查君为介,愿邀一顾。刘笑曰:"琴心粉葬,葛嫩香埋,一片秦淮,久已鞠为茂草,安有板桥旧艳,能歌《白练裙》者?"查怃愍再三,要遮而去。行未数武,值旧识黄生强邀过寓。甫登堂,见一姬,两鬓堆茉莉如雪,著蝉翼衫,左右袒露,红墙一抹,下曳冰绡袴,白足拖八寸许蝴蝶履。见客来,不甚酬接,摩两臂金条脱,铮然作响。刘厌薄之。黄曰:"君勿白眼觑,此秦淮文状元某姬也。"刘笑曰:"状元声价,果是不凡,然君司空见惯,仆不能向石榴裙底攀高谒贵。"匆匆告别,急欲回寓。查曰:"未到桃源,何言返棹?"刘愤然曰:"状元若此,探花可知。吾宁识英雄于孙山之外,不敢向及第花下抢才矣。"拂袖竟归。查述诸小三,俛首不语,既而叹曰:"前明复社诸君,中周延儒榜进士,比诸佛头著粪。儿不幸与若辈联名,宜为英流唾弃也。"抚床一恸,潸潸泪下,查劝慰乃止。后生试毕,偕查旋里,买棹武定桥东,见一姬病容愁态,临流倚槛,而衫痕黛影,湖水皆香。刘数目之,顾查笑曰:"何处惊鸿,翩来洛浦?"查曰:"是即予所荐之文探花也。"刘大悔,曰:"因艾弃兰,恶鸦黜凤,吾知罪矣。"急维舟过访,并谢前愆,小三曰:"君子观人,必因其类,通人持论,不狗于名。但得终邀青眼,亦何恨相见之晚耶?"刘大喜。小三张筵款之,酒三行,刘避席而起曰:"仆固钟于情者,但狭邪之游,生平未习,今日欢筵,已同祖帐,请留数语,以当雪泥鸿爪。"小三覆巾案上,刘援笔题《水调歌头》一阕曰:"敲断燕钗股,锦瑟不须弹。喁喁儿女恩怨,说向镜中鸾。侬是修文种子,卿是修眉仙史,同押紫宸班。小谪三千岁,来往只人间。   兰槛外,苔砌畔,露华寒。女郎花放一树,莫近玉阑干。昨日青州买醉,今日青楼买笑,明日买青山。偕隐共卿赋,双凤月中还。"题毕,榜人竞催解缆,与查登舟而去。白下诸名士传为美谈,至有作长歌以纪者。自此,探花之名大著,而所谓文状元者,"门前冷落车马稀"矣。《谐铎》

葛 九（551）

丁家水阁与刘生同寓者,程生振鸾。程负侠气,文奇诗奇,作事俱奇。邗沟来一妓,名葛九,蚤岁堕平康,后洗心涤行,鬻花卖履,孝养父母。忽二老相继逝,无力殡葬。不得已,复理旧业,好事者述诸程生。时大雨盆注,程持盖着屐,黑夜过访。葛一见心倾,拂床荐夕。程笑曰:"无庸,我非红楼选梦者,所以冒雨过卿,欲代筹殡葬费耳。"葛感且泣下,继请方略。程曰:"近日冶游儿,都以盲人瞎马奔逐章台柳下。汝一练裳椎髻,虽姿容闲雅,未必有千金博笑者,惟仗笔墨有灵,插标以高声价,庶几广致多金,期于事济。"袖中出砑红绫数尺,以其行九,戏拈九字,填《金缕曲》一阕曰:"廿四桥头步。怪东风等闲吹过,良宵十五。重向十三楼上望,漫掩四围朱户。欠好梦,十年一度。数遍巫山峰六六,第三峰留作行云路。双星照,七襄渡。 三三径里三生谱。倚花前阑干六曲,三弦低诉。弹到六么花十八,一半魂销色舞。添一缕谢娘眉妩。卅敖六鸳鸯周四角,更二分明月三更鼓。且莫把,四愁赋。"书毕,漏深雨恶,葛再三挽袖,拂衣竟回客寓。明日,葛饰以画屏,张诸客座,好名者争相传播。走马王孙,坠鞭公子,宴无虚日。枇杷门巷,几与顾眉生迷楼相埒。不浃旬,积金满箧,命弟持归,瘗其双榇。致书招程,茧足不至。一日,晓妆初抹,陪贵客宴露葵轩下。忽遣人赍白木匣至,发之,金篦一枚,僧帽衣履具备。中有短札一封曰:"古人辱身非孝,吾怜汝愚,姑借辱身,暂行孝道。今事已济矣，心已尽矣，及早回头，别寻觉岸。沉沦欲海，堕落花尘，泉下人能瞑目乎？字到，速断业根，退修初服。画眉窗外，即是选物之场；打桨湖头，总属慈航之路。倘能晚涤前愆，毋得孤疑，至同蚕缚。"葛览书大悟，对镜自截其发，改妆作比丘状[1]，贵客逡巡避去。亡何，程大笑而来，合掌径登上座，葛伏地膜拜。程学老僧宣口偈曰："彼美人兮，人尽可夫。吾今渡汝，超脱泥涂。踢翻桃叶渡，跳出莫愁湖。从今撒手菩提岸，火里莲华何处无。"葛受记讫，星夜唤舟回扬，舍身昙华上院。后乞韩幔亭写《妓堂皈佛图》，悬诸净室，以志不忘旧德云。《谐铎》

磬　儿（552）

磬儿，珠市梁四家女伶也。梁四妇本吴娟，善琵琶。及归梁，买雏姬，教梨园为活。磬儿意不屑，辄逃塾。假母日以棰楚，诸姊妹竞劝之。磬儿曰："若欲我从，须以旦脚改净色。"问其故，曰："我不幸为女儿身，有恨无所吐。若作净色，犹可借英雄面目，一泄胸中块垒耳。"由是《千金记》诸杂剧，磬儿独冠场。孝廉詹湘亭待诏白门，偕友寓梁四家。夜演《千金记》，至《别姬》诸剧，众皆意属虞姬，而湘亭独以楚重瞳为妩媚，群起哗笑之。及卸装，视老霸王姿容，果高出帐下美人上，遂叹服。明日，张筵海棠树下，青衫红粉，团围错坐。磬儿本歙产，湘亭亦婺源籍，两人各操土音，以道其倾慕，而座上诸友，相对微笑，竟不解刺刺作何语。已而湘亭志眉中

目,不能得中翰,诸友尽返棹,而湘亭束装未发,意不忘磬儿也。思欲买桃叶桨,载与俱归,而梁家方居为奇货,且欲留压班头,有非百万缠头不能摇夺者。相对泫然,焦思无计,磬儿忽私语曰:"君何计之拙也?彼所以居奇不售者,以我为钱树子耳。君去,妾必不生。留骏骨而买之,定不须千金值矣。"湘亭大悲,不得已,珍重而别。归未二月,闻磬儿病且死。湘亭曰:"花前一诺,信同抱柱矣。卿不负我,我岂敢负卿哉!"急赴金陵,以三百金买柩,而回葬于桐泾桥北。王夫人曹墨琴志其墓,诸名士挽以诗词。予谱《千金笑》传奇,付诸乐部。噫!不能生事而以死归,殆钟情者不得已之极思乎,而磬儿亦自此不死矣。

铎曰:男儿负七尺躯,碌碌未有奇节,卒与草木同腐,何闺阁中反有传人哉!惟不负死约而生,乃能抱生气而死。

同时有荷儿者,以马湘兰小影一幅赠吴江赵约亭,亦慧心女子也。后随里中纨袴儿,半载而寡,仍依假母卖琵琶为活。嗟乎!薛涛坟上,已落桃花;关盼楼头,空归燕子。荷之生,不若磬之死矣。《谐铎》

吴朝霞（553）

秦淮为六朝金粉旧地,烟花名妓,代有其人。嘉庆年间,名妓吴朝霞者,色本无双,才尤绝俗,年才十九,名重一时。顾聪慧性成,每以堕入章台为恨。时有湖州朱生名文徵者,翩翩浊世之佳公子也,屡试不第,挟资求名。偶访姬,一见情深,两心相许。定情后,偎红倚翠,誓海盟山,暮暮朝朝,欢娱无限,初不知囊资之已罄也。平康恶习,凡欲逐客者,遽行设饯。朱资既尽,犹恋恋不去,而鸨母已设祖帐矣,治具草草,非复曩时丰腆。生与姬彼此唏嘘,无言相对,即席赋诗,有句云:"鬓影尚馀今夜绿,灯光不似去年红。"遂挥泪而出,僦居客馆,貂敝囊空,凄凉旅况。情不能已,复往视姬,方执手悲啼间,闻有传导而至者,则郡太守燕客河房,同官十馀人毕至。生欲避去,姬止之曰:"毋。"遂代达籍贯,早饮毕,相与作呼卢戏。姬以五十金付生相陪,生不可,姬曰:"君固倜傥不群者,何忽效书生拘泥! 君其少安毋躁,与君未尝无益也。"生不得已就坐。姬托故上妆楼,日暮出,视生蹙额,曰:"运去人,金尽矣,奈何?"姬曰:"我为君胜之。"遂玉笋轻笼,金钗微颤,谓众曰:"胜负在此一举,盍各倾囊一博,儿亦藉卜终身之丰啬也。"于是银筹堆积,不下万缗,姬弹丸脱手,如蛱蝶穿花,六红齐现,见者目眩神惊,以为神助。姬遽以手乱之曰:"偶尔侥幸,何足一粲。银烛摇红,金樽泛绿,莲花漏下矣,盍勿作长夜之欢,何事劳劳于此?"乃重入席,姬宛转侑觞,殷懃捧斝。酒半,避席叩首者再,群讶曰:"何忽作此态?"曰:"妾欲从良,乞东皇作主耳。"群曰:"此美事也,当为汝成之。试言为何如人?"则指生曰:"即此人也。生以妾故,挥金如土,弃功名而不顾。妾感其情,愿以终身付托。顾鸨母以妾为钱树子,愿望甚奢,生既无力,妾亦如逐队杨花,不能自主。忆妾年十四,鸨母以三百金购妾,年来缠头之费,已及万金,顷蒙诸君子倾资见赠,默计三千之数,有过之无不及也。请以十倍赎身,且诸君子不先不后,独于今日光临，未始非薄命人之福。倘呼鸨母而谕之，则怀德畏威，当可如愿。"太守及同官皆义其情切而志决矣，立呼鸨母，硬作保山。时有徐稼庭司马者，素爱姬，认为义女，在座。姬乃告曰："既蒙高厚之德，得遂儿女私情，感激之私，永铭肺腑。然妾既以身属生，则此地不可一刻居，请今夕即移居义父家，再择吉期。"言讫，向诸使者裣衽而拜，曰："妾之妆奁箱匣，敢重累执事。"于是肩为之负者有人，手为提者有人，鸨母无如之何也。须臾，肩舆一乘已至庭前，姬整妆谢鸨母豢养恩，并偕生谢别冰人，从容而去。客亦酒阑星散，鸨母又无如之何也。既归生，鱼水之欢，不言可知。继乃开箧，灿然满中者，皆不动尊也。生惊且喜，姬复解底衣，出翡翠玩器一，上系银挑三事，谓生曰："妾知火坑之不可久居也，平日盈馀之资，寄存姊妹行者尚多，以此为信，子曷往取之。"生如命取归，权之，得三万馀金。生曰："鲰生何修得此行，将贮卿以金屋，奉卿以锦帐，领清闲之风月，调静好之瑟琴，与卿偕老于温柔乡，不复作他想矣。"姬曰："不可，金可立尽也。君本为求名来，今若此，何以对乡里？今请以资之半，购良田于郭外，置广厦于湖边。妾往迎君母及嫡，奉甘旨之欢，尽妾妇之道，以俟君。君挟其半，赴都援例，苟得显扬，使人知巾帼中尚有巨眼识英雄者，一为妾吐气耳。"盖生固有母及妻，姬素知者。生然其言，而不忍别，且虑嫡庶之或有参差也。姬曰："闻夫人贤，妾以诚事之，必无闲言。且为子而不奉母，使高堂有倚闾之叹，人其谓君为何如人，又将谓妾为何如人！行矣！丈夫志在四方，毋为儿女态。"遂代为束装。登舟之日，生悲不胜言,姬亦不禁泪之盈盈自下也。生行后,姬出资置产业,市婢仆。遂往谒母及嫡,始骇其事之创闻,而继鉴其情之诚挚也,乃相与偕来。姬奉侍惟谨,能得老母欢,嫡亦爱而怜之。顾姬体素弱,兼以操劳过甚,未几病作,绿惨红愁,神伤默默,盖有不忍言者。及生至京纳资,得授司马之职,亟买归帆,比抵家,则玉化香消,已将匝月。生一恸几绝,侍儿出缕金小盒一,缄封甚固,授生曰:"此姬病危时所手封者。"生含泪启之,则牙雕贳子六枚,面面皆红者也,始悟向之一掷而操必胜之权者,皆姬之智也。姬之用心,可为苦矣。此事余闻之于长白鄂玉农刺史,玉农亦当时在座之一人也。余慕姬之才,怜姬之情,而悲姬之命薄也,爰为之记。《花笺录》

金心娥(554)

金心娥,和如春霭,淡若秋英,未可与庸脂俗粉为伍。华亭金栋赠以二律云:"金屋栖迟记昔时,阿娇未贮渺相思。重来旧馆如巢燕,瞥见名花想折枝。月榭风廊卿倚醉,钗光鬓影我成痴。却怜带笑含愁处,不许郎裁赠别诗。""款步帘前不厌频,弹棋瀹茗镇相亲。几时暮雨逢神女,一夜秋风动旅人。衣上泪痕灯下落,鬓边花影镜中新。悭囊愧乏琼瑶赠,手界乌丝纪夙因。"可以想见心娥之情态矣。《秦淮闻见录》

陈巧龄(555)

陈巧龄,本名喜龄。家居城北,近迁文德桥下。座无杂客,庭有苔痕,弹袖垂髫,嫣然媚丽。购藏卜敏墨兰一幅。敏为玉京道人妹,此卷画于崇祯癸未中秋后一日,年十四、五时也。巧龄爱如珍璧,时常展玩,殆气类之相感欤。彭甘亭居士题三绝句云:"粉印螺香一尺绡,枣花帘下想垂髫。如何便写灵修怨,不写东风豆蔻梢。""关心向姊说桃根,曾著黄绉入道门。似替伊人写秋照,藕丝冠底澹春痕。""旧院风流话水天,青溪纨素半飞烟。亭亭一朵秋花影,尚在恒河浩劫前。"诗收入《小谟觞馆集》。《秦淮闻见录》

奚翠娘（556）

奚茜红,名翠娘,居钓鱼巷。壁间绝句云:"丝管声中欲暮天,兰桡争水正喧阗。寻常一样江城月,看到秦淮分外圆。"《秦淮闻见录》

陆　桐（557）

陆绮琴,名桐,以字行,泰州人。所居春波楼,在丁官营内。其父本梨园老教习,探亲过白门,遂家焉。绮琴早按宫商,妙娴丝竹,虽丰容盛鬋,微碍妆花,而雅度胜兰,令人浮躁之气胥敛。龙眠山人授以画兰心诀,甫越宿,即能窥其大意[①],亦慧心人也。近闻依一木客,徙居细柳衖中,春波楼已易为客寓。每值打桨过之,辄为惘惘。《秦淮画舫录》

绮琴脱籍后,久不得其音耗,谓是已从所天为黄鹤也。嗣晤抑山,甫知其因病而痴,因痴而自绞。噫!孽海风涛,无

---

① "窥",《秦淮画舫录》作"规"。

时休息,何早已回头者,仍不免倾溺之苦耶?《画舫馀谭》

春波楼宴集赋赠主人

石 舟

楼台春晓墨华融,写得芳兰第几丛。但觉三花生腕底,何曾一石贮胸中。妆宜浅澹姿逾妙,体为攲斜势转工。纫佩知谁滋九畹,只应楚客梦魂通。

翠袖当筵捧酴醾,一声河满若为听。愁如流水长成逝,醉倚斜阳不愿醒。选梦几容窥宝枕,赌诗空自画旗亭。延年女弟风情甚,更与挑灯诉小青<small>时女弟朝霞演《题曲》一折,甚佳</small>。

女校书陆绮琴工诗,善画兰花,适出素帻索书,为赋六绝句报之①

金钱抛得看西施,鹦鹉传声响屡迟。具此丰标宜绝世,黄花香里坐经时。

漫为东风托雄媒,巫云深锁楚王台。谁知林下夫人外,又见人间二陆才。<small>余向赠金玉云,有"十里秦淮花月路,相逢林下有夫人"之句。玉云与绮琴澹雅绝伦②,绮琴妹朝霞,弦索极工。</small>

一枝斑管写湘花,尺五鹅绫晕墨霞。不是幽人谁解爱,江风江雨态攲斜。

玉躞金题集作堆,枇杷花下不停挥。红楼倒影春波腻,中有玲斌女探微。

分得龙眼一瓣香<small>绮琴为方龙眼画弟子</small>,扫眉才子肯寻常。笑

---

① "六",原作"七"。按:以下所录仅六首绝句,《秦淮画舫录》亦作"六",据改。又按:陆桐条所录诸诗,出《秦淮画舫录》。

② 此句,《秦淮画舫录》作"玉云与绮琴同时,澹雅绝俗"。

他绝代平康女^①，只事依门赌靓妆。

殷殷说项老延秋，三载青溪载酒游。今日天涯披画卷，美人香草触闲愁古香亦号延秋，近游山左，所藏绮琴画兰极多。

高阳台

龙眠山人，雅有梅癖，倩绮琴女史作《梅花知己图》。绮琴固曲中佳品也，以丹青师事山人，遂尔名噪河上。此图之作，山人其有情乎？花场落落，载订心期；人海茫茫，独成目逆。得一于此，可以不恨矣。为填《高阳台》一阕志之。他日舟次秦淮，山人能置我于暗香疏影间也^②，招画中人一侑歌否？

问　珊

疏影香黏，芳心寒禁，夜来点破春痕。试卷珠帘，依稀认取前身^③。冰肌玉骨谁厮问，凭彩笔、画个真真。便和伊，索笑巡檐，一向温存。　　泥他香梦氤氲甚，尽枝枝低亚，特地撩人。无限相思，好风吹作黄昏。只愁欲化遥天月，向纸帐，唤起花魂。恐扬州，一觉醒来，瘦损三分。

连理枝

《梅花知己图》，余亡友龙眠山人所藏也。山人与绮琴校书最相昵，今藏此者既不可作，而画中人亦有天涯之感。子尊收得之，属为加墨，并识缘起于后^④。

邺　楼

一片疏香度，似有离云护。说与东风，依稀曾记，忍寒无

①　"绝代"，《秦淮画舫录》作"落落"。
②　"也"，《秦淮画舫录》无此字。
③　"试卷"二字原缺，按《词谱》，《高阳台》此句应有此二字。今据《秦淮画舫录》补。
④　"起"字原缺，据《秦淮画舫录》补。

语。恁生生天上、复人间,剩窗前那树。　芳讯更番误,清梦知难遇。纸帐垂垂,月婵娟影,可留春驻。怅文君消渴不移时,向红罗觅句。

陆朝霞（558）

陆朝霞,为绮琴女弟,蛾眉曼睩,纤纤如也。尝买画舫,邀蕖宾、邺楼载游桐湾、桃渡间。朝霞拨四条弦,歌箜弄数阕,蕖宾复倚洞箫和之,东船西舫,莫不停桡悄听,艺也,而进乎神矣。归午山司马后,芳讯遂杳。《秦淮画舫录》

陆朝霞、吴藕香长于象棋,对局清宵,曾不知参横月落。余与颜金台、伍紫瑛偶过其室,见其对弈不休,态有馀妍。金台为赋七律一首云:"满栏花气夜逾清,双美帘前倚一枰。两阵并圆如对垒,单旗直入不俱生。黛眉横处饶奇计,玉子停时运甲兵。局罢相看齐拊掌,侍儿都唱凯歌声。"紫瑛步韵一律云:"坐间玉洁与冰清,客至欢迎不敛枰。背水众军疑险绝,凭城一将又重生。欲擒虎子思投穴,解事狸奴劝罢兵。未许旁观参胜负,漏声听罢更鸡声。"《秦淮闻见录》

卷第二之六　纪丽六

秋　影（601）

秦淮佳丽，代兴有人，而鲁殿灵光，巍然独峙者，惟秋影校书。校书向见赏于随园太史，嘉庆乙亥三月二日[1]，为太史百岁冥辰，邺楼设筵小桃源之鹤归来轩，邀同梦白老人泊小秋、亦山、玉珊、云根、绂笙、景仙、松亭，并招校书来，悬像轩中，焚香扱拜，各纪一诗，尽欢而散。校书亦成七律一章。白发青裙，红镫绿酒，固太史之流风未沫[2]，亦校书之逸致不凡也。<small>秋影、春痕，擅名于嘉庆初年。略著其事于此《画舫馀谈》</small>

徐稼庭司马《访秋影楼》二绝云："瀹茗挑镫话别愁，相思留影一间楼。南朝金粉销磨尽，剩有垂杨耐得秋。""风尘十载鬓星星，偶过秦淮一棹停。旧录云萍重检点，美人文士半飘零。"秋影固与兰雪、二娱、湘湄诸君以文字为交游者也。<small>《灵芬馆诗话》</small>

秋影主人中年却埽，炉熏茗盌，拥髻微吟，花社灵光，出

---

①　"嘉庆"二字，《画舫馀谭》无。

②　"史"字原脱，今据《画舫馀谭（谈）》补出。《画舫馀谈》即《画舫馀谭》，清捧花生撰。

317

尘不染,后来之秀,赢崇礼焉。先是,香霓阁有随鸦之举,主人苦口箴之,闻姬属余,庆得所归,恒求识面,申丈介余修相见礼[①],笑曰:"十君玉骨珊珊,迨应益饶丰艳耶。蕴珠抱璞,早审不凡,具此识英雄俊眼,尤为埽眉人生色矣。"归宣其言,姬为莞尔。《湘烟小录》

金袖珠(602)

金袖珠,行一,茂苑人,四美人之首。[②]早年伶仃,依外家以居,娴静不多言。余评为花中水仙,殆非过誉。装束甫毕,即摊卷相对,而修眉惨绿,恒觉楚楚可怜,盖促迫尚无嘉耦也。今年春,自瓦梁来,赁居棘院前倚云阁中,一角红阑,湘帘高轴,渤海公子向余述其梗概甚悉。偶偕栋塘过访,值其赴燕他所,迟之迂久,甫得一晤。翌日,即裁凤纸,作簪花小楷,遣鸦髻来假余《红楼梦》说部去。"玉皇前殿掌书仙",殆又姬之谓夫!

姬嗜读《红楼梦》,至废寝食,《海棠》《柳絮》诸诗词,皆一一背诵如流,与吴中高玉英校书同抱此癖。玉英尤着意书中"真"、"假"二字,两姬其皆会心人耶,抑皆个中人耶?玉英本秦淮人,流寓上塘道林庵前,亦享艳名[③],时论以为玉屏风也。《秦淮画舫录》

---

① "丈"原作"文",形近而讹,据《湘烟小录》改。
② 《秦淮画舫录》(《香艳丛书》本)无"四美人之首"一句。
③ "享",《秦淮画舫录》作"高"。

八月十七日同箬圃、典衡夜泛秦淮，留饮袖珠家，偶赋题壁

子　年

　　舟放沙棠月放眉，竹枝歌领玉箫吹。六朝一部莺花海，小妹三生粉黛词。水意于人常觉软，风情事处总成痴。可怜忍俊难禁事，悔不来游及少时。

　　十二银镫照水香，画楼南北影成行。酒无监督花边醉，秋有商量月后凉。紫府沉沉谁斫桂，麻姑夜夜此栽桑。眼前便是华胥境，一雁云头忽叫霜。

一萼红

研湖招同伯渊、月潭集倚云阁，因赠主人袖珠，并调研湖，明日将游瓦梁也。

吴山尊

　　似烟轻。笼一株琼树，不损月华清。菊自无言，花原解语，众中出意天成。谁省识、红楼梦破，遍情天、情海怅多情主人爱读《红楼梦》说部。唤起晨鸡，教陪语燕，莫打啼莺。　妒煞诗人无已，借闭门索句，掌上孤擎。玉笛词吹，绣鞚板拍，零星细歌尘①。傲幸得、刘桢平视，恰临流、双眼望盈盈。计日旧游重问，桃叶能迎。

---

　　①　此句，《秦淮画舫录》作"清响飞落梁尘"。按词谱，此句应是六字，《秦淮画舫录》是。

用绿春词韵三十首^①　赠袖珠，选六

魏笛生

三五星期指在东，女妆缥缈翠微中^②。乌衣小篆经薇露，雀舫馀芬度蕙风。偃月浅侵眉样碧，断霞羞晕脸潮红。昨宵新订游仙约，差喜银河路渐通。

乱绾鸣蝉髻懒梳，水晶帘底碧纱虚。丁香松结窥红袜，卯酒馀痕润翠裙。手钏碍钩垂幔后，胆瓶添水拗花初。上头夫聋无多事，先学鸳鸯两字书。

桐叶新诗索自媒，桐花小阁为谁开。泥金空仿金华格，嫁玉难偿玉镜台。三里雾才笼月去，五更风又冒云来。不知捣麝成尘后，检点香煤剩几堆。

絮已沾泥尚忆云，荀炉不藉水沉薰^③。西楼坐拥花双艳，南浦愁萦月二分。绣佛有心空压线，留仙无计漫裁裙。将离谁慰英翘意，怕遣桃源女伴闻。

弹雀明珠肯碎抛，合欢枝上语初交。漫催画鹢迎桃叶，先盼明蟾上柳梢。银钥零丁防露湿，铜镮些子带风敲。他生定化衔泥燕，双宿双飞认旧巢。

智璃暂贬隔尘凡，依旧书仙署妙衔。何以报之青玉案，

---

①　"金袖珠"条下诸题咏，皆出自《秦淮画舫录》。此题《秦淮画舫录》原录十四首，作者题为"白斋"。

②　"妆"，《秦淮画舫录》作"床"。

③　"荀"，原作"笋"，不通，盖形近而讹。据《秦淮画舫录》改。"荀炉"者，汉末尚书令荀彧焚香之炉也。李商隐《牡丹》："石家蜡烛何曾翦，荀令香炉可待薰。"

谁能解此紫蕉衫。骑羊客厌多于鲫,控鹤人防去似骦。添得几重文字障,狂生绮语未曾缄。

陆素月（603）

陆素月,四美人之一,宝霞陆氏假女。①原名桂香,于兰舟为小妹。先家贡院前,继移东水关。环姿璥质,佚态横生,好作靓妆,颇肖其母。往岁,二山邀同人为画舫游,拉姬与偕。日亭午,姬甫至,文襦绣鬈,如火如荼,吐属亦极温雅。濒行,出湘妃泥金箑子,索余倚纪事词为赠。妒姬者谓其夙有内疾,余将于所亲证之。《秦淮画舫录》

附诗:陆素月兰花册子题词②

偶描春影过潇湘,露眼盈盈露脚长。莫讶一枝清到骨,前身生小杜兰香。

装池生怕俗尘侵,三日金貌罢水沉。想得背人重搁笔③,眼前几个是同心。

吴玉龄（604）

吴玉龄,行三,小字叩儿,四美人之一④。曾乞字于抑山,抑山字之曰"绿波"。吴巧龄,喜龄妹也,年十五、六,风流透曼,秋水盈盈。初在郭芳家,屋宇湫隘,往来杂遝,姬甚厌苦

---

① 此前三句,《秦淮画舫录》原书作"陆素月宝霞,陆二假女"。
② 此诗亦出《秦淮画舫录》,原书署有作者名"荻园"。
③ "搁",原作"悯",不通,据《秦淮画舫录》改。
④ 《秦淮画舫录》原书无此句。

之。顷即藕香故宅建阁,曰"蔻香"。一凫、药谙、雾笠诸君游燕极数,曾与再过其地。姬豪于饮,而以拇战自负,药谙、雾笠皆敛手称弟子焉。《秦淮画舫录》

次绿春词韵三十首 选四

药 谙

姊妹花开又一枝,探芳底用惜春迟。重寻杜牧曾游处,犹是云英未嫁时。愁去任随流水度,欢来曾索好风吹。桃根桃叶传呼遍,独去江东拥檄词。

凤酣箫管玉微微,对影闻声未尽非。掷果旧从油壁认,捧花新自画楼归捧花生著《秦淮画舫录》,评姬为蔷薇花,信然。蛮笺小叠橅黄瘦,蜜炬高烧护绿肥。赢得销魂无限事,肯随蝴蝶别枝飞。

简简师师共一街,桃源女伴许谁偕。石华唾处分鸳袖,金缕歌时斗凤鞵。半臂袭人香竟体,前身知尔玉投怀。不须更拂墙花去,似此浓春住亦佳。

章台花样迭番新,争识崔徽画里人。莲薏心情工结夏,枇杷门巷独伤春。归来燕子愁同语,打起莺儿梦亦嗔。芳草年年依旧绿,悔教容易驻雕轮。

蔻香以染唇馀脂点仆扇上,归属笛生稍加渲勒,遂成牡丹一枝。因系四绝句于尾

第一佳名记合欢,不将捐弃怨齐纨。分明解识春风意,付与檀奴带笑看。

玉指凝香浅晕红,分题花叶对屏风。画师不枉抛心力,多在停筝一拜中。

小楼银独点秋光，花底春人梦未妨。无那罗衾凉似水，枕边犹带口脂香。

艳福能消定几时，低鬟私祝海棠词。春衫染得天香后，添写兰台却扇诗。

偶过蔻香阁题赠 三首

晴 溪

笑擘涛笺索赠诗，珮环声细出帘迟。模糊灯影分明月，是我前宵中酒时。

检点群芳谱未差，瑶台小影斗春华。水仙清冷蔷薇艳，都是东风著意花。捧花生以水仙品倚云，蔷薇品蔻香，极雅当

镜波双影照玲珑[①]，斜界红墙掩画桡。莫倚填桥倩乌鹊，买丝只合绣张星。谓一芙[②]

上元徐瑞堂石麟赠吴蔻香云："青溪溪水照明妆，三寸横波艳艳长。却月钗摇九子重，飘风衣曳五铢凉。清歌花底樱桃绽，小语尊前豆蔻香。闻说瑶台住仙子，水晶帘幕郁金堂。"吴赠徐，有"恨妾逢迎知己少，可人风雅到君稀"之句。周孝廉开麒与之交好，戊子之冬，拟会试，而苦无赀，邀数有力者饮于其家。席既散，吴私语曰："君此举，得无为进京计乎？顷见诸人俱不甚踊跃，此事我能了。"遂罄所有资之，某由此得及第。余尝赋其事云："络绎公车速置邮，腰缠无计上

---

① "镜"原作"境"，据《秦淮画舫录》改。
② 此诗《秦淮画舫录》题为《蔻香阁杂纪同雾笠、一芙、莲渠》，作者岳庵，非晴溪。且晴溪《偶过蔻香阁题赠》只有二首。以上题蔻香阁诸诗，并出《秦淮画舫录》。

扬州。平康设酒邀同辈,永好何人念旧游。只望财神藏白屋,谁知侠骨在青楼。琼林宴罢归来日,好借宫花插鬓头。""儿女多情半爱才,优伶曾护状元来。花花白锸瑶函里,袅袅乌丝玉尺裁。奎宿文星明宝曜,珠宫秀气肇凡胎。尚书雅度倾湖海,娘子风流首重回。"再过江南,闻吴已从良去。《达观堂诗话》

徐桂龄（605）

徐桂龄,字凤珍,行四,后又号月仙。宝应人[①],四美人之一[②],寓板桥侧。余初见子鸳赠姬作,因悉其美而且才,因循未得晤。嗣将同子鸳往访之,乃姬已先一月为山下土,叹悔靡及,惟两手自搏,呼负负而已。古春居士,姬旧好也,今年自练江买棹来白下,偶语及姬,尚为怅惘,并出姬所寄诗笺,有"惟愿泥金消息好,桂花分与妾身香",又"妾身信是章台柳,不待春来不敢狂"等句,细吟一过,如在月明人静时,听琐窗絮语也。于戏!有才如此,而独不永其年,桓子野能无唤奈何乎?子鸳曰:"姬嗜吟咏,而不欲以能诗名,稿成,辄焚去,且非凤契者,亦不与谭,故知者绝少。"尝见《病中》断句云:"柳如多病无心绿,花到将残着意红。"读其诗,可想见其人已。《秦淮画舫录》

---

① 此句《秦淮画舫录》作"扬之宝应人"。
② "四美人之一",《秦淮画舫录》原书无此句。

泛舟过板桥，值月仙小病新愈，即事为赠

子　山①

万里桥边路，乘春一放槎。微吟矜柳絮，薄幸笑桃花。乡思随云散，歌声趁月斜。徐娘风韵好，底要觅舟砂。姬方以药物见属。

买棹白下，重寻旧游，月仙女士已先物化。抚今追昔，
为之慨然，漫作二诗，以志崔护再来之感

古　春

琉璃易散彩云归，仙馆尘萦白版扉。凄绝金堂痴燕子，偎人还作一双飞。

青鸾肯信便音乖，望断盈盈一水涯。寻遍花钿何处哭，空馀残梦落清淮。

吴喜龄（606）

吴喜龄，字藕香，生与纪招龄同里，旧有葭莩亲，故亦同院。往来游者，知有纪，不知有吴也。吴后别营轩槛，未半年，声称藉甚，骎骎欲度骅骝前矣。石船子工传神，余向避暑飞云阁时，石船以所橅藕香小影乞题，清妍淡冶，姿致超群，经过赵李家，当不数数觏之。某公子与有茂陵之约，事垂成，忽舍之去。适徐稼庭司马宝善江上行春，酒次，偶值之，遽以扁舟载入五湖，并绘有《种藕成莲图》，一时题者甚众。司马先

---

① "子山"，《秦淮画舫录》作"子鸳"，《秦淮广纪》盖涉前文而误。按：此诗及下文古春诗，皆出《秦淮画舫录》。

题《藕香吟馆图》即小影云:"青溪曲似浣纱溪,溪上佳人今姓西。弱腕爱书唐韵小,长眉惯画黛痕凄。眼波溜处歌珠啭,酒晕潮边扇月低。谁把水晶雕作枕,梨云梦好不须迷。""见时惘惘别匆匆,惆怅楼西昨夜风。鱼素写心词隐约,藕香押尾印玲珑。曾闻乐府歌莲子,似许诗人赋恼公。珍重下弦帘外月,一分瘦减一分空。"藕香和云:"一钩屈玉映前溪,君住东头妾住西。燕睡绿阴春寂寂,蝶翻红影雨凄凄。十眉图画临窗嫩,百子流苏压帐低。只隔垂杨千万缕,烟痕笼月望凄迷。"诗亦可人意也。《灵芬馆诗话》①

临江仙·题《藕香吟馆图》②

棹月子游青溪之上,眷士女藕香,归茸吟馆,俯清池,植莲万柄,即以"藕香"题额,复绘作图,三致意焉。日月几何,青黄变色,吟馆依然,而瑟瑟红衣已盖,鸳鸯远移别渚矣。为制此阕,聊以解嘲。

紫　珊

占得妙莲花世界,茅亭台胜红罗③。相思吟写水窗多。凉云留梦语,香雾漾晴波。　　绝似青溪第三曲,只差乌骨帘拖。传闻清浅到银河。重来听不得,急雨打新荷。

洞仙歌·题吴藕香校书小影

子　尊

花为四壁,是蕊宫仙侣。悄捻花枝辗然住。记俊游,雨后双掩鱼扃,曾来过,暗地看花崔护。　　凭阑人影瘦,清

---

① 此条前半与《秦淮画舫录》大同小异。
② 此诗及以下诸篇题咏,皆出自《秦淮画舫录》。
③ "台",《秦淮画舫录》作"合"。

浅银河，隔了红墙几时渡。莫说不相思，崔蜜偷尝[1]，也值得，消魂一度。恁省识、春风画图中，已输与泉明谓南州司马，《闲情》亲赋。

菩萨蛮·石船属题藕香所赠金凤花画箧，倚此调之

子　尊

朱阑干外三弓地，姣红点点胭脂渍。唤作女儿花[2]，有人猜是他。　　一枝谁写照，寄与郎知道。郎性惯温柔，定嗔花急不。金凤花一名急性花。

纪招龄（607）

纪招龄，吴人。居与金陵栅相望，帘纹荡月，阑影凌波，姬或伶娉独立，雾鬟风鬓，居然瑶池仙人下玉京游也。心绝慧悟，无论旧曲新声，方一按拍[3]，如银瓶泻水，使人听之忘倦。一夕，余舣舟月下，闻其唱"也哈也哈哈"新调[4]。维时水天交映，夜漏沉沉，回顾此身，如濯魄冰壶中，疑当日李三郎在广寒宫听演《霓裳羽衣曲》，境界当不异是。自姬入紫来堂后，遂成绝响。惜哉！[5]

吴藕香初与同居，名在纪下。后来别营新巢，竟能轶出纪上，人贵自立，信然。

---

① 　"崔"，《秦淮画舫录》作"崖"。
② 　此句原作"□唤女儿花"，首字空格。据《秦淮画舫录》校改。
③ 　"方"，《秦淮画舫录》作"才"。
④ 　"唱"字原缺，据《秦淮画舫录》补。
⑤ 　此条及下录题咏，并出《秦淮画舫录》。

青溪月夜闻歌，适招龄校书索诗为赠，因书其扇上

子　尊

不解南朝恨，重闻商女歌。声从回处咽，泪自数来多。澹月欲无影，微云如有波。筵前一樽酒，相对意云何。

四　喜（608）

四喜，秦淮歌者。风貌秀冶，有清水夫容之意，人方之拒霜花。苏延福啸崖，尚衣公子也，好客下士，有成容若、曹雪芹之风，为四喜作一图，余题《梦夫容》一词其上，邵无恙明府作四绝句，每诗分嵌"四"、"喜"二字。余口占一绝云："夫容生长是方塘，木末移来是淡妆。喜字若书三十六，再周四角到中央。"四喜旋归公子，称得所矣。《灵芬馆诗话》

杨　枝（609）

杨枝，行一，招龄义妹①，即依招龄以居。年才及笄，而丰韵天然②，横波一翦，偶尔传觞奏技，亦不减阿姊风流也。桥西太史未脱白时，深为激赏，辛酉天中，邀余辈买画舫挟姬为水嬉。太史酒酣，亲解绣巾系姬腰际，切切作湖州后约，姬亦展转向之。乃未三载，太史果从蓬阆归③，而姬已凤泊鸾漂，不知所往。吁！是岂寻春之独迟哉？抑狂风作剧，

---

① "姊"，原作"妹"，据《秦淮画舫录》及下文改。
② "然"，《秦淮画舫录》作"成"。
③ "阆"后，《秦淮画舫录》多"游"。

无从觅殷红色耳？小秋、玉舟、竹岑、邺楼皆谱《杨枝词》纪事。《秦淮画舫录》

陆苕玉（610）[①]

陆苕玉为陆氏养女，亦不详其何处人。居鹫峰寺前曲街中，姿态妖媚，脉脉盈盈。余曾偕子山、一凫往访之。姬方酒后，坐帘角下，恹恹敛息，如不胜慵惰者。嗣知余与七夕生善，即移席，询其踪迹不已。七夕生时返吴中，姬并属余作书致之[②]。生其何以得此哉！同上

云林三十六峰樵子由白下移寓邗江，寄赠苕玉校书八律云："才上兰桡未出城，高楼玉笛两三声。吹来离绪心先醉，唤起秋愁客易惊。落拓自惭牛马走，叮咛谁学鹧鸪鸣。云帆雨栈年年惯，漫说风波不可行。""昨夜樽前笑语同，骊歌声断去匆匆。忍抛神女巫云外，空老襄王驿梦中。琼树观前秋色冷，玉勾斜处夕阳红。伤今吊古寻常事，别有闲愁寄远鸿。""采药刘郎转暗思，天台曾到几多时。相逢六载才胶漆，始信三生有早迟。感遇频看衣上酒，替人常记枕边诗。平生自笑同痴蝶，选尽名花爱一枝。""羁魂落落不禁销，底事飞琼又见招。自荐游仙秋夜枕，闲吹引凤紫云箫。风轻廿四花多劫，人似初三月正娇。红豆拈残时记曲，谪来犹自想钧韶。""病后腰肢减一围，云英不似旧丰仪。莺当春困歌先

---

① "陆"，原作"陈"，据文意及《秦淮画舫录》改。
② "姬"，据《秦淮画舫录》补。

懒,梅为烟销影不肥。宝鸭香浓愁损肺,桂花风冷怯侵衣。嫦娥幸喜偷灵药,医得清光永夜辉。""命薄何妨不自疑,聪明思与福争奇。三更空想蕉边鹿,一局难收劫后棋。铁板铜弦歌懊恼,长斋绣佛诵慈悲。皈依欲拜莲花座,也似英雄末路时。""怜我轮蹄足未停,飘飘难聚雨中萍。野鸥自愧衣常白,堤柳何缘眼误青。陌上寻春歌缓缓,筵前击节惜惺惺。此生惟有花知己,诉与流莺不忍听。""跌宕空馀北海樽,荒鸡无复舞刘琨。兰因絮果芳尘杳,纸醉金迷绮梦温。管领六朝卿等在,遥怜三径菊犹存。相思此后潮能寄,夜夜回头到白门。"《秦淮闻见录》

云林逸叟《重游白下喜晤苕玉校书》七律云:"谁云别后见时难,春去秋来雁一般。梦里悲欢伤聚散,灯前惊喜话温寒。重逢解语名花好,直当知心旧雨看。灵鹊画檐应有信,绿杨深处卸征鞍。"

苕玉人耽岑寂,性爱群芳,春兰秋菊,手自栽培,尤善养水仙,岁岁花开特盛。余见其壁间有云林三十六峰樵子叠《赏水仙》十二律,盖丙子、丁丑、戊寅诗多不录,足见花无岁不佳,而人则齿加长矣。《秦淮闻见录》

侯双琳（611）

侯双琳,吴人,住祁望街前。年十三、四。曳茜红胡蝶履,秃襟窄袖,鬋发黝然如漆,亭亭袅袅,诚哉既含睇兮又宜笑也。后一年,再见于春波楼,侯已顾身玉立,与里中施郎善。施固小经纪,亦倾心于姬,而假母方以姬为钱树子。迨施之囊橐垂尽,假母便不假以词色。一日,施自姬家卯饮回,忽咆哮若中毒状,家人方驰赴姬处询之,乃姬亦玉碎花残,香魂如属缕已。盖姬与郎计事终难谐,秘谋饮酖,同就地下为连理枝耳。蜀中蔡公子为经营敛具,始得瘗于雨花台,吊之者诗词如束笋,张蘩秋为谱《苏香记》传奇,凌芝泉题句,有云"烦君多炼娲皇石,尽补人间离恨天"。《快园诗话》

鸱媒曲①

袁　通

双星摇摇光欲滴,鹝离夜笑韩凭泣。人间难觅返生香,颇黎魂碎东风急。双星皎皎照青溪,妾住溪东郎住西。溪头翔燕无单影,楼上惊鸾爱并栖。髫龄学得琵琶熟,抱向人前弹续续。佳客争题白苎辞,新声自变红盐曲。玲珑更击铜弦琴,以竹取声成妙音。十三柱上花常集,廿四航边春乍深。门前系遍青骢马,白帢青袍客都雅。绣虎何人技绝群,女龙无婿身甘寡。谁知择偶广场中,乍识肩吾意便通。情重那须论阀阅,姓佳应莫问西东。蓝桥双醉神仙窟,密誓星前划罗袜。话久频枯海肺膏,舞残每送楼心月。软香扶梦锁细帏,雌蝶雄蜂作对飞。莫怪妾愁容易织,郎家自有九张机施本缎贾。九张机织愁无缝,五里雾偏遮好梦。假父多贪愁界金,阿娘强觅秦台凤。深情已自玉同坚,争忍银蟾竟不圆。三

---

① 此诗见《秦淮画舫录》,作者名署"兰邨",诗前另有小序云:"女伶阿双与白门施君有终身之订,遏于鸨母,其志不申。双将有适,施无计脱之。双知不免,相约饮鸩而殒。贫乏殓具,蜀中蔡公子身为经营,始得瘗于雨花山麓。同人哀其志节,各以诗吊。余悉其概,为赋是篇。"

生有愿盟贞石，十万还期贷聘钱。妾心卷似床头席，叵耐郎无点金术。九宵舞凤下肺艰[1]，一夜飞龙愁骨出。绿章私祝社公祠，洒血同书决绝词。茫茫那定死欢会，草草怕成生别离。明知亲意无时转，更苦情丝系难翦。絮可为萍愿脱枝，蚕拼自缚裁成茧。痴心真托鸩为媒，宛转同斟抵鹊杯。郎自有心追运日，妾宁无意化阴谐。从容引满何须劝，儵忽玉颜惊惨变。投鼎甘同义雁烹，回肠苦似哀猿断。送郎归去路迢迢，泉路非遥世路遥。门外骑来传玉殒，堂前人已哭香销。就中奇士有中郎，一面曾窥窈窕妆。未向花丛留浅笑，却从筵上斗瑶觞。奇士名姬欣有偶，怕作情魔作酒友。不惜明珠赠一双，常邀欢伯倾三斗。惊闻噩讯涕涟涟，亲与招魂阿阁边。通替棺轻呼仆买，断肠碑好倩人镌。离离三尺孤坟小，风回摇动红心草。同穴难酬昔日盟，孽缘悔向今生了。我来凭吊雨潇潇，一琖亲将浊酒浇。千秋欲识含辛意，冢上骈生莲蒂椒。

侯桂琳（612）

侯桂琳，字月娟，双琳之姊，与俞种芙善。俞有美名，侯调之曰："共验新妆向镜台，镜中双脸笑相猜。与郎一样神仙骨，莫是莲花化得来。"《快园诗话》

---

[1]　"艰"，《秦淮画舫录》作"难"。

王翘云（613）

王翘云，行二，金陵人。翘云久饮香名，与秋影、春痕、艳雪等相埒，棠邑汪紫珊与翘云初晤时[①]，翘云啮舌血于素绢上，以矢其诚，因属松壶道人仿李香与侯生故事，添缀枝叶而成者。频伽、小云、兰村、海树、湘湄、竹士诸君，皆为填词。今卷中人已不可作，而湘湄、小云亦与彩云俱化，竹士、频伽、兰村、海树又各散处一方，名士美人，沦落同慨。余既为制小词，并述其概，以为风月佳话，且补纪翘云逸事之缺。《秦淮画舫录》

翘云光艳动人，并能诗。江宁凌芝泉诗社题为《送春》，翘云诗云："催归声里放将离，欲问东君何所之。决志不留亏尔忍，断肠相送笑侬痴。绿窗风雨心担久，红豆帘栊梦醒迟。岁岁香车南浦外，小魂消尽有谁知。"众客《送春》诗成，以示翘云，令定甲乙。王首选芝泉"奢念妄思三月闰"及"馀花虽艳为谁容"之句，次则李瘦人"似燕自来还自去，笑余能送不能留"、"老眼已无分手泪，香闺应有断肠人"之句。时李年将八十，喜遇知音，手舞足蹈，欲亲翘云。翘云宛转避之，余秋农戏咏其事云："酒人临水开诗社，织女穿花避寿星。"《快园诗话》

翘云年十九，有司马以八千金购去，携之官舟，泊汉阳

---

① "翘云久饮香名"至"初晤时"，《秦淮画舫录》原作："余辑《画舫录》，以其久饮香名，与秋影、春痕、艳雪等相埒，拟不赘人。适紫珊自棠邑寄桃花画幨索题。盖其与翘云初晤时"。

之黄花洲。夜,遇盗,以被裹翘云去,馀不失一物。时芝泉客汉阳郡斋,有戚兰庄者,扶乩得秦淮王翘云骈体一篇,并诗二绝。人皆疑为明妓,争咏其事。芝泉亦作《翘云曲》,中有句曰:"谁知倩女离魂事,竟是司空见惯人。"末句曰:"何时归棹红楼泊,细叩分身聂隐娘。"次日,司马被盗之报至,方知翘云被劫而死矣。《快园诗话》

青玉案①

戊午秋晚,薄游秦淮,偶与翘云校书相值,流连匝月,式好同心。濒行时,校书啮舌上血,染素巾见赠。余察其情之痴,而感其意之挚也,爰填《青玉案》一阕于幅。翌日蓝田种罢,金屋贮成,当以此词为息壤云尔。

紫 珊

生绡谁倩鲛人织。织就相思,难织同心结。私愿欲教郎解识。为郎忍痛,表伊深意,啮破莲花舌。 点点猩红亲染出,不是脂痕,不是鹃啼血。一片情天容易缺。几时双桨,迎来桃叶,炼取娲皇石。

蝶恋花

小 云

半幅冰绡微点血。肯为檀奴,悄啮莲花舌。忍痛可知全不惜,教郎看取心头热。 妒煞汪伦消受得。吐自丹唇,艳夺燕支色。代系罗襟私赠别,胜人珠泪千千滴。

---

① 此诗及以下诸篇,皆出自《秦淮画舫录》。

柳梢青

竹　士

密意痴情，鲛绡香裹，销尽柔魂。泪不能浓，脂还嫌澹，红晕星星。　　秦淮秋涨初匀。好待问，恩深水深？吐出莲花，溅成鹃血，娇可怜生。

沁园春

兰　村

是胭脂痕？是唾绒欤①？何其艳耶！怪斑斑染出，似灵芸泪，轻轻点就，异守宫砂。眉乍烟含，齿刚犀露，忽见莲开舌上花。明灯下，累檀郎惊认，一口红霞。　　华清汗渍休夸。试比并、香痕总觉差。想樱唇欲启，故教款款，丁香强递，愁送些些。色较情浓，心如丝洁，广褒何妨斗石华。生绡好，得亲承香泽，侬却输他。

金缕曲

兰　村

紫珊以翘云赠帕索题，余既为填《沁园春》一调，忽忆及香君桃花扇事，有感于怀，因就己意，再作此解。诸君题句，馀音绕梁，此阕调高声促，未免有变徵之音。要之此论自不可少，请质之紫珊，并质之后之主者②。

昔者杨龙友，绘香君、桃花扇子，红娇绿皱。比似娲皇能炼石，巧把情天补就。剩佳话、艳传人口。谁料消魂者般事，

① "欤"，《秦淮画舫录》作"线"。
② "主"，《秦淮画舫录》作"题"。

让汪伦、今日重消受。猩红染,玉绡透。　　展观累我神驰久。替追忆,说盟说誓,浓欢轻咒。但恐香痕容易黦,悄把那人心负。想佳遇、岂宜无偶?何不调青兼杀粉,一枝枝、也画花魂瘦。珍重觅,写生手。

菩萨鬘

叔　美

紫珊以翘云校书赠帕见示,言其定情时啮舌,血渍帕上,藏之十稔矣。属余仿杨龙友故事,补作折枝桃花,因就其血痕一二点,约略成之,并系小词,以永佳话。后之览者,弗以笔墨计工拙也[1]。

蚕丝吐尽鹃啼血,生绡点点胭脂湿。无赖是相思,催人补折枝。　　门中人已远,竹外春波暖。珍重看桃花,依稀还见他。

王岫云（614）

王岫云,字小燕,行二,母家本姓李,邗江人王氏妇也。邺楼颜所居曰"蓊波楼",在丁官营口。纤腰微步,罗袜生尘,略无教坊习气。便捷,善酬应[2],座客微论雅俗,口谭手画,莫不各如其意。素心雅澹,不以势位易其志。鹾贾某挟重赀,谋置金屋,姬知为没字碑,故不允,自是人益重其名。与瑞兰、又兰、小兰辈最绸缪[3]。小兰新有所识,姬廉得之,即

---

① "弗",《秦淮画舫录》作"勿"。此句下《秦淮画舫录》尚有"戊辰仲冬"四字。

② "应",《秦淮画舫录》作"对"。

③ "瑞兰、又兰、小兰",《秦淮画舫录》作"又兰、小兰、瑞兰"。

袖明珠一琲，往为小兰上头。盖所识固美少年，而丰于才者，姬为之庆得焉。

姬与碧梧主人有三生之约，主人亦不吝斛珠致之。闻者咸谓名士倾城，适成佳耦，适以他事[1]，遂付空言[2]。媒妁适成夫参氏，姓名难刻于苕华。姬之缘悭，亦即姬之命薄也夫！《秦淮画舫录》

春燕词赠王小燕校书[3]

抑　山

巷口寻芳几度经，泥香时节又清明。海棠院落圆新梦，杨柳池塘续旧盟。解诉闲愁羞草草，频呼小字配莺莺。二分月照归来路，认得王家此画楹。

含睇斜窥玉镜奁，受风情态自翩翩。帘栊影里双栖稳，铃索声中一串圆。浅露红襟藏绣幕，偷衔锦字寄云笺。分明侧髻低鬟见，颤向钗头碧玉钿。

野草闲花总后尘，雕梁深护几重春。似曾相识偏怜我，莫倚能言便骂人。宾主无分真款洽，腰支虽小恰停匀。回风一舞消魂否，妒煞当年掌上身。

于飞故故影差池，雨腻云酣感莫支。只为投怀怜翠尾，可能系足有红丝。会心讵免华堂感，得意曾逢及第时。[4]何日曲江同宴罢，杏花深处话相思。

---

① 　"适"，《秦淮画舫录》作"迺"。
② 　"空"，《秦淮画舫录》作"邱"。
③ 　《春燕词》及下文《忆燕词》，皆出《秦淮画舫录》。
④ 　此联《秦淮画舫录》作："会他娇鸟依人意，盼我春风及第时"。

忆燕词

抑 山

曩制《春燕词》四首，绘声绘体，殊惭体物之工；宜雅宜风，聊寄缘情之感。迁流易逝，离合无端。忽小别以经时，问其旋于何日。杂花生树，曾时乌之变声；凉飙动林，惊落叶之满屋。将子无怒，忘我实多。云胡不归，曷其有所。望风怀想，将毋陌上花开①；搔首踟蹰，知否巢边香冷？不能无忆，载歌此词。

郁金堂北梦游仙，一别匆匆月五圆。远送曾来嗟涕泣，孤吟谁与共缠绵。泥萦画壁闲筝柱，香烬金炉冷篆烟。耐得连宵风露薄，湘帘低卷静无眠。

故国乌衣久恋渠，天涯红雨最牵余。夕阳小立空延伫，画槛先期为埽除。往日呢喃还记否，些时肥瘦定何如。生愁水宿风餐后，不似春宵乍见初。

芙蓉采采隔江皋，秋以为期冷旧巢。社日关心过五戊，潮痕屈指减三篙。迁延莫漫防姑恶，迢递还应念伯劳。我有新诗凭寄与，风前吟就首频搔。

涤尘厄酒绿新醅，先向文窗醉几回。凝睇愁逢烟树合，痴心梦见海棠开。十三楼畔云深浅，廿四桥边水溯洄。芳草王孙都已老，相期风便早归来。

---

① "毋"字原作空字符□，今据《秦淮画舫录》补出。

王瑞兰（615）

王瑞兰，行七。肌理莹洁，玉光无瑕，不必斤斤修饰，而眉睫间时流雅韵。吾友再芝有仲容之姣，姬矢志欲事之，再芝守家范，卒不允也。后见伶人张桂华演《玉簪·茶絮》一出，极缠绵之致。姬谓张作戏且然，倘真谐伉俪，必非如李十郎鲜克有终者。乃买小蜻蛉，亲赴苏台，晤张之大妇，关说定，仍返金陵，就桂华于家。其母颇诟谇，姬固始终安之。所居伴竹轩，侧枕城阊，棂纱半掩，潇洒无点尘。时或偕其妹小兰凭兰倦立，望见者疑在湘皋雒浦间也。

七夕生云：姬先与筼如公子一见倾心，双盟啮臂。姬偶小恙，公子为之称药量水，琐屑躬亲，姬亦盛感之。迨公子随宦他徙，戒涂不发，为姬作平原之留，期以三年相守，姬亦画《梨花满地不开门图》以见志。乃公子去未半载，而姬已许归桂华。嗟乎！骙牛痴女，河汉相望，千古钟情人，可胜浩叹。不谓才逢萧史，又拍洪厓，如姬其人者，夫亦太褊急矣。《秦淮画舫录》

王小兰（616）

瑞兰第八妹曰小兰，琅琊多才，几有盌脱之誉，惜其抱璞自珍，罕有知者。六一生闻而怜之，为制《艳秋词》三十阕，风怀露约，半属寓言耳。姬吐属风雅。一日，妹稚兰朝眠未起，其小弱妹扣门请入，稚兰不即膺。姬适过之，曰："此所谓'十扣柴扉九不开'也。"盖稚兰行九，而妹行十，闻者绝倒。

《秦淮画舫录》

王稚兰（617）

王稚兰，字爱卿，行九，年十五。①雏莺么凤，不屑作时世妆，见人辄俯首弄带，娇婉可爱。平山太守、砀山令尹前后委重聘，为在东之请，故其《书怀诗》云："青鸟凭他自往还，红窗幽怨一齐删。侬家自爱江南好，羞说平山与砀山。"意旨分明已。《秦淮画舫录》

王子兰（618）

王子兰，瑞兰之妹，字紫湘，一字畹君，行十。性最孝，生母丧，哀毁骨立。嫡母既抚如所生，子兰亦曲意恭顺，惟于背灯倚枕，泪渍衾裯，历数年如一日也。云公子到秣陵，初见子兰于纫秋水榭。时停云娇女幼香将有所适，仲澜骑尉招与偕来，画烛流辉，玉梅交映，四目融视，不发一言。仲澜回顾幼香，笑述董青莲传中语曰："主宾双玉有光，所谓'月流堂户'者，非耶？"子兰低鬟微笑，谓云公子曰："前读君寄幼香之作，缠绵悱恻，如不胜情。今将远嫁，此君误之也，宜赋诗以志君过。"时幼香歌《牡丹亭·寻梦》一出，云公子振管疾书，曰："休问冰华旧镜台，碧云日暮一徘徊。锦书白下传芳讯，翠袖朱家解爱才。春水已催人早别，桃花空怨我迟来。闲缫张泌《妆楼记》，孤负莺期第几回？""却月横云画未成，低鬟拢鬓见分明。枇杷门巷飘镫箔，杨柳帘栊送篆声。照

---

① 　此前数句，《秦淮画舫录》作"王稚兰，年十五，小字爱卿，亦瑞兰妹也"。

水花繁禁着眼,临风絮弱怕关情。如何墨会灵箫侣,却遣匆匆唱渭城。""如花美眷水流年,拍到红牙共黯然。不奈闲情酬浅盏,重烦纤手语香弦。堕怀明月三生梦,入画春风半面缘。消受珠帘还小坐,秋潮漫寄鲤鱼笺。""一翦孤芳艳楚云,初从香国拜湘君。侍儿解捧红丝研,年少休歌白练裙。桃叶微波王大令,杏花疏雨杜司勋。关心明镜团栾约,不信扬州月二分。"姬读至末首,慨然曰:"夙闻君家重亲之慈,夫人之贤,君辄有否无可,人或疑为薄幸,此皆非能知君者。堂上闺中,终年抱恙,窥君郑重之意,欲得人以奉慈闱耳。"因即席饯云公子一绝曰:"烟柳空江拂画桡,石城潮接广陵潮。几生修到人如玉,同听箫声廿四桥。"月落乌啼,霜浓马滑,摇鞭竟去,黯然魂消。《湘烟录》[1]

湖阴独游,新绿如梦,啜茗看花,殊有春风人面之感。忽从申丈处得姬芳讯,倚阑循诵,纪之以诗,曰:"二月春情水不如,玉人消息托双鱼。眼中翠巘三生石,袖底金陵一纸书。寄向江船回棹后,写从妆阁上灯初。樱桃花滟宵寒浅,莫遣银屏鬓影疏。"嗣是重亲惜韩香之遇,闺人契胜璩之才,搴芳结缡,促践佳约。余曰:"一面之缘,三生之诺,必秉慈命而行,庶免唐突西子。"允庄曰:"昨闻诸堂上云,紫姬深明大义,非寻常金粉可比。申年丈不获与偕,寨修之事,六一令

---

[1] 此段及以下五段皆出《湘烟录》中之《香畹楼忆语》。《湘烟录》即《湘烟小录》,清陈裴之辑。《香畹楼忆语》即陈裴之所撰怀念侧室王紫湘(畹君)之作。按:此段中改第一人称"余"为第三人称"云公子",文字亦间有删略,不一一校注。以下诸段则未改。

君可任也。"季秋八夕,乃挂霜飒,重阳渡江,风日清美,白下诸山,皆整黛鬟迎楫矣。同上

六一令君将赴之江新任,闻姬父母言,姬雅意属余,倩传冰语。因先访余于丁帘水榭,诧曰:"从来名士悦倾城,今倾城亦悦名士。联珠合璧,洵非偶然。余滞燕台久矣,今自三千里外捧檄而归,端为成此一段佳话尔。"余袖出申丈书示之,令君掀髯曰:"父母之命,媒妁之言,足为蘼芜、媚香一辈人扬眉生色矣。"既以姬素性端重,不欲余打桨亲迎,令君乃属其夫人与姬母伴姬,乘虹月舟,连樯西下,小泊瓜洲,重亲更遣以香车、画鹢迎归焉。同上

姬同怀十人,长归铁岭方伯,次归天水司马,次归汝南太守,次归清河观察,次归陇西参军,次归乐安氏,次归清河氏,次未字而卒,次归鸳湖大尹,姬则含苞最小枝也。蕙绸居士序余《梦玉词》曰:"闻紫姬初归君时,秦淮诸女郎皆激扬叹羡,以姬得所归,为之喜极泪下,如董青莲故事。渤海生《高阳台》词句有曰:'素娥青女遥相妒。妒婵娟最小,福慧双修。'论者皆以为实录。"姬亦语余云:"饮饯之期,姻娅咸集,绿窗私语,佥有后来居上之叹。"其姊归清河氏者,为人尤放诞风流,偶与其嫂氏闻湘、玉真论及身后名,辄述李笠翁《秦淮健儿传》中语,曰:"此事须让十弟,我九人无能为也。"两行红粉,服其诙谐吐属之妙。同上

吴中女郎明珠,偶有相属之说。安定考功戏语申丈曰:"云生朗如玉山,所谓仙露明珠者,讵能方斯朗润耶?"告以姬事,考功笑曰:"十全上工,庶疗相如之渴耳。"盖亦知姬行

十,故以此相戏云。同上

余朗玉山房瓶兰,先苗同心并蒂花一枝。允庄曰:"此国香之徵也。"因为姬营新室,署曰"香畹楼",字曰"畹君"。余因赋《国香》词曰:"悄指冰瓯。道绘来倩影,浣尽离愁。回身抱成双笑,竟体香收。拥髻《离骚》倦读,劝搴芳、人下西洲。琴心逗眉语,叶样娉婷,花样温柔。 比肩商略处,是兰金小篆,翠墨初钩。几番孤负,赢得薄幸红楼。紫凤娇衔楚佩,惹莲鸿、争妒双修。双修漫相妒,识锦移春,倚玉纫秋。"一时词场耆隽,如平阳太守、延陵学士、珠湖主人、桐月居士,皆有和作。畹君极赏余词,曰:"君特、叔夏,此为兼美。"余素不工词,吹花嚼蕊,嗣作遂多,闺人请以"梦玉"名词,且笑曰:"桃李宗师,合让埽眉才子矣。"同上[①]

王子兰,瑞兰之妹,字紫湘,行十。性最孝,居母丧,哀毁骨立。词翰尤擅名。年十九,由侯青甫、欧阳棣之作蹇修,归钱塘云公子为箧室,先期营香畹楼以居之,故又字畹君也。紫湘善承堂上欢,女君亦爱怜之。秦淮桃叶之间,女伴啧啧艳称,吴梅村诗所谓"旧巢共是衔泥燕,飞上枝头变凤凰"者,不啻如是也。不及三年,以疾卒。云公子哭之恸,太夫人龚羽卿撰传,女君汪允庄撰哀诔,云公子撰《湘烟小录》以传其人。《云笈笔记》

---

① 此条同上条,亦出《湘烟小录》(《湘烟录》),原书未标注,故今为补注"同上"。

《香畹楼忆语》序

　　广平居士以梅垞生新谱《影梅庵传奇》,乞云公子题词,俾纾折玉之感。公子读之,益增凄恨。时距紫妹之仙去者十日矣。闰湘请于公子曰:"《影梅庵忆语》,世艳称之,然以公子之才品,远过参军,紫妹之贤孝,亦逾小宛。且此段因缘作合之奇,名分之正,堂上之慈,夫人之惠,皆千古所罕有。前日读君家大人慈训,有曰'惜身心而报以笔墨,俾与朝云、蒨桃并传',公子其有意乎?"公子乃坐碧梧庭院,滴泪濡毫,文不加点,随时授余读之,情文相生,凄艳万状。犹记紫妹未字时,余尝与艳雪、翘云、韵秋、赠香、小燕诸人私语曰:"个侬吹气如兰,奉身如玉,除是侍香金童,甫能消受耳①。"既见公子,争庆得人。饮饯之夕,芳菲满堂,皆曰:"十妹此行,何异登仙。"挂钗拂袖,多有感羡泣下者。迨妹今夏归省,语及公子恩谊,辄嚬蹙曰:"薄命人,惟恐消受不起。"呜呼!铭心刻骨之言,孰料为撒手离尘之谶哉? 妹之病也,姊姊姨姨,曾被赒恤者,皆愿以百身赎之。于其逝也,相向而哭,皆失声。况以公子怜香惜玉,情之所钟,其缠绵激楚,自有大难为怀者。然自有此作,紫妹既在所必传,村拙如闰湘辈,亦得厕名简末。此如淮南拔宅,鸡犬皆仙,公子之心尽矣,紫妹之灵慰矣。题曰《香畹楼忆语》,仍《影梅庵》例也。世有牙、旷,谱入宫商,乌纱钿鬓,登场学步之时,吾不知此后赚人清泪,

---

　　① "甫"字原缺,据《湘烟小录》补。

又将几许尔！甲申七月，扶风闰湘居士挥泪谨书。[1]

余家同怀十人，惟紫妹最幼，最美，最才，最贤，而难得者为最孝。其居我生母之丧也，哀毁骨立，徒以老父在堂，未即身殉。嫡母既抚如所生，妹亦曲尽恭顺，惟于背灯倚枕，感念亡亲，泪渍衾裯，历数年如一日也。余闻其将有所适，归叩其详。妹曰："云公子人品学问，有目共赏，毋俟鄙言。闻其传家孝友，天性过人，此尤妹所怦怦心动者耳。"余曰："门高族大，契洽良难，以吾妹淑性处之，自无不宜家宜室。惟是同母手足，目前仅我两人，一旦暌离，深萦我念。今与妹约，别后如不暇搦管，觅一花一草寄我，即可知妹近状矣。"妹颔之。画楫渡江，积旬伫返，发函伸纸，蛱蝶双飞，弄翠眠香，栩栩欲活，灵心飞动，喜可知已。今夏归省养疴，欢然握手，备述堂上之慈，夫人之贤，并闻雅娘龙媪云，此来举室送行，潜然出涕，馈问之使，不绝于道。余方欣感交集，以为吾妹之贤孝，既有以上契亲心，虽金枪马麦，定业难逃，然人定胜天，造化或容默挽耳。不虞昙花现影，落叶归根，遽折连枝，使人痛绝。夫就妹生平论之，蕙心纨质，燕寝承欢。月满花芳，玉郎专宠，家山重到，骨肉全逢。既亲二老之颜，复告生身之墓。薤露素车之吊，备极哀荣；梨云缑帐之悲，靡间存殁。无毫发之遗憾，无父母之贻罹。兰缘既尽，撒手以去也固宜。惟闻父母告余云，公子以老亲在上，力抑哀情，然浃旬以来，惟见以眼泪洗面。逝者如斯，生者如之何？垂垂鹤发，

---

① 此段及下段皆出《湘烟小录》。

感激涕零。呜呼！吾妹纵脱爱缘，鉴此芳情，亦当似玉箫再世矣。余多愁善病，蕉萃中年，既痛逝者，行自念也。一灯如豆，三复斯编，感公子之情多，惜佳人之命薄，幽窗冷雨，扑笔泫然。甲申巧月，太原瑞兰雪涕拜题。

马又兰（619）

马又兰，字闰湘，金陵人。[①]貌流丽，性亦机警。凡与之谈者，无论庄谐，靡不立屈，岂待设青绫帐，方可议解围哉！工写兰花，娟楚有致。尝见纨扇上寥寥数笔，下缀小红文印，曰"绣馀清课"，可想见其高韵。《秦淮画舫录》

题马湘兰小像赠又兰女士[②]
张应云白也

杂记何人续《板桥》，后身还订现冰绡。更无伯毂能相赏，影向潇湘梦里抛。

匆匆絮果与兰因，百五年来又美人。一缕媚香生竟体，任他风露莫伤春。

我有秋怀托画工，纫之为佩素心同。不如重向东园望，可记楼南月似弓。

怀远许叔翘《秦淮杂诗》

诗人老去尚莺莺，张籍秋风少宦情。指蠡湖南屋又兰马又阑居白塔巷东小玉谢小玉住王府塘，批红抹白拜门生。

---

① 《秦淮画舫录》此下多"早适王家，瑞兰辈之嫂氏"二句。
② 此诗出《秦淮画舫录》。

张畹兰（620）

张畹兰，素琴之女，小名花子。素琴去后，尚留曲中。自嫌名不雅驯，请易别字。友人高寄生重游白下，向识素琴，今复见花子之纤艳，因笑谓曰："尔名佳甚，余试为尔咏之。"遂口占七律云[①]："门巷重寻路欲迷，江湖闲梦最相思。华堂箫管春如海，驿使风霜鬓已丝。犹记名花留艳子，果然琼树有新枝。东皇岁岁催芳信，茵溷何曾为主持。"其养母亦珍重特甚，任其娇痴，千阑百就，云樵君尤深为爱惜。周兰庄笑谓余曰："尔两人同一爱，而不同所以爱。"因吟云："蜂贪酿蜜蝶贪香，得得花间尽日忙。同是爱花心一片，两般情性费商量。"常于春间邀胡四喜、杨绿云、卞修娥辈年，皆昔时之帕盟合会。余与荆瘦桐偶过其室，见其色艺俱佳，调笑无忌，亦一时韵事。

畹兰十岁时，即为云林山人所钟爱，代选轻舫，独游河上。又别倚危阑，看其荡舟来往，并记二绝云："星眸慵展趁朝凉，不惯晨兴懒下床。报导画船帘外等，薰衣理鬓一时忙。""小鬟初上木兰舟，暗数谁家好画楼。忽听兰边呼小字，佯羞障面不回头。"《青溪风雨录》。参《秦淮闻见录》

改　子（621）

改子者，又兰家花面丫头也。弱士、子山复向余啧啧称道，甘蔗旁生，荔支侧出，扫眉人不可无此渲染。药庵新有赠

---

① "遂"，原作"缘"，据《青溪风雨录》改。

改子四诗云："小字传呼一字妍,新题锦瑟改幺弦。曾闻丫角依兰姊,不信蟠根是李仙。绰约二分笼屧浅,玲珑六寸称肤圆。多情也似雕梁燕,相傍乌衣已十年。""盦脱娇姿绝代夸,管城分荫托琅玕。俭装未肯趋时世,清韵真堪拟大家。绿绮窗前金可铸,白团扇底玉无瑕。阿谁空学夫人样,那比芳名艳榜花。""丁棱弱土仙侣有方干子山,聊禊寻春扣绮关。时复中之音呖呖,翩何迟也步姗姗。周旋翻累当筵立,平视惊从隔座看。多谢智璚谓又兰真解事,金筒玉椀许频餐。""一饮璚浆百感生,蓝桥梦影尚分明。平添杜牧重来恨,久负罗敷已嫁盟。未免有情空复尔,似曾相识转怜卿。欲将絮语从头问,怕听鹦哥唤客声。"改子先曾随小兰,小兰夙与药庵善,今春遽化去,故末章云云。《画舫馀谈》

刘心官（622）

刘心官,一字素香。态秾意远,卓荦不群。与绮琴、小燕、藕香、润香后先媲美。爱读唐宋人诗馀,一两过,辄背诵如流。先寓朱四家,既乃僦居钓鱼巷东,姻蛪突奕,倚卓精良,而骨瘦香桃,不胜病扰。药垆茗盌,常旁午于绣闼前。稍不豫,必延笛生对脉,盖服其技之神而致之雅也。后卒以瘵夭,年未及锦瑟之半,哀哉！

小伶福郎绘五色蝴蝶于扇上,余尝为分题"五彩结同心"五阕,姬偶见之,赞诵不去口。一日,值诸画舫,或以余告之,姬欣然曰："是即蝴蝶词人耶？"停桡添酒,坚索余长短句为赠。余诺之,未几而俟以恶耗闻。呜呼！金荃未谱,

钱树先凋,补制新词,谁为小红低唱者? 录此为姬悼,且以志余过焉。《画舫录》

青溪杂忆诗

竹 恬

彩云吹散恨茫茫,留与词人话断肠。欲续宣和旧香谱,素香不是返生香。

素香刘校书,剧赏余"五色蝴蝶"词,嗣相值于画舫,坚索长短句为赠。余诺之而未偿也。素香近已化去,再过琴朡楼,追赋此什,曷禁黯然

捧花生

结赏到倾城,真堪慰此生。蜻蛉征旧梦,蝴蝶播新名。悔作量珠约,难为翦纸情。只今桃叶水,呜咽不成声。[1]

李润香（623）

李润香,九松堂主人,居月波榭旁,即所称西寿龄也。盖润香本名寿龄,同时有张寿龄者,此故以西别之。曾学琴于又一村人,嗣又工琵琶。妍容修态,流誉一时。余初未之识,邺楼偶视余《和花隐听润香琵琶词》[2],即往访之。姬方掩揉蓝衫子,倚红阑干曲,背演新声,因悟古诗"被服罗衣裳,当户理清曲",实有此等境界。本为待年女,近已将雏焉[3]。"绿叶成阴子满枝",姬其葆此芳华哉。《画舫录》

---

① 以上二诗出自《秦舫画舫录》。
② "词",《秦淮画舫录》作"诗"。
③ "焉",《秦淮画舫录》作"矣"。

琵琶词赠李润香校书作①

花　隐

当时我醉凝馥家<small>凝馥姓杜,名宛兰</small>,吴中第一工琵琶。秋娘隐恨自终古,小劫空残智慧花。今年偶过青溪路,繁弦俗手纷无数。一声如遇郑中丞,双耳流来向心住。香君合领十分春,传得龟年指上声。一样东风春误嫁,珊珊宛是意中人。段师妙手西楼女,雅步纤腰眉欲语。半面犹遮凤尾槽,石桥年少魂先与。气味清华冠众芳,素心素面芙蓉裳。花含晓露娇容润,人醉东风细语香。自爱天然谢甜俗,软红若个人如玉。怕惹春愁独倚楼,为余诉出琵琶曲。玉指冰丝滑欲流,新莺弄拍转歌喉。一弹再拨意难尽,暗惜飞花不可留。瑟瑟骊珠逗秋雨,依稀似读开元谱。商声泛入四条弦,袅袅馀音情一缕。倩谁写得美人心,退笔颓唐不敢吟。冷艳暖香天不管,白头不觉惜花深。幽闲的是良家子,白傅伤心有如此。沦落天涯定有因,几回梦到朱门里。朱门大妇矜红妆,燕支染作花中王。俊逸可知人绝代,只将黛笔占平康。香君香君吾语汝,绝艺通都何足数。奇花不遇有心人,真色从来贱如土。珍重青泥一品莲,西风不是养花天。罗敷自有夫年少,五马踟蹰枉作缘。

胡宝珠（624）

胡宝珠,字瘦月,吴门人。年十六、七,居钓鱼巷。母曰

---

① 此诗出《秦淮画舫录》。

胡七,向为曲中老教师。家多养女,姬最矫矫,眉目如画。方其在母腹时,闻人歌声,即勃勃动,如《板桥杂记》之李十娘。故生而灵慧,管弦丝竹,一过即精。性嗜佳茗,且宏于酒。伺客无贵贱,能探其意于形声之先。七夕生与有知己之感,但过花间,定留树下,三挑辍咏,十索频闻已。《画舫录》

避暑花笑轩留赠宝珠胡校书[①]

七夕生

知是璇宫萼绿华,鬟敧花朵髻堆鸦。此生病渴怜司马,亲擘金盘五色瓜。

款款盟心亦夙因,金钗半醉座添春。狂言卿自相容惯,翻笑鹦哥解骂人。

张寿龄（625）

张寿龄,字媚霞,常熟人,行七。住玉河房间壁。靥辅承欢,对客辄牵衣匿笑,宝儿丰致,彷彿近之。湘夫与姬定情时,持冰缣碧玉钏作缠头,姬藏弄甚谨,闲出玩弄,洵钟情人哉! 吾知湘夫入迷香洞,当于照春屏上赋九迷诗,视啜闭门羹为梦中游者,不可同日语矣。《秦淮画舫录》[②]

程凤翎（626）

程凤翎,本无字,曰雪芬者,余所命也。吴中临顿里人。

---

① 此诗出《秦淮画舫录》。
② 此条亦出自《秦淮画舫录》,原书漏标,今为补出。

来河上时，发鬖鬖才覆双额，人无知者。侨寓板桥头，偶于梁氏河亭望见之，招来侑觞，颇不俗。学奏一二小调，亦靡靡可听。由是声名稍振起，遂亦自知拂拭。后缘事转徙邗江，复由邗江迁白下。再见于汝南湾前，则已飞髻缀雾，振响遏云，萧家郎坐青油幕中，几不识庚兰成矣。呵呵。《画舫录》

李小香（627）

李小香，本姓杨，字宛君。明眸皓齿，旖旎风流。稿砧乃梨园佳子弟，姬故亦工生旦曲。酒户极狭，三爵后，靥晕红潮矣。居隣泮池，每当轩窗四启，游舫鳞集时，灯光水光，上下交映。姬或半卷丁帘，红牙轻拍，过之者真有人在月中、船行天上之意。同上

杨福龄（628）

杨福龄，先居文德桥右，后移针巷内。余见于借春轩中。春容大雅，动止宜人。工琵琶、洋琴，偶一作技，听者神移。其母若妹皆盲于目，户内食指以百馀计，胥仰给于姬，而所得缠头，或一匹绫，一斛珠，姬莫不珍重受之，不以丰菲为轩轾也。雪亭尝招姬燕芥圃，酒翻，偶污其衣。雪亭甚不宁，明日以新衣往遗，姬固却之，故莲瞩和余赠姬《杨柳枝》词有云："不惜罗裙翻酒污，要郎情似酒痕深。"一时药谐、兰坪、竹田皆有和作，惜已散佚，无从记忆已。《画舫录》

陈桂林（629）

陈桂林，字月上，吴人，住姚家巷前。柔情绰态，媚于语言。三尺香云，黑光可鉴。碧梧主人偶来江介，邂逅倾心，缠头之赀，多至无算。后复延之含晖楼，流连匝月，其家故作梗，终阻良约。顷检怀月上诸诗词，属为入录，尚惓惓也。与月上同时有王梦仙者，小字金官，色艺亦罕匹，偕其姊彩珠同著声于桃渡间。梦仙归某大僚后，彩珠送独占花台矣。[①]

月上初以女伶往来句曲，年才十三，见许于竹荫主人。卒以名隶部中，骤难得脱。主人于其去也，为作月娥小照，题曰"卷中人"。盖仿其家敬中故事，咏者甚夥。同上

月上与人厚，每翦发以表其情，碧梧主人诗所谓"分明小试腾霄计，亲把琼刀割紫云"也。计所厚者不一人，而发亦不一翦已。余尝戏之曰："旦旦而伐之，发其为牛山之木乎？"及闻其赘某于家，余喜曰："发庶几保欤！"俄而时时脱鞲，又弃之，从他人去。吁！絮黏茧缚，姬真发短而心长耳。同上

---

① 此条出《秦淮画舫录》。

满庭芳

晓过含晖楼，篝暖馀薰，镜迎朝旭，庭筱摇影，绿上绮疏，阑花弄姿，红渍宵露。观月上扶病理妆，[①]娇喘微沉，愁黛慵展。话水天之旧事，诉花月之新闻。啮臂证盟，承睫有泪。怜其宛转，增我缠绵。嗟乎！风前揽鬓，余深骑省之愁；桥畔市浆，卿有云英之困。虽巢新占鹊，终难百两迎归；而絮欲沾泥，正恐一朝堕落。奈何愁唤，兰泪频弹[②]，缀其琐言，强作绮语，适案头有蘅梦词，因借其韵。

紫 珊

澹日笼窗，赪霞烘槛，晓妆蝉鬓慵撩。药炉烟里，来与伴无憀。谁种两三竿竹，未秋风、声已萧萧。因何瘦，新来肺疾，艾纳尚频烧。 凄凉身世事，投怀软语，红湿冰绡。问他年金屋，何处藏娇。莫认爱河清浅，怕无端、还有风潮。争肯住，伴他飞燕，楼锁十重高。

一痕沙

月上约秋日重来，久盼不至，怅然有怀。

前 人

又是鲤鱼风急，盼断渡江兰楫。难道画漪桥，不通潮。 潮落潮生夜夜，何处月明舰挂。孤负好凉天，拥愁眠。

记得十二绝句为月上作 _{录四}

前 人

记得初逢萼绿华，衣长窣地鬓双叉。谁知百尺琼枝秀，

---

① 自"绿上"至"理妆"，《秦淮画舫录》作："日上绮疏，园花弄姿。扶病理妆"。本诗及以下诸诗并出《秦淮画舫录》。

② "兰泪"，《秦淮画舫录》原作"兰阇"，则其典出自《世说新语·政事》记王导接应宾客，"因过胡人前，弹指云：'兰阇！兰阇！'群胡同笑，四坐并欢。"

原是檀奴手种花。

记得啼红泪似冰，六萌迎得薛灵芸。分明小试腾宵技，手把琼刀割紫云。

记得春山黛一峰①，刚迎玳瑁小窗中。画眉才罢邀郎看，比并螺痕若个浓。

记得红楼并倚时，酒阑灯灺独归迟。而今怕过青溪曲，旧梦分明感不支。

余既为月上作月娥小影，征人题句，先自成二律

星　岩

顾影怜年小，相逢恰十三。性情偏喜澹，啼笑半缘憨。初日朝霞映，娇花晓露含。曲阑斜倚处，心事向谁探？

为写婵娟影，天涯悔别离。春风卿自惜，秋雨我相思。岁岁帘前月，年年袖底诗。寄情兼寄恨，珍重此心期。

王小秋（630）

王小秋，行一，韵秋王桂养女，居贡院前。屋宇小而洁，不轻见客，谈笑清雅，依然阿母馀风。所谓"醴泉有故源，嘉禾有旧根"也。《画舫录》

过王桂娘秦淮感旧作

李雨亭

门前逝水感年华，牡蛎墙高柳半遮。蝴蝶一生身入梦，杜鹃三月血如花。人经旧地东风冷，帘卷空庭落日斜。怕看

---

① "黛"，《秦淮画舫录》作"露"。

伤心双燕子,重来还认是王家。

秦淮杂咏赠王小秋①

持 在

青溪南畔郁金堂,指点儿家旧姓王。白发几人谈往事,
倚阑重为唱秋娘。

郭爱龄（631）

郭爱龄,郭芳女也。工于辞令,与蔻香雅相爱悦,意态且
复相似。玉珊令尹素号端严,秦淮放棹时,偶与姬值,独为欣
赏。花底送郎,叶边迎汝,行将为令尹歌之。同上

刘寿儿（632）

刘寿儿,燕赵间角妓也,行二,因以二姊得名。偕所天来
金陵,寓烟柳湖边。年十六,皮媚色称,如汉殿春柳,飘曳随
风,而细骨玎琮,直可为掌上之舞。向在伊园席上,观其捧觞
侑客,钏击钗飞,当之者莫不魂与。乃盈盈禁脔,卒如海上三
山,可望而不可即。岂真奇女子耶？抑藉是而昂其声价耶！
双松太守剧为所惑,约构金屋贮之,寿儿似亦心许。既太守
入都,注选入籍,往还无多日,寿儿已琵琶别抱,不复待五马
来游已。《画舫录》

① 此诗出《秦淮画舫录》。按:2010年,台湾文昕阁图书有限公司出版林庆彰主
编《晚清四部丛刊》三编所收《秦淮广纪》,此行下脱一页两面（从"青溪南畔"至
"方翠翎"止）。

李玉香（633）

李玉香，一号莲卿，阊闾城下人。来吾郡，居榷署前。月地云阶，双鱼深閟，姣丽与素月埒，而好为秾艳装束，亦与素月同嗜。忆余过姬时，天已迫暮，姬方亭亭坐桦烛下，解九连环嬉戏。时白下人争絭蝈蝈，余亦偶携之，姬即探怀出以相较。衣香脂腻，蝈蝈幸尝亲芳泽耳。同上

袁玉苓（634）

袁玉苓，行四，郡中人。端妍如良家妇，所天早夭，无所依倚，仍来母家。性极诚挚，与丹伯为一人之好。丹伯赋闲白下，姬时遣人慰问之，且为擘画琐细。盖敦尚气谊，而不徒为生活计者。先居祁望街廊上，距李玉香宅可数武，近又移家矣。丹伯云：玉苓曾主陆宝霞家，未久即归去。今年二十有三，其四柱则乙卯、己亥、丁亥、辛亥云。同上

方翠翎（635）

方翠翎，方五之女。修眉善睐，俨然图绘中人。弦索极精妙，学为小诗，饶有性灵语。所居在东关对岸，兰坪于竞渡时识之，遂往来无间。姬尝赠兰坪句，有云"才可论心姊又疑"，纪实语也。其母以石氏瘫风，无能为门户计，欲姬得金夫而终事之，姬固不怿，后卒为夫己氏所有。千金之璧，乃以抵鹊，闻者能无唱《恼公》乎！同上

重过方翠翎校书水榭题壁①

子　尊

是我曾游处,临流照影残。听歌消酒易,吹箎遣愁难。窗拓红纱旧,人怜翠袖寒。凭谁堪证取,舟子在河干。

金玉琴（636）

金玉琴,小字太平,袖珠妹也。亦姑苏人。年约十四、五,丰致不如袖珠,而娴雅几与相敌。偕客酬对,时有腼腆意,无机诈心,人以此亦不忍欺诳之。余访袖珠,不得晤,玉琴出相迓。曲意周旋,温其可掬,令人留连不肯去。兰珍貌亦娟好,年又小于玉琴,与同乡里。凡有酒宴,则依依肘下,丫角嫣然。《画舫录》

文　心（637）

文心,字馨玉,生长绿杨城郭。年约十八、九,本良家妾。荡子行不归,逾三年,偕其父母来吾乡,投其戚某。戚又转徙他郡,不得已,遂赁水榭,结凤窝焉。体纤细而静婉,工于酬酢,往来者莫之或迕。紫卿太史向有盟约,缘其二老伶仃,尚未画鸳鸯诺也。同上

蒋玉珍（638）

蒋玉珍,蒋九女也,号袭香,同居文心家。丰姿濯濯,

---

① 此诗出《秦淮画舫录》。

向人瓠犀一露，百媚俱生。性尤灵敏。工小调，近有新腔号"三十六心"者。当筵一奏，令人魂魄飞越。湘夫云：玉珍据全身之胜，尤在裙下双钩。曾见其珊珊微步，恍坐吴宫响屦廊，听弓弓点屐声也。年甫破瓜，魅为米商偷入桃源，卒至讼作株连，几于不免，殆矣。同上

感事为蒋玉珍女士作

莲 衫

不合青溪住，芳名艳小姑。香贻君子佩昨以建兰见惠，春入美人图。缓缓珍珠价，明明薏苡诬。惜花吾辈在，一笑尔屠沽。

苏绿珠（639）

苏绿珠，小卿之妹，天方人也。荣曜秋菊，采丽春葩。间或按象板，炙鹅笙，紫腔绿韵，才一绕梁，玉尘乃簌簌下落。居八幅塘西。先是，小卿擅名河上，绿珠嗣起，一时几有二乔之目。六十翁某，享馀华不给，犹拟置姬于别馆。老夫也而女妻之，恐稊未生而花先悴耳。芷桥初与姬识，神志俱移，濒行，解所系绣罗为赠，姬亦恋恋不忍别。或谓姬本谙素女之术，余固疑之。同上

洞仙歌

子 尊

上元夕同一芙、子山、玉才、莲渠集眉山阁，因赠苏绿珠校书。

春灯弄影，践传柑佳约，好在常虚凤城钥。曳沙棠，款款

小渡银湾,忍负了,三五填桥灵鹊。　　江湖频载酒,十载扬州,旧梦零星已曾觉。今夕又何年?锦瑟筵开,莫浪笑,樊川落拓。恰獭髓寻来糁香痕<small>用本事</small>,定珍重,萧郎刀圭仙药。[①]

吴玉贞（640）

吴玉贞,瓦梁人。年十八、九,以环肥得名,与兰坡最善。偕蔻香来郭芳家,旋又相将还藕香旧宅。过从既数,偶话曩游,尚于兰坡惓惓不置,姬真不为翻覆手者耶。<small>同上</small>

朱芸官（641）

朱芸官,本名瑞龙,吴中人,赁居沉香街南。目漱层波,丰美且俨。其父元标为清音小部,姬故度曲,独能冠其曹。偶父殁,母再醮于江右,姬随之去。不久,仍归来,依舅氏以居。玉舟深为属意,将托春风干当,移之庆朔堂前。乃事未成,而姬遽夭,差免青蝇之吊,空营彩凤之栖。姬于玉舟,其有情耶?其无情耶?殆可呵壁问之。<small>《画舫录》</small>

顾双凤（642）

顾双凤,袖珠既负时名,又有双凤来为之佐,秋菊春兰,遂乃益增其盛。双凤年十七,吴人,细理弱肌,几于吹弹得破。初寓某家,溷明珠于浊水,不特其美不彰,亦且阨抑交至。既主袖珠,袖珠妹畜之,凤亦视之若姊。今年,袖珠将

---

① 此诗出《秦淮画舫录》。

有所归,复不果,心恒惘惘,凤为左右而忧俺之,袖珠心乃稍慰,凤殆称如意珠焉。同上

双凤自倚云阁移住三多堂,名士投赠如林。兰隐庵主曾有律句云:"杨柳桥西第四家,一株琼树净无瑕。秋心可印杯中月,人影还明江上霞。待写珮环矾绢素,合镌名字购苔华。三层阁敞三霄路,许傍红墙试泛槎。"兰隐者,弱士之近号。弱士又为姬字曰"宝真"。三多堂偪临长板桥,画阁三重,翼然而起,回阑复室,入者殆迷。姬或被雾縠,炙银簧,倩影徘徊,仙音缥缈,下方人望之,几疑秦弄玉、董双成再莅红尘也。姬有弟曰双福,年十二、三,姿致彷彿其姊。延年为李夫人弟,固自不凡耳。《画舫馀谈》

雨芗谓玉香之媚在骨,余谓双凤之媚在神。昨过三多堂,值双凤病疳初起,倚东窗白玉床,看《天雨花》说部。虽腰围瘦损,而眉目照人,有似霜里芙蕖,愈形婉秀,桐花万里,谁其爱而护之? 同上

赠顾双凤女士

药 谙

柔波一翦荡春江,日日平桥倚画艭。柳外璧人亲结佩,花间玉女暗窥窗。可怜飞燕凝妆对,翩若惊鸿弄影双。真拟化为红绶带,亲衔春色照银缸。

盈盈衣带望中迷,赵李经过绕大堤。戏逐红鱼莲叶北,误传青鸟苎萝西。慵教艳曲双声度,嗔唤香名一字题。莫讶相逢镇闲坐,有人还惜女床低。

咏秋海棠花为顾双凤女士作

秋海棠，又名断肠花。山谷《咏水仙》诗亦云："是谁招此断肠魂。"姬先与倚云同居，倚云即所称水仙者也，诗故云云

梅 隐

花谱签名我最公，断肠种子本相同。披图莫讶春痕澹，又见秋阶滴泪红。

同 作

仲 坚

倚阑休笑六朝春，如此秋儿亦可人。唤起西风相识否，不须肠断问前因。①

王小如（643）

王小如，小燕女也。年十五以来，娟雅玉立，眉目楚楚，见客殊腼觍。未久，适石桥年少，家有九张机，姬不乏流黄织也②。《画舫录》

---

① 以上三诗出《秦淮画舫录》。
② 乏，《秦淮画舫录》作"亚"。

卷第二之七　纪丽七

于福珍（701）

　　于福珍，姑苏人。遄发鬌髻，羞眉熨贴，信如沈桐威《绿春词》中所咏者。初家武定桥，与孙氏苏啸堂相望。继余泛舟青溪，忽遇于解语花故宅，盖其居遽为河伯所陷，是乃新借一枝也。姬有笑癖，皓齿一露，百媚俱生，迷下蔡，惑阳城，直幺么耳。与袖珠、玉珍、爱龄等时相过从，红牵翠曳，张家团云队当即类是。药庵曰："姬厌嚣杂，近又僦屋琵琶巷中。"

《秦淮画舫录》

杨又环（702）

　　杨又环，翠儿易名也，行三。貌幽娴，性慷爽，为酒中大户，居水关之东，雉堞排空，槛外画舫如织。姬独好静，枇杷花下，螺钿双衔，过之者几忘此中有人。余造访时，值其插菊数十种，青瓷黄斗，堆满几案。姬徙倚其间，一塵一茗鼎，敛襟相对，澹若忘言，可以观所尚已。竹邨相与过从甚密，三数年如一日。余尝戏以夜情叩之，竹邨则詹天游[1]，实未曾真

---

[1]　"詹天游"，《秦淮画舫录》作"澹与天游"。

个销魂也,亦奇。*《画舫录》*

杨玉香（703）

杨玉香女于又环,故一字小环。年十五六,娟娟楚楚,摆脱尘氛。见人辄依其母,不滥作酬答,而偶一发声,无不合度。余初以之附又环下,梅隐谓其秀雅处方轨倚云,水关以东,殆无其匹,当为特立一传,俾李家娘登雪岭也。余曰:"唯。"急录以彰之。同上

雨芗取次花丛,独于玉香惓惓回顾,尝拉余同木君、药谙、棣园、子白往访之。适姬赴约他出,踪迹之,盖为玉生明府所招也。玉生本夙好,闻余辈来,相强入座。同席为子春、弱士、孝逸、玉香,并主人韵香、隐香两姊妹,洗琖更酌,几于达旦。两主人娟秀不俗,蔼然可亲。弱士谓余曰:"此《画舫录》之遗珠也。"余笑曰:"正俟君为氤氲使耳。为补小传,作孙兴公后序,何如?"弱士乃色喜。*《画舫馀谭》*

或绳杨玉香于某姬前,姬曰:"若固梵言之扇提罗也。"叩之他姬,乃知为"没雕当"语。夫入宫见嫉,匪今斯今。蛾眉如灵均,且遭谣诼,玉香奚憾哉? 同上

赠杨玉香女士

仰 之

宝镜才停宝鸭凉,明珰翠羽换新妆。沉沉金谷花原艳,习习蓝田玉有香。春不分明怜蛱蝶,梦如彷佛见鸳鸯。可知

陌上风无那,莫趁杨丝作意狂。①

俞韵香（704）

俞韵香,行三,隐香,行四,同怀女兄弟。卜筑城东隅之三椹庵旁,地极幽僻。余因弱士得悉其详。志雅而神清,娟娟然其犹香草也。所惜晡姬时,莲筹促客,未能细罄芳悰,迟日定咏《静女》第一章赠之。《画舫馀谭》

杨宝琴（705）

杨宝琴,年十四,娇小文弱,寓又环家,与小环为义妹,艺亦颉颃。夏日停船造之,清谭一炊黍顷,莺吭燕舌,呖呖神怡。笛生云,姬本姓王,杨盖从又环姓也。《画舫录》

杨宝琴初在又环家,复去而之张巧子。与陆某昵,不遂其私,竟夭于瘵。弥留之夕,尚喃喃问陆郎来未,可哀也。余有二诗悼之云:"休从石上证三生,又控青鸾返玉京。空里优昙花一现,多情何似总无情。""已托参媒黯自伤,翠帷谁护两鸳鸯。绝怜冷雨敲窗夜,苦对斑骓问陆郎。"同上

张喜子（706）

张喜子,扬州人,先居钓鱼巷,所谓欢喜团者也。后住水关西去石婆婆巷中。年约二十二、三,鬓发如云,丰神骀荡。夙患失红之症,恹恹瘦骨,几于药店飞龙。秣陵曾生,漆工

① 此诗出《秦淮画舫录》。

也,姬与稠密如伉俪,各有要约,而势不能遂。今年,生将贩漆汉阳,往与姬别。姬知其不可留也,置酒为饯,并款生宿,夜半梦酣,姬已缢于生侧,比生知觉[①],姬早化去。生旋亦雉经以相报,为其家人解救,得不死。岂生之待姬者有未至耶,抑姬仍有望于生耶? 噫! 同上

赵 福(707)

赵福,字素琴,居贡院前。妖冶不群,肌肤腴洁。其母本江北龌龊婢,得姬后,遂治台榭,事服饰,恬然称素封焉。姬尝失意于香严童子,童子作一字至十字俳体诗以剺剽之,一时争相传述。姬乃大窘,泣诉于某赠君,卒无如童子何也。瓜期已迫,花诺犹虚,品藻英流,卒鲜惬意,忽一朝脱籍,从鹅湖生去,闻者愕然。《画舫录》

洞仙歌·书素琴校书扇

频 迦

当年桃叶,向渡头曾见。问讯分明掌中燕。把旧时衣袂、与说相思,东风里,可记泪痕曾染。　　厌厌三爵后,素女琴心,忽发狂言有谁管。教写折枝梅,翠羽啁啾,定窥见、玉人清怨。肯等到阑干月明时,便几个黄昏、也都情愿[②]。

---

① "知",《秦淮画舫录》作"之"。
② "都"字原脱,据《秦淮画舫录》补入。以下诸诗皆出自《秦淮画舫录》。

高阳台·重逢素琴校书

前　人

断梦牵云，微波怨雨，重逢故国深秋。只隔经年，玉箫已诉离愁。梁尘漠漠飞难尽，为双栖、巢印犹留。下帘钩，掌上回身，镜里回眸。　　思量处处堪怊怅，有兰缸影事，桂棿前游。当日杨丝，而今解拂人头。江东才思随年减，怕云英，见也先羞。一齐休。银甲弹筝，且合伊州。

采桑子·青溪晓渡，访素琴不值，闻其落籍有日矣

子　尊

一声欸乃临前渡，杨柳疏疏。三两啼乌，门对春山展画图。　　鸠媒连日徵芳讯，斛与真珠。载入鹅湖，才信罗敷自有夫。

赵桐华（708）

赵桐华，顺官之妹①。先居秦淮西头，后移旧院前，即瑶雾阁艳雪故居也。桐华初不甚著名，自髯守挟之游，一时耳食者，遽以为遗世独立，而轻之者复等诸自郐以下，大抵抑扬皆失其当。盖衡其气味，远逊于小燕、袖珠，而姿态仅如太真所谓第二流，觑之某某，又当有闲。皖桐三方君极好之，盛称于其族仲莲渠前。越日，偕莲渠往定桐华甲乙。莲渠熟视曰："唯唯，否否。"三君继强之，则又曰："如公等言，固自佳。"余闻之曰："是可以知桐华已。"

---

① 此条出《秦淮画舫录》。"妹"，《秦淮画舫录》作"姊"。

秦淮水榭题欢道人《珠江十二鬟图》 有序

子 故

道人欢秦淮赵婉云校书。婉云化去后，道人之珠江三年，复来集婉云妹桐花阁，出《珠江十二鬟图》示客。客有题咏，道人意弗尽，命桐花酌我而歌之。

东风吹得云无影，弱雨弹窗作秋冷。忽然开卷烛摇红，十二名花春睡醒。花容个个桃根妾，却与吴娘妆束别。荔支钗挂女姗瑚，柳叶裙藏仙蛱蝶。蛱蝶冈头蛱蝶家，蛱蝶双双苏幕遮。江水色如螺子黛，女儿身是素馨花。花田昔有宫人葬，转世还生南海上。识宝人看作美珠，吹兰气可消香瘴。瘴海南来客绪单，黄金抛尽买新欢。四时天气春常暖，万里家乡梦不寒。道人愿老珠江矣，道人可记秦淮水？赵家姊妹各倾城，赤凤歌来飞燕喜。晓日晴窗淡粉楼，晚风香桨木兰舟。拼将红豆酬青眼，博得元霜染白头。白头约定恩虽保[①]，感动云娘意倾倒。作意愁将折柳吟，多情病尚拈花笑。病任缠绵不自伤，再生惟愿嫁王昌。魂归仙处生瑶草，泪到秋来化海棠。道人日对秋风恸，自此心如山不动。无端荔子赚成游，又被梅花邀入梦。梦里巫山十二峰，一峰一朵玉芙蓉。云来先现楼台影，雨去空留月露踪。云来雨去无牵挂，争奈珠娘多愿嫁。恐教紫玉又成烟，且请崔徽齐入画。画成好好复真真，金粉描衣绛点唇。按月数来皆月姊，把花配就即花神。南归携上桐花阁，旧燕新莺方寂寞。楚雨三更笛里吹，

---

① "虽保"，《秦淮画舫录》作"难报"。

蛮烟一点尊前落。态容可似雨香娇,神韵何如秋水饶。小燕
比来拚艳冶,又兰看罢羡苗条四人为秦淮领袖,道人所品题者。就中
独有桐花妹,一再观之忽垂泪。今朝识得道人心,不是凉恩
与寒义。不然请看人如玉,眉眼何缘半相熟。分明阿姊在时
容,散见珠鬟十二幅。聚星作月月难盈,合草为花花不成。
怜他粤浦明珠泪,尚是吴娘暮雨情。情真不见心争舍,遍觅
吴娘相似者。四体妍媸那望同,一看彷彿都教写。此计聪明
此意痴,桐花而外只侬知。吟成好付桐花唱,趁取潮生月上
时。

秦淮杂诗赠赵桐花

持 在

玉容瘦损减丰标,可惜春光病里消。卷起翠帘人不见,
一群幺凤隔花招。

青溪小住,偶值桐花校书,喜成

笠 生

板桥西畔水平堤,十二珠帘一色齐。夕照半楼人打桨,
绿杨影里鬓云低。

幺凤芳名重比珠,秣陵金粉尽教输。只愁唐突双飞翼,
口不含香不敢呼。

遮莫当年说玉京,儿家风趣太憨生。可怜九曲青溪水,
那及横波一寸情。①

---

① 以上三诗,皆出《秦淮画舫录》。

赵爱珠（709）

赵爱珠，姓王，妾于桐华，遂从赵氏。字婉霞，行一。姿仅中人，而心志颇高，量宏于饮，觥筹无算。兴益娇纵，从笛生学画兰花，勾撇有佚韵。昨乃移居东关前，独张一军矣。

丹伯曰：姬与挹篧公子一见如故，指誓山河。逮公子以疫卒，姬乃侦其停槥之所，亲为祭奠，恸不欲生。于其葬也，又复临其窀穸，筹其挂埽。每晤丹伯，言及往事，莫不涕泗交颐。姬殆不负公子者欤！彼公子兮，目其瞑而。《画舫录》

赵艾龄（710）

赵艾龄，吴人，家临桃叶渡头。庄妍静雅，近今罕俪。尝私慕莘舟太史，欲仿清娱随龙门故事，自媒于太史，太史未之许也。陈阿莲为汝南公子之紫云，公子屡挟之过姬，彼此心许。或为戏作小传，有"郎为六月之莲，妾是三年之艾"云云。后不知所往。同上

鹊桥仙·醉后倚此，为艾龄题箑

石 芙

燕惊春在，莺怜春在，绝忆那时姿态。琴心弹到七条弦，恰不分、年华还快。　　几番愁耐，几番欢耐，了却相思旧债。花花草草恁依人，至竟又、何如艾艾。

青溪水榭即席赠艾龄

兰 邨

欲夺盈盈掌上珠，林宗频伽酒态已模糊。不知寻著三年

艾,疗得相思病也无。

赵艾龄校书酒次偶赠

邺　楼

门巷深深一径纡,绣帏红挂玉珊瑚。谁将鲁酒怜中散,闻说秦楼傍小姑。绿染鸭头潮有信,香熏鸡舌雪为肤。相逢合倩龙眠手,为作轻烟澹粉图。①

赵凤音（711）

赵凤音,素琴女②。素琴归鹅湖后,乃寓贡院前祁四家。年十四、五,面如满月,欢笑迎人。工词曲,嗜觥船,琼筵乍开,紫云试奏,迷楼景象,尚在人间。冯宝琴③,乙官养女,丰致略如凤音,对酒当歌,均可与凤音相匹。玉版金尊之地,花明柳暗之天,置姬其间,当莫有夺蝥弧于姬者④。《画舫录》

武佩兰（712）

武佩兰,居宫家水榭。年十七,肩削腰纤,玲珑宛转。善笑而憨,时或含愁抱病,更觉娇惰可怜。某郎与袖珠背盟后,去而之佩兰,情好视袖珠加剧。前车已覆,吾愿姬以袖珠为鉴也。昨晤丹伯,知佩兰又僦屋东关矣。同上

---

① 以上三首出自《秦淮画舫录》。"青溪水榭即席赠艾龄",《秦淮画舫录》作"青溪水榭即席有纪赠艾龄"。
② 此句,《秦淮画舫录》作"素琴赵福女也"。
③ 此句下,《秦淮画舫录》另作一条,题为"冯宝琴"。缪氏删取其意,与"赵凤音"条拼合。
④ 此句,《秦淮画舫录》无"弧"字。

雪亭最稔诸姬家，然所与至契者，皆亦鲜克有终。余既《画舫录》中载之矣。乃与佩兰交未多日，果去而之他，亦如袖珠故事。佩兰日夜泣，目为之肿，甚至要之于路，雪亭卒不顾。吁！青楼薄幸，昔贤且然，朝东暮西，世岂鲜李十郎哉！余将渲染其事，谱《后鞋儿梦》以彰之。《画舫馀谭》

武月兰（713）

武月兰，为佩兰之妹。冯幽兰为三多之女，均邀赏于仲坚。幽兰居裴家湾水榭，柳色春藏，几同苏小。月兰则新迁又环宅中，偕其姊并腾芳誉，或拟之"宝帐香重重，一双红芙蓉"也。同上

张宝龄（714）

张宝龄，字蕙香，金陵人。姿媚天成，可于《丽人行》中得之。沉默寡言语，往往偕客对坐，寒暄外，默不发声，客亦不病其冷也。居十八街，风亭月榭，掩映河干。先是，欲归梦蘅，缘其假母百计居奇，遂至中止。后复迫从临汝郎，适梦蘅重来白下，姬已斑骓凤驾，桃叶宜家矣。乃临汝郎未久即先朝露[1]，姬为缞绖，经理其丧，且剪发毁容，以明不二，洵烈女子焉。《画舫录》

---

[1] "乃"，《秦淮画舫录》作"嫁"。

秦淮杂诗赠张蘅香^①

持 在

十年声价压平康,细柳腰身著意量。早识人间尘梦短,当时何苦嫁刘郎。

自制白团扇各系小诗分赠诸姬^②

药 诰

彩凤随鸦分自安,那禁中道唱孤鸾。青天碧海常如此,枕上红冰拭未干。

高桂子（715）

高桂子,家青溪侧。风情绰约,发不加泽,肌不留手,当行人也。入平康非所愿,而咄嗟又鲜当意者。吾友竹荪未第时,两心称契好,花天酒地,要誓良殷,各有终焉之志。及竹荪掇巍科后,拟践其约,而慈闱不欲,且又极于所往。姬之待竹荪,仍如故。尝私谓竹荪曰:"情好果坚,虽金石何渝焉。"近闻姬已赁屋僻巷中,门户重重,难窥春色,竹荪其何以报姬哉! 同上

京邸得高桂子惠书^③

竹 荪

一缄芳讯托乌丝,渺渺微波怅远离。巢燕定怀前度客,笼鹦还背去年诗。风中柳絮狂和苦_{时得韵香消息},春里梅花瘦

---

① 此诗出《秦淮画舫录》。诗题原缺,据《秦淮画舫录》补。
② 此诗出《秦淮画舫录》。诗题原缺,据《秦淮画舫录》补。原题《自制白团扇各系小诗分赠诸姬》,共十一首,此为其一。
③ 此诗出《秦淮画舫录》,诗题末多"却寄"二字。

不支。记得耿灯商略事，软红回首又经时。

杨　龙（716）

　　杨龙，字宛若，又号宝霞，吾郡之上新河人。身小而腴，甫垂髫，即名噪一时。与润香同以音律见称，又各领小清音一部。润香为九松堂，姬为四松堂，持在《秦淮杂诗》所谓"别有雌雄谁辨得，四松堂与九松堂"，盖指此也。姬曲较润香多至数百，阔口细口，无不推敲入微，偶一按拍，虽老善才亦低首畏服。年十八，居文星阁东头。同上

　　月仙杨龙近号度曲，甲于秦淮，踵其后者，当推韵仙。余尝互以叩之，二姬均亦心折。《画舫馀谭》

单芳兰（717）

　　单芳兰，行二，邑之北仓桥人。嫁于单氏，所居与朱氏河亭相毗连。柔情绰态，举止端妍。虽入平康，而卑屑之为，甚非所欲，故尝闭门却埽，寂若无人，除二三知己往来外，馀皆婉谢之。冶园吏部、雨香参军亟为推许。后相晤于双桐华馆，在座为蔻香、绣琴诸女士，玉树璚枝，洵足压倒一切。《画舫录》

　　海树令尹分校南闱，后暂寓朱氏河亭，间壁乃芳兰校书家。海树《秦淮后游》诗中所谓"买邻刚好近柔乡"，盖即指此。尝见其《媚香居偶题》云："秋影春痕画未成，银蟾甘让烛花明。芙蓉不怯西风瘦，黄叶声中自写生。""渡江桃叶水潺潺，阿子歌残月子弯。怪底销魂禁不得，有人生受六朝山。"海树制锦石梁，循声洋溢，《闲情》一赋，无妨彭泽风流也。《画舫馀谭》

七月前一日，集听春楼，适单芳兰校书亦来与宴，喜赠四诗，同子山作，并柬捧花生

药　谙①

惊鸿翩影出华堂，压坐亭亭玉一行。半面缘深夸艳福，小名录好冠柔乡。通辞欲托同心语，吹息真成竟体香。珍重桃源诸姊妹，休将轻薄恼王昌。

香车归去笑同扶，遥指红楼入画图。堕凤恰宜人醉后，嗔鹦解道客来无。判^平将泥絮从头证，愧比山矾避面呼_{雨香、蔻香皆谓予为弟，是日校书亦作此称}。不分仙槎来往路，才横银汉便模糊。

瓜期已误又兰期，惆怅空馀楚峡思。肠断不曾真个处，魂销无可奈何时。春愁香雾迷三里，秋拥情波宕一丝。妒煞赏心庭院里，几生修得傍璃枝。

娲石谁填色界天，春风深锁误婵娟。芙蓉泣露真无那，荳蔻含胎亦可怜。金屋待看藏碧玉，墨池终盼出青莲。来朝不乞天孙巧，只为群芳贷聘钱。

赠单芳兰四绝

子　山②

此身曾费几生修，花让轻盈柳让柔。一自听春楼上立_{雨香居也}，肥环瘦燕各千秋。

果然吹气静如兰，卷起湘帘月地看。茶澹酒浓瓜果脆，一窗清话当花餐。

---

①② 此处药谙、子山诗，皆出《秦淮画舫录》。

绿杨深处闭疏棂,打桨曾劳几度经。昨向蓝桥高处望,眼波青胜水波青。

不曾真个也魂销,醉倚银屏听玉箫。水嫩山青秋色近,斯人端合住南朝。

王小荇（718）

王小荇,字倚红,瑶雾阁艳雪女也。适伶人郭兰,年十七,美丽不逊其母,而冷隽处或又过之。莲瓣纤纤,花鬘袅袅,琼筵绮席,顾盼生春。余过姬时,值其晨妆未竟,悄拥圆冰,手挽青丝三五绺,犹委地尺馀,双腕莹腻如雪。客至,乃提鞢偬母,瀹茗呼奴,秀可疗饥,娇真消渴。盖艳雪早与韵秋、春痕、秋影诸人角胜花场,小荇濡染既深,动止自无俗态耳。药谱曰:"先有琴儿,寓小荇家,貌亦端好,眉目瑟瑟向人。"惜未及见。《画舫录》

张畹香（719）

张畹香,行七,居钓鱼巷中。细骨轻躯,珊珊特甚。七夕生语余:姬工刺绣,擅针神之誉。学诗于某,颇自刻苦,断句有"风里杨花换旧身",盖自伤也。同上

宫福龄 妹桂龄（720）

宫雨香,名福龄。桃花颊浅,柳叶眉浓,离合神光,不可迫视。性恬雅,见客不甚作寒暄语。居邻玩花园侧,结楼曰"听春",莳梅种竹。小室深沉,暖幕低垂,凉棚高架,时与

二三心契，瀹茗清谈，辄娓娓忘倦也。吾友子固早有盟订，及应廷试北上，殁于京邸。先为姬作折梅小照，自题四律，以志兰絮因缘。至是令兄子山寄归江南，姬披读之馀，一恸几绝。或云：姬本城北担水者女，芝草醴泉，岂有根源哉！

宫露香、雨香同居听春楼中，玉树交枝，琼花并蒂，钿车宝马，如水如云。锦迟太守之兄某，一见露香，即为倾注。未匝月，即有帷幕之征。出莲花于青泥，某亦豪矣哉！

露香小字阿金，本姓禹，宫盖从其假母也。露香之归某，石桥之褰修也。乃聘钱已下，而黄姑不来，遂致渺渺银湾，天孙饮恨；咄兹灵鹊，何惜振翼而一渡哉！ 人实逛汝，尚其慎之。

宫雪香，名桂龄，雨香、露香之妹也。两姊各有所适后，姬遂出寓文馨玉家。貌娟秀而性柔和，体弱如不胜衣，好倚人而坐。大小曲咸入妙品。初遇余，即似曾相识，及入燕，客有以酒嬲余者，姬辄左右之，而虑予困。予醉后，书美成《玉团儿词》似之，纪其实也。盈盈三五，韫玉怀珠，他时便遭东风，顾曲郎终必致小乔于铜雀耳。《画舫录》

莲舫本皖江名下士，应拔萃科，来官白门。英年悦荡，载酒花间，心契除蔻香、倚云、雨香、芳兰外，少所许可，各有题赠之作。余最爱其遗雨香云："庭院萧疏水竹边，无多清话竟疑仙。霓裳舞可高前辈，锦瑟诗还忆往年"身段才同锦瑟长"，亡友子固赠姬句也。上界空闻花作骨，中宵曾见玉生烟。妆成顾影须珍重，莫向春风独自怜。"流丽处未许子固独步。《画舫馀谭》

某明府已罢吏议，往来听春楼中。主人知其朴诚也，私出簪珥为赠,积至二千馀金。人咸高其谊,谓秋影后一人。

同上

赠宫雨香女士二章

子 固

学步盈盈出画堂,风飘衣袂六铢凉。年华更比文瓜小,身段才同锦瑟长。初上月还无定影,未开花有自然香。前身合是青溪种,莫遣春潮断石梁。

杨柳千枝复万枝,当窗一笑总成痴。揭开翠箔花先见,揉过兰桡水不知。金谷恰怜莺出早,玉田莫教璧生迟。来春记取迎桃叶,是我乘潮打桨时。①

峨眉山见月有怀雨香

前 人

西风吹下小楼阴,江水迢迢不可寻。新月恰钩香恨起,碧山正写黛眉深。夜寒珍重来时语,春病提防别后心。好是相思要侬识,满弹红泪染枫林。

丁字帘前同子固因赠雨香

子 年

又买蜻蜓载酒过,英雄无奈女儿何。过江小史尽裙屐,倚槛名花自绮罗。未必管弦天上少,只疑云雨梦中多。荒唐大指秦嬴笑,遗爱偏留一道河。

邀笛风流旧比邻,莫愁艇子往来频。一方丁字帘前水,绝代桃花扇底人。欢会还留三日饮,愁吟不尽六朝春。问谁

---

① 此诗及以下题咏宫雨香诸篇,皆出《秦舫画舫录》。

复得鸳鸯社,碧海青天独怆神。

题宫雨香校书折梅小照

邺 楼

照为子固所作。子固应廷试,卒于京邸。令兄子山携归,雨香属余题句。

齐陈金粉秋波凉,璧月下坠浮珠光。盈盈隔岸谁家女,呵气散作幽兰香。习静偶调金缕曲,忍寒偏爱寿阳妆。十年我踏秦淮路,桃叶桃根荒古渡。意中人忽画中看,冰绡绘出相思树。自从生小住长干,身铸黄金骨肉寒。睇来照影凭溪水,妆罢临眉借蒋山。蒋山第古隔城青,罗绮纷纷几度新。妾命薄于云片纸,妾心明似掌中珍。秋风八月群仙集,中有才人倏联璧。私忏沾泥絮乱飘,痴怜著露花能泣。吟花晓露未曾干,廿四番风作意残。红羊劫重篱藩仄,彩凤声高羽翼单。天壤有卿能负我,爱河无浪再寻欢。吴云楚雨欢初长,亲闻簪笔朝明光。明年此日重携手,此夜明朝休断肠。谁知一去三千里,别离不足添生死。璚枝已堕九重泉,银灯犹卜双花蕊。苍雁赪鳞梦有无,紫钗碧玉空忧喜。天涯不有孝廉船,锦囊欲卖长安市。我感兰因已怆神,又惊酸语出丹青子固先有四律题卷首。池塘春草非前度,燕子楼台是昔经。寒宵昨把铜鱼扣,沉香街北门依旧。画壁还悬黄绢词,招魂徒掩青绫袖。酒酣烧烛索题真,认取云英未嫁身。白玉楼高银汉浅,更无天上赏心人。

桂　枝（721）

　　桂枝，吴趋里人，小伶朱兰云童养媳也。卜居板桥前双柳草堂。㲲发垂云，明眸翦水，时或瓠犀微露，吹气胜兰。随园鼠姑花开时，游人蜂涌。姬偕其眷属至园中，穿花拂柳，倩影珊珊，山重水复之间，嫣红一点，真觉"动人春色不须多"已。余与绂笙、邺楼坐因树为屋，望见之。姬即来，起居胜常，羞晕双圆，几于不忍平视。兰云名双寿，亦娇憨如小女子。此时阙待鸳鸯社，互敛琼蕤；他日双栖玳瑁梁，交怜玉树。迷离扑朔，谁其猝能辨之？《画舫录》

高莽林（722）

　　高莽林，字韵香，桂枝之嫂也[1]。眉目双弯，梨涡浅注，极婉媚可怜之致。初为高氏大妇，颇饮香名。余尝偕绮江、小莲、石生醉后过之。一二语后，莽林独向余昵昵叙家常不辍，余剧赏其真。时玉堂令尹编《秦淮花略》，侦美于余[2]，余方首举莽林，属为佳传。乃未几而不安于室，失身非偶。噫嘻！ 既作沾泥之絮，复为落溷之花，如莽林者，亦可悲也夫！ 同上

青溪杂忆诗[3]

竹　恬

　　飘茵落溷事争差，狼藉高枝一朵花。今日回头声价减，

---

① "枝"，《秦淮画舫录》作"子"。
② "侦"，《秦淮画舫录》作"征"。
③ 此诗出《秦淮画舫录》，原题作"青溪杂忆诗柬捧花生同赋"。

可怜彩凤已随鸦。

张绣琴（723）

张绣琴，字芳林，行二，居水关东。瞳沉秋水，面逗春风，嬛嬛动人①。性复温顺，虽激之，不稍迕也。南北曲皆臻上乘，先与四松堂杨宝霞同住，往返吴江、浙水间，葳蕤自守，不易见。客岁之庚午，梅农自武林来，值姬于白云水榭，两情缱绻，匝月勾留，绘有伴梅小影。七夕生与姬省识，为题《清平乐》一阕于上。嗣梅农北去后，阿母迫抱枇杷，遂作寻香生计。甲戌之冬，七夕生于役邗沟，复于一枝草堂与姬邂逅。虽鬈鬓髯鬘，辗笑依然，而眉睫之间，似含幽怨。扯生刺刺诉前事不休。姬盖笃于情而深于旧者。同上

清平乐·题张绣琴校书伴梅小影

七夕生

轻衫窄袖，秋向双眉逗。悄立阶前衣略皱，人与梅花同瘦。　　何须浅笑深颦，年年不负青春。到是今生薄命，可知明月前身。

秦淮杂诗赠张绣琴

持　在

舞袖翩翩调遏云，胜他苍鹘与参军。山塘烟雨红桥月，占断春光又几分。②

---

① "嬛嬛"，《秦淮画舫录》作"袅袅"。
② 以上二首出自《秦淮画舫录》。

张杏林（724）

张杏林,通州人,小字杏儿,绣琴之阿姨也。年二十颇有馀,色丰而姣,如《闲情赋》所云"独旷世而秀群"者。生小抱洁癖,起居均极精雅。卧闼傍小轩,轩外仅三弓地,荔墙苔甃,莳秋海棠数十百本。花时娟娟弄影,弱不胜娇,姬凝妆对之,若有所悟。近尤酷爱杜鹃花,选名瓷,庋高架,五色俱备,烂若霞锦。为文酒之会者,借酌其间,真如"云想衣裳花想容"已。《画舫录》

赠张杏林

持　　在

楼边杨柳绿丝丝,舞尽东风力倦时。犹有春心无处著,隔花低唱十香词。

于　三（725）

于三,逸其名,字以行。如皋人,或云即吾郡人。居钞库街南。年已几及季隗,而隽不伤雅,姿度嫣然。秋崖尝与之游,余卒未之识。及秋崖病肺痈于寓所,辗转床第,余往慰问,僮仆皆散去,姬独肩舆往伴。自辰迄亥,一切污亵之役,靡不躬亲尽瘁。秋崖终不起。殡之日,姬恸哭失声,尽典钗珥,资其丧事,且为安槼于水西庵中,俟其眷属来迎,交界而后去。噫!今之居青楼者,所斤斤为阿堵物,稍或不给,遽加白眼,欲求貌为真挚,已不可得,而况生死不渝者哉。姬之笃行,岂第可风若辈中人,即须眉而丈夫者,忝然讲友谊,矜气节,一旦临大事,依违不决,若将浼焉,不知凡几矣。余故录之,为舞柘枝、簪杏花者立一前马,并以语游宴花丛中人,必当择人而与,毋徒以色艺定优绌耳。《画舫录》

秋崖卒于旅邸,于三校书经理备至,赋此哀之,兼赠校书

子　尊

凄绝秦淮咽暮潮,旅魂何处向风招。稻粱梦远心先瘁,花柳情多鬓易凋。只履定从亲舍返,瓣香合傍女闾烧。不图今燕湘兰外,别有奇闻续板桥。[①]

周翠龄（726）

周翠龄,行三,茂苑人。居钞库街,与方翠龄同时,色艺更出方上。每于被酒后放诞风流,能令当者心醉。东邻空谷生,为其破产,以博一欢。姬谓:"花场留恋,弹指皆非,虚牝黄金,掷之何益,君其早自为计乎!"百计劝慰之,而生卒不悟。姬以抑郁夭,年二十一。同上

许畹香（727）

许畹香,行一,元和人。住贡院旁。余初见七夕生赠姬诗,谓是庞士元称引人才,或过其分。继晤姬于画舫,貌既明秀,性且温婉可挹,乃知七夕生非阿私所好也。姬又通文墨,且喜谭说古事,凡吾乡之市肆街坊,莫不原本清悉。茶馀酒次,或举以难客,腹俭者辄瞠目不能对。惜其居停庸恶,未能

---

① 此诗出《秦淮画舫录》。

即遂莺迁。畴其为姬筹之。《画舫录》

不晤莲塘，一星周矣，昨忽枉过，余又他出，存许姬畹香诗一帙而去，盖属余选刻者。亟录其绝句二首《早起》云："箫声吹彻画楼东，才卷湘帘怯晓风。怪得今朝春色好，隔宵酥雨湿新红。"《春雨有感》云："罘罳风动雨如烟，绿倦红稀亦可怜。甚欲登楼慵拭目，惜花偏遇妒花天①。"又《青溪泛月》云："灯与月争白，花随风送香。"亦佳。雨香云："畹香有《白秋海棠和红楼梦韵》一律，颇有逸韵。"俟寄稿来，当为刊之。《画舫馀谭》

万袖春（728）

万袖春，上元人，行八。住饮虹桥西，门临大槐树。丰肌卓雪，笑靥盈盈。兰坪昵之久，某牙郎以多金唆其兄，购为小星，姬殊不欲。后兰坪观剧岳庙，姬来进香，油壁乍逢，依依眉语，意其犹有觖望耶？惜昆仑奴无繇觅得，郭家红绡儿猝难致之。《画舫录》

赵小如（729）

赵小如，桐华女也。年十五、六，姗姗来迟，颇饶林下风致。或方之秋海棠花，信然。同上

赵小如尝云："与其倚门而富，无宁补屋而贫。与其为伧父妻，无宁为才人妾。"其立论如此，故至今犹璞完也。梅隐

---

① "惜"，原作"措"，形近而讹，据《画舫馀谭》改。

初与姬晤,即称其神闲貌婉,当不作率尔人。时固尝未深悉其概,亦未闻其云云。嗣经仰亭详述之,梅隐益自诩鉴赏不谬。夫姬既薄命为花,则后此之堕溷飘茵,诚难自主。然果能情根牢固,尘想蠲除,则烈火坑中,何必无青莲一朵哉?姬其无负所言,并无负梅隐知己之雅,斯可矣。《画舫馀谭》

《笛步秋花谱》,青门令尹所撰。选诸名花,以配名姬,独以赵小如为美人蕉。未几,竟为小如脱籍,携赴洛阳矣。先是,吾郡某孝廉亦悦小如之妹五福,将与令尹为苕华分载之举,俄竟去而他谋。吾知团扇秋风,五福殆与宫露香同其耿悒耳。《画舫录》

赵五福（730）

赵五福,亦桐华之女,与小如为拥背之好。永巷春风,斑骓鲜驻,倘遘赏心如季伦者,轻躯弱骨,何患无百琲珍珠哉! 同上

辛巳冬月,天寒特甚,余与江梦亭、周兰轩过赵五福妆次。梦亭戏曰:“含笑问娘曾记得,今年寒比去年寒。”可为今日诵也。五福又曰:“今岁立春在上年腊月,明年立春又在正月半,两头无春,其冬多冷。”梦亭即其语意,口占七绝云:“风满帘旌雪满天,美人呵冻拨炉烟。严寒凛洌非无意,不许江春入旧年。”《秦淮闻见录》

赵三福（731）

赵三福,锡山人,妹于三庆。居棘院前。眉目娟秀,飘飘

欲仙。擅琵琶，南北曲皆妙，然韬光匿采，不轻启唇。紫珊、兰邨、频伽、叔美、湘眉数与之游，姬亦以诸君文采风流，乐与宴集。兰邨复为易名疏香，各有投赠之什。叔美亦常画梅花笺子遗之，姬宝贵逾于璆璧。别一年未见，闻已还乡，度为女道士。悬崖撒手，彼岸回头，姬或有夙因者欤！同上①

兰邨易女郎三福名为疏香，属叔美画扇，诸君题词其上

频　伽

影暗香疏句足传，新词倾倒石湖仙。三生名字修来福，说着梅花更可怜。②

洞仙歌·赋赠疏香女子，同频伽作

兰　邨

娟娟此豸，正春情初逗。骨比香桃十分瘦。惯偷窥戏蝶，痴捉飞花，娇憨甚，略解闲愁时候。　几回羞晕颊，多事兰姨，画得鸳鸯倩伊绣。问取比肩人，除却王昌，恐不合、此生消受。只一笑、当筵眼波流，怪屏外春山，总输明秀。

前调·题叔美为疏香女子画梅，用兰邨韵

频　伽

东风着力，恰雪痕微逗。略解春情便应瘦。似那回曾见，隔个窗纱，修竹里，翠袖暮寒时候。　江南二三月，艳紫妖红，儿女十平枝五枝绣。谁得比孤清，一斛珠量，除聘取、海棠消受。拟待到、昏黄月微明，倩玉篴横吹，看珠帘秀。

---

① 此条出《秦淮画舫录》。
② 此篇及本条以下诸篇，皆出《秦淮画舫录》。"更"，《秦淮画舫录》作"便"。

高阳台·频伽将返魏塘，时疏香女子亦以次日归吴下。

置酒话别，离怀惘惘，频伽即席成词，因次其韵

兰　邨

月转鱼肩，露凉鸳瓦，西风新到江城。别恨匆匆，管弦忽变秋声。暂时团得红窗影，梦如烟，不近桃笙。者离情，较雪争寒，比絮嫌轻。　　可怜还有将归燕，怪无端津鼓，苦促君行。争不同舟，伴他倩影亭亭。云摇雨散垂垂别，只几番，老了啼莺。算归程，风要先听，雨要先听。

前　调[①]

频　伽

暗水通潮，痴岚阁雨，微阴不散重城。留得枯荷，奈他先作离声。清歌欲遏行云住，露春纤，并坐调笙。莫多情，第一难忘，席上轻轻。　　天涯我是漂零惯，恁飞花无定，相送人行。见说兰舟，明朝也怕长亭。门前记取垂杨树，只藏他，三两秋莺。一程程，愁水愁风，不要人听。

陈小凤（732）

陈小凤，年十四，余为字曰文香。居板桥头。吴下临顿里人。貌清癯，楚腰才可一捻。云伯孝廉尝主其家，极嬖之。余辈偶作画舫游，必载与俱。忆客夏招同湘亭、云伯、邨楼、珊青诸君，遄暑河上，小凤亦在座。云伯大醉，时已统如三鼓，天且微雨，云伯喃喃，强欲送小凤去，而山公方倒著接䍦，势

---

① 此诗《秦淮画舫录》题作"随园席上赠别疏香"。

不能行。踟蹰间,珊青遽掖衣以背负小凤至其家。吁!偻指狂游,三周鶠蟀,云伯近赴山左,珊青亦客雉皋,余与湘亭、邺楼尚恋恋鸡肋。小凤昔之垂髫者,今乃及笄矣。年光如女树,可胜叹哉!小凤工串生旦剧,向在缘园,见其演跌包甚佳。《画舫录》

解素馨（733）

解素馨,先晤于钓鱼巷内。昨过蔻香阁,偶于凭阑时见之,始知其新卜莺乔也。年十三、四,曼睩沉沉,修眉蹙蹙,歌喉酒户,均极不群,稠人广座间,偶一吐词,无不怜其乖角。母氏解语花,几三旬,甫以艳名噪于时。今素馨未及二八,已能流誉众口,雏凤清于老凤。既为姬羡,复为其母慰也。同上

唐桂音（734）

唐桂音,行一,小字生官,为秋水养女。柔姿皓质,气宇清醇。善饮酒而不醉,虽百榼不辞。与添石生为龆龀交,互相慕悦,誓必相从。生固钟情者,第世家子,决无于平康下玉镜台事。遂滞良媒,姬由是无俚,且失意于家人,镌谯四至。某掾,吴中薄俗儿也,秋水利其赀,竟以姬归之。姬即甚不欲,而幸是得脱孽海,亦竟拂衣去。异日,生过掾门外,姬适窥见,密遣雏鬟招之入,握手诉别后事,彼此哽噎,不能出声。生归后,为之惆怅者累月,而感姬之情,亦遂裹足花场已。同上

集唐校书秋水楼即事

子 山

一枝画桨逐波柔,柳绿新桥绾旧楼。绝代风华多在水,六朝山黛尽宜秋。花天我暂留鸿爪,檀板卿劳拍凤头。小玉雨香玲珑飞燕帖云瘦[1],此身曾费几生修[2]。

王倚霞（735）

王倚霞,小字阿三。牛市诸艳,向推汤氏靥花,自后代兴有人,而班行秀出者,无过倚霞。为靥花内侄女。饮量豪放,娴于觞政。每值嘉夜,既挟兰芷、荐芳,送客留髠,几不知何者为白云乡也。添石生云:倚霞虽在烟花,而秀朗有方家局度。其被摩登伽摄入媱席者屡已,终以不负桂音,故不及乱,可为腻友观耳。同上

张素云（736）

张素云,字藕香,年二十一、二,吴中人。娖婳幽静,屏谢铅膏,或拈豆而按歌,或写兰而吮墨,均当放出一头。初未谙余,闻余辑《画舫录》,逢人诇访,辗转寄声,殆如陶贞白所云"仙人九障,名居一焉"已。住金陵栅前双素堂,蘅香之故居。吴素珍、周双全年皆十三、四,依素云为家,清睐长眉,娥娥鲜俪,后起之秀,璧合珠联。

---

① "帖云",《秦淮画舫录》作"云岫"。
② "曾费",原作"费□",今据《秦淮画舫录》改。此诗出《秦淮画舫录》。

素云、素月、又兰、婉兰所画兰花，皆骎骎有法，且又各得名人指授，故其技日益精进。同时耽尚风雅，如袖珠、芳兰、蔻香、莲卿、小燕，皆尝次第招同竹恬、菊生、笠渔、子隽、抑山、再芝、珊青为诗画近局，流连竟日，传播一时。亦见时际升平，士大夫得以优游艺事，与曲中诸姬作文字之饮。而诸姬亦藉是涵濡气质，相得益彰，远之可方楚润、国容，近亦不在湘兰、寇、卞之下。倾城名士，共著芳声，固北里之艳谭，亦南都之盛轨也。《画舫录》

何杏林（737）

何杏林，字文卿，又号璚仙，行一。年十八、九，丹徒之五条街人。织梧语余曰："璚仙握椒含若，嬬服伣装，口倦金缄，姿莹玉琢。性豪于饮，一举十觥，薄醉清谭，温其可挹。曲既富而且工，非情好者，不轻按拍。"先是，与棘闱前吴四同居，今移双素堂，偶撄肺疾，娇不胜慵，小溢红霞，几成绀袖。空桑恋恋，殊难为怀已。同上

沈金珠（738）

沈金珠，行二，字佩香，吴中人。年十八，清丽不凡，吐词名隽。知余将采入《画舫录》，欣欣然意颇自负。初，余闻其名，误以为珍珠，叩之玉生，乃知姬即巧龄之妹，盖金珠也。巧龄已适人去，姬尚待贾。玉生偶及余名，姬并拳拳有旧雨之谊，且属玉生作札，再三邀余。不知青楼薄幸，余亦何心，红豆多情，卿宁好事。醉别钟陵之日，亦已几及五春，罗隐、

云英,何堪重见耳。其妹寿苓,同住利涉桥口双桂堂。寿苓小于佩香二岁,东东、盼盼,竞爽一时。同上

吴玉徽（739）

吴玉徽,行四。吴家妇,迫于债,遂堕曲中,见人犹腼觍也。居金陵闸,昨复移之利涉桥东,与兰云仙馆相接。年约二旬外,肌腻肤腴,兼通文义,论者谓其品在又兰、小燕之间。碧城仙吏勾当白门,暂偬其家,亟邀推许,为题"停云水榭"檐额。自是渡头打桨者,无不遥指红楼,争相问讯矣。同上

马兰姿（740）

马兰姿,与桂音、倚霞为左右邻。筑田谓其貌丰容而庄姝。倾心于某公子,拟归之,其家不之允。姬乃藉他事鸣之官,遂脱身去,竟归某公子。钗荆裙布,处之晏如,亦众中之佼佼者。同上

马喜姿（741）

马喜姿,字次湘,姣丽而善病。自其姊兰姿适人后,姬遂出而延客,翠袖丁年,红窗子夜,殆又踵兰姿而鹊起矣。妹贵姿,貌亦端好,尝来仓山,寿芝亟赏之。同上

汤心官（742）

汤心官，字小霞，行一，年二十有一，倚霞之嫂。与倚霞同处一室。性慷爽而善谭，甚或终日不倦。织梧剧善之，尝曰："小霞亦娟态者流耳，而能财轻若箨，情竺于山。[1]特所天复耽博进，故其家本裕如，卒乃至于不给，簪珥被服，悉归长生库中。"噫嘻！孽已。[2]同上

江顺官（743）

江顺官，号润芝，年二十一。丹徒人。琼仙之姨姊。韶秀备于仪容，风流形诸言笑。偕琼仙同来双素堂，琼仙示疾，姬辄时时慰恤。同上

杨桂姿（744）

杨桂姿，又名怡龄。年甫十七，双素堂之彩伴也。城中人。随意梳妆，自馀逸致。稿砧托命于姬，乃复时加挞楚。邯郸才人，业归厮养，香怜玉惜，更又奚望耶？玉姿，忘其姓，体丰而貌妍，酒量可三十杯不醉。与桂姿先后入双素堂，亦本郡人。同上

吴素珍（745）

吴素珍，一曰小素。行一。母为吴四，旧偕寓高步家，名

---

[1] 《秦淮画舫录》此处尚有"向以重赏，收某介"七字。

[2] 《秦淮画舫录》此处尚有"方之伊昔，殆有有娘之亚矣"二句，而无"噫嘻！孽己"四字。

日益著。遂卜筑于钞库街,距文德桥才数武,对岸乃文星阁也。三年前,予晤姬于晴峰席上。姬年方十二,当即以雏凤目之。日昨,印愁子邀过其居,轩槛三楹,筝琶四壁。坐甫定,姬出而相见,益觉气清骨秀[①],抒词温婉,春光盎盎,逗漏眉睫间。窃自诩眼福之非差,且不禁心春之靡定矣。_{同上}同上

王兰姿（746）

王兰姿,无字,余戏呼之曰"者香"。行一。佚丽髫髻姿香,爽朗则居然月仙也。居在棘院东首第三家,楼影卧波,帘纹泻月,本为郭芳故宅。姬自入此室处,不惜多金润之矣。妹朝霞,年十六,翩翩雅度,昆曲绝佳,工演生旦剧,盖尹子春之流。同上

王月痕（747）

王月痕,或曰姓郑,郡中人。曩在冯三多家,名玉琴。移居东钓鱼巷,后与慈湖渔隐互相倾慕,乃为易今名。年未满二十,鬈发不髢,歌吭珠圆。对客寡言笑,而游睞曼容,别具佚韵。渔隐常请八九山人绘《满身花影图》为赠,并縢以截句云:"衫红镜绿画江南,镜里花枝带雨酣。人影更宜花影伴,一痕凉月月初三。"盖隐寓其名也。同上

---

① 秀",原作"茵",据《秦淮画舫录》改。

王袭香（748）

　　王袭香，行一，雉皋人。寓范喜子家时，即识之。继又与雪香为偶，娬媚幽静，丰韵不减徐娘也。觉华谓姬小字屏儿，当官崇川时，即与之稔。年甫十二、三，游凡四五载，故能悉其靓缕。觉华偶述姬儿时事，辄羞避不欲闻，尤嗔人呼其小字，甚至粉面发赪。故山甫赠诗云："瑶台清闷天风细，未几人间识小名"，以此。同上

罗巧龄（749）

　　罗巧龄，行一，家石婆婆巷口。初偕阿姥开客寓于东水关，今乃闭门花下矣。年二十一，珊珊仙骨，宛约而多姿。量宏于饮，每值螺珧递斟，蜡珠渐地，客方幸依红熨绿，春选花城，而姬已浮白倾黄，酣游麴部。玉山自倒非人推，姬其得此中趣者耶。《画舫录》

刘愬兰（750）

　　刘愬兰，乳名兰子，梳头妇之女。貌姣艳而痴于情。依水港旁高步家为居停，郁郁为此，甚非所愿。中秋第二日，觞客未毕，忽避席而起，家人遍觅之，早已攒身窗外，为河伯妇矣。先是，姬一日独坐窗网下，如有所见，语刺刺不休。人问之，复瞠不能答。其母诡之，曰："若盖秘有所待，久而不来，因以身殉之。"此与宝琴事绝相类。谁谓四条弦家无钟情人哉！《画舫馀谭》

韵　仙（751）

秋槎公子由楚赴吴,迂道白门,偶与韵仙相值,两情眷眷,有若夙缘。携之游仓山,主人为治具,余与邺楼复招素月、佩兰来,公子皆澹漠视之,盖心目中只一韵仙也。逮公子解缆,韵仙又买舟送至三十里外,倾城名士,相得故相悦耶。《画舫馀谭》

韵仙与秋槎定情后,形影不离,信如《会真记》所云"恨不得肉儿般团成片"也。饯别随园时,絮语喁喁,柔情款款。余适阅秋槎《瘦红词》,因戏拈其语曰:"此正'别时言语欠分明,只莫记了三分,忘了三分'也。"秋槎亦为解颜。《画舫馀谭》

《河楼絮别》院本一折,秋槎在都门寄余点订。盖其去秦淮时为韵仙作者,情文委宛,全摹玉茗堂《折柳》笔仗。韵仙获此,胜于小玉多多矣。同上

陆爱龄（752）

陆爱龄,字雪香,住姚家巷。髻卿耳雪香名,思欲一见之。余曾于月下同药谐拉其往访,髻卿怃然曰:"远求骐骥,不知近在东邻也。"遽与缔手帕之好。髻卿擢秀一时,乃倾倒雪香如是,雪香果何以得此哉? 雪香在卞宝姿家,时才十一岁。迨余游青门回,已依刘双为居停,娉娉袅袅,居然林下风裁。青泥莲花,皭然不滓,刘家郎果遂栗占,决不使与芜菁相溷耳。近乃小姑独处,示疾青溪,学作兰花小幅,颇饶幽韵。

《三十六春小谱》

为捧花生写兰花扇

爱　龄

一枝亲为写幽姿,照影湘江瘦不支。记得春深空谷里,昵他翡翠戏多时。

次韵捧花生属

子　坚

等是瑶台月下姿,东风无力倩谁支。秾华输与闲蜂蝶,澹粉轻烟又一时。

次韵二首同髯卿,即柬捧花生

药　谱

莫写芙蓉泣露姿,肯随杨柳斗腰支。春风会得灵均意,记取珊珊入梦时。

白练裙边绝世姿,幽芳齐向笔床支。玉京小妹须从学,盼取苕华刻字时。

李小如（753）

李小如,住贡院东头,润香女也。年最稚弱,不待渲抹,而娟洁自已不凡。惟辅颊间微露楚色,是直浣纱人捧心而啼,益增其媚已。九松堂自润香去后,声誉寂然,得姬而门楣光彩,足可中兴。"常在眼前君不识,化为龙去见应难。"谁其于雏黄稚绿中刮目俟之。《三十六春小谱》

过访小如赋此留赠

秋　舲

生小争相惜,明妃定有村。征名参佛果,问姓托仙根。

螺黛休教污,鸾篦漫与论。凄凉思阿奶,西望为招魂。

一角红兰外,楼台压水开。棹随花影过,香趁月华来。幽绪危弦咽,芳姿团扇猜。旛铃喧蘂榜,迟尔出群才。

王筱玉（754）

王筱玉,住贡院前。筱玉性情兀傲,气象不侔,半林赠句所谓"花貌蝉嫣姜性辣"也。然贾平章剑锋太利,世岂少十一面观音哉?尝仿北齐乾阿奶故事,寄某膝下,某故悉其概。芳龄绮岁,三五而盈,惜受廛非其地,往来杂沓,某语次辄拊髀曰:"安得昆仑。"《三十六春小谱》

菩萨鬘·秋闺小景为筱玉倚声

质　甫

晚妆悄拥圆冰湿,鸳鸯照影娇无力。知道夜凉深,衫罗添一层。　　梦回听叶落,便睡何曾著。窗外碧芭蕉,雨馀人寂寥。

前调·题筱玉绮晴阁

柳　桥

垂杨庭院东风悄,隔花偷啭鹦簧小。香袅哑芙蓉,枕函灯影红。　　湘波随意绿,宛转双钩玉。报导阿鬟知,锦衾春觉时。

前调·秋霁过访筱玉

一　源

苔痕细琐凉蟾白,猧儿吠影嗔生客。纱屉悄推开,放他双燕来。　　璚浆三两盏,咫尺蓝桥远。料得有今宵,软魂无那销。

陈喜林（755）

陈喜林,寓沉香街南。喜林曾寓蔻香家,继又主于佩兰。顷见于冯乙官宅中,明眸而善笑,广坐中亦自不禁,故能令见者生欢喜心。向闻有阿紫者,与之同卧起,姣丽不下于姬,一切如常人,姬亦不之惧。他人则不见,余固谓姬珊珊无尘韵,自不乏瑶台旧侣相从游戏也。《三十六春小谱》

菩萨鬘·即事赠喜林

子　坚

红阑卍字横波绿,晚凉庭院凝脂浴。衫影薄于烟,葳蕤春可怜。　　唤人簪抹丽,香雪团双髻。偏又髻儿攲,猜他知不知。

冯月莺（756）

冯月莺,住东花园。幽兰在冯家称殊尤,自后则有月莺,为幽兰小姑。年甫十四,而动止轶群,鬟齐故略,眉平犹剃。间踏红氍毹,演生旦小剧,金尊翠琯中,风情无那,卿伯、兰醑均赞赏之。《三十六春小谱》

清平乐·过旧院访月莺新居

秋　舲

蝉云双袅,瓜字芳龄小。十二棂纱红悄悄,刚被好风开了。　　几枝杨柳惊秋,莺儿偷啭歌喉。记取新来门巷,浣纱一曲溪流。

王宝琴（757）

王宝琴，寓钞库街双秀堂。向辑《秦淮画舫录》，以倚云阁为弁首，花丛中人多龇之，十年来罕有接武。自宝琴游其门，而中郎典型，居然活脱。芳年才及指弦，玉润花明，自远尘垆。偶尔当筵隽语，如初调鹦舌，宛转撩人。虞庭严于月旦，亦娓娓称誉，品可知矣。《三十六春小谱》

小诗赠宝琴

未开花已裹春心，香影谁栽画阁深。痴说有人歌得宝，七条弦畔思惝惝。

漫啭喉珠倚玉箫，一窗花月总无憀。年时未省愁滋味，好梦随风过板桥。

文凤音（758）

文凤音，住石坝街南。余固早识之。其母心官脱籍后，余又远涉关陇，遂不得其芳讯。素亭、履芝、星石、文卿偶为拗花近局，招余与偕，凤音亦来典觞，始知仍巢旧阁。应答如流，周旋中窾，年约十四、五，而居然老成。惜以霜露乍经，不获聆紫云新奏也。《三十六春小谱》

菩萨鬘·凤音次壁间韵

文　卿

凤雏才出桐花小，隔花呖呖歌珠巧。伶俐瘦身材，笑圆双靥开。　　眉梢浓更细，可解春滋味。遮莫又生嗔，回头偢昵人。

方双喜（759）

方双喜，住白塔巷茉莉园，固蟠根之李仙也。卞璞春菱，鲜有当意，而吐属云蔼，酬对风生。忆同筱凤招集秋禊亭，座次述其家碑亭巷时事，若不胜燕子寻常之感，诚有心人也。女兄弟凡四人，姬最小。有拊马郎近与密契，量珠种玉，尚须稍辽缓之。《三十六春小谱》

章玉霞（760）

章玉霞，初寓东关头，未久，去之芜城。逾年而后归，益解连娟媒妮，濯濯不可以尘忝。年近十六，谨于言笑，而性实和易。尝偕子坚、筱坪一再访之，折节流连，几忘夜午矣。同上

章朝霞（761）

章朝霞，玉霞之妹。东关章氏诸姬，必以玉霞、朝霞为举首。朝霞年视玉霞为弱，雍容娴雅，若即若离。昨同玉霞邗江游归，嘉闻藉甚。夜光晃采，宁久于匮韫耶？闻余撰《小谱》，颇以预名为幸。陶贞白曰："仙人九障，名居一焉。"姬之谓也夫！同上

月夜集朝霞、玉霞水榭偶成

秋舲

不隔长桥路，兰桡取次过。月光穿户早，花影傍帘多。香篆风前腻，冰丝雨后和。漫拈红豆子，真欲奈卿何。

冯藕香（762）

冯藕香，与月莺同居，行辈亚于月莺，而年亦次之。态浓意迹，亦不肯作率尔人。余前访姬，时已薄醉，姬与月莺前来起居，并蒂琼花，神光夺目，竟误以姬为月莺，赏颜标之错认，直头脑之冬烘，殊不直倾城一噱耳。早工演剧，广筵长席间，结束登场。偶作参军俊鹘，名手时谢不遑。《三十六春小谱》

张双凤（763）

张双凤，本姓徐氏，采香泾人。寄养于张芳龄家，遂以为母。敬亭山人驱垂青睐。余尝因其言，招集画舫，与翠莺、喜林相比俪。姬独皎皎自好，蛾眉淡扫，而意致翛然，"不受尘埃半点侵"，姬殆髣髴似之。同上

严凤翎（764）

严凤翎住城东琵琶巷，所居距秦淮窵远，抗尘趋炎者多不之及。姬则琼扉昼掩，玉色春融，凡值贵游，必先招致，不以僻左见遗。方悟待烧煮而芳扬者，终属寻常薰罂耳。同上

金爱龄（765）

金爱龄，字又云，住钞库街上岸。又云较宝琴更小，圆滑便捷，逊于宝琴，而闲雅则在宝琴之右，论者不无轩轾。然珠玉即异用，而采而求之者，皆不惜山水之登涉也。况女于倚云，又与宝琴同室，且晚樵效之，唐梯百级，何愁不同蹑

巅顶哉！<small>同上</small>

高翠莺（766）

高翠莺,寓贡院西头。初,余往来兰琴家,知黛龄,不知有翠莺。及黛龄与兰琴析居后,兰琴谋新筑,而黛龄仍占旧枝,始数数与翠莺晤。翠莺年十五,天寒袖薄,状若可怜,而粉颊红冰,幽怨中自含天趣。吾知眼泪花必不久于篱壁间也,近又与金喜姿同寓。<small>同上</small>

浣溪纱·翠莺移居割青轩，过访，即以赠之

子　坚

补屋谁怜绝代姝,牵萝大晚袖寒无。背人偷与拭鲛珠。

一角雕阑三面水,千丝罗帕几行书。更休好梦觅苏姑。

吴秋月（767）

吴秋月,字姮仙,住贡院东头。秋月于蔻香为树类,蔻香固未之见,盖自蔻香游湘皋后,吴氏抚育之,为异日继起地耳。音律既佳,弦索亦妙好。姝丽而娑衿,清瞩反首,即令蔻香对之,当亦慰。果赢之咒,莫为之后,虽盛不传,余于姮仙益信。姬先在郦二家。<small>《三十六春小谱》</small>

唐福珍（768）

唐福珍,寓钞库街南岸,福珍家旧院前,其母亦老妓师。初七下九,嬉戏生怜。或以不工周旋为姬病,夫屏风曲曲,岂浅尝者能喻,况姬之年未也。近主尹金姿家,为某令尹

激赏，每于余前夸诩之，不知余固早已心许。鹏背云抟，奚俟百廿蛄蝆耶？何喜姿之女佩香，丰貌与姬绝相似，对河而居。余前一夕同劫人访之，姬依依絮语，若不胜情，逾日倏以急疾委化。彩云易散，苍苍者于姬似太刻，抑美人无白首，正造物之所以全其天耳。同上

杨黛香（769）

杨黛香，小字财宝，住金陵闸口。黛香弟子玉香，纤妍俏洁，人恒乐近之。去年，阿母又环殁，随玉香迁居金陵闸。小阁翼然，斜临渡口，时或枇杷半面，花唱后庭，岂独苏州刺史恼乱柔肠也耶！近复买楫，偕玉香涉江，寻所欢于扬州。吾知桃根桃叶，王家大令自不惮双双迎接耳。同上

王双龄（770）

王双龄，住白塔巷，王凤女。年可豆蔻梢头，文弱如不胜衣者，或谓稍似倚云。初晤，犹呐呐，迨面色如衫，则又玉霏满座。度曲调丝，都无难事，而雅非性之所嗜，故众中奏技时，姬独敛手。天水参军小驻河干，品翠题红，特邀擢拔。从此过前川者，均不以寻常花柳目之。同上

陆莲宝（771）

陆莲宝，字琴仙，住东水关南岸。踵素月、蕴香之后，不为蟆盘，而为鹊起云间之多才也。举止如方家态度，艺亦绝侪。某令君载鹤南归，文酒之燕，不惮惠来，声价顿增十倍。

余尝戏令君曰:"公种河阳一县花,似此当得几辈?"令君曰:"正恐解语者不受唐突耳。"彼此相与辗然。同上

曹五福（772）

曹五福,吴人,寓水关东头。五福初偕其妹金珠来秦淮,傲屋牡蛎园。旋又移住丁官营,未久,乃尽室以行。昨贲二波书来,知其扬州游倦,重返金陵,唯三匝之未安,幸一枝之可借。买邻刘素芳家东头,实水关前之第一家也。二波品藻群花,经其赏者,乐逾九锡。五福本苏台之秀,踽步纤腰,临风飘举。及其清谭促坐,如深柳黄鹂,令人心醉。若丝竹竞作,履舄纷投,即或勉为调停,意终弗屑。南曲得此,定满群情,二波尚何预藉为哉! 金珠年相若,吐属清雅,绰尔大家,二赵二乔,度几方轨[①]。同上

涂翠云　妹秀云（773）

涂翠云,妹秀云,住贡院东头。二云皆秋桂弱女,居蔻香阁故址。盖自蔻香他适后,秋桂即假馆阁中。济生尝邀余洎同山为迢暑之游,二云出而款接,歌团扇于当筵,掩回阑而命酌,直觉台近徐陵,无非是玉,衾从韩偓,大抵皆香。为唱"吴娘暮雨潇潇曲,自别江南久不闻"二语,同山辄唤奈何。同上

---

① "度",疑当作"庶",盖形近致讹。

偶赠翠云因怀蔻香鄂渚

济　生

不隔垂杨柳,湘帘一桁齐。春凝金屈戌[①],香泻玉东西。琼树朝朝见,黄鹂恰恰啼。刺桐花下路,谁向此间迷。

蒋素云（774）

　　蒋素云,住沉香街南。玉珍重到,玄都桃花净尽[②],而嫩蕊娇英,春色之萃于其家者,转多称意。佳种弱息,素云其最著也。素云甫垂髫,姿首清丽,性亦聪慧。时而鹍弦按谱,则天半云停,时而凤炬张筵,则怀中月堕。他日盈门车马,争致缠头,玉珍当独擅蚌珠之胜矣。同上

张素云（775）

　　张素云,住利涉桥南岸丁字帘前,乃秦淮著名处。居其间者,亦往往多隽丽。近今则素云振振有声,斜盼微觯,含娇敛笑,虽为玉姿所出,而跨灶撞楼,足扬家衒。先是,其家有某姬者,为余友井叔所昵。去年,井叔遽赴玉楼,某姬亦转徙他所。闲过素云,不禁人琴俱亡之感。同上

集丁字帘前留赠素云

勺　香

似尔谁夸窈窕姿,懒将装束斗时宜。销磨丁字帘前水,

---

① "戌",原作"戍",形近之讹,今据诗意改。
② "元",原作"玄",乃避清讳而改,今回改。

一曲琴丝一局棋_{姬雅好琴棋。}

几人有分到天台，无那郎心冷似灰。桃瓣胡麻春正好，仙源盼断不归来_{姬属意某郎,郎竟负之。}

张喜龄（776）

张喜龄，秦淮后起秀也。年十四，随母氏居。向作依人生计，为吾乡眉翁所识。予醉秦淮久矣，十年未得一当意，不复浪游，常觅老僧谈色相，几欲作画，望西厢以逃禅者。闰七月，眉翁具饮。邀余，予顾未知也。晨起泛舟城北，晤诸旧雨，步天间堂，登平台，望钟山秀气挹人，令我一净尘思。老僧煮茗，邀赏池荷，倏忽半天烟雨，来自东南，而一池翠盖倾珠，红衣展玉，则非人间声色矣。雨霁返舟，过红板桥，时已初更，有数人要于港口中，致眉翁意，嬲之以去。入门搴帷，一见便尔倾心。惜乎！余生太早，花放偏迟，能不唤奈何。席间话及评花，云有以牡丹见称者，予曰："此肥婢态耳，乌可辱卿？"姬依眉翁袖底，作吴语曰："若谓侬何？"予为吟"硬对牡丹呼后辈，醉邀明月问前身"之句，姬含笑，释琵琶，敛衽起，自饮三爵，谢不遑者再。因字之曰"梅仙"，额其居曰"香雪"。时余大醉，姬亦微醺。席罢，犹能向灯下学小楷书，属余临仿本数纸付之，并系以诗_{《八仙图》之一}

王小玉（777）

王小玉，字云仙。属中人之姿，具上乘之品，风清于鹤，气静如兰，不当仅以貌取也。姬驰艳声久矣，誉之者半，毁之者亦半，均过其实。予于姬曾一二晤，此谱初未入选，非不知姬，良以姬既知名，何赖于此。乃同人中为姬争者，噪噪不休，且谓他人多游戏之作，今子将与余澹心争千古，遗姬是无姬也。予悉笑应之。最后晤绛翁，亦谓然，并赞扬其知文墨，嗜风雅，为述近事历历。绛翁名下士也，不轻以文墨风雅许人者，乃独降心于姬耶！一日小雨，过绛翁处，闷坐啜茗，谈及姬，因偕予往。时姬尚事晓妆未竟也，肃客入阁，谈语无多，但见镜台之次，笔研横陈，绣榻之间，图书并列。予因询其知诗否，姬曰："恨不能成句，然胸中时觉有诗意。""能画否？"姬曰："但能作兰草而已。"予笑曰："西湖多捉刀人，近日秦淮亦有此辈。"姬亦微笑，默然不语。时姬犹对镜掠鬓，调脂写眉也。毕妆，即呼婢洗研蘸笔，窗下作蕙本二以示意。绛翁在侧，袖粉笺乞画，亦挥就之。予为加印章，书名鉴别，以解失言之愆。又校其印章无佳，为镌"瑶华阁稿"石章贻之，遂入谱。尝闻姬于中秋夕，无月早卧，夜及午，云开月出，披衣起，理妆拜之。又于月夜送客，谓当缓归，不可高视阔步，有负清晖也。《八仙图》之二

安宝珠（778）

安宝珠，字蕊仙。如玉之洁，如兰之幽，亲之令人淑，远之令人思也。未晤之前夕，眉翁为余言，但云牛市中有一美人，未详姓氏。明日晤竟君，亦云牛市有人，不可不一赏，为述姬名，并曲道其性情态度如绘。风雨扁舟，打桨而抵其居，居似陋，登其楼，楼似危。予意若局促，竟君曰："人在屋中，

屋以人重耳。"无何小婢扶出，淡妆素服，风韵翩翩，顿觉满室生春，光辉夺目，竟君洵知人矣。因订饮，促其晶帘对镜，以竟晓妆。眉翁亦至，相视而笑。眉翁初未知余先在而始至，竟君亦未知为眉翁所荐而始荐也。有目共赏，心心相印，如此乎！相与勾留半夕，大醉而归。席间，竟君赏其昆曲之工，亦和一阕。予同竟君自南而北，自北而南，歌筵酒榭间，相偶数数，未闻一吐音，固谓其不知音也。今乃畅歌自豪，以媚其意，可谓倾倒之尤。然予此梦不作，已历数载，非敢遁入道学一派。因旧识王姬待予三年，予名不成而后嫁，誓不浪游，以酬其志。乃一见姬，宛若我意中人也。且喜且叹，愈幻愈真，亦事之至奇者矣。戏成俳语，上眉翁，曰："原夫萍踪离合，本有前种之因；花谱商量，颇具知音之雅。盈盈一水，夕阳红板桥头；去去几家，明月清溪渡口。云英新嫁，同作恨人；杜牧浪游，终伤薄幸。独具看花之眼，偶弹同调之音。选胜自居，替人无两。畴为第一，名高桂子香中；此是无双，身在梅花影里。亦糊名而荐鹗，先得意而登龙。闰七夕之星河，承邀醉席；借重阳之风雨，各泛扁舟。花里相逢，对花写照；酒边闲叙，借酒浇愁。春既许以偕探，魁岂讥夫独占。君原不妒，我独何堪。嗟嗟，见李思桃，取其形似；因风问月，自有良缘。佛果慈悲，应启散花之局；仙真游戏，不传点石之方。诉尽缠绵，只此痴心一缕；鉴予孟浪，敢希幸事三生。"第二日又燕，席间，眉翁、竟君读之，击节称赏。自此，姬亦知余有王姬事。一日独至，询予好读何等书，余曰："最爱《刘无双》《霍小玉》二传。"姬曰："难得有心人耳。"予因述旧有

"古押衙何许人,李十郎今是我"之句,请下一转语。姬长叹
一声,哀怨无似,久之,乃曰:"人间亦有痴于我,不独伤心是
小青。"岂姬亦有所感乎?然则予素以痴自信,姬又秦淮中
一个痴人也。《八仙图》之三

陈擎珠（779）

陈擎珠,字云仙。年及破瓜,情殷记豆,居钓鱼巷河房,
为陈帮渔家养女,真可谓莲出污泥、兰披众草者也。予与眉
翁同泛夕阳之艇,遍探上院之花。所过某某家,非旧日豪
门,即近时艳质,予一无许可,辄加一二字抹去,眉翁深以为
确。夜间晤姬,剪烛进茗,半宵始散,而姬之一颦笑,一起坐,
一顾盼,一莲步间,柳腰转侧,无不悉心体验,有洽于衷。三
日,又同竞君去访,问其小字,初不肯吐。询之再,因前曰:
"郎君之为侬,侬心已觉,不过藉人作衬稿耳。侬虽产自微
门,颇具志气,不欲攀龙附凤,以为荣施。郎君休矣。"予曰:
"我固知卿,卿竟不知我耶。"再三剖白,许以当场校胜,以定
甲乙。姬默点头者再,低吐"云仙"二字,即飏去。于此可以
知姬之抱负矣。《八仙图》之四

任双全（780）

任双全,字半仙。柔而不佻,温而自淑,时下有艳声者
也。予初同眉翁访姬,姬时小恙初愈,亭亭若雨后芙蕖。眉
翁谓予云何,予曰:"无一处不佳,却无一处最佳。"眉翁曰:
"诺。"即别去。乃评花十日,所见屡屡求其十全无弊,未获一

人，然则姬之无处不佳，即姬之最佳处也。予过矣，予过矣。眉翁恐余领略尚疏，特张宴于其处。时余感寒疾，犹为姬往，得半宵叙。审之久，遂入谱，非敢作趋炎态也。《八仙图》之五

吴月娥（781）

吴月娥，字月仙。骨秀而清，心爽而慧，可谓无浊气女子也。年十六，为吴佩兰女，尚作篱下之寄。闰七月朔，同眉翁步东关上院，至姬家，已及暮矣。时小雨初晴，夕阳返照，得于掩映间一见姬，数语即别，而姬之情态已领之入神。从来赏识奇珍，全在瞥眼一见时，所谓天机流露，人心未起，反复顾盼，则他愿又蒙，爱恶情生，疑信相参矣。第五日，又晤，再三领略，信之愈真。姬年尚茂，异日春风吐艳，必邀真赏，方信余言之不谬云。《八仙图》之六

曹桂珍（782）

曹桂珍，字蓉仙。态艳神清，姿气致媚，秦淮宝相花也。初，竟君言及曹氏之艳，予未审其居处，无从独访其人。一日，同竟君、眉翁游鹫峰寺，回路过姬庐，遂入。予甫坐定，即大声呼曰："专请桂珍见肃客。"奴咸以梳头对。进茗间，余促之再。姬即拥髻出，如芙蓉蘸露，一种新艳，自足动人深思，固不必施丹傅白而后妍也。数语，姆即扶入，临去，回顾曰："乞少待。"而一翦秋波，真能摄人魂魄，依依乎玉镜台前，水晶帘下矣。姬能知之否？《八仙图》之七

方兰因（783）

方兰因，字畹仙。年十四，为方双喜养女。予同眉翁、竟君见之最晚。一日，入花问路，看柳寻门，始引登楼，继请入室。时犹镜台理鬓，绣阁调脂，偶问姓名，约略傅粉而出。竟君称奇，眉翁许可，予犹上下顾，未发一言。二君咸以为怪，予曰："此君形容态度，似与七人迥别。当另置一队，不可徒作温柔女子赏也。"问其小字，曰"畹香"。尚嫌大人先生有相同者，因抹去"香"，易"仙"字，合之则八仙云。《八仙图》之八

杨柳若（784）

杨姬柳若，在曲中颇擅声誉。祖母爱若掌珠，不使作缠足妆。待客殷懃，风流倜傥，可人可人。窗下读汉唐诸说部书，询之，如瓶泻水，并解文义。问能作诗否，姬笑而不答。秦淮近来所未有也。《八仙图跋》

卷第二之八　纪丽八

王桂仙（801）

桂仙，金陵人，从假母姓王。秦淮画舫中之翘楚也，色艺冠一时。居丁字帘前。精音律，好文墨，尤善箫管。以诗、画受学于侯广文青甫、汤贞愍雨生，两公剧赏之，列女弟子行，名益噪。喜应接才人韵士，遇齷齪富贵者，辄加以白眼。虽婴假母怒，恒不顾，终以此堕假母计，卒归伧夫。姬抑郁不自得，不一年，瘵死，年仅二十。兰簃主人于丙午秋就试白门，以文字订交，桂仙愿委身焉。兰簃亦亟谋纳诸金屋，格于父命，不果。濒行，画桃花一枝以赠，缀短句云："点笔蒸为十里云，留春不住意徒殷。微闻刘阮当年事，流水桃花又送君。"遂别不复见。其明年，侯、汤两公大会名流于河上，较艺桂仙水榭中。扬州浮屠莲溪于座间写照二帧，一付桂仙，一自庋。越二十五年，乃以归兰簃。兰簃系情昔梦，枨触无聊，新付装潢，以征题咏，亦可谓深于用情者矣。嗟乎！姬以绝世姿，工词翰，娴绘事，见赏于名公钜卿，赫然名重一时，而卒不能得所归，抑何造物之忌才也。《花国剧谈》

莲 霞（802）

金陵莲霞，忘其姓。色艺冠时，筑香巢于丁字帘前。贼未乱时，年十三、四，登场一舞，缠头累千百。性嗜文字，才人名士心契之，久之，亦能吟咏。兼工绘事，习马守贞、黄淑之双勾兰花，名愈噪。某生故名下士，与姬绝无交。姬邀之至，相见恨晚，欲委身以事。生曰："娶姬一事，载在祖训，不能以青楼人为妾，奈何？"因赠以诗云："我有卿年卿始生，卿成国色我无成。琵琶千古伤心事，误我华年莫误卿。"姬即席和云："今生何必说三生，抽尽春蚕茧未成。谁解怜才胜怜色，酒醒枕畔唤卿卿。"因相对泣下。此咸丰壬子秋夕也。未几，金陵陷，各分散。城复后，凤去台空，以为香消玉碎矣。后二十馀年，生已贵，拜客出门，见一老妇傍舆而过，面色惨淡，且行且言云："悔馀翁、红药生、剑舞叟皆死，世无知音，孰以千金市骏骨，与其伍俗子，宁赴西江，偕屈灵均作佳偶耳。"生闻而异之，然不知为谁也。次日，阍人报有老妇求见。生命引入，妇伏地恸哭云："君为贵人，尚识莲霞否？"生大惊，命坐。妇历述所遭，悲从中来，不能仰视。生更凄绝，强慰之，爰纠合同志，为之延誉。幸莲霞一枝枯管，尚能横扫千人，因而文字生涯，乞灵翰墨，藉以免冻馁之苦。呜呼！当年绮梦，均付断肠；此日穷途，不堪回首。美人迟暮，名士飘零，千古如出一辙。《三借庐赘谭》

周绮霞（803）

周绮霞,擅名秦淮,所居颜曰"凉珠阁"。为汤雨生都督、侯云生广文所激赏。蒋剑人茂才壬子应试白门,雨翁、云翁招剑人及王柘芗秀才、琴师某,泛舟秦淮。两岸水阁,红帘半钩,风香夕照,玉人梳头,凉篷容裔,目睇意销。凉珠阁主人命侍儿以短梯引客上,香炉铜绿,茗盌瓷青,湘榻棐几,陈设精雅。壁间诗画笺帖,悉名流投赠。主人著碧绡衫,持白纨扇,丰神秀朗,一笑嫣然,宜两老人为之倾倒也。雨翁年七十六,青翁年八十五,看花老眼,自诩无双。酒半,雨翁诵《买陂塘》赠主人词云云,余即席和之,有"开蕊榜,算第一名花,第一名流赏"句。盖往时秦淮,每有花状元品目,点缀承平景象。白发红颜,哀丝豪竹,江山人物之盛,今古罕逢。至明年春,两公殉灵均之节,而六朝遗迹,尽化劫灰矣。《芬陀利室诗话》

附词

买陂塘

汤贞愍公贻汾

六月二十四日,沈玉生载酒凉珠阁,绮霞女校书双桨冲烟,翩然而至。余方小极,独据胡床,斗戏为媒,片时昵语。管弦既阕,不觉颓然。爰谱此解,以志欢踪,且索同社诸词人和之,使卅六鸳鸯,知有群芳领袖云尔。

赚吟朋、几翻载酒,平波相对如掌。调冰雪藕连宵昼,秀句满城争赏。君莫让,消受了、六朝风月骚人长去。红霞碧浪。正玉笛声中,珠帘影里,仙侣笑移舫。　　轻纨放,劝我荷筩桂酿。云和斜抱低唱。夭桃怎比倾城色,声价百花头上。增怅惘,听环佩,玲珑落日催双桨。深情海样。道家近西邻,易来易去,多病漫侬访。

王月娇（804）

王月娇,字忆香,金陵曲院中人也。傯居秦淮利涉桥北,艳名噪一时。月娇为王媪生女,爱之不啻掌珠。酬接宾客,悉任其意之所好,不相强也。而月娇尤高自位置,大贾巨商,非其素心所欢,虽啖以重金,亦不动,有时直以闭门羹待之。维扬吴公子出千金,定乐籍高下,姬为之冠,以是"文状元"之名,尤啧啧人口。壬子初秋,诸名士过江应试,都督汤雨生大张燕于琴隐园,征歌侑酒,一时名花毕集,顾无出姬右者。吴门朱蓉江甚属意之,席散,往访之其家。勾留匝月,情愈缱绻,引喻山河,指盟日月,誓以白头为约。无何,榜发,朱生得高列,家中催归符亦至。乃期以他日,匆匆遽别。姬自此布衣蔬食,已矢终焉之志。客至谢绝,托以杜门养痾。明年春间,寇事起,秦淮两岸青楼,大半徙避于利涉桥北。姬适欲行,而贼已猝至,因闭户待死,令厨娘为之治馔具酒,曰死当为醉鲍鬼,不愿污贼刃也。须臾,贼破门入,婢媪尽逃,姬靓妆艳服,端坐中亭。贼至,逼与欢,姬笑谓之曰:"妾等以蒲柳陋姿,烟花贱质,得奉大王箕帚,亲侍衾裯,何修得此! 今日早知大王玉趾贲临,略具肴核,以为大王寿。"因即举壶注酒,请作合卺杯。贼疑酒中置鸩,迟不遽接,姬会其意,仰饮立尽。贼乃相坐共酌,姬委曲劝之,罄无算爵,玉山颓倒,已入醉乡。姬起,抽刀斫贼,而后自缢于楼。是事曾见于谢君稼鹤《金陵摭谈》中,特惜记之不详,而并未著其名,未免缺憾耳。金华山樵陆少葵,以忆香义不污贼,且能从容杀贼而死,为作歌,寄马鹤船,乞补作乐府。其歌云:"沟渎自经妇女节,杀贼捐躯气始烈。不分青楼出伟人,谈笑从容义愤泄。史笔彰幽曲且直,大官读之面发赤。呜呼!大官之面,赤与不赤汝安知?赤者尚有心,不赤吁其悲。却怪须眉让巾帼,青楼奇女乃至斯。请与马君致一辞,借君妙笔编唱为歌诗。忆昔宫人刺虎虎不嘶,曼仙舞袖偕琼芝。美人智勇一样堪痛若,异哉惊人手段惊鸿姿。安得新声慷慨播乐府,天葩瑶草相争奇。长使秦淮王忆香,义烈芳名无歇时。"

逸史氏曰:月娇,一勾栏中妓女耳,犹且不屑与贼偶,矢志捐生,誓不为贼所污,何其烈与!吾知世之号为须眉男子,有愧于此妓者多矣。至于从容杯酒之间,亲决贼首,谈笑自如,尤见其难。谓之烈女子也,岂过誉哉!《遁窟谰言》

陆芷卿（805）

金陵有浣云居,在妙相庵之东偏,楼台楹槛,花竹泉石,擅一时之胜,尊彝几榻,俱极古雅。妓自远方至者,皆赁居其中。一妓名芷卿,陆姓,年甫及笄,自吴门来。姿容娟好,工诗善画,不轻易见人。房老珍若掌珠,无不顺其意旨。然芷卿于心之所好,见亦只麈谈茗战而已,无一亵狎语也。豪家诸伧均欲以计篡取,顾芷卿常风尘自悼,思择人而事。时镇海李雅言茂才,适以他事枉道经白下,停舟访之。既见,相得甚欢，或对月联诗，或看山读画，两心相印，誓以白头为约。东风有主，幽情方深，岂意天不假缘，西邻构难，遂以事株连。先是，居浣云居西偏者，为名妓漱芳，亦识字知书，态度妖娆，性情豪逸，与芷卿极为契合，往来綦密，惟款接宾客，则殊与芷卿异趣，纨袴龃茵，皆无所拒。新至一客，虬髯广颡，挥霍殊奢，旬月间，赠遗金珠无算。偶以珊瑚手串，矫漱芳命，贻芷卿。姬不忍固却，掷置妆台。一日，为陈公子所见，诘其所自，知为客贻。是物为公子外戚吴宦传家宝，前年遭巨盗失去，其馀珍异尚夥。公子默识之，隐告吴宦，密遣捕役侦之信，因并逮姬。李乃力为调护，并求当事缓颊，其讼遂寝。然红粉飘零，青衫憔悴，风雨花枝，不胜摧折矣。自后，姬甚德李，而向往之心益决。其母遂薄具食资，间道归李。而李以营救费千金，家计颇形萧索。姬布蔬自安，绝无怨容，笔耕针黹，倡随笃于寻常。吁！芷卿固赖李之知己，而其能捐情华膴，力践前约，求之青楼中，抑亦不可多得也。若李于芷卿，山河引喻，患难不渝，其情亦大有过人者，是又非薄幸郎所可企及矣。余故乐为之传，以存其人。《遯窟谰言》

汤小聪（806）

汤小聪，字绮琴，金陵马氏女，为汤如珍养媳。如珍本秦淮院中人，故侍郎某公最赏识之。金陵陷，避乱姑苏，时在丙辰、丁巳间。如珍老矣，小聪本在芳龄，明眸善睐，慧丽绝伦。幼读书，通文义，工度曲，尤精画兰，得马湘兰遗意。黄山初白子一见爱悦，遂为置钗环，赁居室，气象焕然一新。于是姑苏之名大噪，而初白子益嬖之，缠头之费逾千金。有传其事于黄山者，严命敦促归里，不忍别，绘《歌楼听雨图》，遍征名流题咏。溪上老渔赋《高阳台》词云："桃叶移根，竹山携酒，相逢名士倾城。心字香烧，麝兰一气双清。姑胥台畔丝丝柳，惹丝丝、楚雨含情。画楼深，绮语谁知，只有红灯。 绿窗人去眉峰远，怕鹧鸪吟断，蝴蝶梦醒。约略春愁，和烟图上湘屏。寻芳小杜重来未？愿珠徽，长俪鹅笙。更消停，门掩梨花，荧烛同听。"清凉仙子诗云："好寻碧海三生约，莫负青溪九曲深。"又赞其画兰之工云："心灵自擅生花巧，腕弱偏能撇叶工。"初白子自赋七律十章留别，警句云："作茧已拚蚕自缚，迷香未必鸟知还。""炉烟比似郎心热，一味腾腾袅博山。""歌曲擅长招姊妒，诙谐对客解郎围。""此身容易卿卿属，乍见矜持习见狂。""割臂悔要前夕誓，颦眉偏吝一声鹰。""小别何曾虚一夕，再来争忍说经年。""惺惺相惜人三两，脉脉中含语万千。""破镜因缘关妾念，投梭心事慰君怀。"可谓哀感顽艳矣。无何，姑苏又陷，小聪转徙如皋。至甲子，金陵克复，始归。初白子来应秋试，重晤于洋珠巷，执手缠绵，泪随声堕，盖匪特儿女情惊，伤离惜别，兼有慨于沧桑之变幻，金粉之凋残也。初白子又赋《秋柳四章》寄慨，警句云："垂垂不觉青娥老，楚楚相逢白下秋。""情丝欲绝终难断，绮梦虽遥未易醒。""金缕已残休作絮，青丝不绾叹飞蓬。""重听别调翻三叠，忍见长条近十围。"则又似为小聪伤迟暮矣。丙寅春，清凉仙子来金陵，于牛市访见之，徐娘虽老，尚有风情。初白子与仙子本旧交，因此时相聚晤。是时，懒云山人、太史某君、药倦斋主人常来往于金陵,皆乐与小聪游。其后,初白子之官江西,仙子归新安,小聪于水阁设祖帐,酒阑歌罢,各自黯然,大有"一曲阳关泪万行"之态。己巳,仙子复来白下,则小聪已归欧阳氏矣。小聪旖旎风流,吐属典雅,无倚门气习。后来之秀,如《白门新柳》所记者,惟大文宝庶乎近之,盖同得六朝烟水气也。呜呼,可多见欤!题小聪画兰,多见于近人诗稿。悔馀庵云:"湘兰合是前身,欲步横波后尘。任是秋风吹瘦,蛾眉犹斗精神。""我愿花如人寿,谁怜人似花蔫。恍见唐宫妆束,墨痕注到唇边。"藤香馆云:"劫后秦淮水不温,美人名士各消魂。可怜金粉飘零尽,剩馥残膏带泪痕。""画阁图成墨未干,心香私爇马湘兰。天涯岁晏无芳草,留与萧郎郑重看。""丁字帘前璧月孤,重来往迹认模糊。迷香有径何人熟,让与风流郑鹧鸪。""风枝露叶影残春,迟暮相逢似有因。我是江南吴祭酒,当筵亲见画兰人。"《白门残柳记》[①]

安月娥(807)

安月娥,金陵人,巧龄、巧珠之假母也,为秦淮旧妓。升平时,齿尚稚,颇著艳名。煮石顽仙赏之,赠以《一萼红》云:"称芳名,是广寒旧队,小谪下瑶京。蛾样犹纤,蝉辉未满,神采先放光明。曾学过,霓裳法曲,串新声,呖呖妒啼莺。靥笑添涡,眉修露慧,睇转流情。 误到团圆时候,劝灵娥珍

重,莫堕愁城。豆蔻含香,芙蓉作蕊,烦恼何苦相萦。须记著,前身小影,伴青天、碧海耐凄清。留待梯云客至,唤取卿卿。"此词脍炙人口,至今传诵。金陵陷,月娥避至他处,迨克复后始归。六代莺花,都非畴昔,遍访当年姊妹,率皆玉碎珠沉,自顾马齿,亦加长矣。旧居牛市水阁,尚存废址,牵萝补屋,粗作安排。所欢某二尹久定终身,而业已床头金尽,不得已,补缀筝琶,重为荡妇。幸而歌喉未改,节拍分明,迥非时下雏鬟所能企及。因此招侑酒者,不以色选,而以艺登,且重其为京帮,生涯颇不落寞。每当酒阑夜永,与二三熟客谈白下往日风光,真如天宝宫人说开元遗事也。迩来养女巧龄、巧珠,日渐知名,遂不屑再登歌席矣。《白门残柳记》

郑二娘（808）

郑二娘,金陵人。幼时从秦淮名曲师学技,故至今犹以歌曲胜,节拍不差累黍,群推为老成典型。居东牌楼水阁,左为文德桥,右为武定桥,双虹掩映,一水沦涟。绣户深深,珠帘漠漠。放舟者过其下,咸逆料此中有人也。清凉仙子访之,爱其妆阁之雅洁,赠以诗云:"晓开妆镜笑窥奁,水阁潮痕夜雨添。记得樱桃旧门巷,当窗一桁枣花帘。"二娘年近不惑,风姿稍觉憔悴,而气韵则不可掩。攀香客昵之,嫌水阁过于轩豁,另为移居僻巷,厚其供养,使绝外交,可谓赏识于牝牡骊黄之外者矣。一日,药倦斋主人招游画舫,适与懒云山人同泊,彼此从未谋面。主人使度曲为山人寿,歌喉上彻云霄,律吕又分明可按。时心字湖中画舫几二百号,女妓以百计,各自停筝歇阮,逊谢弗如,是殆所谓老辈风流者耶。山人赠以诗云[1]:"果然觌面胜闻名,雅调能令俗耳清。谁倚红鸾评节奏,彩云遥护许飞琼。"是日大文宝独坐一凉篷,停泊僻处,静听二娘度曲云。《白门残柳记》

陆兰英（809）

陆兰英,金陵人,为从前陆二养女。陆二者,秦淮名妓,豪华奢靡,倾动一时。所居画阁红楼,珠帘绣幕,为北里之冠。江宁某方伯公馀退食,常过其家,爱其屋宇轩敞,谈风月于此,会衣冠亦于此。时值上恬下嬉,见者习惯自然,了不为怪。兰英方在垂髫,得伊假母提唱,名颇重。陆制军之公子最昵爱之。金陵旋陷,避居姑苏,门前车马,不异当年。姑苏再陷,遂转徙无定所。近日重至秦淮,眉棱翠偃,鬓影蓬飞,秋娘老矣。赁居石坝街烟局之后,湫隘嚣尘,不洁已甚。每有博徒隶役过往,因此名流绝迹,匪特憎其齿之暮也。嗟乎! 千金马骨,市之者特重其为骏骨耳。若得意时则骄纵凌人,失意时则卑污自贱,蝇营狗苟,有识者唾之矣,独一陆兰英乎哉! 《白门残柳记》

施文霞（810）

施文霞,金陵人。昔为秦淮名妓,工画五色文鱼,人称绝艺。乱后转徙姑苏,名更盛,一时豪贵,皆与之游。近如楚北

---

[1] "赠",《白门衰柳附记》作"赏"。

某观察、某大令及环山游客,皆能历历谈其艳迹,盖曾联割臂之盟,订同心之好者。色衰适人,旋抱文君之恨。金陵大定,乃归。颇思整顿钗环,重作阿婆三五少年伎俩,而从前旧好,稀若晨星,存者亦无复过问。至于走马王孙,挥金公子,类驰逐于钓鱼巷口,觅青娥皓齿,买笑追欢,如文霞者,望望然去之矣。困顿无聊,遂至卖芙蓉膏以自给。嗟乎!昔年供奉,无异神仙;此日追陪,半皆厮养。虚名难恃,末路易隳,天殆借一施文霞,为眼前文苑传中①,英雄谱内,痛下一针砭欤?懒云山人为赋《衰柳词》以寄慨,调寄《柳梢青》云:"絮果难圆,杨枝易老,秋又今年。红粉朱楼,青骢紫陌,空说缠绵。　依依长板桥边。记弱态、惺忪可怜。饱阅繁华,蓦惊摇落,苦受烽烟。"《白门残柳记》

文　宝（811）

文宝,字韵珊,金陵人。本良家,幼随阿母避寇杭州,转徙至沪上,孤苦无依,遂落平康籍。年十四,艳美绝伦。沪上为通商码头,富商大贾麇集。时江浙犹未克复,两省豪贵,亦多寄居。于是文宝名既噪,门前车马,络绎如织,而文宝独敬礼文士,视彼市侩蔑如也。沪之北里在洋泾浜,乐户不啻数千家,多苏人,习尚柔靡。文宝独以俊爽胜,名在苏帮上,与桂珠、黄爱卿相伯仲。懒云山人《沪上本事诗》:"枇杷花下客敲门,小病新苏茗话温。终带六朝烟水气,移来海上也消

---

①　"文苑",《白门衰柳附记》作"儒林"。

魂。"为文宝作也。岁庚午,归金陵,杜门谢客,惟二三知己,文酒之会,招之则必至,并不取缠头赀。所居曲房绮闼,香炉茗椀,位置楚楚。山人时客金陵,再赠诗云:"几年沧海别,惆怅意如何。南国抛红豆,东风卷绿波。重逢疑梦寐,絮语代悲歌。莫漫伤迟暮,看余两鬓皤。"一日,进香清凉山,有素未识文宝者侦知之,驰数十骑随去,绕佛殿三匝,不能礼拜,急登舆归。其为时所倾慕如此。秦淮兵燹之后,两岸河房虽未复旧,而灯舫较前转盛。文宝每值夏夕,独坐一凉篷,悬名人书画灯数盏,以枣花帘障之。舱内供建兰、茉莉数盆,旁侍一女童,时徜徉于青溪长板间,见者疑为天上神仙,可望而不可即也。文宝故知书,楷法妍雅,继从山人学诗,栩栩有清致。又工鼓琴,能为《平沙落雁曲》。爱于月夜操缦,泠泠动心魄。山人曾为水阁之会,觞咏骈罗,履舄交错,品题群芳,以文宝为之冠。文宝度曲,解为新声,豪于饮,工为酒纠、觥录事,座客无不沾醉。清凉仙子于座中识文宝,为《本事诗》十二首,有云:"最好天然谢雕饰,一泓秋水出芙蕖。"又云:"珊珊秀骨翩翩影,多在回波一笑时。"其风致可想。性孤傲,颇以标格自矜,非其意所属者,虽以厚币招之,不肯赴。有贵客游金陵,冒风雪相访,一见欣慕,谋落籍,置之金屋,卒谢罢之。然择偶甚苛,迄无所就,亦不免春华易谢之感。山人赠诗有云:"偶弹宝瑟酬知己,生恐红绡误此身。"又云:"素面久除涂抹习,丹砂谁识女儿身。"盖悯其遇云。中州野鹤道人,年七十四,耳文宝名,款门求见,意甚虔。文宝慨然出见,敬礼备至。道人快甚,常津津于齿颊间也。《白门新柳记》

王宝珠（812）

　　宝珠，钱唐人。幼为父母鬻于金陵王姓家。年十六，丰肌秀骨，两靥微涡，顾立亭亭，有玉树临风之致。曲师导学琵琶并度曲，意不屑也。所居小楼一角，房栊幽静。贵游文酒之宴，坐无宝珠不乐。清凉仙子以庚午秋赴金陵乡试，访见之，击节叹赏，谋以五百金落其籍。鸨母居奇，未之许，未匝月，已为浙人设计赚去。仙子方落第归里，及至闻其事，怅惜无已，赋《失珠》诗云："丝丝杨柳画楼春，长板桥头履迹新。江上秋风千古恨，何时再遇弄珠人。""回忆萧斋宝相开，金樽玉笛共徘徊。从今痛洒鲛奴泪，十斛明珠换不来。"《白门新柳记》

素　娟（813）

　　素娟，海陵人。辛未春来金陵，年甫碧玉，童真未漓，新月照人，轻云吐岫，望之足销尘思。初未甚知名，屡与水阁之宴，与文宝联袂。懒云山人赠文宝诗，有"素月娟娟宵脉脉，秋心分领是何人"之句。女伴艳其语，竞绣于领巾，如"杏花春雨"词之织罗帕也。素娟尤吟讽不去口，而未知秋心分领之意，疑专为己作，丐山人书之扇头。山人不忍相欺，又不忍拂其意，乃另赠《一翦梅》二阕云："生小娉婷绝可怜。素影蹁跹，素貌天然。妆成徙倚画栏前。花也娟娟，月也娟娟。　偶伴檀郎入绮筵。素面窥帘，素手调弦。琵琶斜抱鬓云偏。态又娟娟，韵又娟娟。""百本琼花孰比肩。

樊素争妍,束素同纤。有时倚竹小流连。风引娟娟,露浥娟娟。　　　　兜率宫居第几天。毫素难宣,纨素休捐。愿卿珍重好因缘。惜此娟娟,莫误娟娟。"素娟得词甚喜。秦淮灯舫中播之管弦,争相传诵,素娟名遂盛。歌筵舞席,佳客竞相招致。先有一轻薄子,欲出重赀挟之去,素娟抵死不从。此子旋因他事败,人皆服素娟远见。某太守自江北来,一见素娟,诧为神女,赠七襄锦为贽,意在梳栊素娟。娟不应,太守索然兴尽,另觅得金仙,以爱素娟者爱之,然终觉不如素娟美。次年复来金陵,仍招素娟侑酒,问娟家所寡有者,娟逆知其意,答以"年来小丰裕。多受贵人赏赉,恐折福。且不久将为贫家妇,金玉锦绣,无所用之",太守默然。又力赞金仙色艺之佳,固请再招金仙,太守许之。其明慧而有机变如此。素娟声价日高,而性情恰甚闲逸。居临桃叶渡,每日晓妆初罢,手扶纶竿,倚水槛垂钓,人见之,如烟笼白芍药,柔荏清艳,殆鲜其伦。蛎道人谓其秀色可餐,真得山川灵气者,洵然。秦淮灯舫盛时,游女如云,贵家眷属爱素娟婉丽,时招同游,院中人尤羡慕之。初,素娟与小瀛仙善,结为手帕姊妹。瀛仙少二龄,已先嫁,然不得所,详在《瀛仙传》。素娟亟欲从良,而鉴于瀛仙覆辙,颇切踌躇。盖盛名鼎鼎之时,爱者多,忌者亦不少,谣诼之口,君子伤之,矧十七龄弱女子乎?宜其求脱离云。《白门新柳记》

蘅　香（814）

蘅香,广陵人。举止潇洒,落落有大家风。爱作淡妆,无抹脂郭袖之习。工度昆曲，意气豪宕，高响遏云。时金陵宴会以药偎斋为最盛，幕客寓公，逌暑消寒，均集于此，每集蘅香必与焉。蘅香既与诸名公游，遂乃高自位置，俯视一切，硕腹贾无从望见颜色，因此所如不合，郁郁不得志。遇有高会，辄以酒浇块垒，一举数十觥，醉后耳热，按拍悲歌，听者为之掩泪。悔馀庵主人来往金陵，奇赏之。主人有孔北海风，座上客常满，全力为蘅香提唱，赋诗纪事，座客从而知之，积至数百首之多，今《悔馀集》中载叠韵诗七十首，皆由蘅香而发，其警句云："文无不是迷阳草，坐久心清入妙香"，则专指蘅香也。蘅香羞与市侩伍，心日强，境日塞，益以麹蘗自戕，又癖嗜芙蓉膏，体日尪弱。双湖外史与蘅香雅相得，歌场酒次，相对忘言，淡而弥旨。先是，海上客最昵蘅香，既有小隙，外史心弗善也，遇蘅香加厚，病中常遣使存问，兼致医药之资，亦可谓深于情者矣。辛未秋季卒，年二十四，葬清凉山侧。懒云山人呼蘅香为酒友，其卒也，山人吊以二绝云："一醉沉酣永别离，负卿惟有寸心知。生平爱作香奁体，偏是蘅芜未入诗。""占得清凉土一抔①，荒郊埋玉不胜愁。何人为立真娘碣，点缀风流似虎丘②。"《白门新柳记》

小瀛仙（815）

小瀛仙，广陵人。颜色如海棠经雨，艳冶绝伦，而眉宇间

---

① "抔"，原作"坏"，形近而讹，据诗意诗韵改。
② "丘"，原作"邱"，避孔子讳改，今回改。

时露英气。年十三，来金陵，髫发双垂，殊可人意。年十四，艳声遂噪，与素娟齐名。每有雅集，招素娟者必兼招瀛仙。素娟长瀛仙二龄，以貌胜，而歌喉稍亚，瀛仙则抑扬宛转，极穿云裂石之胜。每度曲时，座中谨哗顿息，屏气凝神，潜心领略，惟恐其曲之终，在局外者亦不禁喝采。又能串《思凡》、《佳期》等戏，红氍毹上，应弦赴节，真不啻袅袅垂杨，摇曳于晓风残月时也。初抵金陵，齿弱而憨，稍露芒角，日与诸名流濡染，吐属亦渐臻清妙矣。某贵公子年甫弱冠，温文尔雅，钟爱瀛仙，瀛仙意亦向往，遂订婚嫁。公子格于严命，事中止。江北某镇军以威挟之，掷与鸨母白金三百，径挟之去，非所愿也。镇军好内，如夫人者六人，瀛仙班在第七。众姬以其出身乐籍，共起揶揄之。镇军豪侈无定性，宠日衰，褫去衣饰，迫使共婢媪操作，常吞声饮泣。年甫十五，遭此折磨，令人有煮鹤焚琴之恨。惩伪骇人赋《减字木兰花》惜之，云："瀛洲仙子，袅袅亭亭谁得似。小样红妆，立向瑶阶妒海棠。　　东君酝酿，勒住好春香未放。跋扈风来，擘柳吹花一夜开。"《白门新柳记》

素　英（816）

素英，广陵人，家居廿四桥头。姿致绰约，跌宕风流。乡宦某公嬖之，拟置作簉室。定约后，垩壁清尘，已将作阿娇之贮矣。某公旋病卒，室中人恚甚，谓病由素英致，乞江都令按其事。素英闻信，星夜逃至金陵。甫卸装，先声已播，招侑酒者无虚日。九十九洲钓徒遍游南北，阅人甚多，自谓生平所见，无如素英态度者。居秦淮未匝月，艳名颇重，略亚素娟，时称"二素"。寻为匪人所构，遂成讼。江宁令牒拘之，素英窘甚，与懒云山人仅一面，丐素娟代请缓颊。山人以诗寄令云："六朝金粉久荒凉，才有生机上绿杨。修到秦淮风月长，岂宜飞牒捉鸳鸯。""素娥失计方奔月，再困云英奈若何。寄语风流贤令尹，护花恩比种花多。"遂免逮。此事与《随园诗话》袁香亭事绝相类，亦佳话也。素英自是厌薄烟花，飘然遁去，虽同辈亦不知其踪迹云。《白门新柳记》

小玉红（817）

小玉红，六合人。转徙维扬，年十三，至金陵。慧眼修蛾，天然韶秀，雏发未燥，盘辫插花，丰姿殊韵绝也。两颧微高，而其隽逸之气，如太原公子褐裘而来，自不可掩，又如高秋健鹘，乍得新霜，分外神俊。至其柔腻熨贴，则飞鸟依人，明月入怀，别有一种风致。歌喉酷似小瀛仙，唱《仙圆》一阕，沉爽滑烈，动荡心魄，清商徐引，倾其侪辈。菱湖长精于音律，品秦淮曲口，以小玉红为第一。此论既出，一军皆惊，盖以其年尚稚，而名未著也。资格取人，遂无真赏，嘲风弄月，亦如是乎。所居近东水关，屋宇颇隘，而为灯舫往来必经之地，游人属目。懒云山人偶过此，遥见玉红，讶其神采颇类瀛仙，招使度曲，叹赏不置。即以所谱《秦淮灯舫》新曲、画纨扇赠之，玉红粗识之无，略为解释，已洞悉全套节奏。山人又赠联云："青莲绝唱夸群玉，白石新词付小红。"玉红手制茉莉花球赠山人，兼丐题咏，山人即席赋《百宜娇》谢之云："琢玉为花,翦冰成颗,妆罢彩丝穿就。式仿晶圆,影偷月小,鼻观清芬参透。奇葩媚夜,恐暗里、春光微漏。想攒将、碎瓣团圝,趁伊含蕊时候。　　刚好是、风前浴后。偏懒押瑶簪,学贴琼玖。配有莲花,答来栀子,故故芳心挑逗。低悬麝帐,料素艳、今宵生受。到更阑、酒梦醒时,妙香徐嗅。"玉红得词甚喜。蛎道人亦赏识之,赠诗云:"生小眉颦尚未舒,亭亭初日照芙蕖。寻芳已遍青溪曲,李俗桃粗总未如。"自是声名顿起。玉红与素娟、瀛仙皆为手帕姊妹,排行第五。又有名小红者,齿与玉红若,亦婉慧。《白门新柳记》

岫　云（818）

岫云,一名秀芸,兴化人。幼随母居仙女庙。己巳春,来金陵。年十六,姿态妩媚,秀外慧中。善歌舞,豪于饮。居城南之璇子巷,声名藉甚。与蘅香、如意常往来于药倦斋中。先是,海上客最昵蘅香,继因投契过深,略生嫌隙,海上客遂专注岫云。花晨月夕,觞咏流连,岫云无不与者。海上客善度昆曲,每偕岫云更唱迭和,色授眉与,旁观亦艳羡之。庚午秋,傍花居士赴试金陵,一见岫云,遂相款洽。岫云手持素箑,上画鸡冠花,索居士题。居士援笔立就,句云:"虽然非草非花质,却比群芳出一头。"意以第一人许之也,岫云喜甚。居士又属泰西人为照像,遍征题咏,由是岫云名益播。某大令欲以六百金落其籍,未之许。江左某生,亦来应秋试者,强纳为姬,拒之更力。生乃纠恶少十馀人,谋窜取之。居士侦知,匿岫云于别室,匝月事寝。岫云深德居士,欲委身事之。

嗣居士将归,岫云每询行程,辄有彩凤灵犀之感。临别,折兰花数枝,授居士曰:"以此订同心耳。"居士谱《高阳台》一阕云:"丁字帘前,辛夷花底,维舟曾共寻春。慵自梳头,淡妆不著罗裙。闲云心性生来懒,只闲情、绊住闲身。待安排、纸阁芦帘,贮取真真。 无端又作天涯梦,叹飘蓬踪迹,同是沉沦。两度秋风,争忘石上前因。搴兰当作将离芍,付萧郎、暗领清芬。最难禁、握别绸缪,后约殷勤。"明年,居士重来,访岫云于钓鱼巷,鹣鹣鲽鲽,又逾两月。客有与居士同游者,性暴躁,岫云不甚礼之。一日,偕居士过访,岫云匿不出,客大怒,出声诟谇,碎其香奁什具殆尽[①],居士再三劝解不及。居士性极温存,乃为同伴所累,深自惶歉。又因岫云别有所欢,不免稍露秀才本色,遂与绝。惩伪骏人戏代岫云作《菩萨蛮》寄之云:"曲阑倚遍愁心续,郎心更比阑干曲。寒意袭轻衫,郎心寒不寒。 秋风吹木叶,叶与林长别。莫漫怨秋风,春花往日红。"近惟海上客与岫云情好无间云。《白门新柳记》

如 意（819）

如意,广陵人,居钓鱼巷之西。圆颊丰肌,其秀在骨,人以肥环目之。爱作淡妆,如梨花倚雪,有屏弃铅华之意。阳羡山樵雅爱怜之,名与蘅香、岫云埒。时双湖外史提唱蘅香,海上客提唱岫云,山樵则专提唱如意。三君皆名流,多在药倦斋、秤它巷两处雅集,座无杂宾,惟乘骢旧使、柳下客、西

---

① "尽"字原阙,据《白门新柳记》补。

湖渔隐、懒云山人间与焉。诸君品题,为蘅香豪迈[1],岫云冶丽,至于静穆自喜,不即不离,青楼而有良家气韵者,断推如意为最。然如意颇自矜重,非所属意,缠头锦虽厚不往。有武弁某招与游,峻拒之。某怒,遣勇丁围门,以威力相胁,如意侦知,由后户先避去。是时驻防兵弁日与歌楼寻衅,遂有大阅秦淮之举,絷女妓数人,曳归内城,数日始放还。从此如意视烟花为恶道,深自潜匿,日以从良为念。庚午夏,扬州司马纳为姬,同伴羡其得所,而山樵怅惘不已,赋《减字木兰花》惜之云:"扬州小杜,肠断烟波江上路。叶已成阴,孤负寻春一片心。   宵凉梦杳,如意珠沉星影小。不怨嫦娥,只怪瑶台风露多。"《白门新柳记》

大文卿(820)

大文卿,盐城人。明姿憨态,光彩射人。壬申夏五月既望,湘君偕慎独生宴懒云山人于秦淮画舫。清飙微起,微波不溮,湘君召酒佐二人,一则文卿也。既入座,吐属圆利,举止娇殢,四坐欢然。湘君乐甚,自是一意文卿,不复恋道旁苦李矣。龙眠画史亦雅重文卿,极口揄扬之。然画史周历花丛,取多弃少,未免爱博不专。近则检束身心,深防跞弛,故虽癖好文卿,踪迹恰不甚密。惟湘君至诚皈依,为赋"采萧"之诗,"一日不见,如三秋兮"。有此亲切,人或以微词取笑文卿,争之必力,文卿相待,亦颇加厚。方文卿之初至金陵也,名已

---

① "为",《白门新柳记》作"谓"。

著,嗣因事构祸,所欢挈至姑苏避之。事定重来,声名更盛,骎骎乎肩随素娟矣。近与素娟、岫云诸名下结为手帕姊妹,类聚群分,亦如文人标榜,可笑也。秋波稍有雌雄,是白璧微瑕,而一种温腻之气,实足令人心醉。慎独生赠诗云:"娇小双文剧可怜,得人意处最便娟。泥卿一唱清平调,不作鸳鸯也是仙。"同居有小文卿者,稍瘦怯,而亦自楚楚可怜。《白门新柳记》

安巧龄　　妹巧珠（821）

巧龄年十三,巧珠年十一,金陵人,居牛市水阁,皆安月娥养女也。金陵克复后,秦淮旧人存者齿皆垂暮,后起绝少,仅安家两巧耳。巧龄姿貌中人,而酬应便捷,妙于语言。每值宴会,辄以舌战众宾,虽老名士不能屈。善捶洋琴,手口相应。前统领某镇军来金陵,钟爱之,以安家为邸舍。值巧龄生辰,置酒高会,巧龄欲致全真散人,未至,寄赠联云:"调舌能为千百巧,称觥初度十三龄。"盖慰藉之也。巧珠便嬛伶俐,娇稚可怜,唱昆腔小调,无不入拍。每姊妹合串杂剧,群叹为双绝。秦淮方升平时,一河两岸,妓家比屋而居,以京帮为上品,苏帮次之,扬帮又次之。近日风流薮泽,全属扬帮矣。两小庶能延京帮坠绪乎?《白门新柳记》

大翠龄（822）

大翠龄,海陵人,良家女。年十四。以父负债急,鬻身于广陵李八家。居仙女镇,与詹上舍昵,欲委身相事,上舍亦心许,假母不欲也,强挈至金陵。辛未夏,傍花居士访翠龄于小玉红家,脸晕微红,如芙蓉之倚朝露,修洁自好,婉慧多情,而眉黛间时有恨色。居士因灯舫之会,酒阑细询隐衷,翠龄以詹上舍旧约告,属居士作书寄上舍。居士怜其多情,同社宴集,必招致侑酒,声价渐高,然日以从良为念。假母患之,以计赚归翠龄。既归,念居士不去口,每逢金陵客,必询踪迹。壬申春,复来金陵,晤居士,自言忧伤憔悴,恐不久于人世,辄呜咽不自持。居士再三慰劝乃已。时有某统领者,甚爱翠龄,谋以六百金落其籍。翠龄亦厌倦风尘,矢愿相依。房中媪窃闻其议,阴白假母,假母尼其事,陵虐百端。翠龄知事不谐,与某君诀别,促其速归,夜饮芙蓉膏死,年二十有二,闻者无不太息。淮南大令为作传,春榖明经为作诔,惩伪骇人闻其事,赋《浪淘沙》悯之云:"花月太匆匆,泪裹巾红。香魂轻逐五更风。生与芙蓉争艳丽,死殉芙蓉。　磨蝎苦临宫,比翼无从。星期密约竟成空。傅粉何郎情未断,再世重逢。"《白门新柳记》

小　桂（823）

小桂,广陵人,如意之妹也。长身玉立,艳冶如桃花。善谈谑,能令四座解颐。与素娟、双凤、小瀛仙、小玉红相善,号五姊妹,为后进之翘楚。辛未秋,傍花居士宴全真散人于画舫,招来侑酒。歌喉清脆,酬酢当人意,手持摺叠扇,扇上小楷能辨认,散人称赏。次日,散人游秦淮,又见小桂立于柳阴之下,旁侍一女童,俨然画意,遂赠以《虞美人》词云:"兰汤浴罢梳妆懒,宝髻松松挽。白罗衫子茜纱裙,闲与知心小婢立斜曛。　　桃枝绿扇摇风细,粉汗香融腻。扇头谁写十三行,仔细端详笔划似檀郎。"时悔馀庵主下榻于药倦斋,方搜罗佳丽,一见小桂,叹为名不虚传,拟排日宴会,为得人庆。适有淮西降将慕其名,欲出重金梳拢,小桂不愿,又惧祸,乃宵遁。近闻艳名已噪竹西矣。《白门新柳记》

双　凤（824）

双凤,一名绮梧,兴化人。中身常貌,无瑕可摘,至于眼波之飘瞥,性格之温存,时盖罕其偶矣。与小玉红同居,蛎道人与全真散人泛舟过东水关,适双凤凭阑伫立,数水面游鱼,著茜纱衫,持桃枝扇,偶一送盼,使人意消。蛎道人悦之,即招致舟中侑酒,赠以《凤凰台上忆吹箫》。词云:"云冷沾钗,雾香笼袖,从教芳思深深。记无双别传,引凤馀音。多少花繁月皎,侬只是、未解归心。闲凝盼,携卿觅醉,助我题襟。　　难寻。阆风渺渺,休再问成连,海上瑶琴。望玉霄清迥,谁共登临。传语双成料理,同觅取、凤子清吟。清吟罢,红灯暗销,绿酒停斝。"道人与散人为文字旧交,近日同作寓公,约以觞咏消夏,雅集颇多。散人方提挈玉红,道人亦拂拭双凤,自是雪藕调冰之地,两美常联袂比肩矣。《白门新柳记》

小翠龄（825）

小翠龄,广陵人。年十四,光彩焕发,若太阳之升朝霞,若流云之吐华月。性恬雅,不多言,颇近闺秀风流,不似曲中人也。双钩亦纤好，无矫揉造作之习。清凉仙子心识其人，屡向惩伪骏人言之，惩伪骏人虽品题风月，而从不作曲巷之游，未之见也。一日闲泄子招之，惩伪骏人适同席，极许可，并夸清凉仙子为正法眼藏。翠龄与大文卿同居，稔知惩伪骏人善以笔墨饰粉黛，即席求词，惩伪骏人戏赠《调笑令》云："调笑，调笑，自许年华正妙。怪他阿姊情痴，镇日妆楼锁眉。眉锁，眉锁，渐渐新愁到我。"清凉仙子亦赠诗云："不着胭脂自可怜，亭亭净植致天然。当筵莫怪娇羞甚，花未开时月未圆。"清凉仙子白下看花已将十稔，平生赏识，惟于王宝珠每饭不忘[1]，于汤小聪亦津津乐道，其馀佳丽，类皆口有雌黄，独于翠龄极力赞赏云《白门新柳记》

文　玉（826）

文玉，广陵人。年十五，随母来金陵，居牛市秦二家水阁。秦二家为群艳所萃，文玉其冠也。凌波细步，丰致翩翩。性爱静洁，喜清谈，不屑学歌舞。己巳夏，傍花居士招之游，怜其遇，思为其戚量珠。议未成，值端午节，以邻阆受惊，避居城北，未几，归某参军为侧室。《白门新柳记》

耿金龄　小金龄（827）

金龄，姓耿，广陵人。己巳岁来金陵，亦居秦二家。长文玉二岁。面如傅粉，肤若凝脂，妍笑工颦，大有西子捧心

---

① 此处《白门新柳记》多"衰柳传中"四字。

之态。温雅亚于文玉,而慧辨过之。时以白皙称者,推金龄为最,故有"白金龄"之目。西湖渔隐最赏识,每招之侑觞。后又携其妹金宝来,同居钓鱼巷水埠头,名益盛。旋以讼事归广陵,为大贾赚去。秦二家自文玉、金龄去后,门前车马稀矣。近日又有小金龄者,亦广陵人。华容婀娜,姿态横生,真美人模样也。药倦斋主人昵之,惜无手口,故不为时所重,然专以色选者,当不忍遗弃。《白门新柳记》

大金凤（828）

大金凤,广陵人。齿稍长,丰致嫣然,举止温雅,工于应对。知音识曲,能豪饮,居淮清桥察院之东偏。兵燹以来,旧院遗址无可寻觅,即从前利涉桥、文德桥一带,所谓"丁字帘前,落日放船好"诸名胜,亦皆鞠为茂草。馆妓丛集钓鱼巷,湫隘已甚,名流望而却步。独金凤家室宇清洁①,无纤尘,笛床琴几,位置不俗。起坐一小楼,钟山岚翠,扑入帘桁间,如在画图中也。某都督能顾曲,喜金凤善歌,酒次辄招共按拍。清凉仙子与游灯舫,亦赏其跌宕,赠诗云:"乌衣巷口夕阳红,十二阑干一笛风。何事金钗钗上凤,也来飞舞画船中。"与大翠龄同居。自翠龄饮酖后,人皆恨其假母,目为不祥,过者绝少,并金凤声价亦减矣。《白门新柳记》

---

① "清",《白门新柳记》作"精"。

金　仙（829）

金仙，广陵人。面带微麻，人戏呼为"麻姑"。而酬应周至，歌曲浏亮，殊不恶劣，半月君极垂怜焉。时素娟方负重名，半月仰慕之，招来侑酒，冀当素娟意，珮瑶巾扇，力求精品相贻。素娟身分既高，视之殊落落。半月君不怿，阳为顶礼素娟，实则狎昵金仙也。金仙与水阁主人不合，半月曾与水阁之宴，拟招金仙侑酒，主人长揖求免。金仙闻之，衔恨入骨，半月亦怒形于色，转丐全真散人赠词，以释其怨。散人赋《临江仙》云："金粉丛中谁作主，仙缘即是尘因。漫将嚼蜡视横陈。为卿搴杜若，聊当麝兰熏。　　雾鬟风鬓人隐约，隔帘轻启珠唇。闻歌子夜也消魂。泥他乌帽客，何事妒红裙。"《白门新柳记》

小玉琴（830）

小玉琴，广陵人。面目平正，齿如瓠犀，常品而无俗韵。一笑媚生，尤擅风骚之致。阳羡山樵自如意嫁后，怅怅若有失，得玉琴，喜甚，谓其性格近似如意，遂招致之。玉琴工度曲，其声清越以长，每值更阑烛地，酒半星稀，曼声发于座上，真足解宿醒，驱睡魔也。又善酬应，多从富商大贾游。故艳声颇著，而韵事不多见。《白门新柳记》

大宝龄（831）

大宝龄，广陵人。面目开阔，气象峥嵘，一洗青楼冶荡之习。旧在广陵演剧,扮作大花面,声若洪钟,《红楼梦》中之葵官也。来金陵,遂不演剧。清凉仙子曾一招侑酒,颇嫌其过于豪放,解之者曰:"柳耆卿'晓风残月',与苏长公'大江东去'并美词场,何必袅袅娉娉之为是,而铮铮佼佼之为非乎?"仙子一笑。某参军颇昵爱之,常招往药倦斋中,使点双陆筹。《白门新柳记》

小琴仙（832）

小琴仙,广陵人。年十四。夭桃颜色,着露尤妍,细柳身材,临风善舞。其媚在骨,其腴在神。虽年未破瓜,而送盼流娇,已足令人心醉。向居小瀛仙家,两小无猜,颇称相得。瀛仙嫁后,渐解生愁。近与小玉红同居。俊爽不逮玉红,而妖冶则似过之矣。龙眠画史、铁笛仙俱极口赞赏。《白门新柳记》

小素贞（833）

小素贞,六合人。年十四,随母来金陵,居钓鱼巷之秦二家。丰姿窈窕,媚态横生。初试登场,芳名未著。更生子首提唱之,赠以诗云:"古棠城是阿侬家,日向龙津学浣纱。一饮秦淮河畔水,眼前颜色艳如花。""年华娇小致蹁跹,试曲初登玳瑁筵。素面每将团扇障,含贞羞唱想夫怜。"《白门新柳记》

小翠红（834）

小翠红,广陵人,素娟妹也。另与大文卿同居,与小翠龄同庚。身躯细小,婀娜生姿,裙下双钩,如笼春笋。与小翠龄可称双璧。龙眠画史绝爱怜之,闻有《白门新柳》之编,画史谓:"翠红为后起之秀,必不可遗。且阿姊素娟,名方洋溢,如午日之初中;翠红则质抱葳蕤,如朝阳之甫上,安见异日桃根不方驾目前桃叶乎?"因亟为编入。又有妩龄者,广陵人。齿亦弱,娟秀可喜。沪上某部郎薄游金陵,招使侑酒,评为秦淮雏鬟之俊云。《白门新柳记》

小　兰（835）

小兰,广陵人。年十三。身材瘦小,态度轻盈,《桃花扇》所谓"怀中婀娜袖中藏"也。药倦斋主人赏之,决其他年必为上品。一日,宴湘君水阁,招来侑酒。翩然入座,弱不胜衣,座客各垂怜焉。及引筐篌而唱,则又脆若调簧,响如裂帛,殊畅人意。酒阑,更串《十二红》曲及诸杂耍,舞袖飘摇,直欲乘风飞去,又俨然一小瀛仙矣。懒云山人酬以二绝云:"意态飘扬似半仙,何须花板试鞦韆。可怜生就娉婷质,为赚当筵买笑钱。""掌上盘中事有无,雏龄天付此轻躯。郎当鲍老休惆怅,老尚登场合认输。"《白门新柳记》

妙　红（836）

妙红,字韵秋,金陵人。年十八。旧妓宫小婷女。温润秀逸,如玉离璞,如花逢春。两颊涡生,双钩笋瘦。工撇兰,能操琴,就京帮而论,色艺可肩随文宝。前记《巧龄传》中,期其延京帮坠绪,得兹妙红,或者在此而不在彼乎?幼时随母避乱海陵,壬申季秋,回金陵,居桃叶渡之东舍。馆甫定,即为有心人物色。傍花居士偕野鹤道人访之,一见倾谈,风流蕴藉,大相称赏。居士出素笺索画,盖将面试之也。妙红对客挥毫,撇叶点花,了无羞缩之态。居士珍同拱璧,遍征题咏。次日为剑舞叟言之,招来侑酒,叟赠二绝云:"幼妇芳名迥出俦,比将风格待罗虬。水乡荷芰都开过,艳绝芙蓉绚晚秋。""旧稿湘兰着意临,调脂吮墨费沉吟。有人雅爱天然素,莫把红心压素心。"《新柳附记》

彩 云(837)

彩云,兴化人。年十八。由广陵来金陵,与小金龄同居。金龄轻盈若飞燕,彩云丰艳若玉环,人称双美。秦淮灯舫盛时,各路歌妓毕集,谓之"趁热水",鱼目明珠,颇难辨认,因此彩云未甚知名。盂兰会后,"趁热水"者陆续散去,浮云既净,高秋自清,黛色岚光,始露青山真面目矣。一日,傍花居士与龙桧子泛舟清游,彩云适在邻舟度曲,哀怨悠扬,听之有惊秋意。曲终,小立船头,款洽絮语,殊增留恋。越日冶秋之集,遂招侑酒。入座微带愁容,酬酢间颇露呻吟之态。野鹤道人异之,代为诊脉,始知其感冒已久,力疾而来,同人倍相怜惜。龙桧子赠以诗云:"颦眉如见病西施,风露清寒怯不支。我喜赏秋胜销夏,闲云心性彩云知。"《新柳附记》

绮 香(838)

绮香,又字绮卿,毗陵人。年十八。自幼转徙维扬,近寄寓于莫愁、桃叶间。面如满月,肤若凝脂。性格温存,举止安贴,与岫云、文卿辈相伯仲也。无不可子、惜春主人招野鹤山人、龙桧子、傍花居士作冶秋之集。是夕潮退波恬,舟轻人静,露珠桂月,分外清幽,不似向来喧嚷矣。座中素娟、小玉红皆司空见惯者,惟彩云、绮香初次识面。绮香酬应周至,不即不离,曲口亦颇大雅,座客称赏。龙桧子即席赠彩云诗,傍花居士复为绮香请,遂口占一绝云:"馀霞如绮映妆楼,人影衣香续冶游。次第看花休恨晚,白苹红蓼不胜秋。"同居有秀英者,亦明慧可人。《新柳附记》

瀛　珠（839）

瀛珠,毗陵人。年十九。风姿濯濯,体态盈盈。暂寓秦淮,知交尚少,以故《新柳记》未经采入。向与素娟善。素娟为新学道人言之,赠以《一萼红》云:"板桥头。怅彩云渐散,烟水冷孤舟。灯火飘萧,佩环寥寂,看花人已归休。问沧海、遗珠谁访,认丰姿、如见杜家秋。影里情惊,尘中物色,累尔灵修。　　艳说状元崇嘏,在清溪九曲,占尽风流。同辈云泥,故人车笠,名场一样牢愁。要借我、颓唐老笔,为玉人、声价长琳璆。从此琴天笛夜,心字香酬。"《新柳附记》

杨宝珠（840）

杨宝珠,金陵人。年十六,貌丰艳,性敏慧,以手口胜。清凉仙子、野鹤道人俱不以为然,而龙眠画史赏之,铁笛仙争之尤力,且以前记王宝珠藉口,谓王宝珠何幸,而巍然列

《新柳记》之首,杨宝珠何不幸,而不得缀《新柳记》之末乎?因为采入。龙桧子诗云:"环肥燕瘦岂能同,各有灵犀各自通。多事一编《新柳记》,白门处处刮酸风。""出塞明妃等逝波,清凉仙子奈愁何。断无合浦珠还日,且唱弘农得宝歌①。""宋玉微词易失欢,有人怒发欲冲冠。劝君满酌蒲桃酒,信史原难责稗官。"此诗既出,北里中门户之见渐次释然,不独为杨宝珠增声价也。《新柳附记》

绿　菱（841）

绿菱,广陵人。年十三。身材瘦怯,性格温存,弱龄而有大人家数。演昆曲能合拍。大龙山樵赏之,谓可作《新柳记》殿军,且卜其他年能自成一军也,丐剑舞叟以诗张之。叟赠二绝云:"儿家新学画双娥,访艳争思细马驮。绿未成阴宜护惜,西风缓唱采菱歌。""品题风月一番新,惯种今生未了因。我到旗亭常贳酒,待卿来作侑觞人。"《新柳附记》

喜　龄（842）

喜龄,年十六,广陵人。眉目清秀,吐属风流。杏林山人眷之,偶抱恙,招闲泄子诊视,虽云鬓蓬松,而意态幽闲,大有楚楚可怜之致。与闲泄子谈,自以不登《新柳记》为憾。闲泄子赋诗二绝为贽,请补入记。诗云:"儿家江北住江南,

---

① 弘,原作"宏",避清乾隆帝讳,今回改。

半带娇痴半带憨。最喜瓜期年二八,更怜眉样月初三。""自来名士善评花,异卉奇芳次第夸。知否幽兰在空谷,挑灯和雨泣琵琶。"《新柳附记》

双　凤（843）

双凤,字碧箫,少依阿姨居紫琅,色艺冠时。甲戌来白下,居烟月双笼之馆,小嬛嬛主人评以幽艳。赞曰:"有美一人,生是使独。明漪在神,光泽耀目。芝秀崇阶,兰泛空谷。苍松鹤巢,翠篁鸾宿。淡扫铅华,彩越罗縠。"为议聘钱珍珠十斛。《秦淮艳品》

翠　凤（844）

翠凤,字桐华,广陵人。甲戌春,随母来白下,居李二家。色艺均绝,品以秾郁。赞曰:"春云乍舒,春日正丽。枝卧蔷薇,花开棠棣。红瘦莺啼,绿肥燕睨。鸭炉香熏,鸾钗粉滞。仙袂飘飘,星环嘒嘒。螓首蛾眉,丰神绝世。"同上

碧　云（845）

碧云,原名织云,甲戌夏易此名,名大噪。旧居顾四家,今已自立门户矣。品以娟秀。赞曰:"辰彼硕女,碧玉条条。新竹含粉,垂杨低腰。春宵芍药,秋水兰苕。盘髻云拥,修眉月描。色逾黄绢,曲度红绡。画桥廿四,独步吹箫。"同上

蓉　君（846）

蓉君,字琴仙,棠城人。丰韵珊珊,尤工度曲,艺较色尤胜。甲戌夏来白下,居停云榭。品以圆亮。赞曰:"团扇自摇,清光一霎。明珠走盘,宝剑出匣。簧奏流莺,炉熏睡鸭。镜无尘封,壶与冰洽。碧沼波横,绮窗月压。曲唱杨枝,馀音恰恰。"同上

才　宝（847）

才宝,盐城人。丰姿秀媚,栩栩动人。向与月仙同居王金子家,可称双璧。今居张五家。品以娇冶。赞曰:"春光九十,柳媚花明。玳梁语燕,金谷啼莺。桃叶含笑,梅根缔情。棠阶红湿,藓砌绿盈。九曲珠朗,百炼金精。香温茶熟,暖入帘旌。"同上

素　英（848）

素英,原名翠红,素娟妹也。貌不及娟,而静气迎人,犹是大家风韵。居停云榭。品以娴雅。赞曰:"姑射仙人,舆台桃李。玉麈自麾,瑶琴独理。菊采重阳,蕳秉上巳。香薰麝兰,座有图史。云卷随风,月凉如水。飘然不群,明眸皓齿。"同上

月　仙（849）

月仙,袁江人,居广陵。时有长安贵客赏识之,购以千

金,未果也。癸酉来金陵,居李二家。品以靓峭。赞曰:"雪肤花貌,品重仙曹。洛神镜朗,玉女盆高。芦溆鹭立,桐冈凤翔。莲不污染,梅具冰操。澄江匹练,石壁飞涛。彼姝者子,雕饰毋劳。"_{同上}

小文卿(850)

小文卿,广陵人。居丁字帘前,潇洒无俗韵。其家旧有文卿,故又称为小文卿。品以华娜。赞曰:"灼灼瑶华,亭亭玉树。丛兰泛风,牡丹滴露。绣裙缓拖,罗袜微步。明唇抹脂,纤腰束素。晓月丰神,朝云态度。击楫送迎,桃叶古渡。"_{同上}

绿　卿(851)

绿卿,襄水人。少随母居紫琅。甲戌春,来白下,居怀素阁。品以妖隽。赞曰:"娟娟丽人,清辉玉臂。映月婵娟,凌波妩媚。唇点樱红,眉夺萱翠。春柳送情,秋棠含泪。玉洞香迷,金闺客醉。舞罢柘枝,云鬟欲坠。"_{同上}

素　珍(852)

素珍,居停云榭,与素英、素琴齐名。今移居碧云家。品以流逸。赞曰:"巾帼有才,天然豪放。论若风生,情偏云上。澄之弥清,飘然独往。得意忘言,得言忘象。若转蜩丸,若披鹤氅。超超神明,风流自赏。"_{同上}

才　龄（853）

才龄，广陵人，王金子女也。与翠珠年相若。珠风流倜傥，龄则厚重寡言，亦迷香薮泽也。品以温腻。赞曰："蓬蓬碧窗，晶晶朱户。柳陌来风，桑畦过雨。铜龙气和，宝鸭香吐。如玉之良，如春之煦。美貌花浓，莹肌雪聚。遥指妾家，楼台鹦鹉。"同上

喜　龄（854）

喜龄，广陵人。为琅琊君所特赏，常许之为第一人，由是名噪青溪。现居刘胖子家。品以憨纤。赞曰："馥郁兰闺，其人如玉。莲步轻移，棠睡未足。赵后倚风，杨妃出浴。双眉柳舒，十指笋束。春暖送钩，宵深剪烛。舞袖郎当，韦娘一曲。"同上

雯　卿（855）

雯卿，居怀素阁。丰致可人，与丁字帘前文卿不相下，特有肥环瘦燕之分尔。品以嫣媚。赞曰："三春丽景，姹紫嫣红。娇容带雨，笑口迎风。远山淡冶，秋水玲珑。蝉鬓如黛，凤鞋若弓。胭脂半抹，荳蔻一丛。烛炧酒罢，昵人独工。"同上

双　凤（856）

双凤，与第一人同名，色艺虽稍逊，而翩翩风度，亦自动人。现居王金子家。品以修睓。赞曰："环佩珊珊，衣裳楚楚。

太真丰神，宝儿笑语。春色无端，年华几许。修眉移人，凝脂爱汝。皎皎月盈，轩轩霞举。金屋妆成，蟾宫仙侣。"同上

福　云（857）

福云，素云妹也。素云自广陵来，姊妹各傍人门户，今则于青溪渡东自立一帜矣。品以灵和。赞曰："美人时见，窈窕实多。春风初扇，秋水微波。靥辅桃笑，腰肢柳拖。莺啼宛转，燕舞婆娑。日出旸谷，云流银河。锵锵环佩，丰韵委佗。"同上

妩　龄（858）

妩龄，向与碧云同居顾四家。色虽稍逊于碧云，而聪慧过之。品以蒨妍。赞曰："青葱佳卉，葳蕤仙姿。绿垂凤尾，翠映鸾旗。雨洗茵湿，露重华滋。蘅芜满径，兰杜盈墀。青堆鸦鬓，黛扫蛾眉。泠泠修竹，在水之湄。"同上

桂　林（859）

桂林，广陵人。丰肌丽质，颇为沘阳都督卯金君所嘉赏。现居王爱楼家。品以绮昵。赞曰："韶光明媚，天锡良辰。馀霞散采，皓月近人。红杏颜吐，翠柳眉颦。琴有僧抱，鸥与客亲。紫陌流馥，香闺睇春。春风满面，宜喜宜嗔。"同上

翠　红（860）

翠红，居刘胖子家。聪慧可喜，为琅琊君所垂青，鄂渚安定君亦亟称之，盖委婉动人云。品以聪姣。赞曰："佼人僚兮，

湘裙六幅。心如犀灵,肌若麝馥。雪净竹窗,月明华屋。图成璇玑,妆耀罗縠。咏絮才高,羞花貌独。丰致翩翩,金闺不俗。"_{同上}

素 琴（861）

素琴居停云榭。三素齐名,琴其一也。安详虽逊于素英,而媚态娇容,亦复可爱。品以甜丽。赞曰:"江山迟日,花鸟春天。食蔗有味,赠芍自妍。纤纤玉笋,步步金莲。高唐云里,长安水边。兰鬟馥郁,榴裙褵褷。莺啼蝶舞,凝碧管弦。"_{同上}

金 珠（862）

金珠,广陵人。年甫垂髫,而骨肉停匀。贵客公子竞加赏识,亦尤物也。现居杨风子家。品以冲韶。赞曰:"雍雍大雅,袅袅华龄。芙蓉艳丽,荳蔻芳馨。太和元气,稚子性灵。惠风舒畅,秀骨娉婷。鹤翼振白,鸦鬟垂清。修眉纤手,慧质珑玲。"_{同上}

翠 珠（863）

翠珠,广陵人。灵心丽质,颇见赏于顾曲君。现居王金子家。品以韵宕。赞曰:"小栏午晴,春生画阁。密叶莺啼,高峰雁落。棋敲灯寒,剑舞星跃。飞瀑玉鸣,惊涛石薄。护花有铃,占风惟铎。闲抚瑶琴,刀赠金错。"_{同上}

桂　如（864）

桂如，广陵人。大方不拘，有林下风。初来居怀素阁，现移居李二家。品以摇脱。赞曰："脱然畦封，清洁可爱。弱柳绵飘，修篁粉退。画橹忽鸣，幅巾懒佩。娟娟裙钗，落落眉黛。骀荡丰神，疏慵意态。大方无隅，深闺自在。"同上

二　宝（865）

二宝，袁江人，三宝姊也。工串戏。三宝嫁浮梁贾，二宝始改妆。现仍居烟月双笼之馆。品以淡默。赞曰："硕人俣俣，金玉尔音。尝太羹味，理无弦琴。杞菊幽韵，桃李清阴。月绕有影，云出无心。懔如水戒，勒绒金箴。抱璞守素，息妫情深。"同上

素　仙（866）

素仙，广陵人。旧居六合，颇知名。今来白下，居张五家。品以清婉。赞曰："步屧寻幽，清漪满目。故人远来，之子不速。皎月盈盈，和风穆穆。江鸥凌波，林莺出谷。菱镜一奁，榴裙六幅。独殿群芳，芝兰馥郁。"同上

沈栗娘（867）

沈栗娘，秦淮妓。姿态可人，辩才无碍。从容入座，咳唾皆春。归周云将，殁，栗娘不胜哀，憔悴而死。云将尝乞任渭长画扇，一面写折枝，一面写李香君小像。谭仲修为题《虞

美人》词云："春风冷向花枝笑,转眼花枝老。淡烟依旧送南朝,何事美人颜色念奴娇。　　天涯一样文章贱,公子空相见。酒杯倾与隔江山,山下无多杨柳不堪攀[①]。"文道希和云："南朝一段伤心事,楚怨思公子。幽兰泣露悄无言,不是桃根桃叶镇相怜。　　若为留得花枝在,莫问沧桑改。鸳鸯鸂鶒一双双,欲采芙蓉憔悴隔秋江。"俞荫甫有诗云："千秋两柄桃花扇,前有香君后栗娘。"易实甫诗云："生无艳福鸥波馆,死有香名燕子楼。"曹君直《翠楼吟》词[②]："幺娘如此。便我作迦陵,要存箧笥芳名字,待君笺入,妇人集里。"呜呼,栗娘洵足为秦淮生色也。《云堪小记》

小五宝（868）

小五宝,盐城人。深情玉貌,风度蹁跹。度曲冠时,尤娴酬答。在甲辰、乙巳间,实为秦淮翘楚。南海沈凤楼观察,在建德尚书幕,一见倾心,乱掷金钱,以供缠头。尚书是时春秋已高,事无巨细,一以决之凤楼。凤楼恣睢放荡,不顾官箴。一日不见小五宝,即食不甘味,寝不安枕,节署公牍,每于曲巷中签押之。一班趋炎附势之徒,逐日奔走于小五宝之门,钻营请托。小五宝见有落拓之名士,每喜为说项,患得患失之鄙夫,则不屑也。凤楼乃益重之,因赠以诗曰："颇愧年来

---

① 　"攀"字原作空字符□,今检《云堪小记》,并参考冒广生《小三吾亭词话》卷一"周星诒《勉憙词》"条补出。

② 　"吟"字原阙,按词牌只有《翠楼吟》,无《翠楼》,今据冒广生《小三吾亭词话》卷一"周星诒《勉憙词》"条补出。

负盛名，天涯到处有逢迎。识荆说项寻常事，第一相知总让卿。"不仅悦其姿色之艳，亦且悦其才调之高也。未几，纳之金屋。而小五宝注意楚南陶公子，并不乐观察，观察输重赏于老鸨，并檄盐城，解其父母至宁，以势胁之。五宝不得已，归凤楼。建德尚书移督两粤，偕至粤东，由北而南。明年，凤楼分巡奉锦山海，鹣鲽双双，又由南而北。每过通都大邑名胜之区，流览风景，携手偕行，不知者以为老父携弱女，而凤楼不顾，以为人间无此乐也。凤楼公事殷繁，并得爱宠，文园消渴，竟夭天年。小五宝席卷所有，复来秦淮，择人而事。沈宅移文来查，旋移京口。文君新寡，雅有风情，每谈往事，真如浔阳商妇泣诉琵琶也。为诵白乐天"歌舞教成心力尽，一朝死去不相随"之句，[1]五宝为之潜然流泪。闻某观察亦以多情称道院中，阃门一见，不语而返。问之，曰："如此猥琐，何能为乎？"闻者以为定评。后归丹徒陶璞青，未几病卒，丹徒丁闇公副车歌行以纪其事云："道旁女萝枝，引蔓依乔松。乔松恨不千年寿，愁丝怨缕萦秋风。陌上杨柳花，化作青浮萍。浮萍命薄风波恶，孤根弱叶终飘零。盈盈十五秦淮女，纤细腰支好媚妩。小字排成宋嫂行，新声缮出龟年谱。节楼上客沈休文，遮日翻云炙手薰。军府惟凭王长史，金吾常护杜司勋。相逢陌上花开日，一见倾心便胶漆。画舫笙歌向晓闻，铃辕灯火深宵出。笛步春深问狭斜，红楼夜夜拥如花。怪他驺唱千官骑，不向南衙向妾家。好是尚书耽卧治，

---

① 　　此二句出白居易《感故张仆射诸妓》诗，"死"字，白诗原作"身"。

令公喜怒寻常事。九子鸾钗七宝钿,终南一径趋如市。荡节量移到五羊,当筵辗转动离肠。便移花种新昌里,免寄诗来庆朔堂。翩风从此归金谷,华年如水人如玉。岭南春树析津涛,翡翠双栖鱼比目。自天雨露九重颁,使节锋车到玉关。鸭绿波光开晓镜,卢龙山色照烟鬟。塞草黄时边月白,貂褕玉面驰华毂。公主琵琶蔡女笳,红颜一样输依福。中天好月不常圆,卖履分香事可怜。泪尽冰绡红筯冷,妆残春镜缟衣鲜。燕子楼高人不住,春风重问长干路。过去郎恩水共流,再来妾貌花犹妒。座上何戡识旧人,回眸低首怕逢嗔。凄弦掩抑三生恨,倩影伶俜万里身。当时珠翠围金屋,此日闲花红踯躅。张好愁吟小杜诗,冬儿怕听临淮曲。我亦当年投辖宾,云英一见一伤神。不须更唱霜天碧,满路飞花愁煞人。"

《云堪小记》

有人嘲五宝联曰:"小楼一夜听春雨,五凤齐飞入翰林。"额:"宝婺星沉",亦隽语。小五宝、沈凤楼二字均嵌入额联中,一时传诵,工矣巧矣,然乏味,又不切,不如以两广总督袁树勋姓名嵌一联云:"三分村气三分土,一半功名一半财。"额:"喜少哀多。"则工巧,而又切矣。同上

谢惊鸿(869)

谢惊鸿,乳名金红。态度闲适,慧心玲珑。常从茅北山先生学南北曲,乃为之易名惊鸿。予性喜声律,北山每道惊鸿之才艺,心焉慕之。逾二年,偶与二三词客月夜访之。值惊鸿危坐而吹洞箫,幽闲淡雅,旷世而秀群。时微风引箫,

万籁都寂,明月满窗,游鱼出听,疑非人间矣。因赠以诗曰:"神交已历三年久,邂逅相逢倍有情。好是绿窗明月在,吹箫低唱到天明。"惊鸿秉冰雪之姿,孤芳自赏,予性亦孤僻,于欢场中常若有所思,故与惊鸿有针芥之契云。陈洛安称谢惊鸿为今之李香君,因某尚书欲以重金纳诸金屋,惊鸿不愿而止。其实尚书不同田仰之强夺,而惊鸿则堪俪香君矣。《秦淮感旧集》

李翠凤（870）

李翠凤,风流倜傥,蔑视群流。知县汪某,少年玉貌,柔声下气,妆台之畔,日伺眼波,翠凤惑焉,订终身约。适有某观察豪于赀,见翠凤而悦之,汪令固常奔走其门,因劝翠凤荐枕席。翠凤大骂汪某无耻,立与之绝,旋择人而脱籍去。今之善谑者,每以官吏比妓女,以其诣笑事人,气节丧尽也。以翠凤与汪令较,妓女有贤于官吏多者。同上

小 四（871）

翠凤之妹曰小四,艳如桃李,体骨皆媚,尤物也。曾为李侯金屋,因不安于室,复来秦淮。某京卿眷恋之,欲纳为小星,已有成议,其夫人戒之曰:"小四前在侯府,尚不能安,汝能供其挥霍耶?"京卿乃止。嗣李侯供职京师,闻小四在秦淮重张艳帜,有忝家声,函请江南大吏锢之,为川西陈观察以五千金赎去。同上

银　仙（872）

银仙娉婷娟好,肤理洁白,装束雅素,绝不类平康中人。年十五。军事参谋某公为之梳拢,情好甚笃,每于歌舞筵前相偎相倚,私语喁喁,倍极怜爱之态。而每因细故,因爱生憎,动生醋海风波。予戏吟向子諲《梅花引》调之曰:"莫猜疑,莫嫌迟,鸳鸯翡翠终是一双飞。"后某公果以三千金赎之归。同上

二　宝（873）

二宝者,居于大行宫,以限于地,不能与秦淮妓女相颉颃。丹徒吴生由京来,一见悦之,遂订终身约,二宝乃杜门谢客焉。吴生曾游学日本,妒之者乃以革党诬之,捉将官里去。二宝上堂代辨,义正词严,证明吴生之非革党,侦探队之诬陷,问官不能屈,遂释吴生。此贤者所难能,不图于娼妓中得之。同上

小杏子（874）

小杏子,风姿秀逸,袅袅亭亭,有弱不胜衣之态。与某都护情好甚笃,某都护无子,欲纳为侧室。小杏以体弱厌风尘,亦亟欲嫁之。已有成议,而其母不欲,以为某都护虽甚豪华,究是旗员,性情习惯与扬州人不同,力阻之。某都护因之遂另卜他妓,小杏因之郁而成疾,得肝血而亡。临终时,犹连呼某都护之名。某都护闻之,倍极伤感,出赀以厚葬之,一时曲

中诸妓临吊者甚众云。同上

小银红（875）

小银红，貌不甚美，而妙于辞令，善周旋广筵长席间，每使人尽欢。某公子方自费游日本，素以辨才著，暑假回里时，一见悦之，因携之东。未几，公子得官费，游学美洲，复与之偕。玉人一对，双宿双飞于新世界中，俨如新婚夫妇之度蜜月。银红本以辞令见长，壮游而后，当成为女外交家矣。同上

潘小爱（876）

潘小爱，颜色艳冶，但不善歌。某观察与某公皆嬮之，小爱待某公甚亲厚，而待某观察甚冷淡。某观察不自觉，犹日出其逢迎上宪之手段，以逢迎小爱。继闻小爱将嫁某公，则对之痛哭流涕不能止，闻者为之酸鼻，而小爱不顾也。俚语有曰："痴心女子负心汉。"某观察之待小爱，可谓"痴心汉子负心女"矣。某日，予询某公何时纳宠，某公尚讳莫如深，告以有人痛哭，则嗤然一笑。予曰："哭者常情，笑者不可测，必归公。"某公笑曰："恐是哀者胜也。"嗣小爱卒归于某公。同上

小　松（877）

小松，姿首清秀，善歌昆曲、秦腔。某太师见而悦之，以为温柔乡也。小松艳名藉甚，与文仙、小爱相颉颃。座上之客常满，某太师常独坐他房以待，每至夜阑人静，始得一

见。某太史常语人云："今之官吏，在冷官厅中听鼓数椽，始得见面，若冰霜之大人，且有时终不得一见。较之吾默坐冷房间，终得见艳如桃李之笑靥，相去不啻天壤也。"戊申上巳日，太师在小松处大醉，酣卧绣榻不能去。小松不得已，暂时谢客。予口占俚句调之曰："闻君酒醉小松家，欲吐还呼满座哗。恼煞一般靴兄弟，一齐又顾而之他。"一时争相传以为笑。明日，设宴于秦淮画舫，予复步前韵，作俚句一章曰："秦淮画舫且为家，弦管声中笑语哗。酒意浓时含醋意，半因靴弟半因他。"小松嗣归于某公子。公子适鼓盆，纳小松后，一举而得两男，曲中姊妹行皆称羡之。同上

丁玉珠（878）

丁玉珠，初在秦淮，后移居京口。玉貌珠神，性情豪爽，与论事故，每能谈言微中，盖妓中之有才者也。茅北山赠玉珠联曰："玉貌偏饶名士气，珠喉常作健儿声。"予赠玉珠诗云："玉貌珠神自不群，肯教为雨复为云。红儿自昔夸无比，更比红儿媚十分。"同上

薛文仙（879）

薛文仙，颀身玉立，跌宕风流，美艳之名，喧传于青溪、桃叶间。沈凤楼雄豪盖代，常大集诸姬于秦淮水榭。酒酣时，左抱右拥，捉腕抹胸，诸姬皆畏其嬲，惟见文仙，则不复恣肆。非徒姚声冶色足以惑人，其才智敏捷，婉娈万有，令人乐于降心相从者《会真记》谓使崔子遇合富贵，乘娇宠，不

为云为雨，则为蛟为螭。吾于文仙亦云然。文仙之姊曰文卿，柔曼丰润，善歌小曲。小曲多男女相悦之词，又俚俗易解，文卿因之笃于情，与估客李某有啮臂盟。客岁除夕，估客商业亏损，不能清偿，宿逋。假母命文卿亲至其家，索花酒费，至则债户盈门，估客已潜避下关某旅馆。文卿由电话通问估客，知其窘迫状，泪随声下，电话器都湿。估客之妻因劝之曰："姑娘，不必伤心如此。予家每逢三十晚，皆此情况耳。"文卿乃以金条脱一双，并私蓄之百金，尽赠估客而反。假母询缠头索得否，则曰："无。"继询腕上金条脱何在，则曰："已为估客偿他债。"假母闻之，大肆辱骂，则曰："阿母不必窘予，惜予止有金条脱，若有他物，将尽赠之矣。"假母无如之何，叹惜而罢。今春偶于文仙处遇文卿，谈及估客事，辄哽咽不成声。痴情若此，视李娃何让焉。《秦淮感旧集》

卷第三 纪琐

姚冶怡情，燕僻溺志。颓废盛年，消磨才气。朝局屡更，情天不醉。销金有窟，避债无地。梦华梦梁，感慨一致。酒后镫前，藉以破睡。纪琐第三。

妓家，仆婢称之曰"娘"，外人呼之曰"小娘"，假母称之曰"娘儿"。有客，称客曰"姊夫"，客称假母曰"外婆"。《板桥杂记》

曲中女郎，多亲生之女，故怜惜倍至。遇有佳客，任其留连，不计钱钞。其伧父大贾，拒绝勿与通，亦不顾也。从良落籍，属于祠部，亲母则取费不多，假母则勒索高价。谚所谓"娘儿爱俏，鸨儿爱钞"者，盖为假母言之也。《板桥杂记》

乐户有妻有妾，防闲最严，谨守贞洁，不与人客交语。人客强见之，一揖之外，翻身入帘矣[1]。《板桥杂记》

---

[1] "矣"，《板桥杂记》作"也"。

院中虽各分门户,而去此适彼,转徙无恒,是以姊妹行第亦随时更易。间有亲生子女一门团聚者,大概土著居多。若乃买雏教歌,认为己女,高其声价,待客梳栊①,尝有一女而上头数次者。伧父大贾,无难欺以其方,使彼悭囊顿破也。《续板桥杂记》

诸姬家所用男仆曰"捞猫",曰"镶帮"。女仆曰"端水",曰"八老"。均不得其解,亦不知各是此二字否。然是皆外人呼之,其主人则深以为讳。《秦淮画舫录》

诸姬谓子弟之旋来旋去者曰"化生",偶一往游而畏人闻见,曰"私娃子",又曰"蒲包货",即"私娃子"之意,盖私产之子多以蒲包贮而弃之。昨岁蒋玉珍嫁为宫雨香弟妇,传有随嫁丫头四人,叩其名,则皆里中少年而豪富者。玉珍夙与之善,今既适宫,四少年亦因之而往。轻薄子乃以此调之。昔虞山有轻薄子钱岱勋,从柳姬为狎客,若仆隶,名之曰偕。姬与客赋诗,思或不继,辄从舟尾倩作,客不知也。后归尚书公,偕亦从焉。此四人,其亦慕岱勋之风欤!《画舫录》,参王澐《柳枝词》自注

自《板桥杂记》以后,作者如林,大率记雅游,征丽品,述轶事,至勾栏情状,曲中生活,以及缠头之费,筵宴所需,则

---

① 此句下,《续板桥杂记》尚有"爱俏者其名,爱钞者其实"二句。

鄙不屑道,一若盈盈彼美,多为慕风雅而来者,于文体则善矣,而彼中真相,浑未道及。余请破例一谈,使李义山见之,必曰"杀风景",然固狭邪中之犀镜也。

　　巷中为妓院者六,每家门内,各有金字牌曰"姑苏某某堂",惟三和堂径以堂称,馀则相沿为韩裕发家、六八子家、刘琴家、李三家、小狮子家,不记其为某某堂矣。妓自称所居则曰店。其亲父兄另居之所,则曰栈房,盖已公然自承为一种贸易。开店者曰大伙计,大伙计不一人,则又如近世之公司。妓之质身于店者曰捆,捆有束缚之义焉。捆之值,视捆者之媸妍,约期为限,届期而去曰满季。满季者,任所之。不及期而去,则赎身。赎身别议价。客为妓谋赎身者,多藉官力以慑之,以防主者之居奇。未赎身者不得有私蓄,主者防之严,其向客征索,皆承命为之,彼固无能沾丐。及其去也,必搜其身畔,如防怀挟者。他处有鸨母虐妓之习,秦淮尚无之。其非捆者,则客师也。客师食宿于店中,而与主者分所得。其来也曰"上店",与之俱来者,男女各一,曰"男女班"。每出,则男班从,路远者赁肩舆,近则男班剑负而趋,此事最不韵。记周草窗《武林旧事》云:"妓虽至对门,必以肩舆,名曰过街轿。"此又今不如古之一端也。房以内事,女班掌之,其黠者能操纵游客,妓每需为助,亦未易才也。侑酒曰"叫局",所赠曰"局包"。每局银币二唐孙棨《北里志》:"每饮一席,酬四镮,继烛则倍之。"又宋周密《武林旧事》:"登楼甫饮一杯,赏数贯。"古人不以为琐屑也。兹用其例,俾后之人有所考焉。妓之未上头者曰"清官人",为清官人梳栊曰"改妆",隐语曰"点大蜡烛"。改妆价无定。寻常定情曰"结线头"，所赠曰"线头礼"，线头礼亦无定。已定情者曰"潮客"，潮客卜夜曰"正帐"，正帐银币六，其例不知定于何时何人。游其中者皆奉为金科玉律，不敢持异同。大抵妓所得者不过三之一，馀则男女班大伙计膏其吻焉。余少年选事，尝诇知其划分之法，今则不能记矣。惟客与妓厚者，例输外别有所赠，曰"花钱"，此为妓所独有。余初见赠花钱者，妓必报以手帕，后乃无之。其向客索衣饰曰"放差"，客如其请，曰"应差"。惟随放随应者，亦殊不多见。酒筵之丰者曰"八大八"，席费币十有六，下脚币十有二，下脚者，备赏需也。主人入座，先置下脚于席，酒半，呈炙鸭炙肉，谓之双烤，各置币一于盘中。曲师二，席终，各犒银币一，皆半跪以谢。馀则男女班及诸侍席者均分之。次曰"六大六"，席费币十有二，下脚币七，烤一，曲师一。再次曰"么二三"，无烤，席费币六，下脚三。最俭曰"例菜加帽"，席费四，下脚二。客初至者，献桌盒，盒如梅花式，中实果饵，临去例置一币于盒，再至则无之。新年至，则燃爆竹，曰"迎财神"，大伙计礼服半跪以贺，客必解囊以为利市。四月进樱桃，五月进枇杷，六月进西瓜，八月进月饼，冬月无时新物，则进橄榄。荐一新，必犒一币，应时而至，无或爽者。当时视为寻常，初不经意，至于今日，时移世异，境往情迁，片影微尘，都足增人怅触。《东京梦华》《钱塘遗事》，后之读者，皆知其为点点泪痕也。《青溪梦影》

彼中惟捆于店者，转无生计之累，若客师，则亲属从之者常数人,有多至十馀口者,无不坐食仰给,且多有芙蓉癖。游客所挥霍,大抵膏润于大伙计、男女班者,常十之七。妓所得者亦廑,故客虽多耗,而妓常忧贫,其亲属从而诟谇者,时有所闻。不得已,则重息举债以应之。彼正忧煎愁苦,不知者方强之以叙欢惊,无怪格格不入,非妓皆薄于情也。若《画舫录》诸书所谓棐几湘帘从容自得者,承平时或有此景象,余惜未之见也。《青溪梦影》

黄子澄宗党妇女发教坊司,供子澄牌位,大风掣之去。再供之,又为鼠嚼碎。《罪惟录》庸误诸臣传

西院郑氏,世不接分宜之客。同上

白阳山人八法妙天下,尝客金陵,薄游平康里,见所陈设颇精,且置画具,乃故翻胭脂素帷上。妓果大恚,山人谢过不遑,徐为用笔点染,大小悉成桃花。妓意颇说,山人问故,妓曰:"颇似陈白阳。"山人大惊,不告姓名而去。《五石脂》

屠长卿衣冠看客,便道过妓寇四,寇之婢讶问,四曰:"宁波屠老爷。"婢笑曰:"原来是波老爷。"曲中呼呆俗人为"波老"[①]嗣是,遇俗客只呼"屠赤水"。《露书》

---

① "呆(獃)",原作"嗀",形近而讹,今据《露书》改正。

猪市伶人徐公望善别古器，其祖牛某不从靖难之师，子孙发教坊。甲辰有诏许自陈，公望因得除籍，仍祖姓。僧湛怀戏之曰："猪市里走出牛来。"《露书》

曲中吕大亦文雅，与妹吕二同赴席。或问之，大曰："我两人姓吕。"吴非熊在傍曰："有我一口，便成品。"大曰："少说天话。"谓其姓"口"下尚有"天"也。《露书》

林茂之昵吕六，一日宿吕所，吴非熊戏之曰："彼两人困而又困。"盖谓两木入两口也。洪仲韦笑曰："恐是呆而又呆。"《露书》

旧院妓蒋二字灵修，诸人挟之瓦官寺，酒次，蒋忽离席，柳陈甫问所往，遽答曰："摆柳。"盖曲中讳溺为摆柳。《露书》

金陵钞库街回子寸金糖极有名，妓吕二尝以遗吴非熊，非熊因昵之，每以夸人。吕二亦遗杨七，一日邀杨七过集，当家者不悦，别无供具，故以瓢儿菜耻之。非熊出口即曰："讨气。"柳陈甫嘲之云："寸金回子糖为果，两碗瓢儿菜当荤。请得刚刚杨七在，这场讨气不堪闻。"《露书》

万历丁酉冬，公安袁小修中道客金陵。新安一少年游大学，狎一妓，情好甚笃，遂倾囊娶之。其人久失怙，兄主家政，甚严正，遗书切责之，必欲遣去，否则不复相见，且理之官。

少年忧惧，不能措词裁答，因谓小修曰："事已如此，可奈何？但我兄亦知读书，颇爱才，若得数千言一书以感动之，吾事济矣。才思塞涩，求先生为我捉刀，使此人不去帷，当效环草之报。"小修为作一书，淋漓数千言，才气可喜，达之于兄。月馀，晤少年，欣然曰："我兄有字致，云：'与弟别未数时，笔下便已如此。既有读书之志，即携新妇归，余不以一眚盖平生也。'乃束装偕归，因置酒为小修寿，令姬捧觞，为歌一曲。友人笑谓小修曰："相如作《长门赋》得千金，今子得闻此人歌一曲，胜相如千金多矣。"明晨送之江干，挥泪而别。

其书：

信来，得奉严教，感激惭恧，不可胜言。自先人没后，得吾兄提携，以有今日。某虽不才，沾雨露之润，获训诲之益，亦既有年，虽有童心，粗知名教。若夫逐野水之鸳鸯，忘堂上之鸿雁，赋花间之曲，背霜后之筠，即死不为也。但一时迷昧，忽忽如梦，今事定情牵，有不能顿遣者。缘斯人七年，自离阳昌酒炉，即永居旅寓，不意入室之柳叶，遂成结子之桃花，怀孕已经四朔。念乌衣之派不审，青箱之望尚赊，兄与弱弟，皆艰嗣息，设得一儿，蒸尝有托，如莫愁之产阿侯，胡婢之生遥集，亦为幸事。且近日维扬间，有以红粉妖姬育青云上客者，兄所目击。天下事不可知，淤泥出莲花，粪土产芝菌，此其未能顿遣者一也。斯人虽在烟花，志坚松柏，勉离旧巢。彼阿母本重惜钱树，恨切肌骨，大骂分袂，恩断义绝，设令再入故栈，颜面何容，磨折何堪，恐登车之日，即毕命之时。昔严武与妓俱亡，追者继至，付之琴弦，后崇不止。我虽不杀，由我而死，恐倩女相逐，止有芳魂，小玉不仁，能为厉鬼，此其未能顿遣者二也。斯人自入门，改去钿蝉，卸下堕马，舞衣歌扇，付之尘土，缟衣綦巾，晨起操作。言不出户，苦不惜身，宛似良人，克相妇道。且夜勤刀尺，相伴膏火，相勉伊吾，以致终宵，此其未能顿遣者三也。邸中所藏，虽乏长物，尚有博山旧炉，雀尾遗鼎，砂象斑斓之器，牙玉辉映之章，画则为小李将军，书则海岳外史，皆令之收藏，司其管钥，设为德不终，将燕莺化为鹡鸰，恐付之祖龙，尽成灰烬，则先代所遗，皆为乌有，此其未能顿遣者四也。自吾兄严命一到，斯人即泣，曰："微豸小虫，亦知护子怜儿。妾虽烟花下贱，幸已有身，设欲逐我，候分娩之日，为君家存此一脉，然后自觅白练，永赴黄泉。"弟闻之，亦是伤心矣。即欲处之，亦须少缓。今兰玉几何，岂稻麻也哉，而弁髦之乎？此其未能顿遣者五也。处此五不能顿遣之势，即弟之宜遣而不即遣者，亦略有可原也。至兄责弟以罪，罪何敢辞？生平读古人书，见夫桃根桃叶同登子敬之舟，阿田阿钱共列稼轩之帐，白太傅之小蛮、樊素，苏学士之朝云、榴花，集中皆不自讳，误信古人，风流沿习，未能顿除，尤而效尤，此其罪一也。岁月如流，未必吾与，开口而笑，宁有几时。一席多姿，妄同安石之癖；千金丧尽，宁甘太白之贫。遂使班嗣之赐书仅存，陆贾之遗产渐罄，此其罪二也。古人又云：文有仗景生情，托物寄兴，丽人燃烛，远山磨墨，千古一道。弟每遇枯坐，文思不属，微闻香泽，倚马万言，出鬼入神，惊天动地，两仪发耀于行中，列星迸落于纸上，此其罪三也。江左烟月繁华,六朝金粉旧地。谢家调马之蹊,尚馀芳草;王氏鼓楫之所,仍有文波。土风俗习,偶尔相沿,此其罪四也。近日文人,概多胜事,如某某皆少年冶游,目为荡子,一旦怀蛟变化,立致青云,岂留连烟月,即属尘土下士乎?弟不肖,谬有此见,此其罪五也。弟又有昧死一言:世间亦惟英雄豪杰,能为格外之事,财色小失,自当赦除。天下有事,正赖命世长才。曲谨小廉,岂能成事?当北宋与契丹为邻,大小七十馀战,屡致败北,而能大破之者,乃欲娶薛居正子妇之张齐贤也。澶渊之役,宋几不保,而能拥驾渡河,重造社稷者,乃溺爱旧桃花之寇莱公也。宋既南辕,金兵破竹而下,而能于黄天荡上,几制兀术之死命者,乃娶妓女梁氏为妻之韩蕲王也。宋时止有此三大伟人,皆能造非常之功,而亦未必无非常之过。彼恂恂谨饬如张德远辈,终身无声色如王安石辈,何益于存亡之数?弟虽不才,设国家有事,寄之一面,尚能谈笑却房,樽俎破敌,自信才略不后古人,不能身致,于口而轻作此语,以示长者,此其罪六也。抑情忍事,本非易易。古人云:不迩声色。今不幸迩之矣,迩之而能不溺,非圣贤不能。樊通德有言:夫淫于色,非慧男子不至也。慧则流,流则通,而淫生焉。自古英雄,不能不牵情于帷幕。苏武于啮雪吞毡之时,而犹有胡妇之娶。瞿昙氏不云乎:"一切有情,皆因情欲而正性命。"即参禅上士,亦虞习气难除,尚借安般数息之禅,白骨流光之观,然后暂能驱遣。假使兄当盛年,有多情女子苦相留连,以死自誓,不出兄门,兄遽能以慧剑斩之乎?弟不能如柳下惠坐怀,头陀一宿,而致堕落有情之痴,此其罪七也。有此七罪，弟何以见吾兄哉！惟兄赦其七罪，察其不能顿遣之情，而解三面之网，令弟得遂私愿，同归旧居，绝意铅华，精心竹素，发二酉之藏，竟三馀之秘，见子云之肠[1]，反思王之胃，三年之后，不弋取大物为一家光宠者，愿兄摈绝之，以为荡子之戒。皇天后土，实闻斯语。人去匆匆，言辞无序，幸惟原宥。《妙香室丛话》

诈骗之风，莫盛于今金陵旧院。名妓霏霏，一豪贵与之妮，令俊仆以大轿送霏霏归，并许买缎匹若干赠。至三山街匹帛铺前，少驻，俊仆谓铺中曰："夫人亲买缎匹。"一一持至轿中，令霏霏拣中数十端，俊仆随一仆荷归取镪，久不至，一仆促之，又不至，止剩舆夫。店中询之，知为妓者，因追至寓，阒无人矣。徐岳《闻见录》

新安汪用予，豪士也。客白下，惑志于青楼柳嬢娘，倾橐金纳之，资斧告匮，嬢娘以簪珥资之，渐至不继。适家中有故，促之归，嬢娘独处清淡，思慕成疾，期月而卒。用予事毕，措资复来，已死数日矣。哀毁过情，几至不起。乃卜地葬之，写其容，邀请词人赋诗以挽之。装潢成册，复倩窗友陆树慧题其帧曰"返生香"，朝夕置怀袖间。后用予不得志，游于越，舟师故大盗，杀之，埋其尸，而籍其行李。适树慧赴闽司

---

[1]　"云"，原作"雪"，形近致讹。按：明袁宗道《白苏斋类集》卷十一《孝廉张廉源墓志铭》："长吉心呕，子云肠见。"亦可为证。

李任,道经此,入古董铺,见返生香册,问之,云寄卖物也。树慧习知用予时刻把玩,断不弃去,况虽为诗画,实非玩物,心甚疑之。买归,以闻当事,逮肆中人,遂得舟子,一款而服,出用予尸于沙中,如生,并捕盗党数十人,按以法。树慧以用予合葬于嫐娘,传其事而为之歌。《闻见录》

南京旧院一妓,与一盐商甚密。商往扬州支盐,妓怀其厚恩,不肯复接客。父母怒之,令妓往商相干乞,商赠之。妓附水回,事为舟子所觉,萌利物之意,伺夜密推妓入江中。妓初时入水,觉坐一物上,其行如飞,天明至江阴,人人望见妓兀坐洪波之上浮来,惊以为神,转相告语,须臾聚至数千人。迨妓至岸边,众视之,乃一大鱼也,因告之县,县差人捕舟子,抵罪,今江阴县中有案也。《史云村日记》

马湘兰踰五旬,时名犹盛,一少年子弟狎之,临别,缠头极厚。有以《琵琶》"膝下娇儿去,堂前老母单"二句嘲之[1],马大沮丧。薛素素为沈景倩所收,薛亦年长,时景倩就试北雍,客复举"膝下"语以嘲。冯具区云:"沈作别已久,此曲只应唱'儿夫一向留都下','儿夫'语尤韵。"叔祥闻之曰:"司成两言大可记。"《呼桓日记》

---

① 按:"膝下娇儿去,堂前老母单",二句出自高明《琵琶记》。此处"堂前"句前原有空字符二,当是抄手误读"琵琶膝下娇儿去"为一句,以为下句"堂前老母单"亦为七言,而误加空字符二,今删去。下文"儿夫一向留都下",亦出自《琵琶记》。

莫廷干以豪士横行词场，金陵院姬杨宇文艳慕之，寄以诗云："谁是风流美丈夫，闻君意气擅东吴。倘来白下寻相识，未必飞琼绝代无。"①

丙子，金沙张公亮、吕霖生、盐官陈则梁、漳浦刘渔仲、雉皋冒辟疆盟于眉楼。则梁作盟文甚奇，末云："牲盟不如臂盟，臂盟不如心盟②。"《板桥杂记》

陈则梁人奇，文奇，举体皆奇。尝致书眉楼，劝其早脱风尘，速寻道伴，言词切至，眉楼遂择主而事，诚以惊弓之鸟，遽为透网之鳞也。埽眉才子，慧业文人，时节因缘，不得不为延津之合矣。同上

万历年间，有《十二钗》《女校书录》。十二钗可考，为刘口口、董桂、罗桂林、葛馀芳、段口口、赵连城、何口口、蒋翘如、王小奕、杨美、马守真、褚茜英。杨美即流波君。又有《名姬分名谱》，又有《华林七桂》，首出者为宇嫩，最稚者为范金英。楼子杨家，重楼董家，今人已不能悉数。至顾夫人之眉楼，李香君之媚香楼，则至今啧啧人口也。郑妥娘、赵今燕至国初尚在，均已七十馀矣。③

---

① 此条出处漏标，按体例当亦出自《呼桓日记》。
② "心"，《板桥杂记》作"神"。
③ 此条出处漏标，待考。

白下歌姬，有披剃于阳羡山中、名妙音尼者。金坛王次回彦泓赠七律云："散朗高情迥不群，翠鬟判得一埚云。钗钿脱奉栴檀座，罗绮裁装贝叶文。茗碗近添禅院味，舞衫新换戒香熏。潮音梵唱声清妙，旧曲如今不耐闻。"又代答一律云："净却情根净发根，笑看刀下翠纷纷。辞家偶尔来青嶂，喜客犹能赠白云。世上合离沙鸟迹，面前啼笑水风纹。春心久作寒灰死，艳曲何妨一再闻。"《秦淮闻见录》

妓家各分门户①，争妍献媚，斗胜夸奇。凌晨则卯饮淫淫，兰汤滟滟，衣香一室。停午乃兰花茉莉，沉水甲煎，馨闻数里。入夜而撅笛挡筝，梨园搬演，声彻九霄。李、卞为首，沙、顾次之，郑、顿、崔、马，又其次也。《板桥杂记》

裙屐少年，油头半臂，至日亭午，则提篮挈榼，高声唱卖逼汗草、茉莉花。娇婢卷帘，摊钱争买，捉腕捺胸，纷纭笑谑。顷之，乌云堆雪，竟体芳香矣。盖此花苞于日中，开于枕上，真媚夜之淫葩，殢人之妖草也。建兰则大雅不群，宜于纱橱文榭，与佛手、木瓜同其静好。酒兵茗战之馀，微闻芗泽，所谓王者之香，湘君之佩，岂淫葩、妖草所可比缀乎？同上

南曲衣裳妆束，四方取以为式，大约以淡雅朴素为主，不以鲜华绮丽为工也。初破瓜者谓之"梳栊"，已成人者谓之

---

① "各分"，《板桥杂记》作"分别"。

"上头"，衣衫皆客为之措办。巧样新裁，出于假母，以其馀特自取用之。故假母虽年高，亦盛妆艳服，光彩动人。衫之短长，袖之大小，随时变易，见者谓是时世妆也。同上

曲中市肆，精洁殊常，香囊、云舄、名酒、佳茶、饧糖、小菜、箫管、瑟琴，并皆上品。外间人买者，不惜贵价；女郎赠遗，都无俗物。正李仙源《十六楼集句》诗中所云"市声春浩浩，树色晚苍苍。饮伴更相送，归轩锦绣香"者是也。同上

日初过午，卖花声便盈街市，茉莉、珠兰，提篮挈榼，不异曼翁前记所云。近更缀以铜丝，幻成鱼篮飞鸟，可以悬诸帐中。比及昏黄，则雪花齐放矣。酒醒梦回，芳馨横溢①，和以气肌芗泽，如游众香国中。《续板桥杂记》

茶寮酒肆，东则桃叶渡口，西至武定桥头，张幕挑帘，食物具备。而诸名姬又家有厨娘，水陆珍奇，充盈庖室，仓猝客来，咄嗟立办，燕饮之便，莫过于斯。同上

院中衣裳妆束，以苏为式，而彩裙广袖，兼效维扬，惟睡鞋用之者少。余见河房诸姬，咸以素帛制为小袜，似膝袴而有底，上以锦带系之，能使双缠不露，且竟夕不松脱也。其履地用方头鞋，如童子履，而无后跟，即古靸鞋遗制。灯影下曳

---

① "馨"原作"声"，据《续板桥杂记》改。

之以行,亦复彳亍有致。至于抹胸,俗称肚兜,夏纱冬绉,贮以麝屑,缘以锦缣,乍解罗襟,便闻香泽,雪肤绛袜,交映有情,此尤服之妖者。同上

河亭徙倚,以永朝夕,不须倚翠偎红,自可嬉怡忘倦。余于今秋寓居王氏小榭[1],每晨起,盥栉初毕,即闻邻女教歌之声,风外悠扬,使人意远。至日亭午,游艇如梭,呈丝逞竹。入夜,则灯光焕发,爆竹喧阗。闲偕云阳校书,掀帘凭眺,爇香啜茗,娓娓清言,几忘凉月之西沉也。同上

近过诸姬妆阁中,见其楹联颇多佳句,如马翠娘妆次云:"娇如新月真宜拜,瘦似秋英转耐看。"高秀英阁中句云:"绿雨红云春一片,秋香浅梦月三更。"赠吴蔻香联云:"并命鸟衔红豆蔻,同心瓶插紫丁香。"余药园赠王翘云联云:"终日校雠排闷录,他生报答有情仙。"某司马赠苕玉联云:"化为蝴蝶魂犹瘦,修到鸳鸯劫更多。"《秦淮闻见录》

《日札》载美人妆面,既傅粉,复以胭脂匀掌中,施之两颊,其略浓者为酒晕妆,浅者为桃花妆,薄薄施朱,以粉罩之,为飞霞妆。梁简文诗有"分妆开浅靥,绕脸傅红斜"之句。近日秦淮曲中竞尚飞霞妆,华亭王秋塍绝句云:"水晶帘

---

① "小",《续板桥杂记》作"水",可从。

下看多时，浅淡飞霞镜里知。莫更樽前添酒晕，轻敲歌板唤红儿。"①

河上酒宴之盛，首数蔻香阁、听春楼、赏心庭院、倚云阁，虽有他所，莫之与京。盖主人固雅饬可亲，伺应之丫角，亦极驯谨。燕晚莺初之候，风来月到之时，乐且忘年，欢宜卜夜矣。《画舫馀谭》

利记香蜡铺，开张板桥口，特辟水门，便于游船者停桡货买。凡醯酱果实、米油酒烛之件，一一储蓄，预以素纸，约计船中所需，刻成小帐。舟子但于晚炊时数钱挈器具来，照帐填注，探手而得，故虽一闿临门，无烦延伫，日趋日便，此其一端。同上

泰源、德源、太和、来仪各酒楼，早已乌有，近唯利涉桥之便意馆及淮清桥河沿之新顺馆，最为著名。别有金翠河亭、一品轩诸处，大半伧劣，不足下箸。新顺盖吴人，盘馔极丰腴，而扣肉、徽圆、荷包蛋、咸鱼、焖肉、煮麦筋、螺羹，以及酒碟之鲜洁，酒味之醇厚，皆无有高出便意者。暮霭将沉，夕餐伊迩，画舫屯集阑干外，某船某人需某菜若干，酒若干，碟若干，万声齐沸，应接不暇，但一呼酒保李司务者，噭然而膺，俄顷胥致，不爽分毫也。同上

---

① 此条出处漏标，待考。按：酒晕妆、桃花妆、飞霞妆一节，始见唐人宇文士《妆台记》。

　　酒楼废而茶园兴，岂肥肠满脑者餍饫既深，亦思乞灵于七碗耶？鸿福园、春和园皆在文星阁东首，各据一河之胜。日色亭午，座客常满，或凭阑而观水，或促膝以品泉。皋兰之水烟，霞漳之旱烟，以次而至。茶叶则自云雾、龙井，下逮珠兰、梅片、毛尖，随客所欲，亦间佐以酱干、花生、瓜子、小果碟、酥烧饼、春卷、水晶餻、花猪肉烧卖、饺儿、糖油馒首，叟叟浮浮，呫嗟立办，但得囊中能有，直亦莫漫愁酤。同上

　　凡有特客，或他省之来吾郡者，必招游画舫以将敬。先数日，即擘小红笺，贮以小红封套，笺上书"某日买舟候叙，某人拜订"，命仆辈送至客所。客如不到，随即以小红笺，上书"辞谢"，下书"某人拜手"字样，仍贮送去之封套内，并原请之笺还之，是曰"不扰"《司马温公书仪》曰："凡吊及送丧葬者，必助其事而弗扰也。""扰"字本此。否则，主人预计客之多寡，或藤绷，或走舱，赁泊水次，临时速客共登，大半午后方集。早则彼美朝酣，梳掠未竟，无可省览。另以小舟载仆辈于后，以备装烟、问话，盘餐或从家庖治成，用硃红油盒子担至马头，伺船过送上。或择名馆如便意、新顺之类代办，以取其便。又或佣雇外间庖人，载以七板儿一两只，谓之火食船。一切盘盂、刀砧、醋瓠、酱瓿、乌银、琼屑以及僵禽、毙兽、果蔬、椒豉、葱薤之属，堆满两腊，烧割烹调，唯命是听。献酬既毕，人倦酒阑，回顾篍笋灯笼，早经陈列岸上，主客欢揖而散，亦已斗转参横已。同上

姚家巷、利涉桥、桃叶渡头，多苏州人开列星货铺，所鬻手绢、鼻烟、风兜、雨伞、纱绉衣领、皮绒衣领、棠木屐、重台履、香裹肚、洋印花巾袖、顾绣花巾袖、云肩、油衣、结子荷包、刻丝荷包、珊瑚荷包、珍珠荷包、结子扇套、刻丝扇套、珊瑚扇套、珍珠扇套、妆花边、绣花边、金彩鬼子阑干貂勒、缎勒、义髻、闹妆、步摇、流苏、袅朵之类，炫心夺目。闺中之物，十居其九，故诸姬妆饰，悉资于此，固由花样不同，亦特视为奇货矣。同上

《老学庵笔记》有鄜州泥孩儿，《方舆胜览》有平江府摩睺罗、白獭髓，有湖上游春黄胖，皆后世捏泥肖人之权舆。近时虎丘人技最擅长①，曳罗绮之衣裙，镂金玉为玩好，凉床暖炕，制造精良，贮以香楠木小匣。价之低昂，视装潢之繁简为准。来游吾郡，多购之者。尝戏为某校书作之，并缀以诗云："情语曾闻管仲姬，我侬抟土合成之。相看莫便嗤黄胖，省掷金钱买绣丝。"按《广异记》载韦训、卢赞善事，有帛新妇子、甆新妇子，则今之剪彩烧瓷为美人稚子者，事亦近古。同上

吾乡之酒，有堆花烧酒、麦烧酒、糟烧酒、红药烧酒、黄药烧酒、三白酒、花露酒、玫瑰花酒、玉兰花酒、松泉酒、冰雪酒、福橘酒、木瓜酒、状元红酒、女贞子酒、归元酒，种种不

---

① "丘"，原作"邱"，避孔子讳，今回改。

同。凡以米麹酿成者，味苦烈。画舫所需，向惟镇江之百花酒及本地之冰雪酒。近皆尚绍兴酒，并丰沛之高粱酒。诸姬款客，亦以此为敬。暖高粱酒，别制小锡壶，外方而内圆。圆者贮酒，方者贮沸汤。安圆者于方者之中，逡巡即热，名曰"抱母鸡"。圆者或以银为之，其热更速。同上

鸦片，《本草》一曰哑芙蓉，乃治罂粟花为之，可疗久痢。今之所行鸦片烟，则购外洋土泥熬炼而成，迥然各别已。其味香甘，黏如黑饧，不知何时流入中国，价值甚昂贵。嗜之者谓可助精神，利百病，荧荧一镫，卜昼卜夜，吞吸无厌。历三二年后，耸肩缩颈，面若死灰，虽具人形，实登鬼箓。屡奉严禁，买卖均有科条，其实私相授受者，殆终不免。少年子弟，流恋平康，珍如慎恤，诸姬亦间以娱宾，罔知利害，罟获陷阱，不待驱而自蹈之，可哀也夫。同上

淮青桥重行造高后，利涉桥亦踵而修葺之，第淮青专募众姓之捐，利涉桥则兼及诸姬之费。箫声明月，风景一新，不仅二十四桥著盛于绿杨城郭矣。同上

茶食店以利涉桥之阳春斋、淮青桥之四美斋为上。游画舫者争相货买，诸姬凡款客馈人，亦必需此。两斋皆嘉兴人，制造装潢，较之本地，倍加精美。同上

四季名花，虽朱门绣户尚未之见，而曲中诸丽人已有插

带者。盖缘不惜重赀，预给花匠，故能争先购致，以助新妆。余曾于六月见一姬髻上簪木犀球，因口占纪之云："不多金粟散天香，应共荷花斗靓妆。拣得一枝簪两鬓，累他五百舍人忙。"前朝桂花开时，有拣花舍人五百名。同上

诸姬来舟中应客召，必以小船载送，有一至者，有再至者，至于三至，则交非泛泛矣。每当夕阳欲下，凉波如镜，欸乃声中[1]，惊鸿照影。厉樊榭诗云："双桨来时人似玉"，七字中声情如画。至淮水东边，女墙月上，东船西舫，绮席齐开，斯时小船来往如梭，诸粲者去此适彼，迫促不遑，无复姗姗韵致矣。彼中负时名者，每夕多至数十局，少亦十馀局。而船中筵席，每辐辏于戌亥二时，应召来迟，客滋不悦，为彼美设想，实有应接不暇之势。余尝谓前代之妓，其同时应接之客，必不如今之多。宋徽宗眷李师师，为逐周美成，可见师师之客，仅一美成。以师师之盛名，若在今日，窃恐逐不胜逐。即至明季，以迄乾嘉，如《板桥杂记》《画舫录》诸书所载，虽亦有客与客争妓事，然绝未闻麕集鹜聚，如今之甚者。观于今昔之殊，亦可以觇世变矣。《青溪梦影》

一二十年，诸姬妆束，以苏沪为准。髻则初作圆形，团圞如月，梳于头顶，继则变为椭圆，渐垂渐后，披及肩背。近多作堆云髻，由后移前。雏姬则多为双髻，衣式无甚变异，不过

---

① "欸"，原作"款"，形近致讹，今改正。

日趋窄小。余尝谓髻式则愈变愈入于古,衣式则愈变愈趋于夷。惟每值雨雪,诸姬披腥红氅衣,颇觉态浓意远,无论媸妍,望之皆有画意。其有垂辫者,多因晏起之故。锦被初掀,红笺已至,匆匆不及梳掠,以此为急就章耳。若衣饰悉作男子装者,则又宜入《五行志》矣。同上

画眉虽古制,意不过轻烟淡埽已耳。若楚楚春山,日以乌煤浓染,且作三角形,使人望之,狰狞可怖,恐十眉图中无此佳制。此风起于沪渎,曲中多喜为之。偶一靧沐,居然墨水三升,大非韵事。余浪迹多年,见彼中幽媚静婉者,多不喜画眉,若河间妇之流,则有以黑为贵者。同上

承平时,西至下浮桥,南至南门桥,北至竹桥,十里秦淮,处处皆画船停泊之所。详见捧花生《画舫馀谭》。盖彼时妓家散处,有远在数里外者,游人一棹印须,沿流访艳,必穿越诸桥而过,故河中绝无大船,所谓藤棚、走舱者,仅如今之大七板耳。兵燹后,妓家悉入钓鱼巷,纸醉金迷,不出半里之地。画船所至,西不越利涉桥,北不越大中桥,既无须过桥,船式乃日渐增大。此固相因而至,彼招招船子,早默会游客之意旨,故半里之中,容数十大艘,至于壅阏不通,而不思变计。余谓东南名胜,如扬州之红桥,苏州之虎丘①,无锡之蓉湖,或数里,或十馀里,打桨清歌,皆有往来游泳之乐。而娟

---

① "丘",原作"邱",避孔子讳,今回改。

娟此豸，置之烟波萧瑟中，觉雾鬓风鬟，益增妩媚。今之秦淮，徒事追欢买笑，局促半里中，山水之胜，无从领略，直谓之色荒可耳。谓宜将船身改小，如承平旧制，使利涉桥以西，大中桥以北，随处可以停泊。一舸名姝，饱领水光山色，庶不使范大夫笑人也。余为此说，妓家闻之，必大不愿。顷者萃于一隅，而每夕应局，犹有顾此失彼之虑，更远在十里之外，于彼中生活，大有妨碍。余谓昔日之妓接客，不如今之多，此尤足证。嗟乎！今不如昔，于冶游且然，此有心人所为抒怀旧之蓄念，发思古之幽情也。同上

妓院门巷湫隘，室内颇修洁明净，到门则有人雁行立，有人唱喏，有人引导，有人高呼客来，繁文增多，韵事转失，较之猧儿吠客、鹦哥唤茶，已有雅俗之别。《秦淮感旧录》

士大夫游宴之所，以秦淮之画舫、妓院之河房为最。番菜馆则有贡院前之金陵春与金陵邨，利涉桥之海天春，中正街之悦宾楼。戏园则有大中桥之升平府，东街之庆升，歌舞楼台，金尊檀板，洵足乐也。迩来下关新设商埠，鼓楼甫设公园，裙屐少年，携三五妖姬，驾言出游，绿杨阴里，日斜风定，宝马香车，络绎不绝。美景良辰，赏心行乐，前代所不及也。同上

《板桥杂志》之品顾横波，则曰弓弯纤小，同时又有张小脚、顾大脚之称。《续记》之品徐二，亦曰裙底弓弯，却又瘦不

盈握,可见当时之重纤足矣。自欧风东渐,秦淮名妓得风气之先,以不缠足为时髦。狎客评花,亦皆重纤腰,不重纤足,不可谓非审美思想之进步也。予作《秦淮杂诗》云:"曲中名妓最时髦,不重莲翘重柳腰。昨日纶音禁缠足,还应旌奖到香巢。"同上

《秦淮闻见录》载:美人妆面,既傅粉,复以胭脂傅掌中,施之两颊,其略浓者为酒晕妆,浅者为桃花妆,薄薄施朱,以粉罩之,为飞霞妆。当时曲中竞尚飞霞妆。三五年来,争妍斗媚,竞效新妆。每见秦淮名妓之最著者,不施脂粉,淡扫蛾眉,长发如云,松松编就,纤腰似柳,款款生姿。或效美男子装,愈增妩媚。或效女学生装,居然大家。是以湖海宾朋,乌衣子弟,靡不目炫神迷,逢迎恐后,情长气短,沉溺日深也。同上

会稽商宝意太守,以编修乞外授镇江府同知。解官,居秦淮水榭,眷一姝丽,临去,出白玉坠为赠,把玩不忍释手。袁简斋过之,投诸河,商大恸,泣。众同人献计,以防止水,涸而出之。累宦边郡,投老沅江,追念旧游,形诸篇咏。尝曰:"吾乡放翁,在蜀十年,曾有所眄,归日,每怀旧游,屡见吟咏。仆于金陵亦然。月地花天,复此追忆,不知身滞百蛮也。"诗曰:"选胜莺花几度经,吴娘低唱酒微醒。谁知春雨潇潇曲,偏滞蛮村意外听。""何处南朝不可怜,屏中楼阁镜中船。茫茫洗马愁难遣,已过羊车入市年。""莺坊寂寞凤台空,

白发吴伶话故宫。外院尚悬金屈戌，内桥谁奏玉玲珑。""谢庄玩月凭阑坐，梁绪簪花侧帽归。古巷斜阳谁认得，重来惟有旧乌衣。""名士当年说过江，围棋邀笛总无双。只今惟有青溪水，九曲潆洄到客窗。"王司寇昶题诗云："温李风华绝代才，蛮荒沦落尽堪哀。逢时若比韩熙载，曾向歌姬乞食来。"非惟前辈风流，抑亦承平旧话也。①

商宝意先生于龙潭旅壁，见《秦淮偶兴》四绝，后书"桂堂"二字，逢人辄诵，终不知为谁题。其诗云："淡黄杨柳晓啼鸦，丝雨温香湿落花。应有鲕鱼吹雪上，水边亭子正琵琶。""水榭湘帘特地清，朝烟上与曲栏平。旧时红豆抛残处，只恐风吹子又生。""篱门过雨绿烟铺，檀板金樽俗有无。小艇已将烟月去，人间空说女儿湖。""鳞鳞碧瓦照春莱，瞽井宵声鸟语哀。第一林泉谁省得，数枝犹发旧宫槐。"《秦淮闻见录》

玉墀先生《题罗两峰板桥遗迹图》云："谈罢罗家鬼趣图，去寻旧院影模糊。芦根瑟瑟如人语，中有莺莺燕燕无。""绿芜一片众香埋，半没桥身半没街。艳迹但遗残础在，也曾亲近玉人鞋。""此柏婆娑似旧人，盘桓几度可怜春。只缘生长烟花里，犹作亭亭倩女身。""者番游绪已怆然，又对风斜雨细天。画最凄凉天最惨，看君笔上起苍烟。"其绘图之日，尚有绿芜残础，今皆泯没无存。询之耆旧，在回光、鹫峰

寺之间,蔓草荒烟,何从考据,吊古人来,徒增感慨。同上

金陵夜市中购白纨扇一柄,画小竹数十竿,空翠欲滴。题绝句云:"幽筱千竿绿几重,轻烟淡雨更空濛。侍儿惯喜猜闲事,问是情浓是竹浓。"末署"秦淮女子梦湘法管夫人笔意并题。"余遍访梦湘,并无知者,不胜悒怏。同上

李佩云校书妆次,悬子野自书一阕《调寄千秋岁引》云:"小巷清砧,檐前铁马,并入帘栊助萧索。哀鸣雁说辽阳事,惊栖鹊话黄姑约。梦回时,酒醒了,灯花落。 一半是他将意缚,一半是侬将情博。总是温柔乡路恶。当初想到而今好,而今悔不当初莫。十年心,十年事,销磨却。"按:子野,天启时人,其词其字,越二百馀年为佩云得之,亦或有夙因。而佩云前身,其王修薇乎? 子野有《怀修薇》一阕,亦当时名妓也。同上

近有某大姓,在秦淮河葺治水榭,召集宾客,燕饮其中。有集宋人词句为联云:"波暖尘香,看槛曲萦红,檐牙飞翠;醉轻梦短,正镫前欹枕,雨外薰炉。"出联上四字,玉田句,下二句,白石词也。对联上四字,毛泽民句,下二句,梦窗词也。《白下琐言》

雪后邀黄栗夫坐王兰官河亭,卷帘闲眺,冷艳逼人。兰官曰:"若此际弄丝竹一声,想其清脆,必迥异寻常。"其妹朝

霞校书即起而撷笛，吹《小桃红》一曲，真不啻黍谷春回也。栗夫赋七律云："当年玉树未曾凋，风景犹疑近六朝。一桁青帘摇屋角，几人鹤氅过溪桥。冷如强敌真难避，雪似闲愁不易消。惟有红儿差解意，兽炉围住自吹箫。"又曹元宠母王氏《雪中觇妓》云："恰似春风三月半，杨花飞处牡丹开。"真摹写入神。《秦淮闻见录》

院中郭三名噪一时，因讼事牵连，袁香亭为之关说。当事者覆札云："朵云飞至，诚恐狼藉花枝，欲于园中立五彩旛，使封家十八姨莫逞其势。然弄郭郎者，只是逢场作戏，须上台时看如何扮演，再理会下场可耳。"香亭复寄诗云："一波才定又生波，屡困封姨可奈何。不是花奴偏惹事，总缘柳弱爱风多。""登场更比下场难，牛鬼威风色已寒。要识李夫人面目，何如留待帐中看。"同上

冯玉林，如皋人，原与王桂娘同居。迨桂娘去后，遂归冯氏，改名福姿。其始至白门，卧病数月，霜菊雪梅，未免憔悴。隔年馀，再遇于钞库街，则桃花春水，顾影堪怜。闻与邗江汤某剧为绸缪，临别，留赠七律云："一挂轻帆便各天，相思有梦亦徒然。蔗甘终竟茶同苦，藕断何堪丝又牵。欢会从今思昨日，光阴容易过中年。悬知两地离愁苦，怕看当头月再圆。"同上

胡喜龄，胡七养女，居淮清桥水巷。十四五岁时，色艺俱

佳,每有不屑哙伍之意。春日放美人风筝,洪勺泉为题七律云:"雾鬟烟鬟白练裙,御风行处傍斜曛。应酬久厌思离俗,位置空高太不群。几见嫦娥曾入月,由来神女惯为云。因缘一线非难断,莫把飞升早认真。"_{同上}

余与赵敬夫同过东水关余饮香校书妆次,敬夫急急欲行,饮香戏曰:"冬去春来,疏阔许久,况已过清明,春光易老,何不追欢竟日,殊觉负此良辰。"予爱其吐属风雅,绝似汪蛟门《好女儿》一阕云:"隔树莺声,唤起春情。九十韶光今已半,看梅萼凋残,桃花历乱,杨柳轻盈。 怪煞檀郎不定,前后约,负前盟。若道是,别离犹未久,已倏忽花朝,无端上巳,又早清明。"_{同上}

壬午秋闱,杨研斋、龙霖亭同友人扶乩于秦淮水榭。默祝后,乩忽自动,得断句四首云:"何处钟声日暮时,鹭峰寺外夕阳迟。笙歌歇处游人散,自剔苔莓读断碑。""秦淮谁说旧盟寒,儿女酸辛泪不干。底事相逢白门道,带围难禁一时宽。""兰桡灯火夜深红,数遍阑干第几重。记得当时欢喜地,玉河亭在板桥东。""名士名姬笑语喧,依稀风景似当年。不堪幽恨重重起,春雨梨花落墓田。"杨问作者名姓,乩复动,曰:"儿乃秦淮旧人张喜林,蒙公等招邀,无可回避。但儿粗识之无,不通文艺,于鹭峰寺前逢旧好张质夫,强与俱来,诗则质夫口占也。"杨又问诸公谁可获隽,乩曰:"禄籍掌自文昌,外人莫可与闻。"再书绝句一首云:"棘闱深锁万灯明,食

叶春蚕夜有声。老将重临酣战处,秋风泪洒石头城。"予忆张质夫殆亦老诸生而客游秦淮者流[1]。同上

陆静功《壶中偶谈》载:松江胡寿楣久客金陵,醉过青溪渡,唤舟子不膺,自倚石阑呕吐,遥见对岸有二女子,小舟并坐。其衣浅绿者吟云:"草绿苔青傍枕生,月明乘兴御风行。凄凉何处横吹笛,恰似当年旧帕盟。"少顷,衣白者复吟云:"于今醒却旧痴迷,红豆抛残莫更提。荡子心情同蛱蝶,好花多处抱香栖。"寿楣留心切记,听耳边街鼓,业近四更,残月微明,由他道回寓。次日,仍过其处,遍问舟人,并不闻二女吟诗,寿楣悚然,不复敢深夜游行。《秦淮闻见录》

袁韫玉《西楼记》初成,就正于冯犹龙。览毕,置案头,不致可否,袁惘然而别。冯方绝粮,室人以告,冯曰:"无忧,袁大今夕馈我矣。"家人皆以为诞。袁归,踌躇至夜,忽呼灯,持百金就冯。及至,门尚开,问其仆,曰:"主方秉烛在书室相待。"惊趋而入,冯曰:"吾固料子之必至也。词曲俱佳,尚少一出,今已为增入,乃《错梦》也。"袁不胜折服。今尤脍炙人口。事载《坚瓠集》。按:西楼旧址在秦淮河武定桥下,自许公香岩修葺后,又经易主,若非法菊流传,亦安有过而问者。同上

---

[1] "忆",疑当作"意",形近而讹。

近有诗本不佳而自矜身分者。柳塘以沈馀霞校书小照求题于某生,某意不屑,一笑置之。馀霞为予曰:"某公不为题照,余实拜赐多矣。听其言词鄙陋,乃一冬烘先生,必无佳句,倘一落墨,行将奈何?"后见某《莫愁湖》句云:"诗人何事无高见,不咏功臣咏莫愁。"因转忆馀霞之言,诚为不谬。同上

未几,湘潭王瑞轩来晤,云:"余访沈馀霞,数日不获,今始知其移居鹫峰寺后,地颇清幽。闲谈半晌,出梅花小照嘱题,得七绝一首云:'一重门掩一层花,入夜寒芳透碧纱。不是色香清绝处,美人何事肯移家。'"予笑曰:"君为某公捉刀,然窃喜馀霞虽不知诗,而实能知人。"因述前事,共相慨叹。《秦淮闻见录》

畴昔燕倚云阁,主人出水仙花册子,求众客留题。岳庵即次册中雨芗三截句韵,应之云:"肯抛越网贮红珊,好为湘娥写斗寒。只在碧城缥缈处,累人寻遍曲阑干。""兰期忆值星三五,茗琯新联玉一双。已向群花高处立,芙蓉何苦怨秋江。""半嫌纤月影婷婷,触耳筝琶不奈听。盼得微波通一语,双鬟低首祝张星。"想见红烛两行、濡毫得意景象。此册后经范川太史见之,题曰"瑶台清影图",今藏捧花楼中。《画舫馀谭》

"夜半春帆送美人",本《桃花扇》传奇中句。邺楼近属叔美作图,盖寓送小燕赴扬州意也。范川题诗云:"片帆森森欲何之,载了轻盈载别离。已近晓风残月候,况当春水绿波

时。瓜皮艇子安身小，桃叶江头打桨迟。千尺花潭君住处，深情重唱蹋歌词。"情韵双绝，余最爱诵之。同上

怀远许叔翘《秦淮杂诗》云："璧月沉沉玉树枯，吴娘曾此系明珠。文章只续莺花命，天限三年嫁小姑。""丁字帘西旧水亭，玉儿低首忏双星。何当解脱玲珑骨，蓬首焚香夜诵经。"谓谢吟秋"零落旗亭谢小鬘，去年相遇在邯郸冯金宝。琵琶一曲江州泪，月缺珠沉好梦难。""诗人老去尚莺莺，张籍秋风少宦情指蠹秋。南屋又兰马又兰居白塔巷东小玉谢小玉住王府塘，批红抹白拜门生。"按诗中所谓吟秋、又兰者，名重一时，予犹及见之，今皆退为房老。若金宝、小玉，杳不知其所之。美人名士，同兹浩叹，此司马青衫之所由湿也。《秦淮闻见录》

上元秦伯虞题余澹心《板桥杂记》绝句二首："笙歌画舫月初沉，邂逅才人订赏音。福慧几生修得到，家家夫婿是东林。""茉莉香中送晚凉，渡头桃叶趁潮忙。十三楼上春如许，草草山河已夕阳。"泂有渔洋神韵。_①

余初游秦淮，去桑根老人之卒未久，老人所品题者，余犹及见其一二。彼时风气，诸姬意态皆静穆娴雅，至舟中对客，尤矜重自持。偶有叫呶者，座客即以为不韵。至媟词秽语，则从无所闻。上下十数年间，耳目顿异。每值燕集，甚嚣尘上，

---

① 此条原书未注出处，疑亦出《青溪梦影》。

妖女狂且，几类天魔之舞，即一狎游，且有江河日下之势。余偶与座客言及，闻者皆以为迂。嗟乎，余岂迂哉！《青溪梦影》

十七八女郎歌"杨柳岸、晓风残月"，若在曲中，则处处有之，时时有之。予作《忆江南》词云："江南好景本无多，只在晓风残月下。"思之只益伤神，见之不堪回首矣。《板桥杂记》

余初事冶游，犹时闻有奏昆曲者，以后日见寥落，至今则绝响矣。所唱者皆为二黄，毋论其词鄙俚，使人掩耳，且以宛转娇喉，使之肖伍子胥、秦琼、包龙图等人声口，宁非异事？且戏剧有生有旦，而诸姬乃专习生曲，其能唱青衫旦如《祭江》等曲者，已十不一二，亦从无特赏之者。惟唱《文昭关》《买黄马》《双包案》等曲，为喑呜叱咤之声，则座客无不击节。好尚之奇，真无从索解。余谓不得已，毋宁秦腔，犹有抑扬抗坠之意。《青溪梦影》

古人歌舞并作，舞法今久失传。秦淮妓家，惟十二三雏姬时一奏技，或一人，或二人，立红氍毹上，手持鲛帕，作进退翩翻之势，名曰推衫子，亦名曰串，犹存舞之遗意。年稍长者，即不复事此，闻东瀛妓皆善舞，何未闻学步也？同上

瓜州萧伯梁，豪华任侠，倾财结客。好游狭斜，久住曲中，投辖轰饮，俾昼作夜，多拥名姬，簪花击鼓为乐。钱宗伯诗所云"天公要断烟花种，醉杀扬州萧伯梁"者是也。《板桥杂记》

曲中狎客,有张卯官笛,张魁官箫,管五官管子,吴章甫弦索,盛仲文打十番鼓①,丁继之、张燕筑、沈元甫、王公远、朱维章串戏,柳敬亭说书。或集于二李家,或集于眉楼。每集必费百金,此亦销金之窟也。《板桥杂记》

张卯官尤滑稽婉腻②,善伺美人喜怒。一日,偶忤李大娘,大娘手碎其头上骢帽,掷之于地。卯徐徐拾取,笑而戴之以去。《板桥杂记》

张魁,字修我,吴郡人。少美姿首,与徐公子有断袖之好。公子官南都府佐,魁来访之,阍者拒。口出亵语,且诟厉。公子闻而扑之,然卒留之署中,欢好无似③。移家桃叶渡口④,与旧院为邻。诸名妓家往来相熟⑤,笼中鹦鹉见之,叫曰:"张魁官来!阿弥陀佛!"魁善吹箫、度曲,打马、投壶,往往胜其曹耦。每晨朝即到楼馆,插瓶花,爇炉香,洗芥片,拂拭琴几,位置衣桁,不令主人知也。以此仆婢皆感之,猫狗亦不厌焉。后魁面生白点风,眉楼客戏榜于门曰:"革出花面箋片一名,张魁不许复入。"魁惭恨,遍求奇方洗削,得芙蓉露,治之良已。整衣帽,复至眉楼,曰:"花面定何如!"

---

① "盛",《板桥杂记》作"钱"。
② "张卯官",《板桥杂记》作"张卯"。
③ "似",《板桥杂记》作"间"。下句前又多"以此"二字。
④ "口",原作"日",据《板桥杂记》改。
⑤ "相",《板桥杂记》作"习"。

乱后还吴,吴新进少年搔头弄姿①,持箫摩管,以柔曼悦人者,见魁辄揶揄之,肆为诋诃,以此重穷困。龚宗伯奉使粤东,怜而拯之,厚予之金,使往山中贩芥茶,得息颇厚,家稍稍丰矣。然魁性僻,常自言曰:"我大贱相,茶非惠泉水不可沾唇,饭非四糙冬舂米不可入口,夜非孙春阳家通宵椽烛不可开眼。钱财到手辄尽,坐此不名一钱。"时人共非笑之,弗顾也。年过六十,以贩茶、卖芙蓉露为业。庚寅、辛卯之际,余游吴,寓周氏水阁。魁犹清晨来插瓶花,爇炉香,洗芥片,拂拭琴几,位置衣桁,如曩时。酒酣烛跋,说青溪旧事,不觉流涕。丁酉再过金陵,歌台舞榭,化为瓦砾之场,犹于破板桥边一吹洞箫。矮屋中,一老妪启户出,曰:"此张魁官箫声也。"为呜咽久之。又数年,卒以穷死。《板桥杂记》

周墨农向余道闵汶水茶不置口。戊寅九月,至留都,抵岸,即访闵汶水于桃叶渡。日晡,汶水他出,迟其归,乃婆娑一老。方叙话,遽起曰:"杖忘某所。"又去。余曰:"今日岂可空去?"迟之又久,汶水返,更定矣。睨余曰:"客尚在耶?客在奚为者?"余曰:"慕汶老久,今日不畅饮汶老茶,决不去。"汶水喜,自起当垆,茶旋煮,速如风雨。导至一室,明窗净几,荆溪壶、成宣窑瓷瓯十馀种,皆精绝。灯下视茶色,与瓷瓯无别,而香气逼人。余叫绝。余问汶水曰:"此茶何产?"汶水曰:"阆苑茶也。"余再啜之,曰:"莫绐余!是阆苑制法,

---

① "吴",《板桥杂记》作"吴中"。

而味不似。"汶水匿笑曰:"客知是何产?"余再啜之,曰:"何其似罗岕甚也。"汶水吐舌曰:"奇!奇!"余问:"水何水?"曰:"惠泉。"余又曰:"莫绐余!惠泉走千里,水劳而圭角不动,何也?"汶水曰:"不复敢隐。其取惠水,必淘井,静夜候新泉至,旋汲之。山石磊磊藉瓮底,舟非风则勿行,故水之生磊,即寻常惠水,犹逊一头地,况他水耶!"又吐舌曰:"奇!奇!"言未毕,汶水去。少顷,持一壶满斟余曰:"客啜此。"余曰:"香扑烈,味甚浑厚,此春茶耶?向瀹者的是秋采?"汶水大笑曰:"予年七十,精赏鉴者,无客比。"遂定交。《陶庵梦忆》

丁继之扮张驴儿娘,张燕筑扮宾头卢,朱维章扮武大郎,皆妙绝一世。丁、张二老亦寿九十馀[1],钱虞山《题三老图》诗末句云:"秦淮烟月经游处,华表归来白鹤知。"不胜黄公酒垆之叹。《板桥杂记》

柳敬亭,泰州人。本姓曹,避仇流落江湖,休于树下,乃姓柳。善说书,游于金陵。吴桥范司马、桐城何相国引为上客。常往来南曲,与张燕筑、沈公宪俱,张、沈以歌曲,敬亭以谭词,酒酣以往,击节悲吟,倾靡四座,盖优孟、东方曼倩之流也。后入左宁南幕府,出入兵间。宁南已败[2],又游松江马提督军中,郁郁不得志。年已八十馀矣,间遇余侨寓宜

---

① "亦",《板桥杂记》作"并"。

② "已",《板桥杂记》作"亡"。

睡轩中,犹说《秦叔宝见姑娘》也。《板桥杂记》

柳麻子黧黑,满面疤瘤,悠悠忽忽,土木形骸。善说书,一日说书一回,定价一两。十日前先送书帕下定,常不得空。南京一时有两行情人,王月生、柳麻子是也。余听其说景阳冈武松打虎,白文与本传大异,其描写刻画,微入毫发,然又找截干净,并不唠叨哕夬,声如巨钟。说至筋节处,叱咤叫喊,汹汹崩屋。武松到店沽酒,店内无人,蓦地一吼,店中空缸空甓,皆瓮瓮有声,闲中着色,细微至此。主人必屏息静坐,倾耳听之。彼方掉舌,稍见下人咕哔耳语,听者欠伸有倦色,辄不言,故不得强。每至丙夜,拭桌剪灯,素瓷静递,款款言之,其疾徐轻重,吞吐抑扬,入情入理,入筋入骨,摘世上说书之耳,而使之谛听,不怕其不齰舌死也。柳麻子貌奇丑,然其口角波俏,眼目流利,衣服恬静,直与王月生同其婉娈,故其行情正等。《陶庵梦忆》

沈公宪以串戏擅长,同时推为第一,王式之中翰、王恒之水部,异曲同工,游戏三昧,江总持、柳耆卿依稀再见,非如吕敬迁、李仙鹤也。《板桥杂记》

学畫工传神,远溯顾虎头,近师曾波臣,皆能骎骎入室。为钟喜姿作小照[①],风流娟娟,呼之欲出。余未见喜姿,见小照,如见喜姿已。余昨亦倩其为袖珠写真,尺幅之间,意

---

① "为"字原阙,据《画航馀谭》补。

态逼肖,凡诮袖珠者,莫不一见称绝。学畉之技,殆神已乎。
《画舫馀谭》

无业游民,略熟《西游记》,即挟渔鼓,诣诸姬家,探其睡罢浴馀,演说一二回,藉消清倦。所给不过杖头,已足为伊糊口。擅此艺者,旧推周某,群呼为周猴。自入京为某公所赏,名遂益著。某公败,猴乃丧气而归,今且不知所往。孙供奉一寒至此,真为树倒猢狲散耳。《画舫馀谭》

茅北山,丹徒人。善昆曲,精乐器,居无定所,不在深山古刹,即曲巷勾阑中也。家贫,常断炊,虽其子亦不知其处。有时欲向阿父求食,北山对之高歌,其子竟不能进一辞。年七十,来游金陵,涃阳尚书引为上客。设音乐传习所于朝天宫,以保存国乐自任。然犹日在曲中,教十七八女郎唱"杨柳岸、晓风残月"也。夏剑丞观察赠北山诗,有"堪羡绛帷诸弟子,酡颜玉面出灯前"之句。然北山每遇俗吏伧父,则又嘻笑怒骂以为常,殆柳敬亭昆生一流人物。嗣有人控诸学署,谓北山背乎礼法,大江南北,女弟子不下千馀人,遂郁郁以去。归著《乐说》一卷,于乐理多所发明,予拟为刊行,以存绝学。北山工昆曲,吹竹弹丝,无不精妙。有为之谋馆者,设音乐传习所于府学,并以保存国乐自任。国乐岂专在唱曲哉?拟之苏、柳一流,则真不愧。[①]

---

① 此条原书未注出处,待考。括号中小注,殆是缪荃孙所加。

《秦淮广纪》所录秦淮佳丽
人名索引

一、本索引人名只列《秦淮广纪·纪丽》有专门条目者，文字中附及者不列；

二、本索引人名以汉语拼音为序，两字名列前，其馀列后；

三、本索引人名包括名、字、号以及其他别称，各作为一条列入；

四、本索引人名后三位数，首位指《纪丽》分卷卷次，后两位指此人在该卷中的序次位置。

五、本索引人名分三栏，先左后右，每栏内先上后下。